中学生物学实用教学论

赵广宇　徐　勇　张佳妮　汪绍鑫◎编著

ZHONGXUE
SHENGWUXUE
SHIYONG JIAOXUELUN

北京师范大学出版集团
BEIJING NORMAL UNIVERSITY PUBLISHING GROUP
北京师范大学出版社

图书在版编目(CIP)数据

中学生物学实用教学论/赵广宇等编著. —北京：北京师范大学出版社，2022.9

ISBN 978-7-303-27588-5

Ⅰ.①中… Ⅱ.①赵… Ⅲ.①生物课—教学研究—中学 Ⅳ.①G633.912

中国版本图书馆 CIP 数据核字(2021)第 260344 号

图书意见反馈：gaozhifk@bnupg.com 010-58805079
营销中心电话：010-58802181 58805532

出版发行：北京师范大学出版社 www.bnup.com
北京市西城区新街口外大街 12-3 号
邮政编码：100088
印　　刷：北京天泽润科贸有限公司
经　　销：全国新华书店
开　　本：787 mm×1092 mm 1/16
印　　张：16.5
字　　数：370 千字
版　　次：2022 年 9 月第 1 版
印　　次：2022 年 9 月第 1 次印刷
定　　价：49.80 元

策划编辑：刘风娟　　责任编辑：刘风娟
美术编辑：李向昕　　装帧设计：李向昕
责任校对：陈　民　　责任印制：赵　龙

内容简介

本书聚焦生物学教育类学生未来职业的需要以及生物学科教师专业发展的需求，以一线教师的视角，全面阐释新课程背景下中学生物学教学的理论，展示课堂教学的实践研究成果。本书注重实践应用，重点关注生物学科课堂教学的基本策略与教学方法的具体应用，并通过经典案例展示实践成果，达到理论与实践相结合的效果。

本书可以作为生物学教育专业本科生、研究生的教学用书，也可以作为教师培训用书。

作者简介

赵广宇：正高级教师（技术二级），四川省学术和技术带头人，四川省万人计划·天府名师，四川省特级教师。全国模范教师，四川省首批教书育人名师。四川省生物教学专业委员会副理事长，成都市生物教学专业委员会理事长。四川师范大学硕士生导师，西华师范大学硕士生导师。

徐勇：正高级教师，四川省骨干教师，成都市学科带头人，四川省教育学会生物教学专业委员会理事，成渝两地名师资源库成员，市级名师工作室领衔人。参编《生物技术与工程》教师用书，获四川省人民政府教学成果奖。

张佳妮：北京师范大学教育学部博士研究生，四川开放大学教育学院副教授，国家开放大学教育信息管理与信息系统研究中心研究人员。主持或参与教育部、四川省重大委托项目等10余项，发表CSSCI、北大核心文章10余篇。

汪绍鑫：成都市优秀教师、成都市优秀青年教师、成都市生物中心组成员、成都市生物教学专业委员会生物学会常务理事。参编上海科技教育出版社出版的《普通高中教科书·生物学·选择性必修3·生物技术与工程》，参与主研多项课题，在核心期刊发表10余篇文章，曾获全国、省、市课程教学比赛一等奖。

前 言

百年大计，教育为本；教育大计，教师为本。教育是国家发展的基石，教师是基石的奠基者。教师的专业化程度和发展水平，直接决定着教学的质量。中学生物学科教师是生物学课程的执行者。优秀的生物学科教师，才能在教学活动中践行课程理念，落实课程目标，体现课程的育人价值。所以，教师的发展影响着学生的发展。以教师的专业发展促进学生的发展成为基础教育课程改革的必然要求，也是教师适应教育发展的自身需要。

本书聚焦师范生未来职业的需要以及生物学科教师专业发展的需求，以一线教师的视角，阐释新课程背景下生物学教学的理论与实践。在本书的编写中，作者团队力图展现教育教学理论的学习心得，呈现教学实践的探索成果。

一是阐释中学生物学课程的性质，通过解读《义务教育生物学课程标准(2022 年版)》和《普通高中生物学课程标准(2017 年版 2020 年修订)》，帮助教师领悟课程标准理念，把握课程标准精髓，更新教育教学观念，紧跟课程改革步伐。

二是尝试阐明教学中教师与学生的辩证统一关系，科学审视二者在教学中的地位和作用，把握教学的本质，掌握教学的规律。促进教师由知识的传递者、灌输者转变为学生学习的指导者、帮助者、合作者，由教材的执行者、实践者转变为课程的开发者、研究者。

三是揭示中学生物学科教学规律，系统地介绍以探究学习为主的教学方式，引导教师遵循教学原则，学会运用各种教学方法和经典的教学模式，帮助教师把握教学活动的本质，提高教师对学科教学的理性认知。

四是基于长期的课堂深耕与案例积累，创建中学生物学科教学设计程序，归纳常见课型的中学生物学教学策略，详细地评析实践案例，帮助广大教师从不同视角思考教学的相关问题，为教学活动提供可参考的范例。

五是关注生物学教师的课堂教学技能，详尽地介绍语言、反馈、提问、实验、说课等基本技能，期望广大教师苦练教学基本功，将理论与实践有机融合，将教学能力从技术淬炼为艺术。

本书的编写在系统呈现教学理论的基础上，注重实践应用，重点阐释生物学科课堂教学的基本策略与教学方法，并通过经典案例展示具体的实践成果，达到理论与实践相结合的效果。本书的核心是解决"教什么""怎么教""为什么这么教"的问题，为教师的专业发展奠定基础。

本书内容力求专业理论与经典案例并重，方便操作又易于模仿。希望本书能够为大学刚刚毕业的新教师搭建踏上讲台的台阶，为已从教多年的青年教师指明前进的方向，为成熟干练的中年教师创建教学风格、成为专家型教师提供帮助。

本书是通过分工合作的方式完成编写的，是作者多次研究、讨论和碰撞的成果，是集体智慧的结晶。作者本着严谨务实的态度，追求卓越的精神，不断学习、不断探索、不断实践、不断完善，在困境中极力突围，在困惑中努力冲破。

赵广宇完成全书的构思、体例与内容框架的设计，负责全书的修改、审稿、统稿和定稿工作。徐勇、张佳妮、汪绍鑫参与了体例与内容设计的部分工作，汪绍鑫、徐勇参与了本书的审稿工作。具体编写分工如下：

第一章　赵广宇　汪绍鑫

第二章　徐　勇

第三章　张佳妮

第四章　赵广宇　徐　勇

第五章　赵广宇

第六章　赵广宇

第七章　赵广宇

第八章　汪绍鑫

由于本书的作者均来自教学一线，长于实践而短于理论，学识水平和文学修养也有限，书中疏漏之处在所难免，敬请专家、同行及读者朋友们批评指正。

赵广宇

2022 年 7 月于成都

目 录

第一章 中学生物学课程

生物学教学论是学科教学论的分支学科，是研究生物学课程与生物学教学规律及其应用的教育科学。学科教学论需要研究“教什么”“怎么教”等一系列问题，其中“教什么”是首要因素，属于课程研究的问题。所以，教学与课程是教育教学研究中密不可分的核心要素，是构成教育教学活动的基本内容。生物学科教师必须首先认识生物学科课程，知道“教什么”，才能掌握“怎么教”。

第一节 中学生物学课程性质

一、课程概述

从教育研究的历史看，课程作为教与学的专业术语，不同的历史时期、不同的情境、不同的研究者，对“课程”的定义都有所差别。通过对课程定义的探讨，可以了解不同研究者的课程观，从不同角度认识课程的内涵与外延。

(一)课程的定义

不同学者从不同角度研究课程，产生了对课程概念的不同理解。我国课程论专家施良方教授将各种课程定义归纳为六大类型：课程即教学科目；课程即有计划的教学活动；课程即预期的学习结果；课程即学习经验；课程即社会文化的再生产；课程即社会改造。①

无论如何定义课程的概念，都会涉及教学内容、教学进程、学科、知识、经验、活动等核心要素，都是去解决“教什么”的问题，这是学校教育无法回避的基本问题。教育部前副部长王湛先生在谈我国基础教育课程改革时指出：课程集中体现了教育思想和教育观念；课程是实施培养目标的施工蓝图；课程是组织教育教学活动的最主要的依据。②

当然，我们作为学科课程的教师，可以在吸收前人研究成果的基础上，根据自己对课程的认识和理解来定义课程：课程是根据教育的目标，规划学生所应学习的学科总和及其进程与安排，设计学生所需要学习的学科知识内容、教与学的活动方式，并有目的、有计划、有组织地实施教育内容与教育活动的总和。

课程应该包括课程目标、课程结构、课程内容、课程管理等要素。课程目标是解决“培养什么样的人”的问题；课程结构主要是规定组成课程体系的学科门类、各学科的课时比例关系，体现课程理念和课程设置的价值取向；课程内容主要是课程所传递的知识内容及其特点，也包括知识传递的方式、方法等；课程管理主要是课程在学校

① 王本陆．课程与教学论[M]．3版．北京：高等教育出版社，2017：25．

② 钟启泉，崔允漷，张华．为了中华民族的复兴 为了每位学生的发展：《基础教育课程改革纲要(试行)》解读[M]．上海：华东师范大学出版社，2001：3(代序)．

的具体实施、课程的评价制度等。

(二)课程的类型

根据课程理论或者课程设计的指导思想不同，课程可分为不同类型。

1. 按照课程开发的主体划分

我国实行的是三级课程开发体制：国家课程、地方课程和校本课程。国家课程是自上而下由国务院教育行政部门统一组织开发、设置，所有学生必须按规定修习的课程，目的是确保学生学习的权利，明确学生在接受学校教育时应达到的标准，提高学生接受学校教育的连续性，为公众了解学校教育提供依据。地方课程由省级教育行政部门统筹开发，确定开发主体，根据自身发展需要开发的课程，目的是促进国家课程的有效实施，弥补国家课程的空缺，加强教育和地方的联系，调动地方参与课程改革与课程实施的积极性。校本课程由学校组织开发，或者是教师个人根据教育教学活动的需要编制、实施和评价的课程，目的是确保国家课程的有效实施，照顾学生的个体差异，促进教师专业能力的持续发展。

基础教育课程承载着教育思想，规定了教育目标和教育内容，是国家意志在教育领域的直接体现，在立德树人中发挥核心作用。因此，基础教育课程具有国家属性，是培养未来公民素养不可或缺的学校课程，其作用是其他课程不能替代的。目前，我国的基础教育课程体系都是以国家课程为主，辅之以地方课程和校本课程。

2. 按照课程对学生的学习要求划分

按照课程对学生的学习要求，课程可分为必修课程和选修课程。必修课程是学生必须学习且要达到国家要求标准的课程，具有一定的强制性。选修课程则是学生根据个人的兴趣与需求，选择性学习的课程，具有较强的灵活性。

开设必修课程与选修课程是课程现代化的重要表现。必修课程体现了现代课程大众化、民主化的价值取向，是所有受教育者享有平等受教育权利的保证。而选修课程则体现了现代课程对个体学习兴趣和需要的尊重，为学生个性的自由发展提供了空间。二者具有相互依存的关系。只有必修课程没有选修课程，学生个体的兴趣需要就难以得到关照；只有选修课程而没有必修课程，将难以保证教育的基本质量，会造成教育质量的巨大差距。

3. 按照课程的目标及其活动方式划分

按照课程的目标及其活动方式，课程可分为学科课程和活动课程。具有成熟而系统的概念体系和科学研究方法的科学领域称为学科；从各个学科领域选择知识内容、以学科为中心来编订教学计划、教学内容，分门别类地组织起来的课程体系称为学科课程。由于学科课程是按照学科属性并根据教育教学需要分科设置、编排的课程，它又被称作分科课程。活动课程是打破学科逻辑组织的界限，以学生的兴趣、需要和能力为基础，往往通过学生自己组织的一系列活动而实施的课程。

二、中学生物学课程属性

中学生物学课程是基于生物科学的学科属性，编制教学内容并安排教学进程的一门学科课程。从课程属性的核心要素看，生物学课程具有自然科学课程、学科课程、必修课程、国家课程等属性。

（一）自然科学课程属性

根据研究对象的不同，可把不同学科归为自然科学、人文科学和社会科学三大类。自然科学是研究自然界的物质形态、结构、性质和运动规律的科学，包括天文学、物理学、化学、地球科学和生物学等，其认识的对象是整个自然界，即自然界物质的各种类型、状态、属性及运动形式。自然科学研究的目的在于揭示自然界发生的现象以及自然现象发生过程的实质，进而把握这些现象和过程的规律性，以便解读它们，并预见新的现象和过程，为在社会实践中合理而有目的地利用自然界的规律开辟各种可能的途径。

生物学本质上是一门自然科学，同物理学、化学、地球和空间科学一样具有自然科学属性。生物学课程就是以生物科学作支撑的学科课程，因此中学生物学课程是一门自然科学课程，它具有自然科学课程的属性。

《义务教育生物学课程标准(2022年版)》对中学生物学课程性质的描述是："义务教育生物学课程注重探究和实践，以丰富的生物学知识为载体，通过多种教学活动展现人们认识自然现象和规律的思维方式及探究过程，反映自然科学的本质。"①《普通高中生物学课程标准(2017年版2020年修订)》也指出："高中生物学课程是科学领域的重要学科课程之一，是义务教育阶段相关课程的延续和拓展，其精要是展示生物学的基本内容，反映自然科学的本质。它既要让学生获得基础的生物学知识，又要让学生领悟生物学家在研究过程中所持有的观点以及解决问题的思路和方法。生物学课程要求学生主动地参与学习，在亲历提出问题、获取信息、寻找证据、检验假设、发现规律等过程中习得生物学知识，养成科学思维的习惯，形成积极的科学态度，发展终身学习及创新实践能力。"②

（二）学科课程属性

生物学具有不同于物理学、化学等学科的特点，生物学课程具有与其他自然科学课程不同的且不可替代的育人价值，显现独特的学科课程属性。《义务教育生物学课程标准(2022年版)》指出："学习生物学课程有利于学生养成科学思维的习惯，形成积极的科学态度，学会学习，提升科学素养，对学生的健康生活、终身发展具有重要意义。"③《普通高中生物学课程标准(2017年版2020年修订)》也明确指出："本课程是以提高学生生物学学科核心素养为宗旨的学科课程，是树立社会主义价值观、落实立德树人根本任务的重要载体。"④

由于生物科学本身的特殊性，决定了生物学课程与其他科学课程的不同，其所体

---

① 中华人民共和国教育部．义务教育生物学课程标准(2022年版)[S]．北京：北京师范大学出版社，2022：1．

② 中华人民共和国教育部．普通高中生物学课程标准(2017年版2020年修订)[S]．北京：人民教育出版社，2020：1-2．

③ 同①。

④ 中华人民共和国教育部．普通高中生物学课程标准(2017年版2020年修订)[S]．北京：人民教育出版社，2020：2．

现的生命观念是独具生物学学科特点的要素。学生应该在较好地理解生物学概念的基础上形成生命观念，如结构与功能观、进化与适应观、稳态与平衡观、物质与能量观等。能够用生命观念认识生物的多样性、统一性、独特性和复杂性，形成科学的自然观和世界观，并以此指导探究生命活动规律，解决实际问题。①

(三)必修课程属性

《义务教育生物学课程标准(2022 年版)》和《普通高中生物学课程标准(2017 年版 2020 年修订)》都强调：学习生物学课程是每个(未来)公民不可或缺的教育经历，其学习成果是公民素养的基本组成。这表明生物学课程在中学阶段属于国家规定的必修课程，其课程宗旨是提高学生生物学学科核心素养。

必修的生物学课程内容聚焦生物学最基本的重要概念，同时渗透健康教育、生存教育、生态教育、青春期教育、生命观念教育、人生规划教育、生物伦理教育等诸多方面的内容，让学生感受到生物科学融合在现实生活之中，存在于日常生活的每个角落，学习生物科学会让学生受益终生。开设生物学课程是进行公民教育，而不仅仅是为了精英教育。

普通高中生物学课程还是将必修课程、选择性必修课程和选修课程相结合的范例，其必修课程以“细胞”为核心，选择了现代生物学的核心内容和最基本的重要概念，从细胞与分子水平揭示了生命活动的基本规律，展现了结构与功能观、物质与能量观等生命观念，使学生逐步建立的生物学基础知识系统渐趋完善，对提高学生的生物学学科核心素养具有不可或缺的作用，是学生完成选修课程和选择性必修课程的知识和能力基础。选择性必修课程则是对必修课程的扩展与应用，是学生进一步理解与掌握生命活动本质的基础，是学生根据个人需求与升学考试要求而选择学习的课程。选修课程是为学有余力的学生开设的拓展课程，也是为学生开设的校本课程，以满足学生多样化的兴趣和发展需求，也为学生的全面发展、特长展示等提供了重要的实践途径，以促进学生更好地生活、就业，以及为部分学生的专业发展提供帮助。

(四)国家课程属性

生物学课程是国家课程体系众多基础教育课程中的一门课程，属于国家课程，具备由国家制定的生物学课程标准。课程标准明确规定了学生学习生物学课程应达到的质量标准。为了达到国家预设的课程标准，教育部审核通过了相应教材作支撑，以保证学生学习的权利，这些都属于国家行为，体现了国家课程的权威性。同时，它面向全国所有学生，确保他们的学习权利，具有规定性和强制性，任何地方和学校不得任意减少生物学的课时数。由于必须面向全体学生，其质量标准应保证绝大多数学生通过努力后都能达到，从而避免因标准过高而将那些处境不利的学生排除在外。作为国家课程，生物学课程还具有主体多元、方法多样的评价体系，并倡导在评价中关注学生的个体差异和发展需求，保证在关注学生学业成就的同时，重视学生的个体进步和多方面发展的需求。

---

① 中华人民共和国教育部．普通高中生物学课程标准(2017 年版 2020 年修订)[S]．北京：人民教育出版社，2020：4.

三、生物学与生物学课程的性质

中学生物学课程作为学科课程，影响其学科课程性质的重要因素是生物学的学科性质，中学生物教师要在充分认识生物科学性质的基础上，深刻理解和把握中学生物学课程性质。

(一)生物学的性质

生物学是自然科学中的基础学科之一，是研究生命现象和生命活动规律的一门科学。它是农林、医药卫生、环境保护及其他相关应用科学的基础。生物科学经历了从现象到本质、从定性到定量的发展过程，并与工程技术相结合，对社会、经济和人类生活产生越来越大的影响①。

在《义务教育生物学课程标准(2022年版)》和《普通高中生物学课程标准(2017年版2020年修订)》中都明确了生物学的学科属性，并对生物科学的性质做了具体描述(见表1-1)。

表1-1　义务教育和普通高中阶段课程标准对生物科学性质描述比较

版本	《义务教育生物学课程标准(2022年版)》	《普通高中生物学课程标准(2017年版2020年修订)》
课程标准对生物科学性质的描述	生物学是自然科学中的一门基础学科，是研究生命现象和生命活动规律的科学，其研究对象是具有高度复杂性、多样性和统一性的生物界。生物学是农业科学、医药科学、环境科学及其他有关科学和技术的基础。生物学的研究经历了从现象到本质、从定性到定量的发展过程，形成了结论丰富的知识体系，以及人类认识自然现象和规律的一些特有的思维方式和探究方法。当今，生物学在微观和宏观两个方向的发展都非常迅速，并且与信息技术和工程技术的结合日益紧密，在人类健康与疾病防治、粮食和食品安全、生态环境保护等方面产生越来越大的影响②	生物学是自然科学中的一门基础学科，是研究生命现象和生命活动规律的科学。它是农业科学、医药科学、环境科学及其他有关科学和技术的基础。生物学的研究经历了从现象到本质、从定性到定量的发展过程。当今，它在微观和宏观两个方向的发展都非常迅速，并且与信息技术和工程技术的结合日益紧密，正在对社会、经济和人类生活产生越来越大的影响。 生物学有着与其他自然科学相同的性质。它不仅是一个结论丰富的知识体系，也包括了人类认识自然现象和规律的一些特有的思维方式和探究过程。生物学的发展需要许多人的共同努力和不断探索。生物学的学科属性是生物学课程性质的重要决定因素③

从表1-1中所呈现的内容可以看出，初中、高中课程标准都是从学科地位、研究内容、与其他学科的关系、研究历程、研究方法和研究意义等要素来界定学科的性质，

① 中华人民共和国教育部．普通高中生物学课程标准(2017年版2020年修订)[S]．北京：人民教育出版社，2020：1.

② 中华人民共和国教育部．义务教育生物学课程标准(2022年版)[S]．北京：北京师范大学出版社，2022：1.

③ 中华人民共和国教育部．普通高中生物学课程标准(2017年版2020年修订)[S]．北京：人民教育出版社，2020：1.

并且对生物科学性质的内容有着近乎相同的描述，没有因为学段的不同而发生巨大的变化。

生物学作为自然科学中的一门基础学科，必然具备自然科学本质的共同属性。它通常采用数学方法(如排列组合、概率计算、数学建模等)、实验方法(观察实验、鉴定实验、解剖实验等)、逻辑推理(假说与演绎、归纳与概括、类比与推理等)等自然科学的研究方法。因此，中学生物教师必须深刻认识生物学是一门自然科学的性质，才能在教学过程中遵循自然科学研究的一般规律，采取恰当的教学手段传授科学事实、建构科学概念和运用科学原理，如在教学过程中运用实验操作、数据分析、观察调查、实验探究等教学手段，这对生物学教学具有至关重要的作用。同时，生物学还具有以下自身独有的特点。

(1)生命性。

与其他自然科学相比，生物学最独特的属性是它研究的对象具有生命，是专门研究生命的科学。生命是自然界各种运动形式中的一种特殊运动形式。生命过程是物质、能量、信息三者有组织、有秩序的内在活动，它主要是以蛋白质和核酸为物质基础的生物大分子的运动形式。生物运动形式的特点在于它具有新陈代谢、自我繁殖、生长发育、遗传变异以及应激性等基本特征，从而区别于一般的物理和化学运动形式。因此，生物学科的教学内容都是围绕生命运动这个核心展开的。

(2)实验性。

实验法在生物学研究中具有举足轻重的地位，生物学科也被称为实验科学。所以，实验在生物学教学中具有特殊作用。实验可以把生命现象生动地揭示出来，激发学生的学习兴趣，使学生主动地参与到教学过程中；实验还可以使学生在操作中动手、动脑，其基本技能自然而然受到了训练。心理学研究表明：人脑有一些最富创造性的特殊区域，当双手做精细灵巧的动作时，就能把这些区域的脑细胞活力激发出来，从而激发出潜能。所以，生物学实验操作是促进学生智能发展的有效手段，能够促进教师教学水平的提升，保证课堂教学的质量。

(3)广泛性。

广泛性是指生物种类及其地域分布的多样性，地层中生物化石的多样性，以及每一物种在地理分布和历史发展过程中的差异性，这些都大大拓展了生物学科的教学内容，是物理学、化学等其他自然学科所不能比拟的。

(4)先进性。

近现代生命科学同时向着微观和宏观两个方向迅速发展，获得了许多突破性的研究成果，开辟了一些新的研究领域，提出了一些全新的生物学概念。近年来，以基因工程为代表的先进生物工程技术得到迅猛发展，并逐渐进入人们的生活，推动了社会的发展与进步。所以，生物学理论、生物学技术的发展势头使生物学科具有很强的先进性和现代化特征。

(二)中学生物学课程性质

生物学的自然科学属性是决定中学生物学课程性质的重要因素，在义务教育和普通高中阶段的课程标准中，将生物科学与生物学课程性质的关系进行了明确的界定，以促进广大教师深入理解中学生物学课程的性质。当然，由于学生年龄阶段的差异，义务教育和普通高中的课程标准对生物学课程性质的描述存在一定差异(见表1-2)。

表1-2　义务教育和普通高中阶段课程标准对生物学课程性质描述比较

版本	《义务教育生物学课程标准(2022年版)》	《普通高中生物学课程标准(2017年版2020年修订)》
课程标准对生物学课程性质描述比较	义务教育生物学课程注重探究和实践，以丰富的生物学知识为载体，通过多种教学活动展现人们认识自然现象和规律的思维方式及探究过程，反映自然科学的本质。学习生物学课程有利于学生养成科学思维的习惯，形成积极的科学态度，学会学习，提升科学素养，对学生的健康生活、终身发展具有重要意义。 义务教育生物学课程以习近平新时代中国特色社会主义思想为指导，贯彻党的教育方针，落实立德树人根本任务，充分发挥学科育人价值。本课程着眼于学生适应未来社会发展和个人生活的需要，立足于坚实的生物学科内容基础，密切结合中国学生发展核心素养研究等教育领域新成果，融入社会主义核心价值观的基本内容和要求，发展学生核心素养①	高中生物学课程是科学领域的重要学科课程之一，是义务教育阶段相关课程的延续和拓展，其精要是展示生物学的基本内容，反映自然科学的本质。它既要让学生获得基础的生物学知识，又要让学生领悟生物学家在研究过程中所持有的观点以及解决问题的思路和方法。生物学课程要求学生主动地参与学习，在亲历提出问题、获取信息、寻找证据、检验假设、发现规律等过程中习得生物学知识，养成科学思维的习惯，形成积极的科学态度，发展终身学习及创新实践能力。学习生物学课程是每个公民不可或缺的教育经历，其学习成果是公民素养的基本组成。本课程是以提高学生生物学学科核心素养为宗旨的学科课程，是树立社会主义核心价值观、落实立德树人根本任务的重要载体②

显然，义务教育和普通高中的课程标准对生物学课程性质的界定是一脉相承的，高中生物学课程是义务教育生物学课程的延续和拓展，体现了生物学课程对学生生物学学科核心素养培养的连续性和层次性。

广大生物教师应该正确把握生物学课程的自然科学属性，树立自然科学学科的教学理念，紧紧围绕生物学学科核心素养的“科学思维”“科学探究”开展教学活动。一是要培养学生的科学思维能力，即“尊重事实和证据，崇尚严谨和务实的求知态度，运用科学的思维方法认识事物、解决实际问题的思维习惯和能力”；二是要培养学生的科学探究品质，即“能够发现现实世界中的生物学问题，针对特定的生物学现象，进行观察、提问、实验设计、方案实施以及对结果的交流与讨论的能力”③。这样使学生在学习过程中，能够基于生物学事实和证据运用归纳与概括、演绎与推理、模型与建模、

① 中华人民共和国教育部．义务教育生物学课程标准(2022年版)[S]．北京：北京师范大学出版社，2022：1-2．

② 中华人民共和国教育部．普通高中生物学课程标准(2017年版2020年修订)[S]．北京：人民教育出版社，2020：1-2．

③ 中华人民共和国教育部．普通高中生物学课程标准(2017年版2020年修订)[S]．北京：人民教育出版社，2020：4-5．

批判性思维、创造性思维等方法，探讨、阐释生命现象及规律，审视或论证生物学社会议题；使学生在探究过程中，逐步加强对自然现象的好奇心和求知欲，掌握科学探究的基本思路和方法，提高实践能力。

中学生物学课程等基础教育课程承载着党和国家的教育方针和教育思想，课程标准中的教育目标和教育内容是国家意志在教育领域的直接体现，在立德树人中发挥着关键作用。因此，无论是准备从事生物教师职业的师范生还是一线生物学教师，或者专门从事生物学课程研究的学者，都必须深刻领悟中学生物学课程的性质。这样才能把握“发展学生生物学学科核心素养”的课程宗旨，才能按照生物学课程的规律进行科学的教学设计、开展适宜的教学活动，最终高效地完成教学任务。这是对生物学教师专业素养的基本要求。

第二节　中学生物学课程标准

我国的课程标准是由国家教育部颁布、带有指令性的国家重要课程文件，是国家对基础教育课程的基本规范和要求。课程标准是由相关领域的专家学者共同研究制定的，具有很强的专业性；并且必须经过行政单位的审核才能颁布施行，具有严肃的权威性。学科课程标准是指导学科教学的纲领性文件，其中对相关课程的学科性质、目标、内容构成、教学与评价建议等有强制性规定，是学科教材编写、教学活动、教学评价的重要依据。

因此，课程标准发挥着教学工作“组织者”“指导者”的作用，教师应该用课程标准来指导学科的教学活动。

一、普通高中生物学课程标准

2003 年教育部颁布《普通高中生物课程标准(实验)》，开始在全国推行普通高中生物课程的改革。该课程标准把高中生物学科教学的核心任务定位于“提高生物科学素养”，将“倡导探究性学习”作为课程改革的突破口，在十余年的教学实践中，极大地推动了我国高中生物学教学的改革与发展。2018 年 1 月，教育部正式颁布了《普通高中生物学课程标准(2017 年版)》，这意味着课程标准进入正式的实施阶段，标志着我国高中生物学教育进入以培养学生生物学学科核心素养为导向的教学改革新阶段。2020 年教育部又对该标准进行了修订。

生物教师要认真学习《普通高中生物学课程标准(2017 年版 2020 年修订)》，认识课程性质、领会课程理念、把握课程目标，从而在教学活动中落实课程标准的要求。

(一)课程标准的基本理念

课程理念的设计是基于落实“立德树人”的根本任务，立足于在高中生物学科教育中发展学生的核心素养，以充分体现生物学科的育人价值。

1. 核心素养为宗旨

核心素养是学生应具有的最关键、最必要的共同素养，是知识、能力和情感态度与价值观的综合体现，是学生通过学科学习而逐步形成的正确价值观、必备品格和关键能力。高中生物学课程“是以提高学生生物学学科核心素养为宗旨的学科课程，是树立社会主义核心价值观、落实立德树人根本任务的重要载体”①。

生物学学科核心素养包括生命观念、科学思维、科学探究和社会责任。高中学生在生物学课程的学习过程中，通过建立生物学大概念来达成对生命的理解，进而形成生命观念。同时，引导学生以科学探究的方式学习生物学，让学生参与科学探索的实践，体验生物学知识的形成过程，感悟生物学思想、方法，在提高科学探究能力的基础上，发展科学思维能力。在此基础上，引导学生进一步认识自然，形成科学态度、养成科学精神，为学生未来在个人生活及参与社会事务时奠定价值判断基础，树立正确的社会责任感。

生物学学科核心素养是公民基本素养的重要组成之一，是学生依托学校生物学课程学习的成果，是在解决真实情境中的实际问题时逐渐发展并表现出来的价值观念、必备品格和关键能力。生物学学科核心素养能够将本学科教学内容和立德树人的宏观要求有机结合，是高中生物学课程设计的准绳，指明了教师教学活动的方向和总体要求。因此，提高生物学学科核心素养是高中生物学科育人价值的集中体现，是高中生物学课程的根本任务。

2. 内容聚焦大概念

面对21世纪知识的爆炸式发展及科技的飞速进步，人们对科学教育的本质有了更深刻的认识，许多科学教育专家提出：科学教育应该是趋向于理解大概念(学科核心概念)的过程，科学教育的目标是帮助学生形成并理解少数非常具有解释力的学科大概念，目的是帮助他们理解与生活相关的事件和现象，以理解、欣赏和敬畏自然。

《普通高中生物学课程标准(2017年版2020年修订)》首次明确提出了中学生物学课程的内容聚焦大概念，学生应该以大概念的学习为基础，发展生物学学科核心素养。课程内容的每个模块都明确提出了需要学生掌握的大概念(见表1-3)。

大概念也称为核心概念，是位于学科中心的概念性知识，是对生物学概念、原理和规律等的基本解释，属于生物学知识的主干部分。大概念具有以下特征：①统摄性。它位于学科知识中心位置，起到统领和主导作用，与生命观念之间具有相互对应的关系。它的表述是生命观念的组成成分，是建立生命观念的基础。②概括性。它位于概念结构体系的最顶层，是由许多不同层级的下位概念聚合而成。大概念以陈述句的形式呈现出概念的内涵，概括性很强，能够对自然界中较大范围的生命现象进行解释，是高度抽象化的概念，当然也更能体现出大概念与生命观念的对应关系。③持久性。大概念的形成有利于帮助学生建构学科知识体系，养成科学的思维方法，并能够迁移到其他章节、其他学科的学习，具有极其重要的持久价值和迁移价值。大概念的形成与建立，是学生可以保持数十年直至一生的学习成果，可以成为影响学生今后认识世界，思考、判断、解决问题等关乎未来发展的重要因素。④渐进性。大概念的教学不可能一蹴而就，它往往涵盖了多个章节甚至是一个模块的教学内容，需要进行多章节

① 中华人民共和国教育部. 普通高中生物学课程标准(2017年版2020年修订)[S]. 北京：人民教育出版社，2020：2.

表 1-3 各模块大概念汇总表

课程分类	模块	概念
必修课程	模块 1 分子与细胞	概念 1：细胞是生物体结构与生命活动的基本单位 概念 2：细胞的生存需要能量和营养物质，并通过分裂实现增殖
	模块 2 遗传与进化	概念 3：遗传信息控制生物性状，并代代相传 概念 4：生物的多样性和适应性是进化的结果
选择性必修课程	模块 1 稳态与调节	概念 1：生命个体的结构与功能相适应，各结构协调统一共同完成复杂的生命活动，并通过一定的调节机制保持稳态
	模块 2 生物与环境	概念 2：生态系统中的各种成分相互影响，共同实现系统的物质循环、能量流动和信息传递，生态系统通过自我调节保持相对稳定的状态
选择性必修课程	模块 3 生物技术与工程	概念 3：发酵工程利用微生物的特定功能规模化生产对人类有用的产品 概念 4：细胞工程通过细胞水平上的操作，获得有用的生物体或产品 概念 5：基因工程赋予生物新的遗传特性 概念 6：生物技术在造福人类社会的同时也可能会带来安全与伦理问题

甚至跨模块内容的教学。⑤系统性。从大概念形成的路径看，以某个大概念为主线，整合多个章节，帮助学生在建构系列重要概念的基础上，明晰重要概念之间的逻辑关系，进而形成更上位的大概念①。

大概念是生命观念的组成部分，是建立生命观念的知识基础。因此，《普通高中生物学课程标准(2017 年版 2020 年修订)》根据生物学的大概念建构课程体系和内容框架，就是要展现学科的逻辑结构，并能够有效组织起大量的事实和其他概念。学生能够通过学习大概念引领的概念性知识，建构起具有逻辑化的生物学概念体系，以多个大概念为基础，支撑形成生命观念。

围绕数个生物学大概念为核心设计课程内容，可以保障课程内容少而精，淡化生物学课程中细枝末节的知识内容，降低对纯粹的事实性知识的记忆要求，从而为学生的主动学习留出更多的时间和空间，强化对概念体系的系统梳理，深入理解重要概念，达成对不同知识的融会贯通，并在此过程中发展生物学学科核心素养。

3. 教学过程重实践

教学过程的实践性体现在以下两方面。一是强调学生的主动性和参与性。学习科学应该是学生积极主动、亲自参与的动手和动脑的活动，而不能仅仅是在旁边观摩别人如何做研究。在教学过程中，教师要积极创设适宜学生参与探究的教学活动和良好的实践氛围，尽可能让学生亲历科学实践活动，让学生拥有适度的自主权，勤于动脑和动手。学生在科学实践活动中获取生物学知识、领悟科学方法，并且能用学到的学科知识、科学观点、科学思维方式和科学研究方法，探讨或解决现实生活中的某些问

① 赵广宇. 中学生物学课程概念教学理论与实践[M]. 北京：科学出版社，2019：73-74.

题。二是提倡学习过程的探究性。学习科学的中心环节是探究，即学生要以探究性学习的方式开展学习，可以把科学知识与思维能力有机结合起来，从而能动地获得对科学的理解。开展探究性学习是中学生物学课程改革的突破口，以此促进学生学习方式的变革，摒弃单纯的被动接受式学习的方式，改变死记硬背获取高分的学习现状。教师要能够运用以探究性教学为核心的多样化教学方式，组织学生模拟科学家研究科学的方式和途径开展学习，以主动获取知识、领悟科学的思想观念和科学家研究自然界的科学方法，进而能用科学的观点、知识、思路和方法，探讨或解决现实生活中某些问题，培养创新精神、提高创新能力。

4. 学业评价促发展

评价是教学活动中的主要反馈机制，是日常教学过程中不可或缺的重要环节。学业评价可以帮助学生认识自己是否达到学习的预期目标及存在的问题；教师则能够了解学生的学习状况及自己的教学效果，调控教和学的行为，以此促进教学质量的提升。

国家通过普通高中生物学学业水平考试(包括合格性考试和等级性考试)对学生进行终结性评价，主要目的是评价学生生物学学科核心素养的发展水平。评价的内容是以课程标准中规定的课程目标、课程内容、学业质量标准为依据，指向学生生物学学科核心素养的发展。其中，合格性考试是考查全体学生生物学学科核心素养的达成情况，考试的内容是课程标准中的必修课程内容，难度不超过课程标准中学业质量标准的水平二。等级性考试的内容包括必修课程和选择性必修课程的内容要求，难度不超过学业质量标准的水平四，主要是体现考试的甄别和选拔功能，满足高校选拔不同层次人才的需要。

教师主要是依托生物学大概念、重要概念等学科主干知识，结合具体的教学内容进行形成性评价，目的是了解教学过程的情况、调控教与学的行为，有利于教师的教与学生的学。评价要注重：①评价内容的全面性。日常的形成性评价要指向学生生物学学科核心素养的发展水平，即评价学生是否形成相关的生命观念、科学思维的发展水平、科学探究的能力水平，是否具备社会责任感。②评价主体和方式的多元化。课程标准建议评价的主体应该多元化，包括学生自评和互评、小组评和教师评相结合等方式。具体的评价方法应该多样化，包括传统的书面考试、作业练习测验、课堂行为观察、课堂师生交流、实践活动报告等。③评价功能的发展性。要在保证评价的诊断作用、激励作用的前提下，重视通过评价促进学生的发展。既关注学业成就又重视个体进步，提倡在评价中关注学生的个体差异和发展需求，关注到每一个学生的发展。最终目的是通过评价帮助学生认识自我、建立自信、改进学习方式，促进生物学学科核心素养的形成。教师要实现从知识本位、学科本位向学生发展本位为目标的评价理念的转变。

因此，学业评价促进教学发展是两个层面的：一是促进学生生物学学科核心素养的提升；二是推动教师教学水平的提高，最终实现师生共同发展，即教学相长。

(二)课程标准的设计宗旨

《普通高中生物学课程标准(2017 年版 2020 年修订)》的课程宗旨是提高学生生物学学科核心素养，包括生命观念、科学思维、科学探究和社会责任。

1. 生命观念

生命观念是指对观察到的生命现象及相互关系或特性进行解释后的抽象，是人们经过实证后的观点，是能够理解或解释生物学相关事件和现象的意识、观念和思想方法①。生命观念能够体现生物学科的本质属性，是生物学中最精华、最有价值的内容，是居于首位的生物学学科核心素养组成要素，是形成生物学学科核心素养的基础。

在中学生物学课程中，生命观念包括物质与能量观、结构与功能观、信息与调节观、稳态与平衡观、进化与适应观、生态与发展观等方面。

(1)物质与能量观。

生命的物质性表现在生物体都是由各种各样的物质分子组成，这些分子以特有的方式结合在一起，构成了生物体。生命系统的物质组成也有其特殊性，即组成生物体的各种物质分子以特有方式聚集并形成一个有机整体后，才能够产生生命现象、体现出生命特征，当其脱离生物体单独存在于自然界时，就不能表现出生命现象，不再具有生命特征，也说明了生命与非生命之间的差异性。并且，生命系统主要由性质和功能特殊的有机大分子组成，它们在生物体内表现出的特有功能，体现了生命的独特性。生命系统的运转还需要能量的驱动，能量是生命存在的基础与标志。生命系统的各个层次都有能量的流动和转换。总之，生命系统具有其特定的物质基础，而能量是维持和更新生命的动力。能量与物质之间相互依存、相互制约，使生命系统成为物质与能量的有机统一体。

(2)结构与功能观。

生物界是由多层次结构组成的复杂系统，整个生物界是由生物大分子到生态系统的连续性结构组成，体现出整体性、统一性。同时，其相邻结构层次之间，每个层次都建构在前一个层次之上，这体现出结构的层次性。但是，生物的种类不同，其细胞的组成结构有差异，表现出既有统一性又有差异性。在生物界的各层次结构中，特定的结构具有其特定的功能。因此，结构是功能的基础，不同的结构具有不同的功能；而功能是结构的外在表现，在一定条件下反过来影响结构的变化。功能需要一定的结构来实现，结构产生与之相适应的功能。所有生物的生命活动都要依赖于一定的结构才能完成，生物的结构决定其功能。生物的结构与功能是相统一和相适应的。

(3)信息与调节观。

生物体需要通过生物信息调节和控制生命活动，即信息调控。生物信息包括遗传信息、生理信息、神经和感知信息，在细胞、个体以及生态系统中调控生命活动，从而反映出生物的运动状态和方式。不同种类的生物所发出信息的形式有所区别。所以，生命系统的正常运转离不开信息传递，通过信息传递可调控生命活动的进行，维持生命系统的稳态，从而实现生命系统的统一性、有序性和协调性。

---

① 中华人民共和国教育部．普通高中生物学课程标准(2017年版2020年修订)[S]．北京：人民教育出版社，2020：4.

(4)稳态与平衡观。

生物体在分子、细胞、器官、个体、生态系统等各个层次的生命活动中，通过调节对内部和外界环境的刺激做出各种反应，并依靠自身精巧的反馈机制达成动态平衡，表现出稳态现象。稳态是众多生命活动的平衡所构成的，是两种及多种生命活动过程之间相互作用、相互协调而达到的新平衡，形成趋向于保持稳定的状态。所以，稳态是具有自我调节机制的动态平衡，是生命系统在一定范围内不断打破旧平衡、建立新平衡的波动过程，稳态与平衡之间具有内在联系的一致性。稳态是生命系统正常运行的必要条件，是生命系统最基本的特征之一。

(5)进化与适应观。

生物进化是一切生命形态发生、发展的演变过程，是种群里的遗传性状在世代之间的变化。自然界对生物中广泛存在的变异进行选择，使生物一代又一代越加适应它所处的环境。因此，环境决定进化的方向，表现出多元性。进化的结果必然出现生物与环境的相互协调，产生生物的适应。适应是生物的形态结构和生理机能与赖以生存的环境条件相适合的现象，是在长期自然选择过程中形成的，是不断发展和进化的。进化与适应是自然界存在的普遍现象，任何类型的生物在进化过程中，都会随着环境因素变化而发生自身形态、结构和生理生化特性的改变，迫使生物个体具有适应环境的能力。而适应在时间和空间里积累实现量变到质变就是进化的过程，因适应而生存的生物才有继续进化的机会。因此，每种生物的形态结构与生理功能都表现出与生活环境相适应、相统一的现象，这是生物进化发展的基本规律和生物体得以生存的基本条件。同时，生物的适应性又是相对的，都是适应不同环境而不断进化的结果，从而产生生物的多样性。生物界多样性与统一性相结合的观点，就是进化的观点。进化思想居于生物学科思想最核心的地位，进化观是生命观念的核心内容之一。

(6)生态与发展观。

生态与发展观是基于生态学的基本概念、基本原理和基本规律，对于生态系统运动规律的基本认识，以及对生态问题的认识或观点。生态观是人类对生态系统的整体结构及其运行规律的认识，以及对人类在各个生态系统及生物圈中的地位、作用、影响的认识，可以反映人与自然关系中生态问题的总体观点，强调生态系统的整体性。生态观是指导人类认识自然、利用自然和改造自然的基本思想，是生物学科思想的核心内容之一，自然成为生命观念的核心要素之一。发展观的核心是人类社会发展的可持续性，强调人类社会的经济发展必须遵循自然生态规律，实现人类与自然环境的协调发展，经济、社会才能实现可持续发展。因此，生态观和发展观之间有着内在的本质联系，只有在正确生态观的指导下，维护、保持生态系统的可持续发展，才谈得上环境、经济、社会的可持续发展。

生命观念的建立要以概念性知识的学习为基础，通过对概念的深刻理解才能提炼出更具持久性的生物学观点及想法，形成生命观念。这是学生在中学生物学课程学习中获得的标志性成果，将成为保留数十年乃至终身的学习成果。

2. 科学思维

科学思维是指尊重事实和证据，崇尚严谨和务实的求知态度，运用科学的思维方法认识事物、解决实际问题的思维习惯和能力①。

科学思维的实质是重视事实和证据、强调逻辑、推崇严谨务实求知态度的思维习惯，是常规逻辑思维在科学领域的具体运用。当面对科学问题时，基于已有的知识和经验，先运用创造性思维提出猜想或假说，再寻找证据检验猜想或假说是否成立，然后靠逻辑思维对证据进行分析和解释，最后还要运用批判性思维审视观点或结论，进行思考和追问，最终才能够获得科学的结论。② 科学思维还是基于事实证据，运用科学概念、通过科学推理和论证对客观事物的本质、规律及其相互关系做出判断和解释，对客观事物的发展变化作出预测的认识方式。

将科学思维纳入生物学学科核心素养的组成要素，显现出高中生物学课程的科学属性。科学课程教育的最终目标应该是发展学生的科学思维，使学生成为独立的学习者，能够自主获取知识，运用科学的思维方式认识事物、解决问题和指导行为。在高中生物学课程中，应将科学思维的培养与概念教学有机结合起来。概念教学在本质上也是思维教学，需要引导学生在事实的基础上通过抽象和概括等思维活动建构概念。

科学思维的培养可以融入科学探究活动中，让学生感受科学家的思维过程、领悟批判质疑精神，让学生通过分析科学家的实验、亲身参与探究活动，提升获取证据、逻辑推理等方面的能力。还需要不断设置一定思维难度的问题情境，给学生较大的思维空间，使科学思维成为帮助学生获取新知识、解决新问题的思维范式。

3. 科学探究

人类与生俱来强烈的好奇心和探究欲，使人们在面对未知世界时，更希望能够通过自己的探索发现问题、解决问题，这是自然科学产生和发展的原动力。而孩子们对周围世界的观察、好奇、探索尤为强烈，这可以帮助学生获取新的知识，并利用已有知识去解释更复杂多变的新问题，甚至在未来生活中帮助学生解决现实生活中的问题。

科学探究是科学家用以研究自然界，并基于所得到的证据提出各种解释的途径，以及以此认识自然界并做出解释的多种方法。在生物学课程中，科学探究是指能够发现现实世界中的生物学问题，针对特定的生物学现象，进行观察、提问、实验设计、方案实施以及对结果的交流与讨论的能力。学生应在探究过程中，逐步增强对自然现象的好奇心和求知欲，掌握科学探究的基本思路和方法，提高实践能力；在探究中，乐于并善于团队合作，勇于创新③。

科学探究作为生物学学科核心素养的重要组成要素，能让学生体验科学探究的过程和方法，用观察、分类、测量、记录、分析、预测、推理、交流等方法解决问题，

---

① 中华人民共和国教育部．普通高中生物学课程标准(2017年版2020年修订)[S]．北京：人民教育出版社，2020：4.

② 赵占良．对生物学学科核心素养的理解(二)——科学思维及其教学[J]．中学生物教学，2019(10)：4-7.

③ 中华人民共和国教育部．普通高中生物学课程标准(2017年版2020年修订)[S]．北京：人民教育出版社，2020：5.

锻炼学生的动手、动脑能力，并帮助学生建构生物学知识体系。科学探究作为学生学习的一种方式，可以帮助学生很好地参与科学实践，体验学习过程中如何提出假设、如何设计实验方案、如何进行实验观察、如何收集分析数据、如何运用实证解释现象等。通过学生学习科学探究的一般过程及方法，让他们逐步习惯于科学探究的一般范式和思维过程，将科学探究内化为自觉的学习行为，在面临新问题时，就会自觉运用科学探究的方式去思考问题、解决问题。所以，科学探究对于学生认识生命世界具有十分重要的作用。

4. 社会责任

社会责任是指基于生物学的认识，参与个人与社会事务的讨论，做出理性解释和判断，解决生产生活问题的担当和能力。① 社会责任不仅是学生生物学学科核心素养的重要组成要素，也是中国学生发展核心素养的要点之一。

高中生物学课程在培养学生社会责任感方面有独特的教育价值，生命观念中的“进化与适应观”可以帮助学生树立正确的世界观和价值观，辨别迷信与伪科学；“生态与发展观”能够引导学生形成生态意识，树立“绿水青山就是金山银山”的理念，积极参与环境保护活动；“稳态与平衡观”能促进学生形成正确的生命价值观，崇尚健康文明的生活方式，做到关爱生命、健康生活。因此，将学科知识的教学与社会责任的教育融合在一起，在丰富学生生物学知识、发展学科能力的同时，让学生知道如何负责任地应用科学技术更好地服务于人类社会，学会与自然和谐相处，推动社会良性发展，提高个人、家庭的生活质量。

生物学学科核心素养的4个组成要素之间密切相关、相互支撑。其中，生命观念是生物学科育人价值最为显著的表现，是发展其他生物学学科核心素养的基础，居于中心位置；但是，生命观念的形成需要以概念为支撑、以思维为工具、以科学探究为途径。科学思维作为生物学学科核心素养中“能力”因素的关键组成部分，是概念形成和生命观念建立的工具，也是科学探究和社会责任中“能力”与“担当”的基础。科学探究则充分体现生物学作为科学的特征，通过科学探究建构生物学概念、形成生命观念，提高科学思维能力，并在履行社会责任中得以运用。社会责任是个人在社会生活中品格、能力的体现，集中反映个人的综合素养水平，社会责任的实现需要其他3个要素的支撑。由此可见，生物学学科核心素养的4个组成要素是立体关联的整体（见图1-1），它们指向人的发展，是立体的、融通的，它们构成一个整体，共同体现生物学主要的育人价值②。

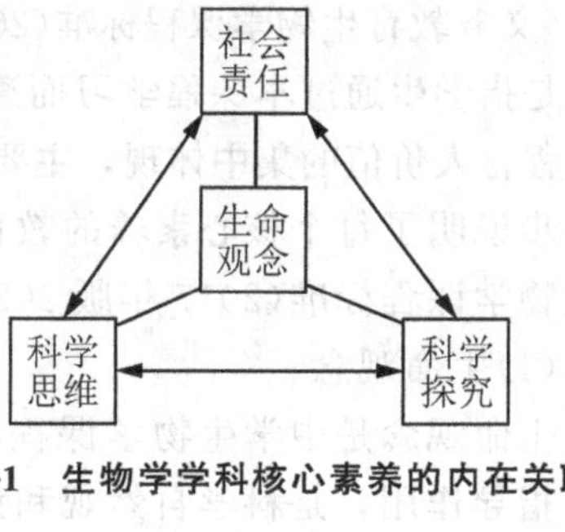

图1-1　生物学学科核心素养的内在关联

① 中华人民共和国教育部．普通高中生物学课程标准（2017年版2020年修订）[S]．北京：人民教育出版社，2020：5．

② 谭永平．生物学学科核心素养：内涵、外延与整体性[J]．课程·教材·教法，2018(8)：86-91．

二、义务教育生物学课程标准

教育部2001年颁布《义务教育生物课程标准(实验稿)》，并在同年秋季开始在全国各课改实验区试行，由此拉开了我国中学生物学课程改革的序幕。十年课程改革实践，促进了初中生物教师教育教学理念的更新，推动了课堂教学方式的变革，提升了教师队伍的整体水平。2012年1月教育部颁布的《义务教育生物学课程标准(2011年版)》，是在《义务教育生物课程标准(实验稿)》基础上修订完成的，首次在课程标准中提出了50个重要概念，引导教师关注重要概念的教学。教育部2022年颁布《义务教育生物学课程标准(2022年版)》，强化课程育人导向，着力培养学生的核心素养，表明我国初中生物学课程改革进入新的阶段，对推动义务教育阶段生物学教育高质量发展具有重要意义。

《义务教育生物学课程标准(2022年版)》的颁布，标志着初中生物学课程进入核心素养时代。相较于《普通高中生物学课程标准(2017年版2020年修订)》，二者既体现出中学生物学科课程的统一性，又反映出不同学段的差异性。

(一)课程基本理念

《义务教育生物学课程标准(2022年版)》的课程理念包括：核心素养为宗旨、课程设计重衔接、学习主题为框架、内容聚焦大概念、教学过程重实践和学业评价促发展，分别阐述了课程的价值和任务、课程的设计特征、实现课程理念的途径等内容。

1. 核心素养为宗旨

义务教育生物学课程贯彻党的教育方针，全面落实“立德树人”的根本任务，立足于坚实的生物学科内容基础，融入社会主义核心价值观的基本内容和要求，引导学生逐步养成正确价值观、必备品格和关键能力，培养有理想、有本领、有担当的新时代建设者，充分彰显生物学课程的育人价值。

《义务教育生物学课程标准(2022年版)》与《普通高中生物学课程标准(2017年版2020年修订)》都提出了课程的培养目标是发展学生的核心素养，体现出生物学课程目标在不同学段具有统一性，实现育人目标的有效衔接。

《义务教育生物学课程标准(2022年版)》明确指出生物学课程要培养的核心素养内涵：主要是指学生通过本课程学习而逐步形成的正确价值观、必备品格和关键能力，是生物学课程育人价值的集中体现，主要包括生命观念、科学思维、探究实践、态度责任，① 并进一步说明了每个核心素养的教育价值。而在核心素养的组成及其表述上，与《普通高中生物学课程标准(2017年版2020年修订)》有所不同，体现出学段的差异性。

(1)生命观念。

生命观念是中学生物学课程独有的核心素养，其教育价值在于：对认识生命世界具有指导作用，是科学自然观和世界观的有机组成和重要基础。②

《义务教育生物学课程标准(2022年版)》对生命观念的定义：是从生物学的视角，

---

① 中华人民共和国教育部．义务教育生物学课程标准(2022年版)[S]．北京：北京师范大学出版社，2022：4．

② 同上．

对生命的物质和结构基础、生命活动的过程和规律、生物界的组成和发展变化、生物与环境关系等方面的总体认识和基本观点，是生物学概念、原理、规律的提炼和升华，是理解或解释生物学相关现象、分析和解决生物学实际问题的意识和思想方法。① 该定义阐明了生命观念与生物学知识的关系，指明初中生物学需要认识的生物学基本范畴，并在生命观念的组成中，首次提出了“生态观”。

(2)科学思维。

《义务教育生物学课程标准(2022 年版)》指出：科学思维是一种能力和品格。科学思维包括比较、分类、归纳、演绎、分析、综合、建模等方法，以及批判性思维和创造性思维。科学思维不仅要尊重事实证据，崇尚严谨务实，还要基于证据和逻辑，多角度、辩证地分析问题，进行独立思考和判断。发展科学思维是培育学生理性思维、批判质疑、勇于探究等科学精神的重要途径。②

(3)探究实践。

探究实践是解决真实情境中的问题或完成实践项目的能力与品格，包括科学探究和跨学科实践。科学探究是学习生物学的重要方式，跨学科实践是扩展视野、增强本领的重要途径，探究实践是创新型人才的重要标志。③

把跨学科实践活动作为发展核心素养的重要策略，是《义务教育生物学课程标准(2022 年版)》的一大特色，体现出核心素养的实践性和综合性。学生在参加跨学科社会实践活动中，可以综合运用多学科的知识和方法去解决现实生活中的真实问题；还可以在实践活动中开展真实的探究性学习，发展批判性思维和创造性思维。

(4)态度责任。

态度责任是课程的出发点和最终归宿，关系到知识和能力的正确运用，是生物学课程育人价值的重要体现。④ 态度责任包括科学态度、健康意识和社会责任三个方面，与高中课程标准提出的“社会责任”相比，增加了“科学态度”“健康意识”，涵盖了心理倾向、生活态度、行为习惯、责任担当等诸多内容，强化了生命教育、心理教育和生态教育。

2. 课程设计重衔接

学生从小学到初中、再到高中的学习过程中，认知、情感等方面在不断发展变化。因此，合理进行课程设计，才能使初中生物学课程与普通高中生物学课程、小学科学课程有效衔接，保证不同学段的学习目标连贯一致、学习内容与要求循序渐进，实现生物学概念的学习进阶；也才能逐步引导学生深入地认识生物学的科学本质和重要思

① 中华人民共和国教育部. 义务教育生物学课程标准(2022 年版)[S]. 北京：北京师范大学出版社，2022：4.

② 中华人民共和国教育部. 义务教育生物学课程标准(2022 年版)[S]. 北京：北京师范大学出版社，2022：5.

③ 同②.

④ 中华人民共和国教育部. 义务教育生物学课程标准(2022 年版)[S]. 北京：北京师范大学出版社，2022：6.

想观念，为学生进一步学习高中课程做好准备。

做好衔接的关键在于教师，教师需要厘清学生学习进阶的起点和义务教育阶段学习应达到的终点，合理安排课程教学内容，科学设计符合初中学生认知规律的教学活动和教学环节，为学生搭建学习进阶的“梯步”，这样才能真正提升课堂教学效益，促进学生核心素养的螺旋式提升。

3. 学习主题为框架

《义务教育生物学课程标准(2022 年版)》以学习主题为单位建构课程内容体系，每个主题包含若干生物学重要概念，同时融入生物学的思想观念、研究过程和方法。根据义务教育阶段的培养目标，综合考虑学生发展的需要、社会需求和生物学发展三个方面，以学科知识内在逻辑为主线，从微观到宏观、个体到群体、多样性到统一性等视角，选取“生物体的结构层次”“生物的多样性”“生物与环境”“植物的生活”“人体生理与健康”“遗传与进化”“生物学与社会·跨学科实践”7 个学习主题，系统性建构课程结构。

以学习主题为框架的设计，意图在于：①适应初中学生的认知水平。主题式的课程内容设计选取适合不同学段学生的教学内容，将相关教学内容进行整合，建立各部分知识之间的有机联系，形成具有新的逻辑结构的知识体系，优化课程内容结构，符合初中学生的认知规律。②体现单元教学的思想理念。每个主题具有明确的目标、内容和教学提示等要素，引导学生主动建构生物学单元知识体系，使教师的教和学生的学形成一个整体。③利于核心素养的全面发展。每个学习主题由逻辑层级清晰的概念体系构成，可以支撑生命观念的形成；同时融入发展科学思维和探究实践能力的内容，注重态度责任的养成，有利于学生核心素养的逐步提升。④突出学科间的融合。设置“生物学与社会·跨学科实践”的学习主题，目的在于引导学生综合运用各学科的知识和方法，融会贯通，尝试分析和解决现实问题。这有利于引导学生开展探究性学习，学会并提高科学探究和实践能力；有利于学生将生物学知识与生物技术、社会议题进行联系，增强社会责任感；有利于学生关注日常生活，思考生物学知识与身边事物和生物现象的联系，养成文明、健康的生活习惯。

总之，这样的课程设置有利于突破原有的学科体系，克服了以往生物学课程知识烦琐、陈旧、深涩等弊端，降低了教学难度，更加切合教学实际。

4. 内容聚焦大概念

大概念处于生物学学科中心位置，包括对原理、理论等的理解和解释，对学生学习具有引领作用。① 课程内容依据学科知识逻辑，选取契合初中生心理特点和认知能力的生物学大概念为学习内容，确定了 7 个主题下应该掌握的 9 个大概念(见表 1-4)，每个大概念都统摄几个重要概念，每个重要概念由若干个次位概念来支撑，建立了由大概念、重要概念、次位概念构成的，逻辑层级清晰的概念体系。

---

① 谭永平. 发展学科核心素养——为何及如何建立生命观念[J]. 生物学教学，2017，42(10)：7-10.

表 1-4　各学习主题下大概念汇总表

序号	学习主题	大概念
1	生物体的结构层次	概念 1：生物体具有一定的结构层次，能够完成各项生命活动
2	生物的多样性	概念 2：生物可以分为不同的类群，保护生物的多样性具有重要意义
3	生物与环境	概念 3：生物与环境相互依赖、相互影响，形成多种多样的生态系统
4	植物的生活	概念 4：植物有自己的生命周期，可以制造有机物，直接或间接地为其他生物提供食物，参与生物圈中的水循环，并维持碳氧平衡
5	人体生理与健康	概念 5：人体的结构与功能相适应，各系统协调统一，共同完成复杂的生命活动 概念 6：人体健康受传染病、心血管疾病、癌症及外部伤害的威胁，良好的生活习惯和医疗措施是健康的重要保障
6	遗传与进化	概念 7：遗传信息控制生物性状，并由亲代传递给子代 概念 8：地球上现存的生物来自共同祖先，是长期进化的结果
7	生物学与社会·跨学科实践	概念 9：真实情境中的问题解决，通常需要综合运用科学、技术、工程学和数学等学科的概念、方法和思想，设计方案并付诸实施，以寻求科学问题的答案或制造相关产品

课程内容聚焦大概念，首先是为了精简课程内容，减轻学生的课业负担，提高教育教学质量，这是对党中央、国务院“双减”政策的科学落实；其次内容聚焦大概念，使得学习内容更加精致、知识重点更加突出、学习要求更加明确，符合初中学生的认知规律和课程设计“少而精”的原则，学生有更为充裕的时间进行深度学习和主动学习，有利于学生的终身学习和未来发展。

课程标准以概念内涵陈述的方式呈现大概念，如，“概念 3　生物与环境相互依赖、相互影响，形成多种多样的生态系统”，目的是引导教师与学生正确认识什么是生物学概念，消除“概念＝概念术语”的认识误区。同时，在学业要求中提出具体的要求，如，“从结构与功能的角度，阐明生态系统中生产者、消费者、分解者以及非生物环境是一个有机整体”“运用图示或模型表示生态系统中各生物成分之间的营养关系”，其中的行为动词“阐明”“运用”“分析”等，体现出课程标准对于概念学习所应达到的认知水平要求，能够帮助教师更好地把握课程标准对教学内容的要求，以便对学生的学习结果进行评价；也有助于检测教师的教学效果，推动教师在教学活动中落实课程目标；同时还能表明概念教学的具体要求与教学深度，便于教师把握教学内容的层次性。

5. 教学过程重实践

学生核心素养的形成，不能仅仅依靠在课堂上学习书本知识，还需要在实践活动中通过解释生物学现象或问题、解决个人生活和社会生活中的真实问题，得到发展和提高。因此，以实践活动促进学生的主动学习，目的是引导学生参加各种形式的探究性学习活动或跨学科实践活动，促进学生主动学习，加深对生物学概念的理解，从而发展学生的核心素养。教学活动应该体现实践性，“做中学”“用中学”“创中学”是发展核心素养的重要策略。①

《义务教育生物学课程标准(2022年版)》将高中生物学课程标准中的“科学探究”发展成为“探究实践”，显然是增加了对实践的要求。这不仅是因为在初中生物学课程内容中新增加了“生物学与社会·跨学科实践”的主题，也是因为设计者要在该主题的教学层面倡导科学、技术、工程和数学融合的教学策略。②“生物学与社会·跨学科实践”学习主题与其余6个主题构成了完整的课程内容体系，将科学、技术与工程学等内容融入课程中，引导学生基于真实问题，通过探究实践的途径，尝试解决现实生活中的真实问题，增强了课程的综合性和实践性。

6. 学业评价促发展

学业评价是指以国家的教育教学目标为依据，运用恰当的、有效的工具和途径，系统地收集学生在各门学科教学和自学影响下认知行为上的变化信息和证据，并对学生的认知水平进行价值判断的过程。③

学科课程要重视学业评价的诊断、激励和促进作用，以促进学生的学习和发展，具体体现在：①学业评价促进学生学习方法的改变。评价应以提升核心素养为导向，从知识的理解与应用、多元能力的提升和态度责任的培养等维度进行综合评价，让学生明确学习应该达到的目标，不断反思自身的学习过程，不断查找分析产生问题的原因，以完成学习方法的自我更新。②学业评价关注学生个体差异和发展需要。义务教育阶段的生物学课程具有基础性、普及性和发展性的特征，是每个初中学生作为未来公民不可或缺的教育经历。因此，学业评价应该面向全体学生，着眼于学生全面发展和终身发展的需要。然而，学生个体之间存在差异，评价的主体应多元化、评价的方法应多样化、评价的维度应丰富化、评价的标准应差异化等，使评价的目的聚焦于促进学生个体成长，让不同学生在原有的水平上都能进一步提升核心素养。

(二)课程目标

课程目标是初中学生完成生物学课程的学习，应该达成的核心素养水平。课程目标是课程实施、课程评价的依据，规定着教师的教学活动；课程目标也代表课程的学习成果，是每个学生需要努力实现的具体标准，引导着学生的学习活动。

1. 掌握生物学基础知识，形成基本的生命观念

生命观念是发展学生核心素养的基础，是课堂教学最重要的目标。课程标准中的大概念支撑着相应的生命观念，学生需要通过概念性知识的学习过程，逐步掌握次位概念、重要概念，最终建立大概念，进而形成生命观念。

因此，在初中学生学习生物学概念的过程中，教师需要提供丰富且适宜的生物学

① 中华人民共和国教育部. 义务教育生物学课程标准(2022年版)[S]. 北京：北京师范大学出版社，2022：36.

② 刘恩山. 核心素养为准绳 主动学习少而精——义务教育生物学课程标准(2022年版)解读[J]. 基础教育课程，2022(10)：61-66.

③ 徐岩，吴海建，孙新. 中小学生学业评价标准的实验研究[J]. 课程·教材·教法，2011(11)：3-11.

事实，科学设置学习任务，帮助学生把握次位概念、重要概念和大概念的实质，建立三者之间的逻辑关系，实现对概念的深度理解、迁移应用，最终形成基本的生命观念。

2. *初步掌握科学思维方法，具备一定的科学思维习惯和能力*

生物学概念、原理和规律的形成需要科学思维的过程和方法，科学思维既重视概念形成的结果，也关注概念的形成过程；它既是形成生命观念的重要途径，也是科学探究的重要组成部分。因此，发展学生科学思维的能力和品质是生物学教学的重要目标。

初中阶段是学生发展科学思维能力的黄金时期，教师在教学过程中，要给予学生充足的思维空间和思维时间，帮助学生掌握科学思维的方法、养成科学思维的习惯。教师要采用论证式教学、建模教学等为主的多元化教学策略，引导学生基于证据和逻辑，运用多种思维方法建构生物学概念、解决实际问题；教师还要设计多样化的学习活动，使学生隐性的思维过程显性化，进而帮助学生解决思维的困难、翻越思维的阻碍；教师要在教学过程中捕捉学生“千奇百怪”的灵感，呵护创造性思维的发展等，培育理性思维、批判质疑、勇于探索等科学精神，使学生养成科学思维的习惯，提高科学思维的能力。

3. *初步具有科学探究和跨学科实践能力，能够分析解决真实情境中的生物学问题*

倡导探究学习以转变学生的学习方式是课程改革的重要突破口，探究学习、主动学习等是课程发展的基本方向和教学要求，通过探究实践培养学生初步具有科学探究和科学实践能力是改革的延续。

教师要创设符合初中学生认知水平的问题情境，引导学生开展科学探究学习，激励学生主动参与、勤于动手、积极思考，亲历提出问题、获取信息、寻求证据、检验假设、发现规律等过程。学生在获得生物学基础知识的过程中，领悟生物学家在研究过程中所持有的观点以及解决问题的思路和方法，领悟科学本质，养成理性思维习惯，形成积极的科学态度，发展终身学习的能力。

教师还要创设丰富、适宜的实践情境，指导学生开展模型制作、植物栽培、动物饲养、发酵食品制作等类型的跨学科实践活动，使学生体验综合、复杂、真实的问题情境，领会生产应用的科学本质，发现科学、技术、工程学、数学等学科之间的内在联系，认识生物学与社会的关系，体现STS(科学、技术与社会)教育的基本内涵。

教师要关注学科或跨学科的核心概念和主题，探索项目化的综合实践活动。在解决项目任务的过程中，设计驱动性的问题，引导学生开展探究性学习、自主学习或合作学习；在解决真实问题、制作项目产品等过程中，以学生为主体，鼓励学生进行基于问题解决的积极学习，自主建构生物学概念，发展学生生物学学科核心素养。

4. *初步确立严谨求实的科学态度，乐于探索生命的奥秘*

科学态度是指乐于探索自然界的奥秘，具有严谨求实、勇于质疑、理性包容的心理倾向。① 科学态度的确立依赖于对科学本质的理解。所谓科学的本质，可以概括为知

---

① 中华人民共和国教育部. 义务教育生物学课程标准(2022年版)[S]. 北京：北京师范大学出版社，2022：5.

识性（概念）、过程性（探究）、开放性、社会性（STS）和文化性。把握住这些，有利于贯彻理解科学本质的要求。①

初中学生通过学习生物学知识，建构科学的概念和概念体系，初步理解科学的本质。在面对个人和社会性科学议题时，能够运用生物学知识进行分析与判断，用理性的眼光审视自己或他人的观点，以开放包容的态度尊重他人的观点。教师要激发学生的好奇心，乐于探索自然界的奥秘；要关注生物科学和生物技术的新进展，善于将科学、技术与社会相联系，以严谨求实的科学态度应对与生物学相关的现实问题。

5. 树立健康意识和社会责任感，能够强身健体和服务社会

健康意识是指在掌握人体生理和卫生保健知识的基础上，关注身体内外各种因素对健康的影响，形成健康生活的态度和行为习惯；社会责任是指基于对生物学的认识及对科学、技术、社会、环境相互关系的理解，参与个人和社会事务的讨论，作出理性解释和判断，解决生产生活问题的责任担当和能力。②

学生要在认识生物体与生命活动的基础上，树立尊重生命、珍爱生命的观念，并逐步养成良好的生活习惯和健康的生活态度，主动宣传关于生命安全与健康的观念和知识，成为健康中国的促进者和实践者。能够运用基本的生物学知识和初步掌握的科学思维方法，破除封建迷信，反对伪科学，树立正确的科学观，形成求真务实的必备品格。要在认识人与自然的基础上，建立人与自然和谐发展的观念，爱护自然、保护自然，并关注相关的社会问题，用所学的生物学知识参与社会问题的讨论、决定个人的行为等。要在学习生物学知识、发展学科能力的同时，形成正确的价值观，具有爱国主义情怀和社会责任感。

中学生物学课程标准作为国家颁布的重要课程文件，是国家对基础教育阶段生物学课程的基本规范和要求，具有纲领性和指导性。课程标准也是教材编写、教师教学、考试命题、学业评价的依据。教师必须认真学习课程标准，领会其精髓，才能达成课程标准的要求。

① 朱正威. 对科学本质的一些探讨[J]. 生物学通报，2011(9)：25.

② 中华人民共和国教育部. 义务教育生物学课程标准(2022年版)[S]. 北京：北京师范大学出版社，2022：5.

第二章　中学生物学课程的教与学

第一节　教学与教学过程

课程与教学是教育活动中的核心要素，二者紧密相连。课程是解决教育内容的问题，教学主要是解决教育方法的问题。教学论就是专门研究解决教育方法问题的学科，包括研究教学的一般规律，揭示教学过程的本质与规律；研究教学原则、教学方法、教学手段、教学评价等内容，探索教学活动的规律与策略。而学科教学论则是将教学的一般原理与学科教学实践相结合，研究学科教学的普遍规律，形成学科教学的理论与方法，以指导学科教学实践活动。中学生物学教学论作为学科教学论的重要分支，就是专门研究中学生物学科教学规律及其应用的学科。

中学生物学科教师需要在充分认识课程基本原理的基础上，学习和掌握教学原理、教学技术，并逐步优化形成教学艺术。

一、教学的含义

(一)教学的定义

教学作为专门的教育学词语，其定义是在近现代的教育科学研究中，从教学现象和教学实践中抽象和概括出来的，其内涵也随着历史的发展而发展。因此，不同学者所定义的“教学”内涵有所差异。在我国教学论著作中，具有代表性的教学定义包括：①教学是以课程内容为中介的师生双边教与学的共同活动①；②教学是指教的人指导学的人进行学习的活动，即教和学相结合或相统一的活动②；③教学是教师与学生以课堂为主渠道的交往活动，是教师教与学生学的统一活动，学生以此掌握一定的知识和技能，形成一定的能力态度和思想品德，人格获得一定的发展；④教学是在教师引导下学生能动地学习知识以获得个性发展的活动③。

总体上说，古今中外人们赋予“教学”的基本含义：“教”是传授，“学”是仿效，合起来是传授和学习。由此，可将“教学”定义为“教师教和学生学的共同活动。学生在教师有目的、有计划的指导下，积极、主动地掌握系统的文化科学基础知识和基本技能，发展能力，增强体质，并形成一定的思想品德”④。这个定义应该包含以下几层含义。

教学是教师引导学生认识客观世界、由教师和学生共同参与的双边活动。“教”与“学”是不可分割、无可替代的两个方面，教师教的行为与学生学的行为同时发生并相

---

① 教育大辞典编纂委员会. 教育大辞典：第1卷[M]. 上海：上海教育出版社，1990：178.

② 李秉德，李定仁. 教学论[M]. 北京：人民教育出版社，1991：2.

③ 王道俊，郭文安. 教育学[M]. 北京：人民教育出版社，2009：161.

④ 中国大百科全书编辑委员会. 中国大百科全书·教育[M]. 北京：中国大百科全书出版社，1985：150.

互配合，所以，教师“教”与学生“学”是统一的共同活动的过程。没有无学之教，也没有无教之学。无学就无教，无教也就无学。在教学过程中，教师是教育者，肩负“传道、授业、解惑”的责任，发挥着主导作用；学生是受教育者，既是教师“教”的对象，又是学生“学”的主体。这里的“学”是指学生主体独立的、能动的活动，它是任何教师的“教”都无法替代的。其实，“教”是为了“学”，“学”是“教”的归宿和体现。因此，双边性是构成教学的主要支柱，并贯穿于教学过程，教学过程中只有充分发挥教师的主导作用和学生的主体地位，才能保证教学活动的成功。

教学的实质是促进学生身心发展的认识活动。教学是学生传承文化并获得全面发展的最有效教育途径，其价值体现在培养人。教学是向学生传授系统的文化科学基础知识和基本技能，发展学生的智力和体力，奠定学生科学世界观和养成良好的思想道德品质的基础。这三项基本任务相互关联，又各有其独特的内涵，既不可分割，也不可混同，它们统一在一个教学活动过程之中。

教学是学校教育的基本形式，是特殊的教育实践活动。学校教育活动的形式多种多样，而教学是学校教育的最主要、最基本的形式。教学活动的主要场所是学校，教师通过教学生学习文化知识，把人类文化内化为学生个人的思想和能力，这是学校最基本、最重要的工作，直接关系到学校教育质量的高低，自然居于学校工作的中心地位。

(二)教学的要素

教学是由若干个要素组成的系统结构，这些要素相互关联、相互作用形成一个有机整体。对组成教学系统的要素，不同的学者有不同的观点，有三要素说、四要素说、五要素说等，其中，学生、教师、教学内容是普遍认可的不可缺少的教学基本要素。

学生是教学活动的学习者。作为教育的对象，学生在教学活动中必须接受教育者的安排、管理，并遵守相关规定。同时，学生也是教学活动的主体，教育者必须为学生创造良好学习环境与条件，满足其发展的需求，保障其作为学习者的权益。

教师指导是教学的重要特征。教师作为特殊的专业技术人员，是教学活动的组织者，决定着教学内容、教学方式、教学进程等。因此，教师水平的高低直接影响着教学的质量。

教学内容经过精心选择、专门设计、加工编辑，形成以社会科学、自然科学的知识体系、能力体系和价值体系形式呈现的教学活动素材，是凝集人类文明精华的文化成果。这种以书本知识形式呈现的间接经验，是学生提高认知的起点，缩短了学生对客观世界的认识过程。所以，教学内容是教师的“教”和学生的“学”的共同对象，也是教学活动中联系教师与学生的中介和纽带。

从教学的基本要素来看，教学就是教师在浩如烟海的人类文化宝库中精心选择的、具有丰富发展价值的教学内容、教学材料，通过精心设计的教学手段、方法和组织形式传播给学生，学生是在教师教的条件下通过一定的手段和方法去掌握所规定的内容。因此，教师必须根据一定的教育目的与学校的培养目标以及学生身心发展的客观规律确定教学内容、教学材料，选择与之相适应的最适合、最有效的教学手段、方法和组织形式。

(三)教学过程

教学过程是教师教的活动与学生学的活动按照确定的原则、目标、形式和程序启动、互动，从而现实地生成和开展教学的过程，也就是教学活动合目的合规律地、现实地建构、生成和展开的过程，更是教学质量现实地形成的过程。①

“教学”与“教学过程”的概念没有根本区别，仅是在抽象层次和把握角度上有所不同。“教学”是作为社会性活动的形式存在，而“教学过程”是教学活动的状态变化过程，具有丰富的内容和很大的动态性。因此，教学过程是教师和学生双边协同活动的过程，是学生在教师指导下，依据课程计划和课程标准的要求，积极主动掌握系统的科学文化知识和基本技能，提高身体素质、心理素质和社会文化素质，并形成一定思想品德和心理品质的过程。

二、中学生物学科教学

中学生物学科教学属于自然科学类的学科教学，教学过程既具备一般教学过程的规律与特征，又具有独特的生命科学特征。

(一)中学生物学科教学过程

从“教”的角度看，中学生物学科教学过程是教师遵循课程标准的要求，利用一定的教学内容，选用合理、多样的教学方法，帮助学生获得系统的生物学基础知识和基本技能，培养学生的生物学能力，发展学生智力和创造性，促进学生生物学学科核心素养发展的教育过程。

从“学”的角度讲，中学生物学科教学过程是学生在生物学教师有目的、有计划的指导下，积极主动地掌握系统的生物学基础知识和基本技能，自我发展学科能力，并形成正确的思想品德和价值观，最终实现提升生物学学科核心素养的学习过程。

(二)中学生物学科教学的特征

1. 感性认识与理性认识有机结合

生物学理论一般都是基于感知经验并经过理性认知凝练形成的，是对生命现象、生物学事实的归纳和概括。虽然学生学习的教材知识属于间接知识，但是，仅靠文字描述并不能让学生准确感知生物学事实。直接感知生命现象与事实对理解生物学理论具有非常重要的作用，因为间接经验是以直接经验为基础的，学生在学习中常常借助经验表象的作用来掌握理论知识，生物学教学中需要以鲜活的生命现象或图像信息等形式呈现生物学事实或生命特征，让学生通过感知生物学事实获取直接的感性经验，进而形成正确的生物学概念。所以，直接感知生命现象及其生命活动规律是生物学科教学过程中必不可少的学习阶段。

2. 聚焦生物学概念，发展科学思维

生物学概念是中学生物学科知识的主要组成部分，是构成生物科学理论体系的基本单位，掌握生物学概念是生物学教学的中心环节。生物学概念和原理属于理性认识，是对生物学相关事物本质特征和内在联系的反映，其表现为各种概念或由概念、判断、

① 裴娣娜. 教学论[M]. 北京：教育科学出版社，2007：129.

推理形成的理论。在生物学科学习过程中，学生通过建立各种生物学概念，并厘清概念之间的联系，进而形成重要概念、大概念，最终建立生命观念。在概念的学习过程中，学生通常是先认识个别现象，从具体事物开始，通过分析并与不同对象进行比较，经过由现象到本质、由简单到复杂、由具体到抽象的逻辑思维过程，概括、综合而形成不同层级的概念。由此，通过概念学习，学生的科学思维也得到逐步发展和提高。

3. 生物学理论密切联系生活实践

从生动的体验到抽象的思维，再到生产生活实践，是人们认识真理与客观世界的辩证途径。生物学科的教学过程应遵循这一认识规律，在传授理论知识的同时，重视与实际应用相联系，使学生在理论与实践的结合中去理解和掌握知识，引导学生运用知识去解决各种实际问题，培养学生分析问题、解决问题的能力，使生物学科教学过程成为学生认识生命世界的过程。

生物学科教师只有充分领会教学的内涵及其价值，才能进一步认识教学的一般规律，认识学科知识与教学、学科教学与学生发展等内容，探讨教学过程的本质与规律、教学原则、教学方法、教学手段、教学评价等教学理论与实践，提高自身的教学水平。

第二节　学生与学习

学生作为教学的对象，是教学活动的出发点，也是教学活动的归宿，一切教学效果都要在学生身上得到反映。学生以学习的行为形式参与到教学活动中，其学习的自主性、学习方法的科学性，决定着学习的效果。

一、学生

学生的“学”表达的含义是学习，“生”则代表人。因此，学生就是学习的人，一般是指正在学校或者其他特定的学习机构内接受教育的人。根据我国对学段的划分，学生包括幼儿园学生、小学生、中学生、大学生、研究生(包括硕士研究生和博士研究生)等。在我国古代，晚辈在学识渊博的长者面前常自谦为“学生”。

教学论研究的学生，是狭义的学生定义，通常是指在中小学校接受教育的人，一般都是未成年人。作为特定的人群，学生具有独特的属性。

(一)学生是社会的人

学生不仅是自然人，具有新陈代谢等生命属性；学生更是社会人，是有思想认识、有情感意志、有智慧才能的活生生的人。学生所具有的社会属性，决定了他们在教育过程中，不是消极、被动地接受，而是具有自觉能动性，能主动积极参与学习的过程，主动配合教师共同完成教学任务，实现自身的发展。师生之间不仅是知识的传递与接受的关系，还有情感的交流、道德品质的渗透、思想上共鸣等诸多方面的联系。因此，学生不仅是教学的对象，更是教学活动的主体，还能够成为课程的创造者。

(二)学生是发展的人

学校的学生都是未成熟的青少年，缺少知识和社会生活的经验，在心理品质、个性特征等许多方面都尚未定型，具有较大的发展潜力。因此，教师要充分认识到学生是一个处于成长过程中、各方面都不完善且亟待发展的人，其首要任务是学习科学文化知识、建立良好的思想道德情操、发展健康的体魄。同时，随着知识经济时代的加速演进，知识的产生和发展日新月异，学生获取知识的渠道增多，有相当一部分学生在某些方面的知识，如网络知识、电脑设计或其他感兴趣的领域等具有相当的基础，甚至可能已经超越自己的许多老师。即使在教师执教的本学科上，学生也可能具备了一定的知识基础。

当然，学生的身心发展是有规律的，有许多与成年人不同的特点。教师要掌握学生的年龄特点与教学规律的关系，依据学生身心发展的规律和特点开展教学活动，做到“教育有方、教学得法”，利用学生可塑性强的特点，激发他们巨大的发展潜力，促进学生向社会需要的方面发展，成为国家发展所需要的栋梁之材。

(三)学生是独立的人

学生有自己独立的生理和心理系统，具有独立人格，有自我做主、自我支配的独立倾向。学生是有独特个性的人，有自己的情感意志、理想欲望。教师要充分认识到学生是独立于教师之外的客观个体，尊重学生的独立人格，建立民主平等的师生关系。在教育教学过程中，教师要善于和学生交谈，以平等者的身份培养学生的主体意识，使之在平等、民主的氛围中自愿地、乐此不疲地参与教育过程以及教育活动。同时，学生个体之间存在差异，教师要充分发挥学生个体的独特作用，使自己的教育、教学适应于学生的个性特征和发展规律，确保学生在学习中的主体地位，使教学效果事半功倍。

综上所述，学校中的学生是生物性和社会性相统一的，具有能动的、思想情感的、社会的人，是未成熟的、具有潜力的、发展中的人，也是全面的、独立的、求知欲很强的人。因此，教师应尊重学生，关心每一位学生的发展。在教学中，教师要尊重学生主动学习的精神，树立为学生服务的意识；要关注学生的个体差异，满足不同学生的学习需要；要创设引导学生主动参与的教学环境，激发学生的学习积极性，把发展的主动权交给学生。

二、学习

学习的含义可分为广义和狭义两种类型。最广义的含义是基于动物行为学角度，学习是指动物借助于个体生活经历和经验使自身的行为发生适应性变化的过程①，是人和动物都具有的行为。从人类神经生理学角度，学习是神经系统不断地接受刺激，获得新的行为、习惯和积累经验的过程。从人类的社会性角度，学习是人在生活中、社会实践中获得直接经验、掌握人类社会文化科学知识的过程。

教学论中学习的含义是相对狭义的，一般是指学生在学校特定的环境中，由教师指导开展有目的、有计划、有组织、有系统的掌握科学文化知识、促进核心素养全面提升的过程，是一种自我建构和经验生成的习得活动。学科教学论中的学习特指学生掌握学科知识、发展学科核心素养的过程。学生的学习属于人类学习的重要组成部分，

---

① 吴相钰，陈守良，葛明德．陈阅增普通生物学[M]．4 版．北京：高等教育出版社，2014：500.

区别于人类的日常学习(表 2-1①)：

表 2-1　学生学习与人类日常学习的区别

学生学习	人类日常学习
在教育情境中：有目的、有计划	在生活情境中：随意性、无计划
以获得间接经验为主	以获得直接经验为主
在教师指导下获得知识或经验，高效性	个体自己获得知识或经验，低效性

学习可以根据学习活动的复杂程度、学习方式、学习内容与学习结果等不同维度分成不同的类型。例如，美国的加涅根据学习的结果，将学习分为五种类型：言语信息、智力技能、认知策略、动作技能、态度。奥苏伯尔根据学习材料与学习者原有知识的关系，将学习分为有意义学习和机械学习。

我国心理学家冯忠良依据教学系统中传递的教育内容不同，将学习分为三类：①知识学习，是学生在学科学习中的主要活动，包括对知识的感知与理解，掌握学科知识体系的过程。②技能学习，是学生通过学习与练习，建立合乎法则的活动方式的过程。③社会规范学习，是学生学习和掌握社会道德规范和价值观，并通过实践形成道德行为习惯的过程。其中，知识的学习过程可分为四个阶段：选择阶段指学生关注教师传授的教学内容，有意识、有选择地运用视、听、触、嗅等不同的知觉形式进行感性认知，激发学习知识的积极性；领会阶段是在感性认识的基础上，学生运用已有的知识去认识新知识，将新、旧知识整合成完整的知识结构，领会所学知识的内涵及相互之间的逻辑关系，进而能够把握概念、原理、规律的本质，实现对知识的深刻理解；保持阶段是学生采取科学、合理的记忆方法，将学习的知识储存在长时记忆库，尽可能减少遗忘，在必要时能够作出回忆和陈述；应用阶段是学生运用所学知识，回答教师提出的问题、完成实验操作，或完成课堂练习、课外作业等习题，促进知识的深刻理解、实现知识的迁移。

三、学习方式

学习方式是学生在进行学习活动时，所表现出具有偏好性的基本行为方式与行为特征。学习方式与学生的性格及学习习惯有关，是学生持续表现出的学习策略和学习倾向之总和。学习方式具有明显的个人特色，反映出学习活动中的个体差异。

我国教育部在2001年颁布的《基础教育课程改革纲要(试行)》中提出课程改革的重点之一，是改变学生存在的单一的、被动的接受学习方式，倡导自主学习、合作学习、探究学习等学习方式。学习方式不是具体的学习策略和学习方法，而是学生在自主性、探究性和合作性方面的基本特征，自主性、探究性和合作性是学习方式的三个基本维度②。

---

① 裴娣娜．教学论[M]．北京：教育科学出版社，2007：56．

② 钟启泉，崔允漷，张华．为了中华民族伟大的复兴　为了每位学生的发展：《基础教育课程改革纲要(试行)》解读[M]．上海：华东师范大学出版社，2001：247．

(一)自主学习

自主学习是与被动学习、接受学习相对应的学习方式，国内外不同流派的学者从学习动机、学习方法、学习时间、学习结果、学习范围等方面，对自主学习作出了各自的定义。行为心理学家认为，自主学习包括自我监控、自我指导、自我强化三个过程。自我监控是学生针对自己的学习过程所进行的一种观察、审视和评价；自我指导是学生采取那些导致学习趋向学习结果的行为，包括制订学习计划、选择适当的学习方法、组织学习环境等；自我强化指学生根据学习结果对自己作出奖赏或惩罚，以利于积极的学习得以维持或促进的过程。我国学者庞维国认为：如果学生在学习活动之前，自己确定学习目标、制订学习计划、做好具体的学习准备；在学习活动中能够对学习进展、学习方法做出自我监控、自我反馈和自我调节；在学习活动后能对学习结果进行自我检查、自我总结、自我评价和自我补救，就是自主学习。即建立在自我意识发展基础上的“能学”，建立在具有内在学习动机基础上的“想学”，建立在学生掌握一定学习策略基础上的“会学”，建立在意志努力基础上的“坚持学”①。

学者靳玉乐对“自主学习”的定义是：学习主体在学习目标、过程和效果等诸方面进行自我规划、自我管理、自我调节、自我检测、自我评价和自我反馈的主动建构过程。广义的自主学习包括了社会教育、家庭教育、学校教育和个体自主学习在内的一切有目的、有选择的学习活动。通常所说的自主学习是狭义的，是指学生在教师的科学指导下，通过积极主动的创造性学习活动，实现自主性的发展②。

从学习的角度看，自主学习具有以下主要特征：①主动性。在自主学习中，学生是学习的主人，有明确的学习目标和积极主动的学习动机。对学习活动进行自我控制、自我调节，在学习过程中，主动发现问题、敢于发表个人见解，依靠自身的能力解决问题。②开放性。自主学习着眼于学生的发展，把发展的选择权交给学生。学生可以根据自身的学习状况选择不同层次的学习目标，学习不同难度的学习内容，具有施展个性的空间，也充分尊重学生的个体差异。③建构性。学习是学生以自己的已有经验为基础理解新知识的过程，本质上具有建构性。学生自主建构学科知识体系，体现了自主学习的本质属性，是学生主体性的真正表现。④探究性。学生在自主学习过程中，往往不满足于获得现成的结果与结论，会通过积极探究自主建构学科知识体系；希望通过独立思考、多向思维活动，创造性地运用知识解决新问题。探究性和创新性体现出自主学习的最高境界。

自主学习使学生获得学习和发展的自主选择权，激发学生的自我学习动机，进而能够自我计划学习时间、自我监控学习过程、自我确定学习方法、自我设计学习策略、自我反馈学习效果，真正发展和提高学生的学习个性。

(二)合作学习

依据学习过程中的组织形式，学习方式可以分为合作学习和个体学习。合作学习

---

① 钟启泉，崔允漷，张华．为了中华民族伟大的复兴　为了每位学生的发展：《基础教育课程改革纲要(试行)》解读[M]．上海：华东师范大学出版社，2001：260．

② 靳玉乐．自主学习[M]．成都：四川教育出版社，2005：8．

是从20世纪70年代兴起，学者们从不同的视角阐释了合作学习的定义。合作学习的代表人物——美国的斯莱文认为：合作学习是指使学生在小组中从事学习活动，并依据他们整个小组的成绩获取奖励或认可的课堂教学技术。我国学者王坦的观点：合作学习是一种旨在促进学生在异质小组中相互合作，达成共同的学习目标，并以小组的总体成绩为奖励依据的教学策略体系。学者靳玉乐的定义：合作学习是以合作学习小组为基本的教学组织形式，系统利用教学中各个动态因素，包括教师与教师之间、学生与学生之间、教师与学生之间以及学校内部各因素与社区、家长等与教学有关的各动态因素之间的互动互赖来协调、促进学习群体中的个体成员的全面发展，以期达到预先设置的、共同的教学目标，并以学习小组总体成绩为评价标准的一种教学理论和策略。①

总之，合作学习是学生在小组或团队中为了完成共同的学习任务，有明确责任分工的一种互助式的学习方式，具有以下基本特征：①以异质小组为基本形式，即依据"组内异质、组间同质"的原则；②以小组明确的目标达成为标准；③以小组成员相互依赖的合作性活动为主体；④以小组总成绩作为评价和奖励的依据。其中，以小组成员相互依赖的合作性活动为主体的特征是与传统班级教学的最本质区别。

合作学习着眼于学生之间的互动性，将合作性的团队结构纳入课堂教学之中，通过组织开展集体性的合作学习活动达成教学目标，以培养学生的交往能力，在交往过程中培养学生的合作精神、平等意识等品质。

(三)探究学习

探究学习是从学科领域或现实社会生活中选择并确定研究课题，学生通过类似于科学家科学研究的方式获取学科知识，并在该过程中学会科学方法和科学技能，掌握科学思维方式，形成科学观点，树立科学精神。

倡导探究学习的目的是促进学生学习方式的变革，使学生由过去那种从概念、规律开始学习的方式转变为通过各种事实来发现概念和规律的学习方式。通过开展探究学习，使学生在模仿科学家进行科学探究的过程中，不断发展和提高他们的生物学学科核心素养。

探究学习与非探究学习相比，表现出以下特点：①以培养学科素养为目的。学生依据各种资料和史实，像科学家一样通过形式多样的探究活动，经历"科学研究"的主要过程，体验科学研究过程和方法。在积极参与和主动探究的过程中，自主获得科学知识，掌握科学方法，提高探究能力；在积极体验中养成科学态度和科学精神。②既重视探究结果、也重视知识的获得过程。学生用于探究性学习的题目，其结论在科学上一般都是已有定论的。因此，探究的目的就是借助探究活动这个载体，通过观察、实验、模拟、推断等具有探索性与挑战性的活动，在追求探究结果的过程中，以积极的心态调动原有知识经验、发现新问题、主动建构新知识。在获取知识的同时，学会科学的思维、理性的思考，改变过去那种机械、被动接受知识的学习方式。③以学生为中心，重视全体学生参与。学生只有亲身参与探究活动，才能体验科学家在科学研

① 靳玉乐. 合作学习[M]. 成都：四川教育出版社，2005：8.

究中遇到的各种问题和障碍，从而理解科学研究的艰辛；也只有在亲身参与探究活动中，才能激发出强烈的学习和研究的欲望，才能迸发出解决问题的智慧火花。而在探究性学习中培养的科学素养是公民的科学素养，不是科学家、精英的科学素养，这就要求每个学生都应该、也必须参与到探究性学习中去。④有意义、重应用、有创造性。探究活动的过程本身应该是有意义的，是探索解决问题方案的学习过程。因此，所探究的问题应该是具有一定挑战性的、学生关注的和感兴趣的、值得花时间去探究的"真问题"。在探究活动过程中，学生要在教师的指导和帮助下，经过自己的探索，提出新发现、新见解或新的探究问题，寻找到有创新性的解决问题的方案。同时，学生学会信息收集和处理，激活各种学习中的知识储存，尝试相关知识的综合运用；能够把自行发现的新知识有机地纳入自己原有的知识体系中，内化为自己的知识。

所以，探究性学习能培养学生的创新精神，使之获得亲自参与探究的积极体验，也能培养学生的科学态度和科学精神，还能培养学生对社会的责任心和使命感。

自主学习、合作学习、探究学习作为三种学习方式，三者之间相互支持、互为补充，密不可分。学生根据自身的需求与兴趣选择学习内容，开展自主学习；在自主学习过程中，通过探究学习的方式解决相关问题，建构学科知识；当遇到个人无法解决的问题时，可采用合作学习的方式，以集体的力量共同克服困难。当然，在学习过程中，不是所有的学习主体和学习内容，都需要或都适合采用合作学习、探究学习的方式。

四、学习方法

随着科学技术的迅猛发展，人类社会进入知识爆炸的时代，人们需要学习和掌握的知识越来越多，对个人的学习能力提出了更高的要求。所以，有人说：现代文盲不是不识字的人，而是不会学习的人，"学会学习"、树立"终身学习"的理念成为教育的重要目标。这就要求学生在中学阶段能够掌握良好的学习方法，不断提高个人的学习能力，以适应终身学习的需要。

学习方法是人们在学习活动中为达到学习目标而采用的学习途径、学习手段、学习工具和学习方式的总和。针对学习方法的分类，不同学者的观点有差异，导致学习方法的分类有不同的标准和不同的类型。比如，从学习的程序分类，包括预习的方法、听课的方法、复习的方法、作业的方法等；从学习的行为分类，包括阅读的方法、笔记的方法、记忆的方法等；从学习的过程分类，包括模仿的学习方法、抽象概括的学习方法、解决问题的学习方法、逻辑推理的学习方法和总结提高的学习方法。① 针对中学生物学的特点，学生可以从获取知识的角度探索基本的学习方法，学会记忆、学会思维、学会观察，以此为基础逐步掌握科学的学习方法。

(一)高效记忆学习方法

记忆是学习的基础，高效记忆学习法是指在学习中依据不同知识的特点，配以适宜的记忆方法，提高学习效率和质量，促进学习高效的方法。生物学学习中高效记忆学习法主要有如下几种。

---

① 谭建唐，任晓锋. 现代学习方法学[M]. 长沙：湖南人民出版社，1988：161.

1. 联想记忆

联想记忆是运用生物学教材中的知识要点、重要特点或知识间的联系进行记忆的学习方法。它能将复杂的知识简化成熟悉的事物或有规律的词语或词组来帮助学生回忆旧知识，在头脑中形成联想、运用联想实现记忆。

2. 对比记忆

对比记忆是针对相似而又不同的知识进行对比，分析它们的异同关系，以达到记忆的学习方法。由于学生课业任务重，加之用于生物学学习的时间少，这种方法能帮助学生在短时间内实现准确记忆，促进了知识内化，提升了学习效率。

3. 纲要记忆

教育家沙塔洛夫提出的由字母、词语、数字或其他“信号”构成的“纲要信号”图表，可提纲挈领、简明扼要地把所需要掌握的知识表示出来，直接输入学生头脑，给他们的学习提供依靠点。① 生物学中有很多重要的、复杂的知识不容易记忆，纲要记忆可将章节或单元中重要知识的核心内容或关键词语提炼出来作为知识的纲要，能够把那些繁杂、凌乱的知识纳入一定的标准之下，从而达到知识条理的清晰化，便于记忆、检索和提取。这是以知识体系为基础、以知识概念为主干对知识进行层层分解的方法。它体现了知识概念的等级次序，对从宏观上把握知识大有益处。纲要记忆法具有知识点明确、系统性强，激发联想、主动思维，形式简单、容量大、效率高等优点。

4. 衍射记忆

衍射记忆是以某一重要的知识点为核心，通过思维的发散过程，把与之有关的知识尽可能多地建立联系的方法。这种记忆常用于章节知识的总结或复习，可将分散在各章节中的相关知识联系在一起。

(二)思维提升学习方法

思维提升学习方法是以提高学生的科学思维能力为主的学习方法。思维能力是各种能力的核心，思维方法是思维能力的关键。

科学思维是一种认识方式，其目标是认识客观事物的本质属性、内在规律及其相互关系；为了达到这样的认识目标，要在经验事实和证据的基础上运用抽象概括、分析综合、推理论证等方法；科学思维既是一种能力，也是一种品格(与生物学课程标准所说的“思维习惯”很接近)，这种能力和品格具有质疑、批判和创新的取向和特质。② 科学思维方法主要有比较与归纳、抽象与概括、演绎与推理、分析与综合等。

1. 比较与归纳

比较法是通过观察、分析，将相关知识加以对比，以确定它们之间的不同点和相同点的思维方法。

归纳法是对个别事物的研究考察，认识这一事物的普遍规律和一般原理的方法。

① 吕凤霞. 对刚要填图联想记忆法的尝试[J]. 生物学教学，1993(3)：17.

② 赵占良. 对生物学学科核心素养理解(二)——科学思维及其教学[J]. 中学生物教学，2019(10)：4-6.

其目的在于透过现象到达本质，通过特殊揭示一般。这就决定了归纳法的推理方向是从个别到一般的过程。① 培养学生归纳思维的目的是使学生成为主动的学习者，而不是被动的接受者。学生要积极主动参与到课堂活动中，从中体验和感悟实实在在的课堂生成和发现。这样，学生既能学得知识，又能得到深层次的思维训练。

2. 抽象与概括

抽象是抽取知识的非本质属性或本质属性的一种思维方法，它包括本质属性的抽象与非本质属性的抽象；概括是将有关知识的非本质属性或本质属性联系起来的一种思维方法，它包括非本质属性的概括(即感性概括)与本质属性的概括(即理性概括)。生物学概念就是对生物界或生物体的生命活动过程中同类事物或现象共同的本质属性的概括，是对复杂的生命现象和活动规律的高度抽象与概括出来的理性知识，是已经剥离了现象的一种更高级的思维形态。生物学概念是对生物的结构、生理乃至一切生命现象、原理及规律的精确而本质的阐述，是学生进一步探究深层生物学现象与规律的基础，具有很强的客观性、概括性和抽象性。

3. 演绎与推理

在逻辑学上，把前提蕴含结论并推导出结论的必然性推理过程称为演绎推理。也就是说，把已经明确的事物所具有的属性(或事物之间的普遍因果联系)的判断，应用到具体事物对象(或具体问题)，来推断具体事物对象(或具体问题)是否具有某种属性(或具体事物的因果联系)，进而寻找问题答案的推理过程就叫演绎推理。因此，演绎推理是科学运用生物学知识解决具体问题的一种重要思维方式。②

4. 分析与综合

分析法是把整体分解为各部分及认识各个部分的一种形式和方法；综合法则是在已知认识到的本质的基础上，将对象的各个方面的本质有机地联合成为一个整体的思维方法。分析与综合是生物学学习中经常使用的重要方法，两者密切联系，不可分割。

(三)观察感知学习方法

观察感知学习方法是指有目的、有计划地组织学生运用多种感官感知事物和现象，获取具体的印象，并在此基础上通过探究形成概念的一种学习方法。观察是生物学研究的基本方法之一，是人类认识世界、探索世界的最基本手段。生物学科学习活动中的观察与科学研究中的观察是有区别的，学生往往不是直接观察真实生物体的形态结构、生命活动过程及其他生命现象，而是通过观察教材或资料中的图片、影像、模型等来获取感性认识，帮助建构生物学概念、促进对知识的理解。

1. 顺序观察

顺序观察包括结构顺序和逻辑顺序两种观察方法。其中，针对生物体形态、结构等知识内容的观察，采用结构顺序观察方法，即按照事物结构的一定次序，由表及里、由整体到局部、由宏观到微观的顺序进行观察；针对生命活动过程、相关概念图等采

① 张大松. 科学思维的艺术：科学思维方法论导论[M]. 北京：科学出版社，2008：134.

② 沈卓义. 高中生物学中的演绎推理例证[J]. 生物学通报，2012(7)：23-27.

用逻辑顺序观察，即按照事物各部分之间的逻辑关系由主到次、由浅入深、由因到果的顺序进行观察。

2. 对比观察

对比观察是用比较思维的方法观察两个及两个以上的事物，通过比较找出相关事物之间相同点与不同点的观察方法。例如，从不同形态结构的动物、植物、真菌细胞中归纳出真核细胞的概念，以及针对不同生物表现出的特征进行生物分类等，都可以采用对比观察的方法。通过对比观察，能够迅速抓住事物的共性和个性，从而把握事物的本质，促进学生生物学概念的形成。

3. 重复观察

重复观察是通过多次观察同一个事物或现象，以求得所获知识的精确性和深刻性的观察方法。观察活动由于受到观察者感官的生理限制以及主观意识的影响，一次观察的结果可能会出现误差。因此，通过重复观察，能够尽量排除可能因素的干扰，纠正之前出现的谬误，减少观察误差，逐步接近事实真相。

所以，重复观察不是简单、机械地重复，而是更深刻、更全面地揭示事物、事件的本质规律，以便不断地接近真理、揭示真理。

"工欲善其事，必先利其器。"学生需要掌握科学的学习方法，逐渐形成适合自己的学习方法体系，达到提升学习效率、提高学习效果的目的。

第三节　教师与教学能力

学校是培养人才的主渠道，是实施各级各类教育活动的主要场所，而学校教育最直接的实践者是教师。教学作为学校教育的主要活动形式，是教师教学生学习文化知识的教育过程，有教师指导是教学区别于一般学习活动的关键因素。教师作为教学中不可缺少的基本要素，其专业能力是影响良好教学效果的关键因素。

一、教师的含义

教师是"学校中传递人类科学文化知识和技能，进行思想品德教育，把受教育者培养成一定社会需要的人才的专业人员"①。这里所说的教师不是泛化意义上的教师，而是在学校这个特定的场所专门从事教育教学活动的人，是带领学生学习的人。

教师作为一种特殊的专业人士，所具有的独特角色定位反映出教师的以下职业特征。

文化知识的传授者。教师在学校中最重要的工作是传授学科知识，承担着学生学习的指导者、组织者、合作者、帮助者等角色，是学生学习科学文化知识的向导。

学生成长的引路者。教师不仅是知识的传授者，更是学生成长的引路人。教师通过言传身教，传递我国倡导的社会文化价值与伦理道德。教师自身的形象常成为学生成长历程中模仿的榜样；教师的爱国热情、敬业精神和进取意识能感染学生；教师的责任感和对生活的态度，对学生具有潜移默化的影响；教师工作中的成就、帮助扶持

① 顾明远. 教育大辞典：增订合编本[M]. 上海：上海教育出版社，1998：700.

学生的义举和对社会的贡献，会对学生产生激励作用；教师渊博的学识能激发学生对知识的求知欲，并引导他们走向探索科学奥秘的道路。学生有了现实的标准，在思想上认同并在行动中做到自律。所以，职业形象和人格魅力成为教师职业的特殊要求，所谓“学高为师、身正为范”是对教师榜样作用的最好诠释。

健康生活的指导者。中小学学生都处于身体和心理的发育期，是人的生理成长高峰期，对于人的一生极为重要。教师要关注学生的身心发展，指导和帮助学生健康成长。尤其是生物学科教师的专业知识能够引导学生养成健康生活行为习惯，学会爱护自己的身体，并通过体育锻炼促进身体的生长发育。教师还可以通过师生的情感联系，成为学生心理和情感上的知心朋友，充当学生心理活动“诊疗师”的角色。

集体生活的管理者。学校一般采取班级授课制，学生学习和学校生活都是在班集体中进行的，教师承担了指导学生在班集体中学习和生活的任务。教师的管理意识、管理方式、管理方法、管理艺术决定着班级文化氛围的方方面面，对学生学业成长和个性发展有重大影响。

二、教师的专业素养

素养是人所具备的先天身心秉性与后天经教育培养发展起来的身心品质的总和，具备一定的素养是人胜任一定职业实践的必需条件。专业素养是一名专业人员的独特资质内涵，形成合理的专业结构是教师专业发展的直接目标。

(一)教师专业素养的内涵

教师专业素养是指教师顺利从事教育教学活动所必需的基本品质或基础条件，是教师在其职业生涯中调节处理与学生、与同事、与社会、与工作关系时所应遵循的基本行为规范或行为准则，以及在此基础上所表现出来的观念意识和行为品质。教师专业素养一般包括职业理念、专业知识、专业能力、专业精神和专业情意等。

(二)教师专业素养的结构

2012 年国务院出台《关于加强教师队伍建设的意见》(国发〔2012〕41 号)，明确提出要建设和完善各类教师的专业标准体系，同年，教育部正式下发《中学教师专业标准(试行)》的通知(表 2-2)。

表 2-2　《中学教师专业标准(试行)》的具体框架体系

维度	领域	基本要求
专业理念与师德	(一)职业理解与认识	1. 贯彻党和国家教育方针政策，遵守教育法律法规 2. 理解中学教育工作的意义，热爱中学教育事业，具有职业理想和敬业精神 3. 认同中学教师的专业性和独特性，注重自身专业发展 4. 具有良好职业道德修养，为人师表 5. 具有团队合作精神，积极开展协作与交流
	(二)对学生的态度与行为	6. 关爱中学生，重视中学生身心健康发展，保护中学生生命安全 7. 尊重中学生独立人格，维护中学生合法权益，平等对待每一个中学生。不讽刺、挖苦、歧视中学生，不体罚或变相体罚中学生 8. 尊重个体差异，主动了解和满足中学生的不同需要 9. 信任中学生，积极创造条件，促进中学生的自主发展

续表

维度	领域	基本要求
专业理念与师德	(三)教育教学的态度与行为	10. 树立育人为本、德育为先的理念，将中学生的知识学习、能力发展与品德养成相结合，重视中学生的全面发展 11. 尊重教育规律和中学生身心发展规律，为每一位中学生提供适合的教育 12. 激发中学生的求知欲和好奇心，培养中学生学习兴趣和爱好，营造自由探索、勇于创新的氛围 13. 引导中学生自主学习、自强自立，培养良好的思维习惯和适应社会的能力 14. 尊重和发挥好共青团、少先队组织的教育引导作用
	(四)个人修养与行为	15. 富有爱心、责任心、耐心和细心 16. 乐观向上、热情开朗、有亲和力 17. 善于自我调节情绪，保持平和心态 18. 勤于学习，不断进取 19. 衣着整洁得体，语言规范健康，举止文明礼貌
专业知识	(五)教育知识	20. 掌握中学教育的基本原理和主要方法 21. 掌握班级、共青团、少先队建设与管理的原则与方法 22. 掌握教育心理学的基本原理和方法，了解中学生身心发展的一般规律与特点 23. 了解中学生世界观、人生观、价值观形成的过程及其教育方法 24. 了解中学生思维能力、创新能力和实践能力发展的过程与特点 25. 了解中学生群体文化特点与行为方式
	(六)学科知识	26. 理解所教学科的知识体系、基本思想与方法 27. 掌握所教学科内容的基本知识、基本原理与技能 28. 了解所教学科与其他学科的联系 29. 了解所教学科与社会实践及共青团、少先队活动的联系
	(七)学科教学知识	30. 掌握所教学科课程标准 31. 掌握所教学科课程资源开发与校本课程开发的主要方法与策略 32. 了解中学生在学习具体学科内容时的认知特点 33. 掌握针对具体学科内容进行教学和研究性学习的方法与策略
	(八)通识性知识	34. 具有相应的自然科学和人文社会科学知识 35. 了解中国教育基本情况 36. 具有相应的艺术欣赏与表现知识 37. 具有适应教育内容、教学手段和方法现代化的信息技术知识
专业能力	(九)教学设计	38. 科学设计教学目标和教学计划 39. 合理利用教学资源和方法设计教学过程 40. 引导和帮助中学生设计个性化的学习计划
	(十)教学实施	41. 营造良好的学习环境与氛围，激发与保护中学生的学习兴趣 42. 通过启发式、探究式、讨论式、参与式等多种方式，有效实施教学 43. 有效调控教学过程，合理处理课堂偶发事件 44. 引发中学生独立思考和主动探究，发展学生创新能力 45. 发挥好共青团、少先队组织生活、集体活动、信息传播等教育功能 46. 将现代教育技术手段整合应用到教学中

续表

维度	领域	基本要求
专业能力	(十一)班级管理与教育活动	47. 建立良好的师生关系，帮助中学生建立良好的同伴关系 48. 注重结合学科教学进行育人活动 49. 根据中学生世界观、人生观、价值观形成的特点，有针对性地组织开展德育活动 50. 针对中学生青春期生理和心理发展特点，有针对性地组织开展有益身心健康发展的教育活动 51. 指导学生理想、心理、学业等多方面发展 52. 有效管理和开展班级、共青团、少先队活动 53. 妥善应对突发事件
	(十二)教育教学评价	54. 利用评价工具，掌握多元评价方法，多视角、全过程评价学生发展 55. 引导学生进行自我评价 56. 自我评价教育教学效果，及时调整和改进教育教学工作
	(十三)沟通与合作	57. 了解中学生，平等地与中学生进行沟通交流 58. 与同事合作交流，分享经验和资源，共同发展 59. 与家长进行有效沟通合作，共同促进中学生发展 60. 协助中学与社区建立合作互助的良好关系
	(十四)反思与发展	61. 主动收集分析相关信息，不断进行反思，改进教育教学工作 62. 针对教育教学工作中的现实需要与问题，进行探索和研究 63. 制定专业发展规划，积极参加专业培训，不断提高自身专业素质

标准从“专业理念与师德、专业知识、专业能力”三个维度提出了60多项基本要求，体现出“师德为先、学生为本、能力为重、终身学习”四个理念，全方位提出了教师应该具备的专业素养结构及其具体要求。因此，现代中学教师应具备以下基本专业素养，以胜任复杂、多变、多面的教育教学工作需要。

1. *学科专业知识*

学科专业知识是中学教师开展学科教学的基础和必备条件，形成合理的专业知识结构有助于中学教师的专业发展。

一是教师的学科知识要有厚度，全面掌握本学科的基本概念、基本原理、基本定律，深刻理解知识体系，具有扎实的学科知识功底，能够保证教师“讲对”，不出现科学性错误，这是成为合格教师的基础。

二是教师的学科知识要有宽度，即了解学科发展的前沿知识，熟悉学科知识在生产、生活实际中的应用；了解所教学科与其他学科知识的联系，在教学中能够旁征博引、深入浅出的诠释所教的知识内容；同时，具备生物学科的实验能力、探究能力、实践能力等。具有广博的知识宽度和强大的学科能力，能让教师“讲透”，这是成为优秀教师的前提。

三是教师的学科知识要有高度，教师要形成生物学科思想，领悟生物学科的本质和精髓，把握学科发展的脉络。同时，还要领悟人文领域的文化精髓。深刻的学科思想和渊博的文化知识能够实现教师“讲妙”，这是成为名师的“基石”。

2. 教学专业能力

教学专业能力是中学教师开展教学工作的必要条件，是教师专业精神、专业知识的综合载体。教学能力是教师最核心的专业能力，其水平的高低直接影响教学的质量与效果。学科教师的教学专业能力应该包括以下组成部分。

(1)教学理论应用能力。

教师应该加强教育教学理论的学习，包括教育学、教育心理学、教学论、教学设计原理等普适性教育教学理论，以及学科课程标准、学科教学论等纲领性文件和学科教学专业理论，具备一定的教育教学理论修养。能够运用教育教学理论指导教学实践，使教学活动符合教学规律。同时，还可以研究教学中出现的各种新问题，探索教学的新方法，总结教学的新规律。

(2)教学设计能力。

教学设计是教师在正确的教学理念指引下，合理应用教学理论，恰当选用教学方法，对教学活动做出科学、合理的规划与安排。教学设计是教师根据自己对教学本质的认识、对教学规律的理解，按照规范的教学设计程序，对教学活动的预设，以保证教学活动的科学性、程序性、逻辑性，同时也体现出教师的创造性。

(3)教学实施能力。

教学实施是将预设的教学过程付诸实践，通过师生的双边活动达成教学目标的过程。教学实施能力主要包括：①教学组织管理能力。教师需具备一定的组织管理能力，才能维持课堂教学的正常秩序，保证教学活动有效进行。②语言表达能力。教师通过语言阐述教学内容、表达自身思想感情、指导学生的学习活动。③反馈评价能力。教师使用多元评价方式，收集学生的学习状况，了解学生存在的问题及困难，及时对教学方法、教学策略进行改进，以适应学生学习的需要。通过教学评价与反馈，在教学中关注学生的学习过程，处理好教学的预设与生成的关系。④指导学生学习的能力。教师在教学过程中，能够针对学生存在的学习困难与障碍，启发学生的思维，引导学生采用恰当的学习方法获取知识、发展相关能力、发展学科核心素养。

教学实施过程是教师展现自身的教育教学理念、体现个人教学风格或特色的平台，教学实施能力是中学教师专业素养的主体构成，是组成教学能力的关键要素。

(4)反思发展能力。

教学反思是中学教师对个人教学实践活动的再认识、再思考，通过对自己教学行为的批判性分析，总结经验、改进不足，以进一步修正自己的教学设计和教学实施，提高教学目标的达成度。反思发展能力主要包括：①教学信息反馈能力，即主动收集、分析相关信息，不断进行反思，改进教育教学工作的能力。②教学研究能力，即针对教育教学工作中的问题和现实需要，进行探索和研究的能力。③自我发展规划能力，即制定专业发展规划，不断提高自身专业素养的能力等。

3. 教学科研能力

教学的对象是活生生的人，教师在教学中需要面对不断发展、变化的人，不可能借助于预设的规则或程序一劳永逸地解决所遇到的问题，而是需要以研究者的心态置身于教学情境中，以研究者的眼光审视和分析教学理论与教学实践中的各种问题，从而进一步明确教育规律，进一步校正自己头脑中一些陈旧的教育观念，以此不断探索教学规律、改善教学方法，展现教学活动的创造性，推进教学方式的变革与创新，逐步提高教学能力。

三、教师的专业发展

(一)教师专业发展的内涵

教师专业发展是指教师个体在整个教师职业生涯中，通过终身学习与专业训练，不断接受新知识、增长专业能力，逐步提高自身专业素养，成为优秀教育工作者的成长过程。

教师的专业发展体现出以下特点。

(1)方向性。

根据教师自身专业水平，可以将教师分为不同的水平层级，如合格型、骨干型、专家型、教育家型等。不同的教师对自我的要求不同，其发展方向是有差异的；对同一位教师，在其不同的发展阶段，对专业能力的发展要求不同，专业能力的发展方向也是有差异的。

(2)自主性。

这是教师专业发展的前提和基础。教师专业发展是一个有意识的过程，是教师通过对教育、学校的逐步理解，对所教学科、学生成长与发展的不断认识，自主深化对专业角色的认可，并转化为自身专业发展动力，促进自己成为一个成熟的专业人员。

(3)连续性。

教师专业发展是持续的过程。随着科学技术的进步，学科专业知识不断发展，对教师的专业素养要求越来越高。而随着时代的发展，教育教学理念也在发生变化，教师只有秉持终身学习的理念，不断地研究和进修以促进自身的发展，确保学科教学专业知识和教学能力符合时代的需求。

(4)全面性。

教师工作包括德育工作、教学工作，教师的专业发展需要从学科知识、教学专业技能、组织管理能力、教育教学科研等方面深入学习，不断提高，实现全面发展。

(二)教师专业发展的路径

教师的专业发展需要有个人的专业发展规划，设定职业生涯不同阶段的发展目标，确定个人的发展方向，通过自我完善、同伴互助、专家引领等方式，实现专业成长。

1. 加强学习，提高知识修养

专业知识的积累是教师教学能力提高的基础，教师专业成长过程中的学习，一是加强理论学习，包括学科基础知识及科学发展的前沿知识、教育科学知识和心理科学知识、其他文化科学知识；二是向他人学习，通过参加各类学术活动，学习专家、同行的最新研究成果。正如于漪所说的：“现代教学中，教师的教跟学生的学在一个平面上移动，学生是不服你的！你一定要棋高一着，也就是说在深度上要挖掘，在广度上要开拓，你对学科发展的前沿、对学科的走势、对学科的来龙去脉要有所了解。”学习是教师职业生涯不可或缺的，通过学习来提高自身理论修养，力争达到“满腹经纶”，是实现教师自主发展的阶梯。

2. 不断反思，促进能力发展

教师对教育教学的认知有许多是在教学实践感悟的基础上形成的，教育教学能力的提高也常常是通过个人经验积累而获得的。所以，教学反思是教师提高个人业务水平的有效手段，其本质是教学理解与教学实践的对话，是教学现实与教学理想的沟通，自然成为教师专业发展的重要途径。教师需要在教学的情境中，不断反思自己的教育教学理念与行为，不断自我调整、自我建构，从而获得持续不断的专业发展。

教师开展教学反思的方法包括：①个案研究法是教师以教学案例、教学故事的形式，对教学实践的描述，以检视教学过程、教学行为的合理性、有效性。②反思日记法是指教师以日记的方式记录教学的心得体会，记录教学过程中的所思、所感、所知、所做，并对要做某事的原因进行反思。③行动研究法是教师基于解决实际问题的需要，将反思的问题发展成研究主题，进行有系统的研究，使反思过程上升为教学研究的过程。

教师通过对自己教育实践的反思，总结其中的成败得失，对于成功的教学行为进行总结，力争进一步发展形成个人的风格；对于不合理的部分予以修正与摒弃，重新选择科学合理的教学行为。总之，反思意味着对经验的重新建构，并伴随着教学行为的改进与创新。所以，反思有助于改革教育方法，提高课堂教学质量；有助于教师科研意识及科研能力的提高，能有效提升教师的专业素养。

3. 开展科研，提升理性认识

从事学科教学工作的一线教师开展教学科研，与理论研究者进行的研究有一定的区别。前者更多的是以学生、教学活动作为研究对象，针对教学实践活动中的真实问题，以教育教学科学理论为指导，运用相应的科研方法，有目的、有计划地探索教学方法与教学规律的创造性认识活动，最终达到解决现实教学问题的目的。

教学科研常用的研究方法有观察法、调查法、实验法、总结法、文献法等，其成果形式包括课题研究报告、教学论著、教学论文、教学设计案例、教学观察记录、教学心得笔记等。

教师科研最大的特点是教学科研和教学实践的一体化，研究的问题产生于实际的教学工作情境中，研究的策略是从实际情境出发，根据情境需要随时检验，不断修正。侧重于教学经验的概括、提炼、升华，实践性、实效性、实用性很强。教师基于个人教学活动开展的教育教学科研，由于与实际工作紧密结合，能够有效促进教师的理论学习、教学反思，推动教师教学活动的创新与发展，成为促进教师专业发展的重要且有效的途径。

4. 勇于实践，形成教学风格

教师专业成熟的标志是具有个人特征的教学风格，能够对其他教师有示范效应并在区域内有一定影响力。而教学风格的形成，需要在教学实践中不断探索、提炼、总结、固化。教师的教学实践活动就是以课堂教学为中心的备课、上课、评课、说课等环节。

(1)备课。

备课就是教学设计，教师要运用教学理论预设课堂教学活动的方法、措施、过程等，充分展现教师的教学理念；同时，教师要将教学反思的结果融汇到新的教学设计之中，使之成为集教学经验之大成，体现出个人的教学特色，为形成教学风格奠定基础。

(2)上课。

上课即是课堂教学，它是教师教学实践最核心的部分，也是教师专业发展的主阵地。教师在课堂教学实践活动中，通过与学生之间教与学的交往互动，检验自身的教学技能是否达标、教学方法是否得当、教学措施是否合理、教学过程是否科学、教学行为是否具有艺术性与创新性等。同时，教师通过处理教学的预设与生成之间的问题，磨炼教学技能、形成教学智慧。

(3)评课。

评课是运用教学理论评价教学实践，用教学目标评价教学过程，主要解决“这样教好不好”“为什么”“该怎么教”“为什么这样教”等问题。评课也属于教学反思的组成部分，包括自评、他评、互评等多种形式。参与者在听课的基础上，围绕课例评价教学活动的成败得失，达到提高理性认识、改进教学过程、提升教学技能的目的。

(4)说课。

说课是在教师备课的基础上，授课教师对同行教师或教育行政领导系统地谈自己的教学设计及其理论依据，包括说教材、说学法、说教法、说教学程序等，再由听者评说，达到相互交流、共同提高的目的。其专业化功能主要表现在如下几个方面：①教师通过说课，可以将备课和授课的操作层面——教什么、怎么教提升到理性层面，并思考这样教的理论依据是什么，为什么这样教；②说课是一种新颖的教研活动，它强调理性思考和行为选择的依据，它要求个体与群体的互动、理论与实践的结合，是现代教研活动的重要标志；③通过说课，可以帮助教师厘清教学思路，提高课堂研究能力，改进教师群体之间的话语系统，促进教师对教学问题的理性认识。

教师的使命神圣、责任重大，必须注重自身的修养和职业形象。每一位教师都应做到为人师表，教书育人，做青少年学生健康成长的指导者和引路人，努力成为无愧于党和人民的人类灵魂的工程师。

第四节　教学方法

教学方法是构成教学活动的重要因素之一，每个教师都要运用一定的教学方法完成教学活动，以达成教学目标。不同的教师可能选择不同的教学方法完成相同的教学活动，同一位教师也不一定拘泥于某一种教学方法，所谓“教学有法、但无定法、贵在得法”，选用恰当教学方法是确保教学目标实现的关键环节。

一、教学方法概述

教学方法是指在教学过程中，教师和学生为完成教学任务、达成教学目标，在教学原则指导下所采取的教与学相互作用的活动方式的总称。

教学方法是在教学原则指导下所进行的师生相互作用的活动方式和措施，是教学策略具体化的操作，包括教师的教法、学生的学法，是教授方法和学习方法的有效组合。

因此，教学方法有以下几方面的含义：①教学方法是以教学目标为指向，自始至终围绕教学目标而展开的。目标不同，方法可能大相径庭；即使目标相同，也可选择不同的方法来达到目标。②教学方法是教学过程的组成部分，其实施需要与实际教学进程紧密结合，才能显现出教学方法的意义。③教学方法是教师和学生之间相互联系的活动方式，是教师发出信息和学生接受信息的途径。教师对教法的选择和应用，以及对学法的指导与实践，体现出教法和学法的统一。教法与学法紧密联系，两者相辅相成，相得益彰。

二、常用教学方法

不同的学者按照不同的标准将教学方法划分为若干种类。我国学者通常是按照师生活动方式分为以语言传递为主的教学方法、以直接感知为主的教学方法、以实际训练为主的教学方法、以引导探究为主的教学方法等类型。其中，以语言传递为主的教学方法包括讲授法、谈话法、讨论法、读书指导法等方法，以直接感知为主的教学方法包括演示法、参观法等，以实际训练为主的教学方法包括练习法、实验法、实习法等。

(一)讲授法

讲授法是教师通过简明、生动的口头言语对教材进行分析和讲解，向学生系统传授科学知识、培养能力、开发智力、陶冶情操的方法。从教的角度看，讲授法是传授式的教学方法，从学的角度看，是属于接受式的学习方法。尽管教学方法随着时代的发展得到不断改进，但讲授法一直是教学活动中最主要的教学方法，语言传授时至今日仍然是课堂教学的最为常用的有效方法。

1. 讲授法的类型

根据讲授本身的特点和讲授内容的差异，讲授法又可划分为讲述、讲解、讲读、讲演等具体形式。

(1)讲述法。

讲述法是教师向学生叙述事实材料或描绘所讲对象、现象的讲授方法，通常是侧重于培养学生的形象思维。生物学中许多有关事实的内容都可采用讲述法，比如，生物学中的形态、结构、生长发育过程、生活习性、分类及应用等知识，讲述法也常用于实验、实习、参观等的指导。

(2)讲解法。

讲解法是教师向学生说明、解释或论证概念、原理、规律的讲授方法。其特点是要进行科学的、有理论依据的逻辑思维推理，侧重于培养学生的抽象思维。针对生物学中有关自然现象、生理功能、生命活动规律等内容，如生长和生殖发育、遗传变异、生物的进化、生态学等知识，属于说明、解释或科学论证的范畴，可采用讲解法。

(3)讲读法。

讲读法是教师与学生的读、说、练相结合的讲授方法，一般用于比较浅显的教学内容。比如，提供给学生阅读的学习材料，教师可采用讲读法教学。

(4)讲演法。

讲演法是教师就教材中的某一专题进行有理有据首尾连贯的论说，中间不插入或少插入其他活动。常用于对专题的系统分析、论证，并作出科学结论的方法。

事实上，在中学生物学教学中，上述四种方法往往是交互运用、互相配合的，不可截然划分。

2. 讲授法的教学要求

(1)讲授内容具有科学性和思想性。

科学性是指教师所讲授的知识内容应该是科学、正确的，论证问题的思路是符合逻辑的，语言表达应该是准确无误的。教师需要运用科学语言描述生物科学事实，阐释生物学概念、原理，论证生物学实验，特别是要运用正确的生物学术语表达知识内容，以保证讲授内容的科学性，这是生物学教学的最基本要求。

思想性是指教师用辩证唯物主义观点来解释生命现象以及生命活动规律，并结合教学内容进行理想信念与爱国主义教育，培养学生正确的世界观和价值观，提升学生道德品质和综合素质，促进学生成为全面发展的人。教师要用富有激情的语言和情感讲授现代生物科学的成就和发展方向，鼓励学生学好生物学；要用严肃的神情介绍破坏生态平衡给人类带来的危害的情境，树立“绿水青山就是金山银山”的理念，形成生态意识，参与环境保护实践，关爱珍惜生命，崇尚健康生活方式，努力成为健康中国的促进者和实践者，让学生在学习生物学知识的过程中接受思想教育、环保教育。实际上，科学性和思想性是统一的，科学性是思想性的前提和基础，思想性是科学性的重要保证。

(2)讲授次序具有系统性和逻辑性。

在教学过程中，讲授的内容应按照教学内容的逻辑系统和学生认知发展顺序进行，这样学生才能获得比较系统的生物学知识和技能。所以，讲授时要注意知识的内在系统性和逻辑性，同时教师讲授要做到条理清晰、结构严谨、层次分明，注意前后逻辑关联。不仅让学生学到系统、完整的知识，而且能从教师的讲授中学会逻辑思维的方法。

(3)讲授方式注重启发性和思考性。

讲授法要善于启发学生，使学生的思维处于“愤悱”状态，在激发学生求知欲和探究欲、点燃学生学习生物学兴趣的基础上，以富有启发性、思考性的讲授方式，引导学生开展抽象、归纳、概括、分析、综合等思维活动，促进学生通过积极的思维活动主动学习。

(4)讲授语言具有趣味性和形象性。

趣味性是指讲授的语言生动形象、语言语调通俗流畅，具有使人愉悦且有吸引力的特性。教师讲授语言的趣味性，要能够展现生物学具有丰富多彩、生动有趣的特点，以激发学生探究自然界的兴趣，提高课堂教学效果。同时，教学语言的形象、生动，使学生更易理解和掌握所学内容。当然，语言的趣味性和形象性须以语言的科学性和思想性为基础，从教学内容实际出发，防止为了单纯追求趣味性而离题万里。

讲授法需要与其他教学形式进行配合使用，比如，讲授与板书运用的结合，通过板书系统反映讲授的主要内容；讲授与挂图、模型、幻灯片、电影等直观手段运用的结合，使学生获得具体的印象，帮助理解讲授的内容；讲授与学生的自主学习结合、与课堂练习结合、与提问讨论结合，使学生有独立的时间，开展积极思维，有利于学生能力的形成。因此，讲授法要与其他教学形式相结合，才能使学生获得牢固的生物学知识。

(二)谈话法

谈话法是教师根据一定的教育目的和学生已有的知识经验，通过师生之间的问答对话而使学生获得知识、发展智力的教学方法。

1. 谈话法的类型

谈话法根据不同教学环节的运用，可分为启发式谈话、问答式谈话、指导性或总结性谈话等类型。

(1)启发式谈话。

启发式谈话主要用于新知识的传授，教师借助提问，启发学生在已有知识或经验的基础上思考问题，进入新知识的学习之中。学生通过独立思考，能够对概念内涵和外延进行归纳与概括、演绎与推理、分析与综合，实现获取新知识的目的。

(2)问答式谈话。

问答式谈话是指教师运用学生已有的知识、经验、观察到的事物、现象，借助提问并指导学生回答来进行新知识的教学。主要用于检查复习和巩固知识，教师就已学的内容提问，由学生回忆和运用所学知识来阐释问题答案。

(3)指导性或总结性谈话。

生物学实验、实习、课外活动及研究性课题的内容极为丰富，在学生开展实践活动的前后，教师可采用指导性或总结性谈话的方式开展教学，通过谈话指导学生学会实践方法、获取科学知识；引导学生顺利完成实践活动，并总结活动收获。或是在某个单元教学结束后，教师向学生提出具有概括性的问题，引导学生总结知识内容，达到全面复习的目的。

2. 谈话法的教学要求

教师可以在教学过程中自始至终运用谈话法，也可以在系统讲授新知识时，插入谈话法教学。采用谈话法进行生物学教学时有以下教学要求。

(1)关注学生的知识基础。

教师要以学生原有的知识结构作为谈话的基础，引导学生建立新、旧知识之间的联系，使学生在原有知识基础上得到提高。

(2)围绕教学的重点和难点。

教师应围绕教学内容的重点和难点选择谈话内容，特别是依据教学的重、难点设置核心问题、子问题，子问题之间需要有一定思维梯度，以便引导学生的思维向纵深发展，使谈话能更好地启发学生的思维，促进学生思维能力提升。

(3)设计具有一定思维深度的问题。

教师提出的每一个问题或问题串都应具有较高的思维深度，要有启发思维的作用，使学生产生任务感，运用任务驱动学习进程，在师生对话过程中促进学生更加主动地去思考问题和解决问题。并且，问题之间合乎逻辑，能够引导学生逐步思考，让课堂讨论逐步深入。同时，设计的问题应该简明扼要，有利于学生快速理解并进入思考的状态，使师生能够实现高效的谈话。总之，通过问题促进教学活动的有序开展，提升课堂教学效益。

(4)谈话结束应有归纳总结。

每一个问题的谈话结束时，教师应结合学生的回答作简要、明确的归纳总结，将谈话的内容系统化，概括出问题的准确答案，评价学生答案的优缺点。这样，既能让学生在谈话中获得系统、完整的知识，还能训练学生正确的思维和准确的表达，不断提高谈话质量。

谈话法是运用历史悠久的教学方法，至今仍在各科教学活动中广泛应用，且行之有效。谈话法对教师教学的能力要求高，需要教师有较强的课堂教学驾驭能力与应变能力。

(三)讨论法

讨论法是教师指导学生以小组或班级的形式，围绕某一中心议题发表自己的看法，相互交流、研讨、辩论，从而获取知识的教学方法。讨论可以使学生集思广益，取长补短，加深对所学知识的理解，增长新知识；有利于活跃课堂气氛，发挥学生学习的积极性、主动性，发展学生的思维能力和口头表达能力；同时还有利于创造合作探究氛围，更好地解决问题。

1. 讨论法的类型

讨论法的方式灵活多样，从运用的时间节点看，既可以在整节课中运用讨论法，也可以在教学的某个环节开展讨论。从组织形式上看，既可以是全班参与的讨论，也可以是小组讨论。常用的讨论法包括小组讨论、专题讨论、英式辩论。

(1)小组讨论。

教师将全班同学分为若干小组，确立小组长负责组织讨论，小组内还可设置记录员、讲解员等。通过讨论在小组内达成共识后，各小组在课堂展示交流讨论的结果、结论，实现相互学习、共同提高的目的。这是目前讨论法运用的主要形式。

(2)专题讨论。

在教师组织下，主要就学习中的某个主题或是疑难问题而开展的讨论，可以由个别学生先发表自己的观点，然后全班学生共同讨论。

(3)英式辩论。

教师将全班学生分为两组，主要就某一课题进行深入探讨，由双方发言人做主发言，再由小组成员轮流提出评论和问题。

2. 讨论法的教学要求

(1)讨论主题明确、内容合理。

教师应根据学生的年龄认知特点选择恰当的讨论主题，布置课前预习，围绕主题精心选择讨论内容，内容越充实，讨论效果越好。同时，讨论的主题及内容要求有一定广度、深度和梯度，便于将学习步步引向深入，推向高潮，让学生的思维得到提升，通过课堂的生成促进学生能力的养成与生命的成长。

(2)讨论应准备充分，有序开展。

要做好讨论前的准备工作，包括确定小组人数，进行小组内人员分工、编制讨论提纲、设计讨论问题、编排讨论流程等，以便讨论有目的、有计划进行。组织讨论时，要合理安排，巧妙分组，每组学生一般不超过6人，保证"组内异质、组间同质"。同时，要引导讨论过程，注重营造热烈讨论氛围，鼓励学生积极思考、踊跃发言，防止讨论偏离主题，并让学生养成认真倾听别人发言的良好习惯。教师要做好讨论后的总结工作，对各种意见和观点进行分析与综合，对讨论过程中出现的问题及时给予解答，并得出科学结论。同时，对学生的回答作出鼓励性评价，让学生保持旺盛的求知欲和探究欲。

(3)创造讨论的问题情境，引导讨论进程。

教师应努力营造让学生参与讨论的情境，可以通过提出的问题串，引导学生对问题进行连续的思考并展开讨论。同时，教师要观察每一位学生的参与积极性，顾及不善于表达的学生并给予锻炼的机会。注重用暗示性语言启发引导学生朝着问题解决的方向发展，即使学生可能回答得不完整或不全面，教师要耐心引导学生回忆旧知，展开与生产、生活实际的联系，最终可能得出不同类型的正确答案，从而开发学生的思维，激发学生潜能，彰显学生的创新能力。

讨论法能够促进学生相互启发、相互学习、取长补短，还能够培养学生钻研问题的能力，提高他们学习的独立性。

(四)演示法

演示法是教师通过展示各种实物、直观教具、示范性实验等，让学生在观察中获取对事物和现象感性认识的方法。

1. 演示法的类型

演示的种类很多，按照演示的对象不同，分为单个物体或现象的演示和事物全过程的演示；按照演示的教具分为实物演示、模型演示、标本演示、实验演示等。

(1)实物演示。

实物演示是教师利用实物将教学内容生动形象地展现出来，学生通过观察、思考获得知识的演示方法。

(2)标本演示。

生物学教学中，对于不易进行实物演示的材料，可以选择进行标本演示。标本演示是教师利用动物、植物等实物，经过各种处理后长久保存的标本作为教学媒介，形象直观呈现生物体的形态、结构等特征的演示方法。

(3)模型演示。

模型演示是以生物模型为载体实现揭示原型的形态、特征和本质的演示方法。演示所用的模型能达到实物或图画的大小按比例放大或缩小，其形态结构与真实事物的特征、本质非常相像的程度。

(4)实验演示。

教师精选实验，课堂上使用一定的仪器和设备完成相关实验操作，学生观察实验现象，分析实验结果得出实验结论的演示方法。

2. 演示法的教学要求

(1)做好演示准备。

教师要有明确的演示目的，在演示前需要做好充分的准备工作。要根据教学内容选择演示教具，使演示符合教学的需要和学生的实际情况。在课前，最好进行试操作，以保证教师的操作过程准确无误，使教学中的演示达到最佳效果。

(2)引导学生仔细观察。

教师要提出观察的问题或要求，引导学生有目的、有重点的观察、思考。演示的过程中，一是要使学生都能清晰地感知到演示的对象；二是要促使学生尽可能运用多种感官去感知；三是教师要结合讲授法、谈话法进行讲解，引导学生关注演示对象的主要特征和重要方面，使学生把观察到的现象与书本知识的学习联系起来，从而把感知与理解结合起来。

(3)注重归纳总结。

演示结束后，教师要指导学生通过讨论、问答、练习等形式，对观察到的演示现象或结果进行分析，实验后要指导学生及时归纳总结，从而得出实验结论；要帮助学生把获得的感性认识上升到理性认识，促进对知识的深刻理解；如若实验出现误差或实验不成功，要引导学生分析产生误差或实验不成功的原因。

演示法不仅能理论联系实际，为学生学习新知识提供丰富的感性材料，而且能够激发学生的学习兴趣和热情，提高学习的效果。

(五)练习法

练习法是学生在教师的指导下，通过课堂及课后作业，将所学知识运用于实际，以巩固知识，形成技能与技巧的方法。

1. 练习法的类型

由于学科性质、学习任务的不同，练习的类型是多种多样的。根据练习的内容不同，可以把练习划分为语言的练习、解答问题的练习和实际操作的练习等；根据练习的形式，可以把练习划分为口头练习、书面练习等；根据练习的层次，可以把练习划分为模仿性练习和创造性练习等。

2. 练习法的教学要求

(1)目标明确。

运用练习法要明确练习的目标、任务，保证练习的针对性。要让学生清楚地认识到为什么进行练习、通过练习要达到什么样的效果，使学生觉得有练习的必要，提高学生练习的自觉性，培养自觉练习的良好习惯。同时严格要求，规定学生按质按量交作业，促进良好习惯的养成。

(2)科学合理地组织学生练习。

教师设计的练习要做到形式活泼多样，既要有书面练习，也要有口头语言表述方面的练习；既要有专项练习，也要有综合性练习；既要有记忆性练习，也要有应用性的练习，使学生得到全面训练。通过多样化的形式增进学生练习的主动性和积极性，让学生在练习的过程中掌握科学的练习方法，提高练习的效果。还要考虑学生身心发展水平，每次给学生安排的练习时间不宜过长，应把集中练习和分散练习结合起来。

(3)注重练习的反馈评价。

教师应监控练习过程，保证学生自主独立完成练习，保证练习的效果。同时，做好练习后的评价总结工作，通过口头评价或是书面评价的形式，指出优点、指明缺点及纠正方法，给予矫正性练习。

练习法是各科教学普遍运用的教学方法，目的是引导学生在掌握一定知识的基础上，通过练习形成相应的技能、技巧，以便进一步巩固知识，加深对知识的理解。

三、教学方法的选择与运用

教学方法的种类众多，每种教学方法都有其优点。但是，每种教学方法都不是万能的，都有其适用的范围、时机，具有一定的局限性。在教学活动中，选取并运用恰当的教学方法，是提高教学效率的重要条件。

(一)教学方法的选择

教学方法的选择由具体的教学目标、教学内容等共同决定，这是教学的基本原则之一。所以，当确定教学目标后，可以选择不同的教学方法来实施同一个教学任务，同一种教学方法有时可以为多种教学目标服务。所以，每位教师要根据学科课程标准规定的教学目标和教学内容，科学地选择教学方法。

1. 教学目标

不同的教学目标需要运用不同的教学方法去实施。通常，一节课包括针对生命观念、科学探究、科学思维及社会责任等不同维度的教学目标，同一维度的教学目标在层次上也有差异。教学目标的多样性和层次性，决定着教学方法的选择需要有多样性和综合性，以保证教学目标的达成。

2. 教学内容

学科不同，教学内容差异较大，可能需要运用不同的教学方法。同一学科的不同教学内容，也需要采取不同的教学方法。总之，教学方法的选择应该与具体学科、具体教学内容的特点、要求及其呈现方式相适应。

3. 学生的实际情况

教学方法要适应于学生的个性特征、现有的知识基础和能力水平，同时，教师运用的教学方法要能够促进学生核心素养的发展。

4. 教学方法的特征

教师应该熟悉所选择教学方法的特性，了解相关教学方法的适用范围及其应用条件，明确每种教学方法的优势与不足，以保证教学方法选择的适切性。

5. 教师自身的条件

教师是运用教学方法的主体，其自身的特点与教学能力直接影响着教学方法的选择。只有教师能够驾驭的教学方法，才能发挥作用。因此，教师首先要注意扬长避短，选择适合自己特点的教学方法；其次教师还要不断学习，通过选择和运用具有挑战性的教学方法促进专业发展，努力提高自身的教学能力。

6. 教学条件

学校的教学硬件设施可能会限制诸如探究法、实验法等教学方法的选择，而教学时间也可能会限制某些教学方法的选择。

教学方法的选择应该遵循最优化原则，追求以相对较少的教学时间取得相对较好的教学效果。

(二)教学方法的运用

教学方法的选择是对教学过程的预设，而教学方法的运用要面对教学过程中生成的问题，体现出教师的教育智慧。教学方法的运用应该遵循以下原则。

1. 整体性原则

在运用教学方法时，要随时关注教学方法与其他教学要素的关系，使教学活动各构成要素之间能够协调一致，最大程度发挥整体效益。还要根据教学目标与内容的变化，采取不同的教学方法组合方式，充分发挥各自的优势。在运用过程中，要让教学方法之间衔接自然、配合恰当，通过教学方法之间的整合，将各种教学方法的价值发挥到最大化，促进教学效果的提高。

2. 发展性原则

要把促进学生发展作为运用教学方法的指导思想，选择和运用有利于促进学生发展的教学方法，引导学生积极、主动地学习，启发学生进行独立的思考，通过自主学习掌握知识、发展科学思维能力，促进学科核心素养的提升。

3. 灵活性原则

在一节课的教学活动中，教学方法的运用应该具有多样化的特点，通过不同教学方法的有机组合，调动学生的多种感官参与到学习活动中。同时，教学活动本身是动态变化的过程，随时有生成性问题出现，教师要运用教学机智应对课堂生成事件，适时地调整教学方法。面对复杂多变的教学过程，教师要恰当地运用教学方法，以适应变化中的教学活动，适应学生的学习需求。只有灵活运用相应的教学方法，教师才能有效掌控教学过程，创造性地开展教学活动，以争取最佳的教学效果。

随着时代的发展，教学方法也在不断地发展、创新，教师应在吸收传统教学方法精髓的基础上，更新教育教学理念，学习、运用新的教学方法，在教学中做到因材施教，找到教师的教和学生的学之间最佳切入点。

第三章　生物学教学的相关基础理论

在人类漫长的教育发展历史长河中，人们经过持续的教学实践活动，逐渐认识到教学的规律、特征，开始形成教学思想，再通过对教学思想的提炼、概括，产生了系统化的教学理论。特别是在20世纪，诞生了诸如建构主义理论、有意义学习理论、认知发现学习理论等教学理论与学习理论，至今仍对教学活动产生着深刻影响。

第一节　建构主义理论

建构主义源自瑞士心理学家皮亚杰关于儿童认知发展的理论，皮亚杰认为，儿童与周围环境发生着相互作用，包括“同化”和“顺应”两个基本过程。其中，同化是儿童把外界刺激提供的信息整合到自己原有的认知结构中，实现认知结构数量的扩充；顺应是指原有认知结构无法同化新环境提供的信息而引起认知结构的改造和重组，实现认知结构性质的改变。儿童通过同化和顺应两种形式不断与周围环境达成平衡，逐步建构起关于外部世界的知识，最终使自身认知结构得到丰富、提高和发展。其他学者进一步丰富和完善了建构主义理论，在20世纪80年代该理论逐渐流行起来，其主要代表人物有：皮亚杰、科恩伯格、斯滕伯格、卡茨、维果斯基等。

一、主要观点

建构主义理论从“学习是什么”“学生如何学”和“教师如何教”的角度，阐释了学习如何发生、认知结构如何发展等问题，建立了建构主义理论的学习观、学生观和教师观。其核心是强调以学生为中心，注重学生对知识的主动探索、主动发现和对所学知识有意义的主动建构。

(一)学习观

建构主义理论认为，知识不是单纯地由教师传授给学生的，而是学习者在一定的社会文化背景下，借助他人(包括教师、家长和学习伙伴)的帮助，利用必要的学习资料和学习手段，通过意义建构的方式而主动获得的。“情境”“协作”“会话”和“意义建构”是建构主义学习环境的四大核心要素，是建立建构主义学习观的基础。

1. 情境

学生对所学内容的意义建构离不开学习环境中的情境创设。因此，创设有利于学生建构意义的情境是教学设计中的重要环节，要通过一系列问题设计来创设真实的情境，帮助学生理解、整合概念，促进学生对所学内容的意义建构。

2. 协作

学习是交流和合作的互动过程，因此，学习过程中始终发生着协作。通过教师与学生之间、学生与学生之间的有效协作，如对学习资料的收集与分析、对假设的提出与验证、对学习成果的评价等，最终实现对所学内容的意义建构，达到理解事物的性质、规律和事物之间内在联系的目的。

3. 会话

会话是达到意义建构的重要手段之一，是协作过程中不可缺少的环节。学生与同伴通过会话的方式，对规定的学习内容进行相互交流与讨论，在合作学习中促进学生建构起新的、更深层次的理解。

4. 意义建构

在学习过程中，要帮助学生对当前学习内容所反映的事物性质、规律以及该事物与其他事物之间的内在联系达到较深刻的理解，实现对所学内容的意义建构，这是整个学习过程的最终目标。所以，建构主义学习理论认为，学习是个体在原有知识经验基础上，积极主动地进行意义建构的过程。即学生根据已有的知识基础，对外部信息进行主动地选择、加工和处理，从而获得有意义的新知识。

(二)学生观

建构主义理论重视经验世界的丰富性和差异性，强调学生的巨大潜能。当学生进入学习情境时，每一个学生都有着不同的知识和经验。

建构主义强调学生的主体地位，即学生是信息的加工者、意义的主动建构者，而不是被动接受知识的灌输，成为被动接受者和被灌输的对象。学生要成为理想的建构者，需要主动运用已有的知识、能力完成有意义的主动学习，包括主动地收集并分析有关的信息和资料，主动地对所学习的问题提出各种假设并努力加以验证，主动地分析与思考新知识与已知事物之间的联系，主动地与学习小组成员相互交流讨论等。

学生在过去的学习和日常生活中，已形成一定的经验和看法。学生在接触新问题时，会主动地根据现有经验背景，依靠他们的认知能力，对新问题进行合乎逻辑的分析与假设，形成对问题的解释。教师要重视学生已有的知识经验，把学生原有的知识经验作为新知识的生长点，引导学生从原有的知识经验中，生成新的知识经验。

由于学生经验背景的不同，对问题的理解也会各不相同。教师要重视学生自己对各种现象的理解，把学生对问题的看法和理解存在的差异性当作宝贵的学习资源，与学生一起针对某些问题进行探索和交流，倾听学生的想法，引导学生丰富或调整自己的解释。

(三)教师观

建构主义认为教师不是知识的传授者和灌输者，而是教学过程的组织者和促进者。教师在课堂采用情境、会话、协作等方式激发学生的学习兴趣，引发和保持学生的学习动机，以发挥学生的主动性和积极性。

教师要成为学生建构知识的帮助者和支持者，而不再是传统的传递知识的权威角色。要改变简单地向学生呈现知识的方式，倾听学生对各种现象的理解和认识，分析产生这些想法的原因。组织并引导学生开展讨论和交流，在互动交流的过程中不断丰富和调整认知结构，朝着有利于意义建构的方向发展，从而使学生的意义建构更为有效。

教师应该是学生有意义建构的引导者，通过创设符合教学内容要求的学习情境，引导学生通过自主学习、探究学习、合作学习等方式来展开学习。教师还要给学生提供丰富的、真实的问题，在充分重视并利用学生现有经验的基础上，引导学生对问题进行自主探索，激励学生从不同角度生成解决问题的观点和方法，促进学生最终达成有意义的建构。

二、基于建构主义理论的教学设计

建构主义理论的教学设计打破了以教师为中心的传统，确立学生是认知主体和主动建构者的身份，教师只是学生意义建构的帮助者和促进者。因此，建构主义理论的教学设计是以学为主，利用情境、协作、会话等学习环境要素充分发挥学生的主动性、积极性，最终达到学生对所学知识的意义建构。其教学设计包括以下步骤。

(一)教学目标分析

教师要分析全部的学科课程及各知识单元的教学内容，厘清学生需要“掌握”和“了解”的知识内容，从中选取需要掌握的基本概念、基本原理、基本方法和基本过程作为学习的知识“主题”，作为意义建构的对象；而一般的事实性知识或者其他的内容作为了解的内容。

(二)情境创设

教师要为学生的学习创设真实的问题情境，减少知识与解决问题之间的差距，有利于知识迁移能力的培养。创设的学习情境要还原知识的背景，恢复其原来的生动性、丰富性，能够推动学生进行自主学习，也能够促进学生之间的合作学习，达到主动建构知识意义的目的。学习情境的创设，要体现出三个方面的特点：一是围绕学习“主题”创设情境；二是学习情境必须与学习任务相结合，为促进学生自主学习、实现知识的意义建构而服务；三是学习情境以自然的方式展现学习任务所要解决的矛盾和问题，并提供丰富的学习资源，以便学生能够主动发现、主动探索。

(三)信息资源设计

学生自主学习、意义建构需要大量信息作为基础，丰富的学习资源是进行建构主义学习必不可少的条件。因此在教学设计时，教师需要明确学习该“主题”所需信息资源的种类，确定每种资源在学习“主题”过程中所起的作用，从而以学习资源的方式为学生提供解决具体问题所需要的相关知识和信息，目的是帮助学生主动探索和完成意义建构。教师还需要在获取信息资源的途径、手段、方法，以及如何有效利用信息资源等方面为学生提供适当的帮助。

(四)自主学习设计

设计以学生为中心的自主学习策略，主要从主观、客观两方面因素着手。一是主观因素，学生作为认知的主体，其智力因素和非智力因素对学习策略的选择至关重要。因此，要根据学生所具有的认知能力、认知结构和学生的学习风格等方面的特征，设计自主学习策略，通过各种学习策略激发学生去主动建构知识的意义，发挥学生学习的主动性、积极性，充分体现学生的认知主体作用。二是客观因素，即为学生主动建构知识创造必要的环境和条件，合理安排学习环境中各个要素，支持和促进学生有效学习。

(五)协作学习环境设计

为有效开展知识的意义建构，教师应在个人自主学习的基础上，尽可能组织协作学习。教师要通过协作学习环境的设计，对协作学习过程进行引导，包括提出初始问题、引入后续问题、引导学生讨论与思考以及作出恰当评价等内容。以此启发、诱导学生自己去发现规律、自己去纠正错误或片面的认识，使学习过程朝有利于意义建构的方向发展，进一步完善和深化对主题的意义建构。

(六)学习效果评价设计

学习效果评价的内容主要依据客观的教学目标，还应该包括自主学习能力、学习参与度等。评价通常包括形成性评价和总结性评价，它们在教学过程中起着不同的作用。评价可以采取学生个人的自我评价和小组对个人的评价相结合的方式。建构主义理论的评价更注重学生个人实际解决问题的能力。

(七)强化练习设计

根据评价的结果，应为学生设计出一套可供选择、并有一定针对性的补充学习材料和强化练习。精心设计的强化练习，应该包括需要掌握的基本概念、基本原理，同时要适应不同学生的要求，以便通过强化练习纠正学生原有的错误理解或片面认识，帮助学生达到符合条件的意义建构的目的。

三、典型的建构主义教学策略

在建构主义理论“以学生为中心”教学思想的影响下，诞生了许多“以学为主”的教学策略或教学模式。其共同特点是遵循充分发挥学生主动性、鼓励应用知识和强调自我反馈三个要素，充分体现学生的认知主体作用。其中典型的教学策略有支架式教学策略、抛锚式教学策略和随机进入教学策略。

(一)支架式教学策略

支架式教学策略“应当为学习者建构对知识的理解提供一种概念框架，这种框架中的概念是为发展学习者对问题的进一步理解所需要的，为此，事先要把复杂的学习任务加以分解，以便把学习者的理解逐步引向深入”。

支架式教学策略源自维果斯基“最近发展区”理论，即为了消除儿童独立解决问题的实际发展水平与在教师指导下解决问题的潜在发展水平之间的差异，教师需要搭建帮助学生进一步理解问题所需的概念框架。学生利用概念框架中的某个节点进入问题情境，在教师帮助下进行独立探索和小组间的协商、讨论，就像沿着脚手架那样一步步向上攀升，学生的智力发展从一个水平引导到另一个更高的水平，最终完成对所学知识的意义建构，即掌握所学知识，提高问题解决能力，成长为一个独立的学习者。这里所指的脚手架是指教师能够提供给学生并帮助学生提高现有能力的支撑形式，如能帮助知识理解的概念框架。

支架式教学策略是基于建构主义理论“以学生为中心”的教学思想，以培养学生的问题解决能力和自主学习能力为目标的教学方法，其教学步骤包括：①搭脚手架；②进入情境；③独立探索；④协作学习；⑤效果评价。

(二)抛锚式教学策略

抛锚式教学策略又被称为“实例式教学”或“基于问题的教学”，通常是以有感染力的真实问题或真实事件为基础，确定教学内容和教学进程。而确定此类真实问题或真实事件类似“抛锚”，当问题或事件确定后，教学内容和教学进程就像“轮船被抛锚固定一样”被确定下来。作为“锚”的事件或问题要创设出完整的、真实的故事情境，引导学生在情境中发现问题、分析问题、解决问题。学生要在信息资源的基础上对问题进行推论、验证，提出问题解决方案，并不断根据实施过程中的反馈，补充和完善原来的认识，完成对所学知识的意义建构。

抛锚式教学策略的步骤包括：①创设情境；②确定问题；③自主学习；④协作学习；⑤效果评价。

(三)随机进入教学策略

随机进入教学策略是指学生随机地通过不同途径、不同方式进入同样教学内容的学习，从而获得对同一事物或同一问题的多方面的认识与理解。随机进入教学是针对发展和促进学生的理解能力和迁移能力，对同一教学内容，在不同时间、不同情境下、为不同目的，用不同方式加以呈现。这样，教师通过创设出能从不同角度表现学习主题的情境，帮助学生能够随意通过不同途径、以不同方式进入同样的教学内容，从而获得对同一事物或同一问题的整体认识，而不是对同一知识内容的简单重复和巩固。因此，学生每次进入都有不同的学习目标，都有不同的问题侧重点，通过多次进入同一教学内容，力争达到对该知识内容比较全面而深入的掌握，实现对所学知识的全面而深刻的意义建构。

随机进入教学策略的教学步骤主要包括：①呈现基本情境；②随机进入学习；③思维发展训练；④小组协作学习；⑤学习效果评价。

由于个体的认知发展与学习过程密切相关，因此，利用建构主义可以比较好地说明人类学习过程的认知规律，即能较好地说明学习如何发生、如何实现意义建构、如何形成概念等，拓展了人们对学习认知规律的认识，改变了过去认为学生是知识灌输对象的传统观点。总之，在建构主义思想指导下，可以形成一套比较有效的认知学习理论，并在此基础上实现较理想的建构主义学习环境。

第二节　有意义学习理论

著名认知心理学家奥苏伯尔针对传统学习理论中不同程度地忽视人的学习特点，提出了以确认人的学习特点为前提的有意义学习理论，用认知论观点解释有意义言语材料的学习与保持。

一、基本观点

奥苏伯尔是在认知同化论的基础上建立有意义接受学习理论的，其学习理论既重视原有认知结构的作用，也关注学习材料自身的内在逻辑关系。其基本观点包括以下内容。

(一)学生学习的特点是有意义学习的基础

奥苏伯尔明确提出学生学习的三个突出特点：第一，重视学习者的主观能动性。学生的学习主动性、积极性、学习动机等应得到施教者足够的重视。第二，重视语言的中介作用。学生学习的知识是人类积累的系统文化知识，而这些知识主要是通过语言、符号表达的，并被加工为系统知识。因此，学生的课堂学习是“有意义的言语学习”，显示言语在学习中重要的中介作用。第三，重视学生的个体经验。人类的学习是建立在个体经验的基础上，只有在原有知识(个体经验)基础上学习新知识(社会历史经验)，这样的学习才是有成效的。

奥苏伯尔对学生学习特点的把握成为其建立有意义学习理论的基础，既重视人的学习主观能动性，又重视语言和个体经验的作用，把主观因素和客观因素辩证地统一起来。

(二)接受学习和发现学习是有意义学习的途径

奥苏伯尔将学习分为“机械学习”和“有意义学习”两种类型，并进一步研究了实现“有意义学习”的途径或方式，认为可以通过“接受学习”和“发现学习”两种途径实现。接受学习的基本特点是“所学知识的全部内容都是以确定的方式被(教师)传递给学习者。学习课题并不涉及学生方面的任何独立发现。学习者只需要把呈现出来的材料加以内化或组织，以便在将来某个时候可以利用它或把它再现出来”。发现学习的基本特点是“要学的主要内容不是(由教师)传递的，而是在被纳入学生的认知结构以前必须由学习者自己去发现出来”①。

接受学习可能是机械的，也可能是有意义的；发现学习可能是有意义的，也可能是机械的。因此，有意义学习可以通过“接受学习”和“发现学习”两种途径实现，两者的区别在于前者主要依靠教师发挥主导作用，通过“传递—接受”的方式来实现；后者主要依靠学生发挥主体作用，通过“自主发现”的方式来实现。奥苏伯尔倡导的主要学习形式是有意义的接受学习。

(三)建立新、旧知识之间非任意的、实质上的联系是有意义学习的本质

有意义学习是符号所代表的新知识以非任意的(非人为的)方式、在实质上(非字面的)与学习者认知结构中已有的适当概念、命题建立起联系的过程。其中，非任意的联系是符号代表的新知识与学习者认知结构中有关观念在某种合理的或逻辑基础上的联系；而实质性联系是新的符号或符号代表的新知识与学习者认知结构中已有的表象、已经有意义的符号、概念或命题的联系，是真正理解所学内容，能用不同的语言表述形式表达同一概念，这是区别有意义学习与机械学习的重要标准。

所以，有意义学习的本质是，这些符号表示的观念与学习者原有认知结构中的某一方面(如一个表象、一个已经有意义的符号、一个概念或一个命题)产生合乎逻辑的且不是字面上的实质联系。奥苏伯尔认为，能否建立新、旧知识间的这种联系，是影

① 何克抗，李克东，谢幼如．“主导-主体”教学模式的理论基础[J]．电化教育研究，2000(2)：3-9.

响学习的唯一最重要因素，是教育心理学中最基本、最核心的一条原理。① 学生在学校里系统学习教材知识主要是有意义学习，是在教师指导和参与下使用有意义的学习资源，以有意义学习方式来进行的学习，包括接受式学习、发现式学习或指导发现式学习等。与之相对应的是机械学习，不是靠在新、旧知识之间建立符合逻辑、非任意性的深层次联系，而是靠死记硬背的学习。

(四)基于同化理论的有意义学习原理

同化是学习者头脑中某种认知结构吸收新的信息后，使原有的概念发生变化，以使它符合现有的认知方式。通过同化，新知识被纳入学习者的认知结构中去，丰富了原有认知结构，而原有的认知结构经过吸收新知识，自身也得到了改造和重新组织。同化的结果，一方面使新知识代表的潜在意义转化为能被理解的心理意义，另一方面使原有认知结构得到不断扩展和深化。

奥苏伯尔用心理学的同化理论解释了有意义学习的原理，即有意义学习是以同化方式实现的。学习者的认知结构最底端为具体的案例、材料，往上为概括水平较低的概念，再往上为概括水平较高的概念。学生认知结构的形成就是有意义学习的过程，是通过新信息与学生认知结构中已有概念的相互作用，实现新、旧知识在意义上的同化，从而完成认知结构不断建构、不断充实和完善的过程。

因此，有意义学习必须具备的条件包括：①新的学习材料本身具有逻辑意义；②学习者认知结构中具有同化材料的适当知识基础，便于与新知识进行联系；③学习者具备有意义学习的心向，即具有能积极主动地在新知识与已有适当观念之间建立联系的倾向性。

二、有意义学习的类型

奥苏伯尔根据有意义学习材料的复杂程度，把有意义学习由简到繁地分为符号表征学习、概念学习、命题学习、概念和命题运用、解决问题与创造。其中，符号表征学习、概念学习、命题学习是有意义学习的基本类型。

(一)符号表征学习

符号表征学习是学习单个符号或一组符号的意义，或者说学习符号代表的意义，包括学习符号和符号所代表的人、事物或性质。符号代表的意义可以是具体的实物，也可以是抽象的表述，比如用实物图形代表细胞(的结构)，或者用概念术语“细胞”表示，也可以用文字表述，都是认知细胞的定义。

(二)概念学习

概念是反映同类事物本质的共同特征，所以，概念学习实质上是掌握同类事物共同的本质特征，是有意义学习较高级的形式。

概念是知识的基本单元，生物学知识是由一系列的概念、原理等构成的，因此，概念学习是生物学知识学习的主要内容。

---

① 何克抗，李克东，谢幼如．“主导-主体”教学模式的理论基础[J]．电化教育研究，2000(2)：3-9.

（三）命题学习

命题是在概念基础上形成的，通过句子的形式表达。包括两类：①非概念性命题，只表示两个以上特殊事物之间的关系，命题只陈述了一个具体事实。②概念性命题，表示若干事物或性质之间的关系，表示某种规律、定理或原理。

命题学习就是学习若干概念之间的关系，包括非概念性命题学习和概念性命题学习，非概念性命题学习是事实学习，而概念性命题学习是学习规律、定理、原理，是掌握概念之间的关系，属于有意义学习的核心成分。命题学习必须以概念学习为前提，根据新学习的命题与已有概念或命题之间的关系，按照自上而下、自下而上和并列的逻辑顺序，可将命题学习分为三种类型。

1. 下位学习

学习者认知结构中原有的概念与命题在抽象和概括水平上高于新学习的知识，因而新知识从属于原有的知识体系，与原有知识之间构成归属关系，即下位关系。所以，下位学习就是学习者将概括、抽象水平较低的概念或命题，纳入自身认知结构中原有概括、抽象水平较高的概念、命题之下，从而获得新概念、新命题的意义。

在下位学习中，新概念、新命题可以归属到原有认知结构的概念、命题中，或者引起原有概念、命题的概括和抽象程度发生某些变化，这种新知识与原有知识的相互联系与相互作用的学习，也称为类属学习。例如，学生已经知道哺乳动物这一概念，了解哺乳动物具有胎生、哺乳等特定的意义，当学习蝙蝠这一新概念时，将其与哺乳动物建立联系，自然会根据蝙蝠具有胎生、哺乳等特性，将其归属于哺乳动物的类群。

2. 上位学习

学习者认知结构中原有的概念与命题在概括、抽象水平上低于新学习的概念与命题，是新知识的从属概念，而新知识是总括性概念。因此，学习者学习新的概念、新的命题时，需要以原有的概念与命题为基础，学习概括、抽象程度较高的概念或命题，通过归纳、综合的方式掌握新知识的意义，称为上位学习。

上位学习是从概括程度较低的旧知识上升到概括程度较高的新知识的意义学习方式，学习者需要在原有的下位概念基础上，进一步抽象、概括出上位概念。这样，由原有的下位概念支撑形成的上位概念，在学习者的认知结构中就具有了意义。由于新概念、新命题的概括和包容程度较高，是原有知识的总括，所以，上位学习也称为总括学习。例如，学生先后学习了非同源染色体的自由组合、同源染色体中非姐妹染色单体的交叉互换，可以根据两类染色体变化都导致非等位基因出现新的组合，概括出基因重组的概念。

3. 并列结合学习

学习者认知结构已有的概念和命题与新的概念和命题之间既不属于上位概念，也不属于下位概念，相互之间缺少具体、直接的联系，但它们之间仍然具有某些共同的特征，即一般的吻合性。因此，学习者学习新的概念、命题时，根据原有概念、命题与新概念、新命题之间存在着的一般的吻合性，将新概念与已知概念并列结合，使新概念获得意义，称为并列结合学习。

尽管新的学习内容类属于而不能概括为已知的概念，但新、旧概念之间确实存在着某种共同的特征，可以利用一般吻合性的固定作用，使新概念、命题获得意义。例如，“染色体变异”的概念与“基因突变”“基因重组”的概念属于并列概念，都属于“变异”概念的下位概念，学生在学习了分子水平发生的变异“基因突变”“基因重组”的基础上，建构“染色体变异”的概念，进而将染色体变异的知识纳入到“变异”的知识体系中，建立起“基因重组”“基因突变”“染色体变异”之间的横向联系，分清三者之间的区别，把握变异的本质属性。

在命题学习中也包含了表征学习，如果学生对一个命题中的有关概念没有掌握，就不可能理解这一命题。所以，符号表征学习、概念学习、命题学习这三种学习类型是由低级到高级的关系。除此之外，有意义学习的类型还包括概念和命题学习、解决问题与创造，前者是指概念和命题(概括性命题)在简单情境中的运用，后者是指概念和命题在复杂情境中的运用，创造是解决问题的最高级形式。

三、组织原则与教学策略

奥苏伯尔根据有意义学习的过程，提出了有意义学习的组织原则与策略，包含“渐进分化”原则、“整合协调”原则和“先行组织者”策略。

(一)组织原则

“渐进分化”原则、“整合协调”原则被认为是实现有效同化所必须贯彻的原则。

1.“渐进分化”原则

“渐进分化”原则指在呈现新教材内容时不断纵向分化，按照先整体再局部，先一般再特殊的原则，先呈现具有概括性较高、包容性较强的知识，再安排概括程度依次降低的知识。通过内容的不断分化，后面学习的知识被前面所学知识固定和同化，前面的知识被后面所学知识不断扩展和深化，新、旧知识建立纵向联系，所以，也称为“纵向分化”原则。

“渐进分化”原则适合下位学习，即从上位概念到下位概念的学习。教师需要根据人们认识事物的自然顺序和认知结构的组织顺序，对知识进行由上位到下位、由一般到个别的纵向组织，使教学能够先传授最一般的、概括性比较强的、包摄性最广的概念或原理，再传授由上位概念逐步分化而来的具体概念、初级概念。这样，通过不断分化的策略来呈现材料，学习的进程可以加快，也有利于知识的保持与迁移。

2.“整合协调”原则

“整合协调”原则是教师在运用演绎法逐渐分化出新知识的时候，及时注意知识之间的横向联系，如概念、原理、法则之间的联系，达到融会贯通的目的，所以，也称为“综合贯通”原则。

“整合协调”原则适用于上位学习和并列结合学习。教师要帮助学生在学习中比较概念间的相同点与不同点，厘清新、旧知识的区别和联系。特别是要区分前后出现的连贯概念在现象与实质上的差异性，以消除学生头脑中已有知识之间可能存在的矛盾与混淆，保证先前学习、掌握的知识能够更好地为后续学习提供基础，促使学生认知结构中现有要素的有机组合，所学知识的融会贯通。

(二)“先行组织者”策略

“先行组织者”策略是基于“渐进分化”原则、“整合协调”原则提出的具有可操作性的教学策略，是有意义学习理论的重要组成部分，已成为实现“有意义学习”最有代表性、最具影响力的教学策略。

1. 先行组织者

奥苏伯尔特别强调个体的认知结构对学习的重要影响，他认为能促进有意义学习的发生和保持的最有效策略，是利用适当的引入性材料对当前所学新内容加以引导。这类安排在学习任务之前呈示给学习者的引导性材料，比正式的学习内容具有更高的抽象性、概括性和统摄性，可以充当新、旧知识之间联系的桥梁，也与学生个人的已有经验相联系，从而能对新学习内容起固定、吸收作用，顺利地把新知识纳入认知结构中，这种引导性材料称为“先行组织者”。

提供先行组织者的目的是用先前学过的材料去解释、整合和联系当前学习任务中的材料，有助于与当前学习的材料形成有机联系，并帮助学习者把新的学习内容与已有的知识联系起来，为有意义接受学习新知识提供认知框架或固着点。因此，先行组织者是改进认知结构和促进新知识保持的主要手段，具有教学定向的作用。

2.“先行组织者”策略的类型

“先行组织者”呈现方式多样，既可用文字材料呈现，也可利用形声材料呈现；既可通过陈述形式介绍，也可利用问题、图表、情境等形式引进。根据学生对新知识的熟悉程度，“先行组织者”策略可以分为以下两种类型。

(1)“陈述性组织者”策略。

当学生对学习内容比较陌生，其认知结构中缺乏适当的上位概念用以同化新知识时，教师可以设计概括与抽象水平高于要学习新材料的组织者，其中包括学生较为熟悉的、抽象与概括水平较高的上位概念，使新学习的概念与原有的上位概念加以联系。

学生通过事先学习“组织者”，用已熟悉的术语提供新概念的固定点，获得同化新知识的认知框架，从而为新的学习提供最适当的类属者，并与新学习的概念形成上位关系。在学生学习新知识时，能够把下位概念通过概括纳入上位的认知结构中去，充实上位概念结构，同时将概念组成一个按层次排列的网络系统。

(2)“比较性组织者”策略。

当学生对学习内容较为熟悉时，其认知结构中已经具有适当概念与新知识相联系，用于同化新知识。但原有概念不清晰、不巩固或不稳定，新、旧知识之间的差别也可能被相似性所掩盖，使学生对新、旧知识之间的关系辨别不清，在学习新知识时可能把新、旧知识混淆起来。

教师可以设计揭示新、旧知识异同的“比较性组织者”，其目的在于比较新材料与认知结构中相类似的材料，从而增强似是而非的新、旧知识之间的可辨别性，增强原有的起固定作用概念的稳定性与清晰性，并为学习新概念提供稳定的固定点，有利于正式材料的学习。

两类先行组织者策略在运用过程中，都要求学生将自己原有的知识与新学习的材料之间发生积极的相互作用，将教师提供的新材料转化到自己的认知结构组织中，建立起非任意的、实质性的联系，使学习成为积极的有意义学习。

3.“先行组织者”策略的实施①

(1)运用“先行组织者”策略的条件。

①教师起呈现者、教授者和解释者的作用；

②教学的主要目的是帮助学生掌握教材，教师直接向学生提供学习的概念和原理；

③教师需要深刻理解奥苏伯尔的有意义学习理论和先行组织者策略；

④学生的主要任务是掌握观念和信息；

⑤个人的原有认知结构是决定新学习材料是否有意义、是否能够很好地获得并保持的最重要因素；

⑥学习材料必须加以组织以便于同化；

⑦需要预先准备先行组织者。

(2)“先行组织者”教学策略实施的基本步骤(表 3-1)。

表 3-1 先行组织者教学策略

教学过程		教学活动
阶段 1	呈现组织者	阐明本课的目的
		呈现作为先行组织者的概念：确认正在阐明的属性；给出例子；提供上下文
		使学习者意识到相关知识和经验
阶段 2	呈现学习任务和材料	使知识的结构显而易见
		使学习材料的逻辑顺序外显化
		保持注意
		呈示材料
		演讲、讨论、放电影、做实验和阅读有关的材料
阶段 3	扩充与完善认知结构	使用整合协调的原则
		促进积极的接受学习
		提示新、旧概念(或新、旧知识)之间的关联

奥苏伯尔提出的“渐进分化”原则、“整合协调”原则和“先行组织者”策略，为教师科学地进行教学设计、合理地安排教学进度提供了理论依据和现实指导，为学生有效地开展知识的学习和保持、迁移和应用提供了有力的帮助。

第三节 认知发现学习理论

美国认知心理学家布鲁纳以认知结构学习理论为基础，提出了认知发现学习理论，强调学习的实质是主动建立或重新组织认知结构，提倡学生主动学习，通过发现促进自身形成某一学科基本知识的完整体系和系统概念。布鲁纳认为：“教学生学习任何科

① 何克抗，林君芬，张文兰．教学系统设计[M]．北京：高等教育出版社，2006：84．

目，绝不是对学生心灵中灌输些固定的知识，而是启发学生主动去求取知识与组织知识。教师不能把学生教成一个活动的书橱，而是教学生如何思维；教学生如何像历史学家研究分析史料那样，从求知过程中去组织属于他自己的知识。因此，求知是自主性的活动历程，而非只是被动地承受前人研究的成果。”①

一、学生观

认知发现学习理论认为，学生在学习过程中是一个积极的探究者，应该像科学家那样探求知识和主动思考，而不是被动地接受教师的灌输。

(一)关注学习的内在动机

学生往往把同学之间的竞争作为学习的主要动机，以取得好的学科成绩为目标。布鲁纳认为，好奇心是“学生内部动机的原型”，对学科本身的兴趣就是学习的最大动机。虽然通过奖励和惩罚等外部动机可以在一定程度上激发学生兴趣，但对学生学习能力的提高和长远的发展并没有多大益处。当学生的认知结构和认知需要有了一定的发展后，内部的动机变得更为重要，要激发学生对自己的能力提出挑战，产生对学科本身的热爱和发现的兴趣。

发现学习可以培养学生学习的内在动机。因为，发现活动有利于激发学生的好奇心，学生在好奇心驱使下，对探究未知的结果表现出兴趣，从而激发学生的学习动机。通过发现学习，可以培养学生把发现的过程及其结果作为自我奖赏，产生自主学习的动机和自主掌握知识结构的获得感。

(二)强调学习过程

学生学习的主要目的是参与建立学科知识体系的过程，而不是仅仅记住学科知识的内容。所以，学习是一种过程，不是一种结果。

运用发现学习的方式，教师并不是直接把知识呈现在学生面前，而是让学生在学习情境中必须经过自己主动的探索和寻找，通过一系列的发现行为才能获得所需要掌握的学习内容，从而形成完整的认知结构。发现学习要求学生按照自己的方式去学习，积极参与探索、发现的全部历程，在解决问题的过程中掌握探索的基本方法，成为自主独立的思考者、学习者与问题解决者。

(三)重视认知发展

布鲁纳提出思维生长或智慧生长比生理生长更重要，智慧生长和认知发展是同义词，是形成表征系统的过程。认知表征是指个体经知觉而将其外在环境中的物体或事件转换为内在心理事件的过程。人类获得知识的过程就是对事件进行认知表征的过程，任何表征都依赖一定的结构，即表征方式。学生的认知发展经历了动作性表征、映像性表征和符号性表征三个阶段。

动作性表征阶段，学生主要通过运用适当的动作来认识、再现外界事物的特征，由一系列适合于得到某种结果的行动构成。通过自己做和看别人做而学习，具有高度操作性的特点。

---

① 何克抗，林君芬，张文兰. 教学系统设计[M]. 北京：高等教育出版社，2006：90.

映像性表征阶段，学生显示出将环境中的经验构成内在表象的能力，用事物的具体形象或表象来表征认知主体关于外部世界的知识与经验。学生是用视觉图像或其他感觉表象等心理表象作为某些客体的替代物，通过心理表象来认知事物。映像性表征是比动作性表征高一级的认知方式。

符号性表征阶段，学生使用人为设计的语言或其他符号系统表征认知主体关于外部世界的知识和经验。符号系统不是具体的事物，具有抽象性、间接性和任意性的特征，其中语言是最重要的符号表征系统。学生借助符号系统来储存或提取大量信息，进行推理、解决问题。

以上三种表征是学生不同的认知方式，代表着认知的不同阶段和不同发展水平。当达到符号性表征阶段时，并不代表认知发展的停止，只是标志着学习者具备了进一步理解世界所需的基本工具——语言。同时，符号性表征阶段仍然需要运用动作性表征、映像性表征的方式，既要用语言、文字等符号进行学习，也要运用实际操作和图解方式等帮助学习。

二、学习观

认知发现学习理论是通过研究人的认知过程来探索学习规律的学习理论，非常强调认知结构的形成和对学生现有认知结构的了解在知识学习中的重要作用。

(一)学习的本质是主动形成认知结构

认知结构是学生已有观念的全部内容及其组织，或者是学生在某一学科的特殊知识领域内观念的全部内容及其组织，也就是学生头脑中的知识结构。认知结构是学生在以前学习活动过程中逐步形成的，也是理解和学习新知识的重要内部因素和基础。

布鲁纳认为，认知结构是人过去对外界事物进行感知、概括的一般方式或经验所组成的观念结构，是由“一套感知的类目”“比较抽象的概念”“主观臆测或意象”等成分共同构成的一套编码系统，一切知识都是按编码系统排列和组织，学习就是形成类目及其编码系统。布鲁纳十分重视认知结构在学习中的作用，认为学生必须对学习材料所揭示的规则、现象、事物正确地类别化(概括化)，以便在具体知识的基础上形成一般编码系统，促进知识的获得和认知结构的形成。

认知发现学习理论强调，学习的实质是一个人把同类事物联系起来，并组织成赋予它们意义的结构，学习即认知结构的组织和再组织。知识的学习就是在学生的头脑中形成各学科的知识结构。所以，学习是积极主动的认识过程，学习者不是被动地接受知识，而是主动地获取知识，并通过把新获得的知识和已有的认知结构联系起来，把新知识同化到原有认知结构之中，积极地建构新的知识体系。因此，学习的实质是主动形成认知结构的过程，形成良好的认知结构，才能保证发生有效的学习。

(二)学习的过程包括获得、转化和评价

布鲁纳认为学习任何一门学科的最终目的是建构学生良好的认知结构，需要经过新知识的获得、知识的转化和评价三个阶段。

新知识的获得是以已有的知识和经验所构成的认知结构为基础，去接受比以前更精练概括或相反的知识。这个过程中，通过“同化”和“顺应”以扩充、改造或替代了原有的认知结构，使新知识纳入原有的认知结构中，或形成新的认知结构。因此，新知

识的获得是与已有知识经验、认知结构发生联系的过程，是主动、积极的认识过程。

知识的转化是对新知识的进一步分析和概括，把信息转化成各种不同组合方式使之超出最初所给的事实，以适应新的任务，从而获得更多和更深刻的知识。

评价就是对知识转化的一种检测，通过评价可以检测学生处理知识的方法是否适合新的任务，概括得是否恰当，或者运用得是否准确。

(三)学习的最佳方式是发现学习

布鲁纳指出："发现不限于那种寻求人类尚未知晓之事物的行为。正确地说，发现包括用自己的头脑亲自获得知识的一切形式。"①"不论是在校儿童凭自己的力量所做出的发现，还是科学家努力于日趋尖端的研究领域所做出的发现，按其本质来说，都不过是把现象重新组织或转换，使人能超越现象再进行组合，从而获得新的领悟而已。"②发现学习是学生利用教材或教师提供的条件，经过自己独立思考，自行发现知识，掌握原理和规律；是学生通过独立思考和自我探索不断发现新的知识和价值体系，以获取知识并培养探究思维的一种学习方式；是学生主动探寻世界的过程。

认知发现学习理论认为，学生的学习应是主动地发现，而非被动地接受知识。发现学习是学生通过"发现"不断探索以及通过学习"如何发现"而进行学习的逻辑模式，"发现"是学习的主要任务和目标。发现学习是学习知识和认知世界的最佳方式。

三、教学观

认知发现学习理论强调，教学过程不以传授知识作为唯一目的，而教给学生解决问题的学习策略更为重要。教师的作用是要创设一种学生能够独立探究的情境，而不是提供现成的知识。

(一)指导学生掌握学科基本结构

认知发现学习理论认为，学科知识都是有结构的，以简明、连贯的逻辑组织形式呈现出来，学科基本结构主要是由学科的基本概念、基本原理等构成。学生只有掌握学科基本结构，将该学科看作一个相互联系的整体，才能有助于记忆整个学科的具体内容，深刻理解和运用学科知识，并把知识迁移到新的情境中。

所以，指导学生掌握学科基本结构在教学中有着重要作用。布鲁纳强调"不论我们选教什么学科，务必使学生理解该学科的基本结构"。而掌握学科的基本结构，就是要"通晓某一学科领域的基本概念。不但包括掌握一般原理，而且包括对待学习和调查研究、对待推测和预感、对待独立解决难题的可能性等态度"③。教师要从学科知识中提炼出学科最基本的结构，按照学科基本结构精心选择教学材料，组织成教学单元。而学生学习的核心内容就是学科知识的基本概念和原理，当学生掌握学科基本结构后，就能整体把握学科知识系统。

---

① 邵瑞珍，皮连生，吴庆麟. 教育心理学参考资料选辑[M]. 上海：上海教育出版社，1990：190.

② 王丕. 学校教育心理学[M]. 开封：河南大学出版社，1988：95-96.

③ 同②.

(二)按最佳序列呈现教学内容

教学活动的程序会影响学生获得知识和发展能力的效果，教师在开展知识教学时，要充分考虑已有的学习水平、个性差异、学习材料的性质等影响学生学习的主要因素。根据学生实际情况恰当地组织教学内容，选择最佳教学程序：教学内容的呈现顺序要符合学生的心理发展水平、智力发展水平，适合学生的认知表征方式；要符合知识的逻辑关系，使学生的知识结构能够前后衔接；有助于学生加快学习的速度，帮助学生对知识的理解，增强学生掌握、转换、迁移知识内容的能力。

教师设计的教学内容最佳呈现顺序，能够帮助学生掌握学科的知识结构，成为激发学生思维的教学程序。

(三)提倡发现教学法

布鲁纳认为，发现教学法有助于学生理解和记忆所学知识，有利于培养学生发现的方法与技巧，有效提高学生的认知能力；而且能充分发挥学生的主动性和主体性，有利于培养和激发学生内在的学习动机。因此，在教学中倡导采用发现教学法，引导学生主动探究、独立发现。

发现教学法要从学生感兴趣的问题入手，注重学习过程，引导学生主动探索。教师不是给学生现成的结论，而是为学生提供适合的学习材料。学生面对尚无定论的学习材料，需要自己独立思考，对材料所提供的信息加以重新组织、转换，并与已有的认知结构发生联系。整个学习过程可能需要经过多次的发现、整合、内化等环节，最终将新的发现纳入认知结构中或重构已有的认知结构，实现自行发现知识，掌握概念、原理和规律。

认知发现学习理论的研究重点是学生获得知识的内部认知过程及教师如何组织课堂以促进学生“发现”知识的问题，强调学习的认知过程，重视认知结构的形成以及内在动机在学习中的作用。

第四章　中学生物学科教学规律、原则与模式

教师开展教学活动，需要在认识教学规律、遵循教学基本原则的前提下，选择适合的教学方法、运用恰当的教学模式，以保证教学活动的质量和效果。

第一节　教学规律

规律是事物发展过程中内在的、必然的、本质的联系，是不以人的意志为转移的客观存在。教学规律则是存在于教学过程中不以人的主观意志为转移的本质联系。

一、教学规律概述

教学过程是由教师、学生、教学内容三大要素构成，教学规律应该是这三大要素之间内在的、本质的、必然的联系。因此，教学规律对教学活动具有制约作用，是制订教学原则的重要依据。

从教学规律的本质属性看，教师不能创造和改变教学规律，只能认识、发现、利用教学规律，即把握教学过程中各要素之间内在的、本质的联系。《学记》中说："既知教所由兴，又知教所由废。然后可以为人师也。"意思是说，要知道教学怎样才会成功，怎样会失败，即要认识并遵循教学的客观规律才能当好一个老师。

二、教学的基本规律

教学规律中具有高层次、普遍性、起主导作用的规律称为教学的基本规律。揭示教学基本规律，是制订教学原则、选择教学组织形式和运用恰当教学方法的科学依据。

(一)教师教与学生学相统一的双边性规律

教与学、教师与学生是教学过程中始终存在的、永恒的联系，也是教学活动最基本的联系，二者相互依存、相互影响。正如《学记》所言，"学然后知不足，教然后知困。知不足，然后能自反也；知困，然后能自强也。故曰：教学相长也"。

1. 教与学相互依存、互相促进

在教学过程中，教师的教和学生的学互为条件，缺一不可。教师通过"教"向学生传授知识，培养思想品德，发展智力与体力；学生以"学"积极主动获取知识，形成一定的思想品德，获得智力与体力的发展。教是为了学，要以学为目的，离开了学的教就失去其意义；学需要教，要以教为条件，离开了教的学不是教学，而是自学。所以，教与学相互依存，彼此不能分离，共处于一个统一的过程之中。

教与学之间的影响作用是双向的，即"教学相长"。教师和学生在教学过程中的双重地位是紧密联系的，双方互为认识和作用的对象。在教学过程中，教师和学生同时扮演两种角色，具有主体和客体的双重地位。其中，教师的主体性表现为教师起主导作用；其客体表现为教师是学生认识和作用的对象。教师的思想品德、个性、教学方

法、风格、仪表、言谈举止等一切方面，时时处于被学生认识、理解的地位。而学生的主体性表现在，学生是认识的主体和发展的主体，通过学习把人类文化的成果转化为自己的知识和精神财富，获得个人的发展，这是别人无法代替的；同时，学生在教学过程中，又是被认识、被发展的客体，是教师“教”的对象。

2. 教师主导和学生主体相统一

在教学过程中，教师与学生之间的关系表现为教师的主导作用和学生的主体地位相统一的关系。教师在教学过程中起主导作用，引导学生去认识和发展，学生则是学习的主体。教师的主导作用和学生的主体地位是辩证统一的。

教师在教学过程中处于组织者、指导者的地位是由其地位和作用决定的。第一，教师受过专业训练，掌握比较丰富的科学文化知识，熟悉教学工作的程序，懂得教学的基本规律，因而能够担负组织和领导教学过程的任务；第二，教学目的、内容、方法、进程等教学过程的主要因素，都由教师选择与决定；第三，学生是受教育者，知识贫乏，经验欠缺，还没有掌握独立的学习方法，只有在教师的启发下，才能克服困难，取得良好的学习效果；第四，教师对学生的学习进程、速度、方法、质量和学习的主动性、积极性起着关键性作用。所以，教师的教对学生的学有主导作用。教师必须在教学中充分发挥主导作用，指引学生学习的方向，调动学生的学习积极性，选择恰当的教学方法，做好教学活动的组织安排。“施教之功，贵在引导，要在转化，妙在开窍。”我国著名教育家叶圣陶先生说：“所谓教师之主导作用，盖在善于引导启迪，俾学生自奋其力，自致其知，非谓教师滔滔讲说，学生默默聆受。”“教师当须教，而尤宜致力于‘导’。‘导’者，多方设法使学生能逐渐自求得之，卒底于不待教师教授之谓也。”①

学生是具有主观能动性的人，在教学过程中处于学习主体地位。第一，学生是认识主体，教师所组织的一切教学活动，都要通过学生来进行和落实，教学效果和质量也要体现在学生认识的转化和行为的变化上；第二，学生是学习活动主体，在学习过程中学生必须进行独立的学习活动和完成学习任务；第三，学生是活生生的有意识的人，有自己独立的思想、情感、意志、性格、志趣和追求，具有积极的主观能动性，就学生方面而言，教学过程就是学生在教师指导下自己独立学习的过程；第四，学习的内在动力源泉在学生，不在教师。教师只是促进学生学习的外在因素，教师无法代替学生的学习，教只是为学而存在的，为学而服务的，教必须通过学而起作用，教的效果要通过学的结果体现出来。

总之，教师在教学过程中起主导作用，实质在于教学过程中调动学生的学习主动性、积极性和创造性，给学生创造实现由不知转化为知、不会转化为会的条件，从而激发学生的主体作用，变“要我学”为“我要学”，使教育教学走向成功。所以，教师主导作用发挥得越充分，学生学习的自主性越高，正确处理好教师主导作用与学生主体地位之间的辩证关系，才能有效提高教学质量。

---

① 叶圣陶．叶圣陶语文教育论集[M]．北京：教育科学出版社，2015：522．

（二）直接经验与间接经验相统一的特殊性规律

教学以学习书本知识为主，这是人类已知的知识，是一种间接经验。但对学生来说，书本知识多数属于未知的东西，许多需要建立在已有的生活经验和有关的感性认识的基础上，才能形成理性认识。

1．学生认识对象的特殊性

人类的认识对象是客观世界本身，而学生对于客观世界的认识，主要是在教师的指导下借助于学习书本知识，通过接受前人间接经验实现的。学生学习的目的不是去探求和发现新的真理，主要是学习和继承人类已知的真理。

学生学习书本知识中的间接经验，是人类实践经验的总结和概括，无疑是学生认识客观世界的捷径。它可以突破时间和空间的限制，避免重复人类所经历的曲折和失败，使学生在最短的时间内用最高的效率掌握高度简约化和概括化的间接经验。当然，学生以学习间接经验的书本知识为主，并不意味着可以忽视甚至排斥直接经验在学生认识过程中的重要作用。因为学生所学习的书本知识是概括的、抽象的理性知识，学生缺少亲身经验，不易理解和接受这些知识，因此必须借助于一定的感性认识，才能更好地理解和掌握这些知识。所以，学生学习的主要任务是学习间接经验，但要使间接知识和直接知识有机结合起来。教师要以学生已有的感性认识为基础，唤起学生已有的表象，注意教学的理论联系实际，学以致用。还要组织必要的实践活动，如练习、实习、实验、参观、访问等，以丰富学生的感性认识，为学生学习和接受理性知识奠定基础。

2．学生认识过程的特殊性

学生的认识对象主要是教材，需要在教师的指导下，经过感知教材、理解教材、巩固知识和运用知识的序列认识过程。感知教材是指学生在教师引导下运用感官，通过多种形式接触教材，获得对教材内容的感性认识，形成初步的表象；理解教材是指在感知教材的基础上，通过教师教的活动，激发学生的思维活动，对教材进行加工、改造、抽象和概括，形成新的概念，使感性认识上升到理性认识；巩固知识是指学生经过思考、复习、练习、作业等形式，对已理解的知识形成牢固的记忆，并在需要时及时出现，巩固是保持知识的必要条件；运用知识是指学生在教师组织指导下，运用所学知识解决练习性课题或独立分析和解决一些实际问题，形成一定的技能技巧。

因此，教师应把教学过程当作人类认识过程的“模拟过程”，引导学生探索未知领域，在直接经验中尝试人类在发现真理时所经历的挫折和失败，去体验探究活动的苦与乐，发展学生独立思考、独立学习、独立研究的能力。这样，将直接经验与间接经验有机结合，让学生简捷地获得较完全的知识，从而最有效地掌握知识。

（三）掌握知识和发展智力相统一的发展性规律

教学是传授知识的过程，也是促进学生身心发展的过程。智力是在掌握知识的过程中形成、发展和表现出来的，智力又是掌握知识不可缺少的条件。所以，教学的发展性规律就是在教学过程中，知识的传授影响着以智力为核心的身心发展，学生以智力为核心的身心发展又影响着学生对知识的掌握，体现出学生掌握知识与发展智力的辩证统一关系。

1. 掌握知识是发展智力的基础

知识是思维的内容，是学生进行认识活动的工具。学生的智力只有在掌握知识的基础上才能得到发展，在运用知识的过程中才能体现出来。因此，没有知识就不可能发展智力，离开了掌握和运用知识，智力的发展就失去了基础和表现的条件。强调向学生传授科学文化知识和技能，重视基础知识和基本理论的教学，其目的就是为发展学生的智力奠基，并使其在运用知识的过程中逐步得到发展。大量事实表明，一个人的知识越丰富，对事物的观察越深刻，思维活动就越能在更广阔的领域中进行，对事物的判断、推理就会更准确。

掌握知识是发展智力的基础，学生掌握的知识越丰富、越牢固，接受知识的速度越快、理解能力就越强；如果学生掌握的知识越贫乏、越薄弱，接受新知识的速度越慢、理解能力也就越差。但知识不是智力，也不等于智力。掌握的知识越多，并不证明智力水平越高。掌握知识的多少并不与智力水平成正比，智力不仅表现为知识本身，还表现为获得知识的心理品质上。

2. 发展智力能促进知识的掌握

智力是掌握知识的重要条件，发展智力能促进知识的掌握。智力水平的高低直接影响掌握知识的深度、广度和速度。一般来说，学生智力水平高，掌握知识的速度就快，数量就越多，质量就高；智力水平低，掌握知识的速度就慢，数量就少，质量就低。所以，要在传授知识的基础上，培养学生独立钻研、独立分析和解决问题的能力，以充分发展学生的智力。

在传授知识的同时，促进学生的身心发展是教学过程的客观要求，两者既有联系又有区别。其中，传授知识是发展智力的基础和条件，发展智力是掌握知识的前提和结果。在教学过程中，要把握好知识与发展智力相互转化的内在机制：一是加强基础知识、基本技能和基本方法的教学，为学生智力的充分发展打下牢固的基础；二是在确定教学目标、组织教学内容、安排教学步骤、确定教学环节、选择教学方法等方面，不仅要从传授知识出发，更要关注智力发展的要求；三是要遵循学生认识过程的规律，按照学生认识过程的阶段，把传授知识和发展智力的要求贯穿于整个教学过程；四是要根据学生身心发展的特点，有计划、有目的地发展学生的智力；五是注重启发式教学，引导学生积极思考、主动探究，促进智力的发展。

(四)传授知识与思想教育相统一的教育性规律

教学具有教育性是教学过程的客观规律之一，它反映了教学过程中的科学性与思想性相统一的辩证关系，同时也对教学提出了更高的要求。

1. 教学具有教育性

教学具有教育性是教学中的客观存在，教学内容本身含有丰富的思想教育内容，学生在学习各门学科的内容时，就可以从中受到思想教育。所以，教学在任何情况下都在客观上对学生产生教育作用。

教学的教育性作为教学的重要特征，是教学过程的内在要求，并始终和传授知识紧密地结合在一起。教师在传授知识时，以自己的思想、情感、意志、性格以及对社会的看法等影响着学生。正如加里宁所说："教师的世界观，他的品行，他的生活，他对每一个现象的态度都这样或那样地影响着全体学生。"教学的教育性不仅表现在传授知识的过程中，而且还体现在教学过程的各个环节上，它们都对学生起着潜移默化的影响。

2. 知识传授与思想品德教育相互促进

掌握知识是进行思想品德教育的基础，学生学到的知识可以促进学生学习动机的形成，从而产生强大的学习动力；反之，思想品德的形成又会给学生的学习提供动力。正确的学习动机、刻苦学习的毅力、勇于攀登的精神对知识的掌握都十分重要。因此，提高学生的思想品德修养就能在一定程度上促进学生对知识的学习和掌握。在教学中，教师要处理好传授知识与进行思想品德教育的关系，自觉地把两者有机结合起来。但知识的掌握不等于思想品德的提高，教师要善于有的放矢地进行思想品德教育，才能使学生从掌握知识的过程中汲取思想营养。

教师要在教学过程中自觉地遵循并正确运用传授知识与思想教育相统一的教育性规律，按照国家教育方针培养全面发展的、社会需要的人才，真正做到既教书又育人。

总之，教学规律是客观地存在于教学过程中的内在的、必然的联系，在教学过程中，教师是否认识和遵循规律，直接关系到教学的成败。

第二节 教学原则

教学规律是在教学活动中客观存在的，需要通过人们的认识才能获得。人们在认识规律的基础上，提出相应的教学原则，既反映"教"的客观规律，也反映"学"的客观规律。教学原则主要阐明教师在教学中如何依据客观规律开展教学活动，提高教学质量、提升教学效率，是教师实施教学过程最优化所必须遵循的基本要求和指导原理。

一、教学原则概述

关于教学原则的界定有多种观点，有的把教学原则界定为"教学的一般(或基本)要求"；有的把教学原则定义为"教学原理中的应用原理部分"；还有的把教学原则界定为"教学的一般(基本)要求和指导教学活动的原理的结合"等。李秉德教授认为，"教学原则是根据一定的教学目的任务，遵循教学过程的规律而制定的对教学的基本要求，是指导教学活动的一般原理。"①

总体上说，教学原则是根据教学目的、反映教学规律而制定的指导教学工作的基本要求和指导原则，是指导教学工作的基本准则。教学原则既指教师的教，也指学生的学，是指导学生学习活动的基本原理。作为教学工作必须遵循的基本要求，教学原则应始终贯穿于教学过程的各个方面。

教学原则是根据教学目的和教学活动的客观规律提出来的，是教学实践经验的总结和理论探讨的概括。全面准确理解教学原则并自觉将其作为教学工作的指南，具有多方面的意义：①有利于教师确立正确的指导思想，按照先进的理论观点去观察和处

① 李秉德．教学论[M]．北京：人民教育出版社，1991：76．

理教学问题；②有利于教师自觉遵循教学过程的特点去组织教学活动，合理解决教学内容和教学方法等一系列理论与实践问题；③可以保证教学过程的有序、有效进行，顺利实现教学目标、完成教学任务；④教学原则还可以作为检测教学质量的重要标尺。

二、教学原则的作用

教学原则反映了人们对教学活动本质性特点的认识和内在规律性的把握，是有效指导教学工作的基本原理和行为准则。

第一，教学原则对教学活动有指导和调节作用。教学原则是依据教学目的以及教学规律的认识所制定的教学活动的准则，既有教学理论的阐述，也是教学活动实践优秀经验的结晶。因此，教学原则必然对教学活动的各个方面起到指导和调控作用，成为教师开展教学活动的依据，保证教学活动顺利有效地进行。

第二，教学原则在一定程度上决定了教学内容、教学方法与手段、教学组织形式的选择。教学原则确定之后，它对教学活动中的内容、方法、手段、形式的选择，都有着积极而重要的作用，巴拉诺夫指出："教学论原则决定教学方法。选择教学方法和论证其效果有赖于作为这些方法基础的教学论原则。教学论原则体系，就是对学习和掌握教材的基本途径的总的说明。"①

第三，教学原则可以有效地提高教学效率。教学原则是在人们长期教学实践基础上的理性思考，凝结着众多优秀教师的宝贵经验。因此，遵循教学原则并灵活有效运用教学原则，可以使学科教师按照教学规律开展教学活动，正确处理教学方法、教学组织形式等理论与实践问题，对提高教学活动质量和效率都会有着积极的作用。

当然，还需要在反映教学规律的多个教学原则之间建立起有机联系，形成科学、完整的教学原则体系，才能真正发挥教学原则对整个教学过程和教学活动的指导、调节乃至决定作用。

三、主要教学原则

从《学记》的"教学相长""启发诱导""藏息相辅"，到卢梭的"自然性原则"及赫尔巴特的"教学具有教育性"，再到布鲁姆、赞科夫的"发展性教学原则"，人们经过长期的探索逐步形成了现代教学原则体系，尤其是随着现代心理学、哲学的发展，对教学原则的研究更加深入、全面和完善。所以，教学原则历史地、具体地反映着一定的社会需要，它随着社会的进步、科学和教育相关学科的发展，随着新经验的积累而不断地改进和完善。

(一)循序渐进原则

循序渐进原则是教师按照学科知识的系统性和学生认知过程的顺序性组织教学，使教学活动有次序、有步骤地顺利进行，使学生能够掌握系统的学科知识，有效地促进身心的健康发展。

教师运用循序渐进原则，首先是把握教学内容的"序"，即要掌握本学科知识的逻辑结构和教学内容体系，按照学科知识的逻辑顺序教学，以在教学中系统地向学生传

① 巴拉诺夫，沃莉科娃，斯拉斯捷宁．教育学[M]．李子卓，赵玮，韩玉梅，等，译．北京：人民教育出版社，1983：109.

授知识和技能。讲授新课时，要注意新、旧知识之间的联系，善于利用学生已学知识，引导学生从已知到未知，掌握新知识。其次是遵循学生认知过程的“序”，即要按照学生的认知顺序组织教学活动，使之符合由浅入深、由易到难、由简到繁、从已知到未知、由感性到理性、从现象到本质的认知规律，成为一种有序的、不断加速的运动进程。最后是规划教学过程的“序”，即要合理安排教学过程，处理好教学活动的顺序，指导学生有系统、有次序地学习，使教学活动的顺序更加科学、合理。

(二)因材施教原则

因材施教原则是指教师的教学在坚持面向全体学生、统一培养目标的前提下，根据学生的个体差异，提出不同要求；根据不同教学对象的具体情况，采取不同的方式和方法进行差异化的教育，使每个学生都能在各自原有的基础上得到充分的、最好的发展。

尽管每个学段的中学生身心发展水平具有一定的普遍性和稳定性，但是每个人受生理素质、家庭教育、环境因素等因素的影响，其身心发展水平存在着特殊性和差异性。因此，教学活动受到学生身心发展水平的限制。宋代朱熹说“孔子教人，各因其才”，因材施教原则就是遵循学生的个性特征和身心发展规律，正确处理教学中统一要求和学生个体差异之间的矛盾关系。

贯彻因材施教原则要求教师在教学活动中做到：①深入了解学生，这是因材施教的前提条件。教师要深入了解和认真研究每个学生的心理倾向、个性特征和兴趣特长，才能增强教学的针对性。要根据学生的实际，妥善安排教学进度，确定教学难度，真正做到有的放矢。②集体教学与个别教学有机结合。要基于全班大多数学生的水平确定教学内容的容量、难易程度，力争做到面向全体学生。同时，要兼顾两头，照顾到优秀和困难两类学生的不同需要，加强个别指导，使不同水平的学生都能在自己的基础上有所进步。③处理好全面发展与发挥个人特长的关系。教学促进每个学生都能全面发展，学好教学计划规定开设的课程；在此基础上，充分发挥个人的兴趣和特长，使学生有一技之长。

(三)启发性原则

启发性原则是指教师在教学中充分发挥主导作用，最大限度地调动学生学习的积极性和自觉性，激发学生积极的思维活动，促使其主动探求知识，增强独立分析问题和解决问题的能力。

启发性原则要求教师能够围绕教学目标激发学生积极的思维活动，做到“启而能发，发而能导，导而能活，活而不乱”。①调动学生学习的内在动力，激发学生强烈的求知欲。②激活学生的思维活动，引导学生学会思维，以深刻理解、灵活运用知识，逐步提高思维品质。③坚持教学民主，建立良好的师生关系，创建良好的学习氛围。师生之间的情感是贯彻启发式原则的前提，要正确处理教学过程中发挥教师的主导作用与调动学生学习积极性之间的关系。

(四)直观性原则

直观性原则是指教师在教学中要引导学生通过多种感官去感知事物，使他们获得一定的直接经验和感性认识，比较全面、深刻地理解知识、形成概念，锻炼观察能力和形象思维能力。

针对生物学的学科特点，教师在教学中应贯彻直观性教学原则，采用最适合的直观手段，使学生通过观察、实验等方式，直接或间接获取有关生物体的形态结构与生理功能的感性认识，再上升到理性认识，形成正确的生物学概念、原理、规律。同时，能够掌握生物学基本技能和基本方法。

教学中可用的直观材料大致可以分为三类：①实物直观，是通过观察实物进行的，获得的印象具体、鲜明、生动，易于记住，具体包括各种实物、标本、实验、参观等。②模像直观，是通过观察实际事物的各种模拟形象进行的，包括各种图片、模型、幻灯片、录像、电视和电影等，它可以突破时空界限而被广泛使用。③语言直观，是教师运用形象生动的语言来进行的。在教学中，教师运用形象生动的语言，可以激起学生对事物的回忆或想象，在头脑中形成鲜明的图像，犹如身临其境。

(五)理论联系实际原则

理论联系实际原则指教学活动坚持理论知识与生产、生活实践相结合，用理论分析实际，用实际验证理论，使学生从理论和实际的结合中深刻理解知识，并学会运用知识。

生物学教学中理论起着主导作用，但是理论源于实践并服务于实践，学生学习理论的最终目的还是要在实践中应用。遵循理论联系实际原则应做到：①理论教学聚焦概念、原理。理论联系实际的首要任务是掌握理论，没有理论就无法联系实际。生物学理论体系主要是由概念和原理组成的，加强生物学概念的教学，可以保证理论的主导作用。②恰当联系实际。教师要从日常生活、工农业生产中选择学生比较熟悉、关系密切的生物学事实，与理论的讲授有机结合，帮助学生理解抽象的知识。③强化实际应用。引导学生运用所学知识解决实际问题，加强学生实践能力的培养。

(六)科学性和思想性相结合原则

科学性和思想性相结合原则是将教学中科学知识的传授与思想品德教育统一起来，既把生物学科的基础知识和基本技能传授给学生，又要结合知识中蕴含的教育因素，对学生进行思想教育和道德品质教育。

科学性是保证学生所学学科知识是科学、正确的，思想性是要合理地结合教学内容对学生开展思想品德教育，培养和树立正确的世界观、价值观及道德品质。科学性是思想性的前提和基础，思想性是科学知识的内在属性，能保证教学的科学性。[①] 因此，科学性和思想性是紧密联系的。

遵循科学性和思想性相结合的原则，要求教师：①所传授的生物学知识和技能必须符合科学性。②树立正确的政治信念和世界观、价值观，具有高尚的道德修养。在教学设计时，深入挖掘教学内容中的教育因素，将教学的科学性与教育的思想性有机结合在一起，潜移默化地影响、教育学生，对于学生思想品德形成和发展起到积极的作用。

---

① 李秉德．教学论[M]．北京：人民教育出版社，1991：81．

（七）教学最优化原则

教学最优化原则是针对教学过程中起制约作用的各种因素，通过综合调控以实施最优的教学，目的是取得最佳的教学效果。

教学最优化原则强调教师应该处理好影响教学活动的各种因素，使教学取得最好效果和最佳效益。贯彻教学最优化原则需做到：①教学目标的最优化。教学目标是教学活动过程所要达到的结果和标准，规定着具体教学过程的方向和任务，是教学活动的出发点和归宿。教师依据课程标准制定的教学目标，以发展学生的学科核心素养为宗旨，促进学生的全面发展，达成培养目标的最优化。②教学策略的最优化。将教学目标、教学内容、教学方法、教学环境等因素按照其内在的规律性进行合理配置，综合运用到教学过程的整体结构之中，充分发挥它们各自的作用，使教学取得最优化的整体效果。③教与学的最优化。即教师的“教”与学生的“学”协调统一，以最优化的方式融合在一起，使教学活动成为一个完整、优化的过程。

（八）巩固性原则

巩固性原则是指教学中要安排专门的复习，使学生能够将学到的知识在理解的基础上，达到牢固地掌握和长久保持，并能熟练地运用其解决真实情境中的问题。

贯彻巩固性原则，就是学生在已有知识的基础上，学习新知识，在量的维度上积累丰富的知识，在质的维度上能够熟练地应用知识。因此，教师在教学中要做到：①学科知识的教学要深刻且系统化。教师的教学应概念准确、逻辑清晰、知识系统性强，并尽可能联系学生已学的知识教授新课内容，加深学生对知识的理解，为其掌握知识打下坚实的基础。②帮助学生提高学习效果。教师要引导学生在理解的基础上巩固知识，尤其是掌握科学的记忆方法，达到对知识的牢固记忆。同时，重视和组织好复习教学，以减少遗忘，使复习成为学生巩固知识和技能的重要手段。③加强知识运用的训练。教师通过练习的方式，加强学生对知识运用的训练，从而加深学生对知识的理解，逐步提高掌握知识和技能的熟练程度，有利于对知识的巩固和积累。

教学原则是指导教学的“基础”“准绳”，对教学中的各项活动起着指导和制约的作用。教师的教学活动符合教学原则，就会取得良好的教学效果；反之，教学活动背离教学原则的要求，教学效果就可能不理想。因此，教师只有深入认识教学规律，在教学活动中正确而灵活地运用教学原则，处理好教学中各种基本矛盾的关系，才能保证教学工作的有序、有效进行。当然，以上教学原则各有侧重，相互联系，构成了教学原则的完整体系。教师在教学中不应孤立运用某种教学原则，而应根据具体的教学内容，将各种教学原则有机地结合，使其相互配合、相辅相成，取得良好的教学效果。

第三节　教学模式

模式是主体行为的一般方式，是理论和实践之间的中介环节，成为经验与理论之间具有可操作性的知识系统。许多模式是在实践经验中形成的具有稳定性、可操作性，能够再现现实的理论性简化结构。在教育教学领域，有经验的教师在教学工作中通常都有个人的教学习惯，即按照一定的程序完成课堂教学活动，以特定的方式和方法处理教师、学生、教学内容等因素之间的关系，其中符合教育科学原理的部分，可以提炼出相关教学方法具有共性的规律，从而形成教学模式。

一、教学模式概述

在古今中外教学实践和教学思想中，很早就有了教学模式的雏形。但直到20世纪70年代，美国的乔伊斯和韦尔正式提出“教学模式”一词，教学模式由此成为教学论研究的重要内容。

(一)教学模式的定义

教学模式是在一定教学思想或教学理论指导下，通过教学实践抽象概括而形成具有相对稳定的教学程序和教学方法的一种教学策略体系。

教学模式作为教学活动的基本结构，包括教学过程中诸要素的组合方式，能够把握教学活动的整体及各要素之间内部的关系和功能。教学模式作为教学活动的程序，是具有稳定性和系统化的教学范式。因此，教学模式既不是纯粹的教学理论，也不是具体的教学方法，而是理论与实践的融合，是把一定的理论转化为教学实践、又把教学实践上升为教学理论的桥梁。

(二)教学模式的结构

每一种教学模式都是在教学思想或教学理论指导下，为达成特定的教学目标而设计的教学活动系统。尽管各种教学模式都有其特定的内在结构，但完整教学模式的结构一般都具有以下组成要素。

1. 指导思想

教学模式是在一定的教学思想或教学理论指导下提出的教学行为规范，指导思想是建立教学模式的理论基础，不同的教学思想或教学理论往往提出不同的教学模式。

2. 教学目标

任何教学模式都具有特定的教学目标，并为完成特定的教学目标而服务。教学目标在教学模式的结构中处于核心地位，对构成教学模式的其他因素起着制约作用，决定着教学模式的操作程序和师生在教学活动中的组合关系，教学目标也成为教学评价的标准。

3. 操作程序

任何教学模式都具有其特定的操作程序和步骤，具体规定了教学程序中每个步骤应该完成的任务。

4. 教学策略

教学策略是教师为完成教学目标所采用的教学方式、教学方法体系以及实施途径，可以帮助教师处理好教学中的各种条件因素，使教学模式能充分发挥效力。

5. 教学评价

教学评价是指教学模式完成教学任务、达成教学目标的方法和标准。由于每一种教学模式都有其特定的教学目标、教学任务，需要特定的教学条件，因此，教学模式都有适合自身特点的评价方法和评价标准。

(三)教学模式的特征

不同的教学模式所依据的教学思想或教学理论可能是不同的，但教学模式作为指导教学活动的范式，各种教学模式都具有以下共同的基本特征。

1. 完整性

教学模式是教学理论和教学实践的结合与统一，本身有一套完整的结构和一系列的运行机制。这既是一定教学理论的简要形式，也是完整的教学过程与体系，是对教学结构的重组与综合，体现出完整性的特点。

2. 稳定性

教学模式是在大量教学实践活动的基础上进行的理论概括，在一定程度上揭示了教学活动的普遍性规律，所提供的程序对教学起着普遍的参考作用，具有一定的稳定性。同时，由于教学模式是特定历史时期的产物，受到当时的教育方针和教育目的制约，因此，教学模式的稳定性是相对的。

3. 操作性

教学模式多以精练的语言、模型化的图像等形式，表达教学模式的结构与操作程序，从而将某种教学思想或教学理论中最核心部分用简化的形式反映出来，使教学思想或教学理论具体化，具有可操作性，便于教师理解、掌握和运用。

4. 灵活性

每一种教学模式都是体现某种教学思想或教学理论，具有独特性。其有效运用需要一定的条件，不存在对任何教学过程都适用的普适性模式，也没有所谓最好的教学模式。所以，教学过程中选择教学模式必须注意不同教学模式的特点和性能，选择在一定的情况下达到特定目标的最有效的教学模式。同时，教学模式对教学活动起到普遍性的指导作用，一般不涉及具体的学科教学内容。在学科教学活动中运用教学模式时，需要根据学科的特点、教学的内容、现有的教学条件和师生的具体情况等条件，适当调整教学方式和教学方法。因此，教学模式的选择与运用都体现出灵活性的特点。

(四)教学模式的功能

每一种教学模式都是运用了一定的教学思想或教学理论，并用简化的形式表达某种教学理论，内容具体、简明，比教学基本理论的层次低，便于教师学习。同时，教学模式也是教学理论体系的具体化，是教学实践经验的提炼与概括，成为教学实践的范式，具有系统性和完整性，对教学活动的认识层次又高于教学实践经验，可以帮助教师从整体上认识和探讨教学过程中诸要素、诸环节的功能及其相互之间的关系，把握教学活动的本质和规律，并有意识运用教学理论指导教学实践活动，强化对教学理论的理解和应用。

所以，教学模式是为学科教学活动提供有理论支撑、模式化的教学策略体系，是一座联系教学理论与教学实践之间的桥梁，可以扭转教师仅凭经验和感觉进行教学的现象，有效解决教学理论与教学实践之间脱节的问题，从而用教学理论指导教学设计，有效达成教学目标。

二、经典的教学模式简介

随着世界各国教育改革的不断深入，国内外的学者创建了许多教学模式，其中影响力较大的有布鲁姆的掌握学习教学模式、布鲁纳的发现学习教学模式、瓦·根舍因和克拉夫基的范例教学模式等。

(一)掌握学习教学模式

掌握学习教学模式是美国教育心理学家布鲁姆提出来的，旨在提高学习质量、促进个别化指导的一种教学模式。

1. 掌握学习教学模式的概述

掌握学习教学模式是以班级教学为基础，采取班级教学和个别辅导相结合的方式，辅之以经常、及时的反馈，提供学生所需要的个别帮助和额外的学习时间，直到学生掌握学习目标所要求的标准为止。

掌握学习教学模式旨在把学习过程与学生的个别需求和学习特征结合起来，让大多数学生都能够掌握所教内容并达到预期学习目标，从而解决学生的学习效率问题，大面积提高学习的质量。

2. 掌握学习教学模式的操作程序

掌握学习需要教师在充分了解学生状况的前提下，制订明确的学习目标，以学生能够全部达成学习目标为目的进行教学。学生是否能够进入下一个阶段的学习，取决于该阶段学习的反馈情况。其教学程序包括以下步骤(图 4-1)①。

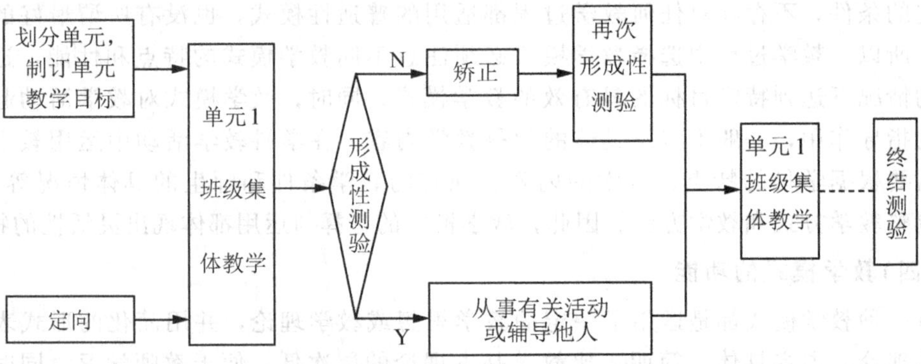

图 4-1 掌握学习教学模式的操作程序

(1)学习定向。

在掌握学习的起始阶段，首先，教师要通过诊断性评价检测学生的现有水平，明确教学的方向；还需要向学生介绍“掌握学习”的一般程序，使每个学生适应掌握学习的方法。其次，教师制订教学计划，先根据课程的要求将最重要的内容定为学年或学期的掌握目标、其他目标作为一般了解目标，以此目标来编制终结性测验、评定学生的目标达成度。再次，教师将教学内容分解为学习单元，制订单元学习目标，编制单元目标的形成性测验。最后，教师设计单元掌握学习计划和反馈矫正计划，帮助学生

---

① 何克抗，林君芬，张文兰. 教学系统设计[M]. 北京：高等教育出版社，2006：88.

达到单元教学目标。

(2)集体教学。

采用传统的班级授课制进行教学，以明确的学习目标为教学导向。在课堂教学开始时，教师应告诉学生每节课的学习目标，介绍学习方法，使学生明确学什么及怎样学。教师要采用恰当的教学方法，以调动全体学生学习积极性、激发学生的思维活动，使全体学生都参与到学习活动中。

(3)适时反馈。

在课堂教学过程中，教师要随时进行课堂评价，这是掌握学习的关键环节。教师主要通过形成性测验的方式，对学生的学习情况进行评价。形成性测验的答卷一般可由学生自批或互批，在教师提供答案后以举手或试卷抽样等方式了解学生的正误，并将其填入事先编制的形成性测验情况统计表中，作为评价学生水平的依据。形成性测验与评价应注意：①测验题的编制须对应单元教学目标，避免命题的随意性；②测验的目的不是一般地了解教学情况，而在于诊断学生的掌握程度；③测验的结果不是用于给学生排名，而是以规定的标准说明学生是否达标。

(4)矫正教学。

根据形成性测验的结果，若有一半以上的学生没有掌握学习内容，教师需要进行集体的补充教学；如果少数没有达到教学目标，可以通过小组矫正的方式进行，即将学生分为掌握组和非掌握组，掌握组进行提高性教学或帮助非掌握组的同学进行矫正，非掌握组则通过小组交流、教师辅导等措施进行有针对性的个别矫正教学；如果是个别学生没有达到教学目标，可以利用课余时间，通过自学、教师个别辅导等方式进行矫正学习。总之，形成性测验结束后不是一般性质的集体补课，而是采用多种形式对学生的知识缺陷进行针对性的补救与矫正。

矫正教学后，还需要对学生进行第二次形成性测验，测验试题水平与第一次相当，测验内容主要指向学生在矫正教学中需要掌握的内容。两次测验的掌握率相加，达到掌握的标准即可。

(5)终结性测验与评价。

终结性测验是在学期、学年、学科课程结束时所进行的检测，主要是评价学生在一定的学习阶段中学习目标的达成度，给学生的学习划分等级，也是为下一个阶段的学习进行诊断，确定后续教学的起点。

3. 掌握学习教学模式的特点

掌握学习教学模式的核心思想是任何教师都能帮助所有学生很好地学习，其特征表现为：教师为掌握而教，学生为掌握而学。

(1)集体教学和个别教学的有机结合。

掌握学习是在现有班级教学的基础上，将班级教学、小组教学与个别教学融为一体。既进行集体教学，又针对个别情况进行反馈矫正，寻求集体教学与个别教学的有机结合，一定程度上解决了集体教学与个别需要之间的矛盾，以达成最佳的教学效果。

(2)注重反馈矫正。

掌握学习教学模式是在群体教学过程中加入自我矫正系统，即将教学评价贯穿于教学过程中。通过形成性测验，帮助教师和学生了解学生达成学习目标的情况，及时调整教与学的活动，从而矫正群体教学中存在的不足。

(3)教师发挥激励导向作用。

教师秉持几乎所有学生都能达成学习目标的理念，为学生的掌握而教。在教学过程中，教师要不断增强学生学习自信心，激发学生学习动机，强化学生的学习成就感。要持续帮助学生，对学习困难者安排个别教学或其他矫正活动，使之在学习上都能有所收获、有所提高。

总之，采用掌握学习教学模式，需要给予学生恰当的学习目标、成功的激励机制、足够的学习时间、必需的学习指导，促进几乎所有学生都能够掌握学习的内容。

(二)发现学习教学模式

发现学习教学模式由美国认知心理学家布鲁纳提出，该模式非常重视人的主动性，强调人要主动参加知识的获得过程，教学过程就是在教师引导下学生自主发现的过程。

1. 发现学习教学模式的概述

发现学习教学模式是指教师为学生提供学习和发现所需要的条件，学生利用教师和教材提供的某些材料，去发现得出结论或规律，使学生自己经历知识发现的过程来获取知识、发展探究能力的教学模式。

发现学习教学模式能够引导学生从已知事实或现象中推导出未知，形成概念，从中发现事物发展变化的规律性，使学生在自主获取知识的过程中发展科学思维能力；在探究发现的过程中，掌握科学研究的方法，发展学生的科学探究能力，并培养其科学态度和创新精神。

2. 发现学习教学模式的操作程序

发现学习教学模式的教学过程，实际上是学生自主发现的过程，是充满自主性和创造性的教学模式，其主要操作程序包括以下几方面(见图 4-2)。

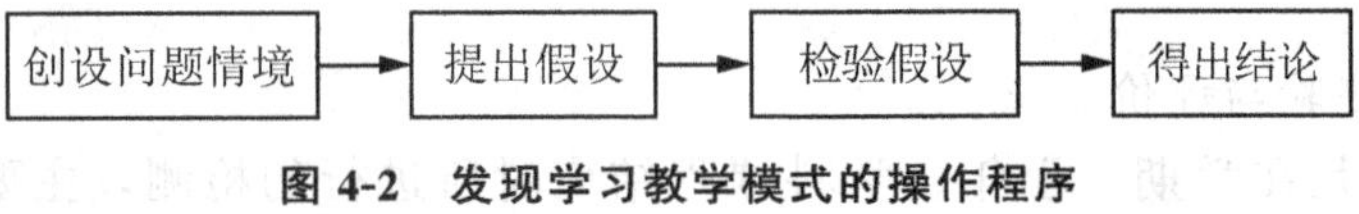

图 4-2 发现学习教学模式的操作程序

(1)创设问题情境。

教师根据学习目标和学习内容，提出一个或几个问题，并创设相应的问题情境，引导学生带着问题展开学习。教师向学生提出的问题可以从学科知识中引发，也可以根据学生需要进行设计；提出问题的方式可以是语言描述，也可以是实验或图例、真实情境呈现；提出的问题要能够激发学生的学习兴趣、引起探究动机；提出问题后，教师要向学生提供探究所需的学习资料。

(2)提出假设。

学生针对需要解决的问题，在教师的指导下观察具体的事实、现象，或利用教师提供的资料，对各种信息进行分析。在此基础上，提出解决问题的各种可能性，再经过比较、分析，提出一个或多个假设。

(3)检验假设。

教师引导学生采取独立完成或小组合作的方式，运用所学知识自主解决问题。学生需要独立寻找解决问题的方法，以事实为依据对假说进行检验和修正。教师不能直接给出答案，也不要轻易否定学生的想法，重要的是引导学生找到解决问题的方向。学生通过自己的探索与发现，对提出的多种假设进行选择、验证，直至得到正确的结论。

(4)得出结论。

经过验证后的正确假设，需要学生进一步归纳、概括，形成概念或定理。教师要指导学生将新发现的知识与原有知识联系起来，纳入认知结构的适当位置，形成知识体系。教师还要指导学生将获得的新概念运用到新的情境中解决问题或解释新现象，培养学生对知识的迁移能力和问题解决能力。

3. 发现学习教学模式的特点

发现学习教学模式是以学为主的教学模式，强调学生的发现过程，关注学生对基本概念和原理的提取、应用，关注学生在发现过程中的思维能力、探究能力及学习内在动机的发展。突出表现以下特点。

(1)提高学生智慧的潜力。

发现学习的直接目标是掌握学科的基本知识，学习过程不仅包含着新知识的获得、转换，而且包含着对已掌握的知识进行整合，将新、旧知识进行整理、归类和系统化，实现学科知识的结构化、系统化，这就需要充分发挥学生的智慧潜能，尽可能成为自主能动的思考者，积极地建构自己的学科知识结构。

(2)学会探究的科学方法。

发现学习教学模式不是要求学生去发现人类尚未知晓的知识，而是希望学生能主动地去获取人类认识的成果。以模拟科学研究的发现过程开展发现学习，使学生相对独立完成知识内容的探究、发现过程，自己探究发现要学习的内容。更重要的是学生通过发现学习的方式，能够像科学家那样去思考、去探索，体验科学家发明、发现、创造的过程，从而学会科学探究的方法，提高科学探究能力。

(3)注重发现的思维过程。

运用发现学习教学模式，重要的不是探究、发现的结果，因为学生所发现的知识内容都是人类已知的科学结论。关键是发现学习的过程中，学生在教师的启发诱导下，通过对事实和问题的独立探究，积极思考，自行发现并掌握相应的原理和结论。学生在探究、发现活动中，需要运用归纳、演绎、推理、概括等逻辑思维方式，以建立概念、原理等学科知识内容；也需要运用想象、联想等直觉思维方式，大胆猜测和想象，自主地探索寻找解决问题的新方法。这样，在发现学习过程中，学生不再是被动的知识接受者，而是积极的信息加工者，有效促进科学思维能力的发展。

通过发现学习，还能激发学生探究的欲望，主动地感知知识的产生和发展过程，充分调动学生学习的积极性和主动性，增强自信心，很好地体现了以学生为主体、教师为主导的教学指导思想。

尽管发现学习教学模式对促进学生的自主学习、发展科学思维能力和科学探究能力具有较大的作用，但是，运用发现学习教学模式对学生的学习能力要求较高，需要用更多的学习时间，且学习效率较低。

(三)范例教学模式

范例教学模式源于 20 世纪 50 年代影响颇大的范例教学理论，倡导者为德国教育家瓦·根舍因和克拉夫基。范例教学模式是以“知识迁移理论”为依据，强调认知结构和能力的迁移。在教与学的过程中，把握学生认识事物的思维特点，注意从特殊到一般、再从一般到特殊的认识规律，通过掌握同类知识，实现知识的掌握和能力的培养。

1. 范例教学模式的概述

范例教学模式是通过教学内容中典型事例的分析，让学生经过“个别”到“一般”、从“特殊”到“普遍”的学习过程，总结得出学科规律，从而获得学科基础知识、掌握学科知识的基本结构。

范例教学模式的核心思想是从一个典型的例子开始剖析，进而扩展为一类问题，再从中发现其规律。运用范例教学模式的目的是改变学生复述式地掌握知识的弊端，促使学生独立学习，并能将所学的知识迁移到其他方面，提高学生的思维能力和实践能力。

2. 范例教学模式的操作程序

范例教学模式需要教师选择学科中基础的、本质的知识作为教学内容，引导学生经历从“个”到“类”再至规律的认识过程，其操作程序分四个阶段(见图 4-3)①。

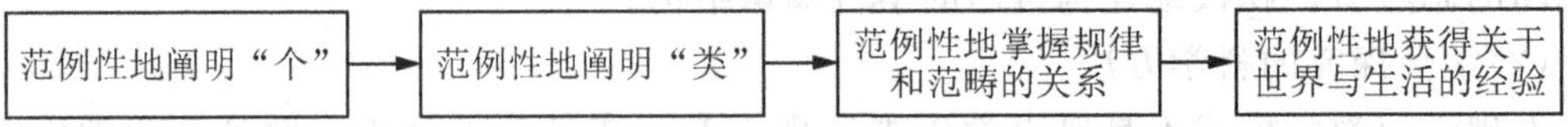

图 4-3　范例教学模式的操作程序

(1)范例性地阐明“个”。

教师根据教学目标的需要，精选并设计出一个或几个典型范例，或选择前后相关的一连串范例，以便逐步深化要探讨的问题。范例的价值在于提供真实而典型的素材，使学生能够通过分析个别的典型案例说明事物的本质特征，总结概括一般规律。范例还要能够激发学生的学习动机，主动进行学习。

范例的编选是范例教学最基础的工作，教师要根据教学目标去广泛收集和查阅已有的文献资料，做到选材得当、描述真实、语言生动。一个完整的范例要在正文的后面提出几个问题，以供学生讨论所用。

(2)范例性地阐明“类”。

引导学生对前一阶段的认识进行归类，在分析典型个例的基础上，推演得出一类事物的普遍特征或本质属性。目的是引导学生从“个”的学习迁移到“类”的学习，把“个”的认识上升到对“类”的认知，掌握一类事物的普遍特征。

---

① 郭景扬，练丽娟，陈振国. 课堂教学模式与教学策略[M]. 上海：学林出版社，2009：43.

(3)范例性地掌握规律和范畴的关系。

引导学生在前两个阶段认识的基础上，进一步深入探讨，发现、揭示出“类”存在的普遍性规律，使学生达到举一反三的效果，掌握同一类事物发展的普遍性规律。

(4)范例性地获得关于世界与生活的经验。

引导学生在事物客观规律的基础上，获取有关世界的经验、生活的经验。目的是帮助学生把获得的规律性认识转变为自身的经验，能够进一步深刻认识世界和生活，学会正确评价自己，加强自己行为的自觉性。

3. 范例教学模式的特点

范例教学模式在教学内容上注重基本概念、基本原理、基本法则等学科知识，选择最典型的事例进行教学，有利于学生举一反三，促进知识的迁移。同时，强调掌握知识与培养能力相统一，把知识、能力、情感态度价值观共同作为教学目标。主要体现以下特点。

(1)基本性。

教学内容应该选择学科的基本知识，包括基本概念、基本原理、基本规则和基本规律等内容，能够反映该学科的基本知识结构，使学生能够认识学科的基本原理、基本规律。选择的范例要反映出同一类内容的基本特征，能够引导学生掌握所要学习的基本内容。

(2)基础性。

选择的教学内容应适合学生的知识水平、智力发展水平，切合学生已有的知识经验积累等，与他们的真实需要和未来发展密切相关。要能够让学生掌握基本概念、基本原理、基本规律之间的关系，提升学生的智力水平。

(3)范例性。

精选的范例是能够反映学科知识基本内容的典型事例，这些知识和范例具有一定的示范作用，能够启发学生独立思考。学生通过对范例的学习，能够实现知识的迁移应用，提高分析问题、解决问题的能力。

基本性和基础性能够体现范例教学模式的本质，实现教学内容、教学方法的结构化，三者共同促进学生的能力发展，同时也有助于促进教师的专业能力的提升。

综上所述，教学模式是简明的教学理论框架，具备较为稳定的教学活动结构，能够提供具体可操作的教学活动方式，既是教学经验的理论概括，又是在一定教学理论指导下的实践体现，对教学实践起着直接的指导作用。

第五章　教学设计

教学作为有组织、有意识的认识活动，需要教师事先对课堂教学行为做好筹划，有目的、有计划地安排好教学的实施过程，以达成教学目标。而教学设计就是教师开展教学活动的构想与预设，是教师在现代教育理论的指导下，阐释生物学的学科思想，梳理生物学科知识体系，设计教师“教”的过程和学生“学”的过程。通过教学设计，教师明确“为什么而教”“教什么”“怎么教”“教得怎么样”，使学生通过学习活动，积极自觉地学习并掌握生物学科基础知识和基本技能，促进学生学科核心素养的发展。

第一节　教学设计概述

随着我国基础教育课程改革的深入推进，生物学科课堂教学要体现生物学课程的学科特点与育人价值，需要生物学科教师树立“为学生的学习”而设计教学的理念，有效促进学生生物学学科核心素养的发展。广大教师要转变以教师“教”为中心的教学观念，把教学活动的视角由关注“教师如何教”转变为关注“学生如何学”，通过精心的教学设计达到帮助学生学习的目的。

一、教学设计的概念

根据研究的对象、教学问题的范围大小，教学设计可以分为不同的层次①，一是宏观教学设计，属于“教育系统设计”；二是中观教学设计，主要是在学科课程或者若干单元教学的层面上进行，属于“课程设计或者课程开发”，也可以称之为“学科教学设计”；三是微观教学设计，主要面对某一门学科中的模块、单元和课时，甚至还可以包括教学片段设计。学科教学中主要研究的是微观教学设计，针对一节课的课堂教学进行的系统设计。从这个层次上看，教学设计是以促进学习者的学习为根本目的，运用系统方法，将教学理论与学习理论等的原理转换成对教学目标、教学内容、教学方法和教学策略、教学评价等环节进行具体计划，创设有效的教与学系统的“过程”或“程序”②。

不同的学者对教学设计的定义各有不同，但基本上都认为教学设计是对教与学进行系统化规划的过程，是将教育心理学、教学理论、学习理论等教育科学的理论与系统科学相结合，运用系统论的思想，探索教与学系统中各要素的关系，系统性规划、整合各要素，以实现教学效果的最优化。

因此，教学设计是根据课程标准的要求和教学对象的特点，以解决学生的学习问题为指向的特殊设计活动。它既要具备设计科学的一般特征，更要遵循教学的基本规律，以便有序安排教与学的诸要素，并设计出科学的教学流程。在开展教学设计时应

① 盛群力．教学设计的涵义与价值[J]．浙江教育学院学报，2008(3)：45-49.

② 何克抗，林君芬，张文兰．教学系统设计[M]．北京：高等教育出版社，2006：2-3.

该关注如下几个方面问题。①

第一，教学设计要从“学什么”入手。先要制订学习目标，再根据学习目标确定具体的学习内容，以满足学生的学习需要。这样，也就确定了教学的目标，从而解决“教什么”的问题。

第二，教学设计重点是解决“怎么学”的问题。教学设计是以帮助学习过程而不是教学过程为目的，因此，需要关注影响学生学习活动的各种因素，以提高学生的学习质量，使学生获得良好的发展。

第三，教学设计要处理好“教与学”的关系，以解决“怎样教”的问题。因此，教学设计要运用系统方法设计教学过程，针对不同类型的学习结果来设计不同类型的教学方式，把影响教学过程的各要素有机的整合起来，以实现学习过程与教学过程的协调，提高教学效率和教学质量，使教学过程达到最优化。

第四，教学设计要关注“学的怎么样”，通过对学生的学习过程与学习结果进行评价，对教师的教学效果进行评价。要根据评价的结果，分析学生的学习与教师的教学所存在的问题，进而设计解决问题的方法与程序，以促进学生的学习，确保教与学都能够获得成功。

二、教学设计的原则

教学设计的原则是开展教学设计的指导性原理和行为准则，决定着教学方法、教学策略、教学组织形式等方面的选择。

教学设计的原则是根据学科教学目标，运用教与学相关理论制定出的指导教学工作的基本要求，反映出人们对学科教学的基本特征和内在规律性的认识，是指导开展有效教学设计的依据。

(一)系统性原则

从系统论的角度看，教学系统是一个多层次的复杂系统。学科课程作为一个系统，是学校教育、教学系统的子系统，它又可划分为模块教学系统、单元教学系统、课时教学系统等不同层次的子系统。其中，课时教学系统是学科课程教学系统的基本单位，是由教师、学生、教材等要素组成的一个系统。

系统性原则注重教学系统的整体性，协调好不同层次系统中各子系统的相互关系，使系统完整、平衡。强调以课堂教学活动为中心，把教学活动作为一个整体进行设计，探索教与学的系统中各组成要素之间、各组成要素与整体之间的关系，使各要素有机结合起来形成整体以完成教学系统的功能。

首先是学科课程育人目标的系统性。培养学生生物学学科核心素养是生物学课程的宗旨和价值追求，也是教师开展课堂教学的总目标，需要教师通过每节课、每项活动逐步培养而达成。因此，教师需要从课程的角度领会生物学课程的宗旨、理念、育人价值等，在教学设计时立足于学科课程的整体要求，处理好课程、模块(学习主题)、单元、课时之间整体与局部的关系，把握好生物学课程培养目标与课时教学目标的统一性，将课程目标逐步分解为模块(学习主题)教学目标、单元教学目标，最后确立课

① 赵广宇. 中学生物学课程概念教学理论与实践[M]. 北京：科学出版社，2019：90-91.

时教学目标，统筹学生生物学学科核心素养的整体发展。

其次是学科核心素养培养的整体性。生物学课程的育人目标是从生命观念、科学思维、科学探究、社会责任四个方面发展学生的生物学学科核心素养，因此，教师要从整体上认识生物学课程的性质、功能及其教学内容，在教学设计中以阐释生物学知识为载体，揭示其中蕴含的生物学思想、生物学的思维方法等，使学生通过学习生物学知识建立生命观念的同时，养成科学思维方式、发展科学探究能力、增强社会责任感。

最后是教学系统组成要素的协调性。教学设计本身是应用系统的方法，研究"教与学"系统中各组成要素之间、要素与整体之间的本质联系。课时教学系统是由教学目标、教学对象、教学内容、教学条件等要素组成的系统，这些要素也就是课时教学系统的子系统。因此，基于课堂教学的教学设计，要注重优化系统的整体目标，综合考虑各要素之间的关系，使每个子系统能够协调在整个教学系统中，做到整体与局部的辩证统一，保证课时教学系统设计的整体性、有序性。

(二)主体性原则

主体性原则是明确教师与学生在教学活动的复合主体地位，同时要认识到双方在各自承担的不同活动中又互为客体①。

教学过程是由教师"教"的过程与学生"学"的过程共同组成的，学习的主体是学生，教学设计自然要重视学生在学习活动中的主体地位，把推进学生学习方式的变革作为教学活动的重要突破口，确保学生学习生物学知识的过程是主动参与的过程，概念的形成是学生自主建构的结果。教师也是教学活动的主体，是学生学习活动的组织者、指导者、帮助者，要在教学过程中起主导作用。所以，教学应该以帮助学生的学习为目的，是通过教师的教学活动促进学生学会学习的过程。

进行教学设计的目的是支持学生的学习过程，不仅要设计教师的"教法"，更要把教学活动的注意力聚焦于学生的学习过程，设计如何指导学生的"学法"。首先，要设计适宜学生开展的自主性学习活动，特别是提供丰富多彩的生物学事实，刺激、吸引学生开展观察、实验等活动，以充分调动学生的积极性和主动性，确保学生能够主动学习。其次，设计的学习活动要能够激发学生的思维活动，以推动学生的自主学习，使学生能够深入理解和应用重要的生物学知识，发展生物学学科核心素养。最后，教学过程要充分发挥教师的主体作用。教师要注重师生的互动，以实现教与学信息的多向交流。要在交流中获得反馈信息，以便随时掌握教与学的情况，及时调整教学的策略与方法，保证教与学活动的顺利开展。教师要通过指导学生的学习活动，特别是引导学生通过思维层面的相互交流，达到相互启发、相互促进的目的，以提高学生的学习效率和学习质量。

(三)最优化原则

最优化原则是指教师能够选择适宜的教学方法并能进行优化组合，从而在教学过程中能够科学、有效地运用教学方法，促进学生的学习。

每种教学方法和教学策略都有其优点，也有其适用的范围。教师要能够掌握各类

① 叶澜. 课堂教学过程再认识：功夫重在论外[J]. 课程·教材·教法，2013，23(5)：3-13.

教学方法的特点，以便在教学活动中合理地运用。在进行教学设计时，教师首先要分析对教学效果起制约作用的各种因素(如教学目标、教学内容、学生特征、教师风格、教学时间、教学条件等)，依据教学内容中的知识类型、学生的特征及教师的风格，精选恰当的教学方法与教学策略，特别是针对不同的教学内容，选择不同的教学方法。其次是根据教学的实际状况，对所选择的教学方法进行优化组合和综合运用，在教学方法与教学手段多样化的基础上，实现教学方法和教学策略的最优化。这样，采用多种教学方法的有机组合，以最恰当、最有效、学生最易接受的方式进行教学，力求达到最佳的教学效果。

对教学方法与教学策略的最优化设计，实质是运用整体性的观点来选择和组合教学方法与教学策略，把教学内容与教师的教、学生的学有效地衔接起来，使所有的教学活动有利于促进学生对生物学知识的建立、理解和应用，最终目的是有效地提高教学效率和教学质量，以获得最优化的教学效果。

(四)科学性原则

科学性原则是强调教师组织教学内容时，所传授的学科知识及知识结构体系是科学、准确的，运用的学科思想、思维方法是正确、合理的。

生物学概念、原理是对生物界客观事物的概括和总结，是对生命规律精确、本质的阐述。并且，大多数生物学概念、原理已经在生物科学界形成了具有共同标准的阐述方式，成为人们接受的学科知识。因此，生物学知识具有很强的科学性和客观性。

但是，人们学习生物学知识的过程又是主观思维的过程，在头脑中形成的概念、原理等是主观建构的。这意味着，教师传递的生物学知识是个人的理解，不能保证每个教师对生物学知识的理解都是正确的，同时教师开展学科教学的过程，会受到使用的教学语言、教学手段等因素的干扰，使知识的科学性出现偏差。而教师在担任教学工作前，大多也是学生，既不可能完全掌握学科教学所需要的全部生物学知识，也不可能保证所掌握知识的准确性。

因此，要保证教学设计的科学性，一要保证教学内容的科学性，教师需要加强对学科知识的再学习，还要不断学习生物科学的最新发展成果，并通过与同行的研讨与交流，深化对生物学知识的理解，丰富、完善自身的学科知识结构，避免教学中出现科学性错误。二要确保学生获取的生物学知识是科学、准确的。学生获得的生物学知识是自主思维、主观建构的结果，要保证其科学性，需要教师在教学设计时，重视设计反馈矫正的环节，使教师在课堂教学过程中随时把控学生对知识的学习与理解程度，并能给予及时的指导与矫正，使学生能沿着科学的道路前进，帮助学生最终建构自己头脑中符合科学标准的概念、原理。三要保证教学过程的科学性，要设计符合认知规律的教学程序，以科学的方法指导学生的学习过程；要以自身良好的思维方法引导学生对知识的科学建构，使学生以科学思维的方式学习、建构生物学知识。

(五)可行性原则

可行性原则是指教学设计中选用恰当的教学方法、教学手段等，使之符合教师、学生及学校的实际状况，具有可操作性。

首先，教学方法、教学手段的运用要与教师的教学能力相匹配。教学方法是多种多样的，同一个教学内容可以采用不同的教学方法开展教学。而教师的教学水平和教学能力是有差异的，教学特点也有所不同。教师要根据自身教学特点、教学水平，选择适合自己的教学方法进行教学，以保证教学质量。当然，教师也要学习和掌握主流的教学方法，不断提高自身的教学能力，以适应教学的需要。其次，教学内容的难度要考虑学生的知识基础，“教”与“学”的方法选择要适合学生的年龄特点和现有的学习能力，保证学生在学习的过程中能够“跟得上”“学得懂”。最后，选择恰当的教学资源开展学习与实践活动，采用的教学手段要与学校现有的设施、设备等教学条件相匹配，回避教学资源、教学手段对教学活动的限制。

三、教学设计的模式

从20世纪60年代至今，随着教学设计理论的发展，在文献中出现过的教学设计模式达数百个之多，大体上分为三大类①：以教为主的教学系统设计模式；以学为主的教学系统设计模式；“教师为主导、学生为主体”的教学系统设计模式。其中，有代表性的教学设计模式主要有迪克-凯里（W. Dick & L. Carey）模式、肯普（J. E. Kemp）模式、史密斯-雷根（P. LSmith & T. J. Ragan）模式等。

（一）迪克-凯里模式②

迪克-凯里模式是由迪克和凯里于1978年提出的，其教学设计步骤具体而详细，系统性强，贴近于教师的实际教学活动，是经典的教学设计模式（见图5-1）。

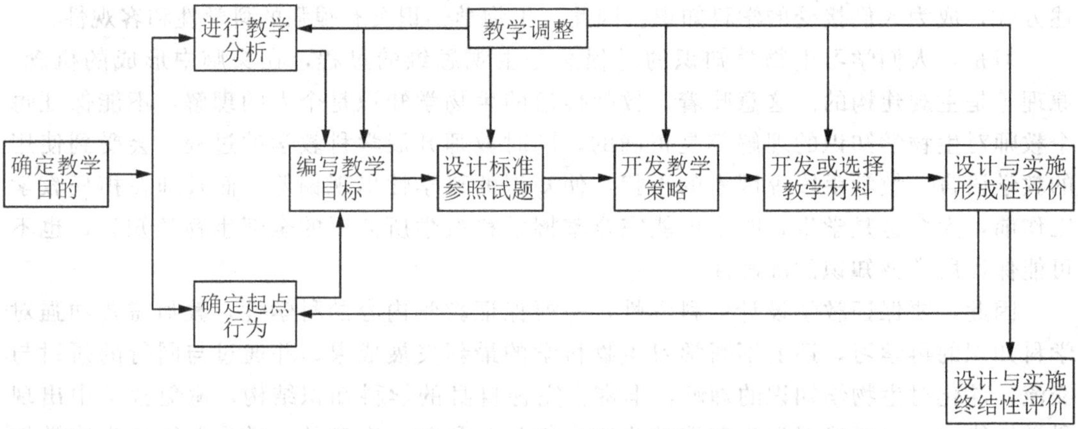

图 5-1　迪克-凯里模式

迪克-凯里模式提出的教学设计具体过程从确定教学目标开始，到终结性评价结束，主要包括以下几个方面。

1. 确定教学目的

教学目的是依据社会需要和学生个人发展需要而设置的，用于确定教学完成后学生能做什么。

① 何克抗，林君芬，张文兰．教学系统设计[M]．北京：高等教育出版社，2006：19.

② 盛群力．教学设计[M]．北京：高等教育出版社，2005：16-33.

2. 进行教学分析

目的是查明学生在完成学习的每一个步骤所需要的技能，并决定在学习前是否向学生传授相关技能；同时还要分析完成学习任务所需要的步骤，以决定教学活动的顺序。

3. 确定起点行为

在开始新的学习任务之前，要分析学生与学习相关的人格特质，如态度、爱好等；还要分析学生已有的学习能力，包括已有的知识、技能等；另外，需要分析相关知识与技能的学习情境与应用情境，以便教学设计者选择教学的起点，决定教学的方法与教学的过程。

4. 编写教学目标

教学设计者需要在进行系统的教学设计时，将宏观的教学目的转化为具体的教学目标，这样的教学目标是用可以观察的行为加以陈述，能够充分、详细地显示学生的学习方向，便于进行教学测量与教学评价。

5. 设计标准参照试题

教学设计者根据教学目标预先设计相应的试题等测量工具，检测学生的学习过程与学习结果，以评估教学目标是否实现。测量工具的设计重点是考虑试题要求与目标规定的行为类型之间的对应关系。

6. 开发教学策略

教学设计者根据教学目标，选择和开发在教学过程中运用的教学方法与教学手段。设计者要能够把学习理论、教学设计理论与自己的教学经验融为一体，以体现出教学设计的有效性；另外，还需要设计者发挥出自身的创造性，使教学设计在保证科学性的同时表现出艺术性。

7. 开发与选择教学材料

选择的教学材料包括教材、教师教学用书、学生学习手册、测验试卷等。开发的教学材料包括图片、影像资料及其他的教学资源。

8. 设计与实施形成性评价

设计在教学过程中开展的系列评价，即形成性评价。形成性评价分为三级水平，分步骤进行：第一级水平是一对一评价，即教师对一名有代表性学生的测试，了解学生在课上可能遇到的问题；第二级水平是对6～8名学生组成的小组评价，明确学生是怎样应用材料和需要怎样的帮助；第三级水平是现场针对全班评价，此时的教学是根据前两级评价修改过的。

开展形成性评价的目的是改进教学，它可以为修改教学材料提供数据，使教学活动对尽可能多的学生有效。

9. 进行教学调整

通过对形成性评价的数据材料进行分析总结，找出学生在学习过程中存在的困难。教学设计者需要对教学设计做出调整，包括调整教学目标、审视教学任务、完善教学材料、改进教学策略等，并开展补救教学，直到达成教学目标为止。

对教学效果进行终结性评价，是教学活动最后的一步，但是，这不是由教学设计者进行设计和实施的，因此，不包括在教学设计的过程中。

(二)肯普模式

肯普模式是由肯普在 1977 年提出的，后经过多次修改、完善，形成了由 10 个教学环节构成的椭圆结构模式(见图 5-2)①。

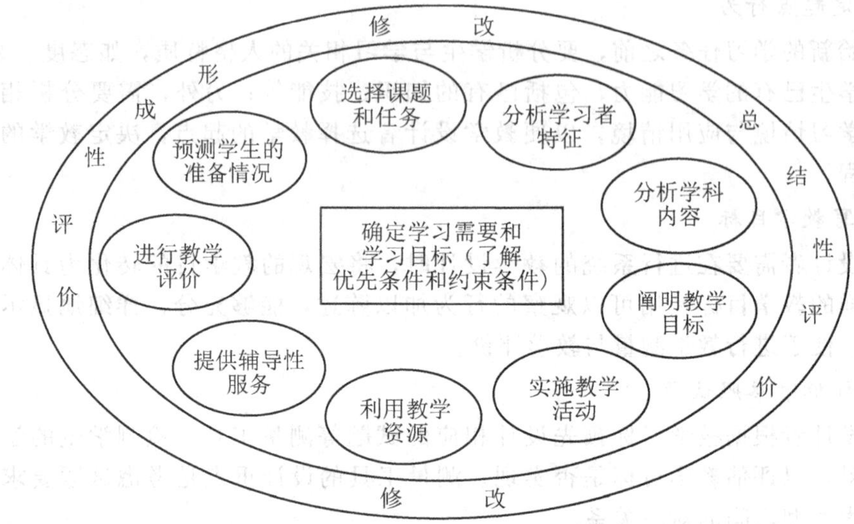

图 5-2 肯普模式

肯普模式强调在教学设计中：应该具有 4 个基本要素，着力解决 3 个主要问题，规划和安排 10 个教学环节。

1. 4 个基本要素

教学设计应该具有 4 个基本要素，一是学习者特征，即教学方案是为谁设计的；二是教学目标，即希望学习者能学到什么；三是教学策略，如何有效教授有关的教学内容；四是进行评价，如何衡量学习完成的程度。这 4 个基本要素是系统教学设计的出发点，也是构成整个教学设计模式的总体框架。

2. 3 个主要问题

进行教学设计还要解决 3 个主要问题：一是学生必须学习到什么(确定教学目标)；二是为达到预期的教学目标应如何开展教学(根据教学目标的分析确定教学内容和教学资源，根据学习者特征分析确定教学起点，由此确定教学策略、教学方法)；三是检查和评定预期的教学效果(开展教学评价)。

3. 10 个教学环节

一是确定学习需要和学习目的(了解教学条件，包括优先条件和限制条件)；二是选择课题和任务；三是分析学习者特征；四是分析学科内容；五是阐明教学目标；六是实施教学活动；七是利用教学资源；八是提供辅导性服务；九是进行教学评价；十是预测学生的准备情况。

肯普模式强调：①教学系统是由相互关联的环节(因素)组成，10 个环节间相互作

① 何克抗，郑永柏，谢幼如．教学系统设计[M]．北京：北京师范大学出版社，2002：41-42.

用，一个环节采取的决策会影响其他环节的决策；②“确定学习需要和学习目的”是教学设计的出发点和归宿，居于中心位置，其他环节应围绕它来进行设计；③环节之间没有用方向性的线条连接，体现教学设计的灵活性，可以根据实际情况和教师自己的教学风格从任一环节开始，并可按照任意的顺序进行；④“形成性评价”“总结性评价”和“修改”在环形圈内标出，表明评价与修改应该贯穿于整个教学过程的始终。

(三)史密斯-雷根模式

史密斯-雷根模式是由史密斯和雷根在 1993 年提出，是在迪克-凯里模式的基础上发展而来(见图 5-3)①。该模式将教学设计分成为以下三个模块。

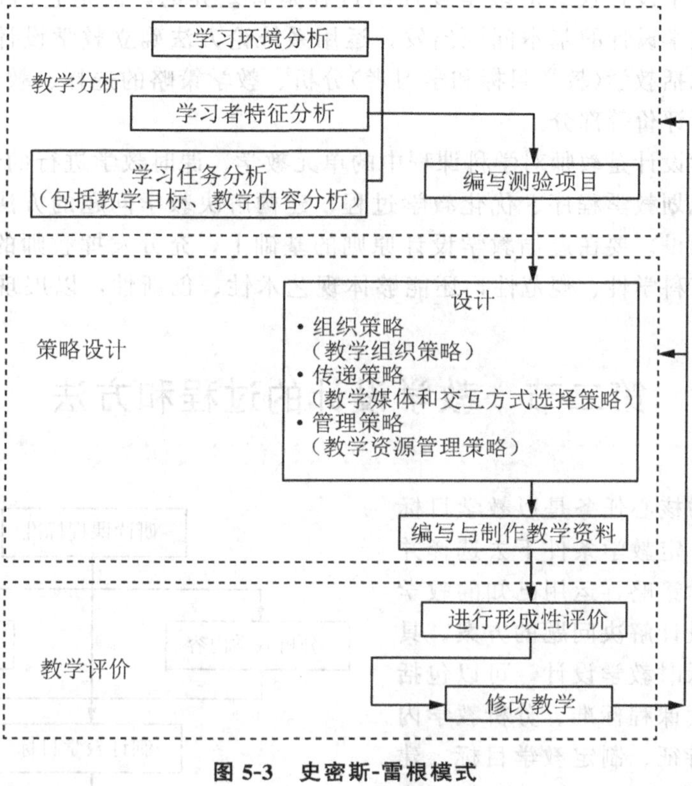

图 5-3 史密斯-雷根模式

1. 教学分析

教学设计者通过分析，尽可能了解学习者所处的环境，认识学习者本身的特点，确认学习者需要完成的学习任务。根据分析来制定初步的设计栏目。

2. 策略设计

教学策略的设计与促进学习的多种因素相关，设计者要在确定学习内容的基础上，设计学习者的学习活动、选择适宜的教学媒体、规划好教学活动的先后序列等。该模式中明确指出应设计三类教学策略，从而设计好教学过程。

(1)教学组织策略：包括组织相关教学内容的方式、教学活动的排列次序、安排具

① 何克抗，林君芬，张文兰. 教学系统设计[M]. 北京：高等教育出版社，2016：21.

体教学活动的策略等。

(2)教学内容传递策略：选择适合的教学媒体及其使用方式，设计恰当的教学活动交互方式，以实现教学内容由教师向学生的有效传递。

(3)教学资源管理策略：对教学资源进行计划与分配的策略。

3. 教学评价

评价包括对学习者和对教学的评估。通过开展形成性评价，了解教学内容的准确性、教学策略的有效性、教学过程的完成度等方面的状况，并根据反馈的情况对预期的教学过程予以修正。

尽管不同教学设计模式对教学设计的过程是有差异的，但是它们也有共同特点，就是都从解决教学设计的基本问题出发，运用系统论方法确立教学设计的模式，其设计内容一般都包括教学(教学目标和学习者)分析、教学策略的选择、教学资源的开发、教学过程和教学评价等部分。

总之，教学设计是教师对学科课程中的单元教学、课时教学进行的专业教学决策，其主要任务是规划教学程序、优化教学过程、建构解决教学问题的方法，是教师对教学活动过程的预设。要在遵循教学设计原则的基础上，充分发挥教师的创造性，使教学设计不仅具有科学性、规范性，还能够体现艺术性、创新性，以展现教师个性化的教学风格。

第二节　教学设计的过程和方法

教学设计的核心任务是以教学目标为出发点，在一定教学条件下去选择并确定最好的教学策略，运用已知的教学规律去创造性设计解决问题的方案。具体的生物学科课时教学设计，可以包括以下程序：研读课程标准、分析教学内容、分析学生特征、制定教学目标、建立课时教学概念结构、确定教学重难点、选择教学策略和设计教学过程(见图 5-4)①。

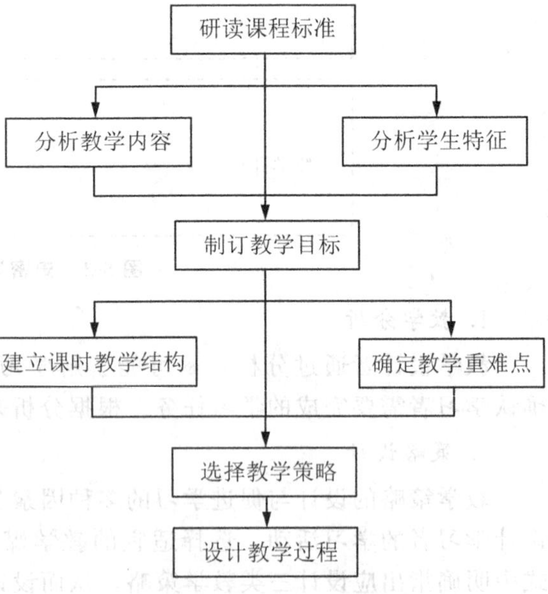

图 5-4　教学设计流程图

一、研读课程标准

课程标准是规定某一学科的课程性质、课程目标、课程内容、学业质量、实施建议的国家课程纲领性文件，反映了国家对学生学习结果的期望，是指导教科书编写、课堂教学活动实践和教学

① 赵广宇. 中学生物学课程概念教学理论与实践[M]. 北京：科学出版社，2019，97.

评价的纲领性文件。在我国，课程标准是由国家教育主管部门组织制定并发布的。目前生物学科使用的课程标准是《普通高中生物学课程标准(2017 年版 2020 年修订)》和《义务教育生物学课程标准(2022 年版)》。

教师要把课程标准作为指导学科教学的纲领性文件，用课程标准的理念和要求指导学科的教学活动。要改变教学中漠视课程标准要求、只以教材作为教学依据的现象，更要克服“以考定教”的倾向，解决教学中以试题的内容来确定教学的方向和内容等弊端。因此，研读课程标准、领会课程标准的精神应成为教师进行教学设计的出发点。

(一)领会课程性质、基本理念、课程目标

教师要认真学习课程标准，领悟课程标准的精髓。要把握课程标准的宗旨，着眼于学生未来发展的需要，树立发展学生生物学学科核心素养的课程理念。充分认识生物学课程的自然科学属性与发展学生生物学学科核心素养的关系，以课程理念指导教学设计和课堂教学行为，体现生物学科的教育价值。教师还要进一步领会课程标准中不同模块(学习主题)在课程中的教育价值，单元在模块(学习主题)的地位与价值，课时在单元中的地位与价值，以及课程模块(学习主题)、单元、课时相互之间的联系与影响、作用等，把课程的总目标落实到具体的课堂教学之中，树立整体教学的意识。还要认真学习和领会课程标准的教学提示与教学建议，并灵活运用到教学设计中，使教学设计有高度、有灵魂。

(二)把握课程结构、课程内容、学业要求

教师要领会课程的基本结构及其设置的思路，熟知课程的内容要求，厘清大概念、重要概念与次位概念之间的关系，为建立教学的概念结构体系奠定基础。要明确每个模块(学习主题)的学业要求，领会知识内容与生命观念、科学思维、科学探究、社会责任之间的内在联系，以此作为制定教学目标的依据。

二、分析教学内容

教学内容是为实现教学目标而要求学习者系统学习并掌握的学科知识(即生命观念的总和)，包括其中蕴含的科学思维、科学探究、社会责任等内容，是知识、能力及情感态度价值观的综合体现。

教学内容具有强烈的外部规定性特征，首先受课程标准的规定要求，其次是受教材内容的限制。教师能够选择教学内容的自由度很小，主要是在现有的课程标准和教材的框架范围内进行重组和补充。

(一)确定教学内容

教学内容主要来源于课程标准和教材，课程标准规定了教学内容的基本范围和学生所要达到的水平，教材则提供了具体的教学内容。教材是按照课程标准的要求编写的教学用书，是编撰者依据课程标准进行精心选择、组织学科内容体系，并进行系统阐述而形成的文本式资料，它呈现了具体的教学内容，是教学活动进行的媒介、手段和载体。

1. 分析教学内容的价值

根据课程教学的总目标或单元教学目标所规定的维度和要求，分析教材中本课时

的具体教学内容在课程、单元中的地位与价值，得出学生所需掌握的生命观念、科学思维、科学探究、社会责任等方面的学习内容，为确定教学内容做准备。在分析知识体系时，要以课程标准中的“内容标准”要求为基础，分析教材提供的具体知识内容，解决学生“学什么”的问题，为制定教学目标、建立课时教学概念结构体系提供依据。在规定的教学内容范围内，还要揭示出学习内容中各个组成部分之间的联系，为安排教学顺序奠定基础，为教学策略的选择指明方向，从而解决“如何学”的问题。同时，也为教学资源的开发和利用提供了内容依据。

2. 组织具体的教学内容

具体的教学内容主要是来自教材。一般来说，教材通过章、节的设计，已规划好教学内容及其次序，教师只需要选择在几个课时完成某一节的教学内容即可。但是，教材的编写与编排会受到许多因素的限制，使教材内容并不等同于教学内容。具体的知识内容还需要教师的再选择、再组织、再加工，使之成为本课时具体的教学内容。另外，教师还要在分析教材本身的知识结构体系的基础上，挖掘蕴含在知识内容中有关提升能力、发展情感和价值观的教育因素。

教师可以对教材内容进行合理的选择、取舍、加工，在保证学科基础性的前提下，依据课程标准的要求和教学实际的需要，科学地加工教材，适当补充部分内容，以起到引导学生思考、探究的作用；或者补充学科发展的新成就，以体现先进性。总之，组织的教学内容应能体现生物学科精髓，教学内容的安排既与“学什么”有关，也与“如何学”有关，体现出“用教材教”，而不是“教教材”。

3. 确定教学内容的范围

要根据学生的年龄特点和认知能力，确定课堂教学的容量和标高。其中教学容量是指教学内容的范围，是学生必须达到的知识和能力的广度；教学标高是指教学内容的深度，是学生必须达到的知识深浅程度和能力高低的质量水平。确定教学的深度与广度，使教学内容既能揭示学科知识的实质，又符合学生的接受能力，体现知识传递的循序渐进原则。这样，既确保了教学中不遗漏重要的内容和任务，又能够不增加学生的学业负担。

(二)开发教学资源

教材的主干部分包括生物学的基本事实、基本概念、基本原理、基本规律等内容，大多是以结论方式呈现的抽象知识。教师在组织教学内容时，需要开发和利用各类课程资源，通过查找和筛选生物科学史料、生产与生活素材、实验研究方案等各种资料，加工形成典型化、简约化的学习材料，或者设计恰当的学生实验或实践活动，使之成为教学内容的组成部分，为学生学习生物学知识、建立生物学概念提供丰富而有代表性的事实性材料。

开发课程资源需要把教学内容与学生的实际情况结合，是统一的课程标准与教材进一步具体化、个性化的体现。开发和利用课程资源，可以增大教学内容的丰富度，实现教学策略的多样化。教师占有课程资源的数量、质量，在一定程度上决定着学生的学习效果，体现出教学设计的多样性和创造性。

(三)梳理知识体系

教师需要对教学内容进行组织编排，以生物学学科知识的逻辑体系为主线，将生物学知识整合起来，形成具有整体性、层次性、有序性的生物学知识结构体系，使学科知识系统化。教师通过梳理学科知识的逻辑结构，建立教学内容的逻辑关系，使教学内容具有一定的系统性和渐进性，避免出现“知识碎片化”的现象。

【案例】

“兴奋在神经元之间的传递”一节的教学设计①(节选)

1　教材分析与设计思路

“兴奋在神经元之间的传递”是人教版必修3“稳态与环境”模块第2章“动物和人体生命活动的调节”第1节“通过神经系统的调节”中的内容。高中生物学课程标准对该模块的核心概念表述：所有的生命系统都存在于一定的环境之中，在不断变化的环境条件下，依靠自我调节机制维持其稳态。该模块突出体现了“稳态与平衡观”的学科思想。第2章从个体水平上讨论了稳态维持机制，是“生命系统维持稳态”的重要组成。其中，神经调节因其快速、精细、复杂的特点，成为动物体应对环境变化、维持稳态的重要方式。本节课承接“兴奋在神经纤维上的传导”，突触传递兴奋不仅是反射弧上的重要环节，同时也是学生理解神经系统的调节能够精细、准确的知识基础，有助于学生构建模块核心概念。在整体备课思路的指导下，教师依据必修3及第2章的核心概念设计本节课的重要概念，并以此设计核心问题，为学生理解核心问题提供丰富的素材，以说明化学突触在反射弧中传递兴奋的过程、特点及对神经调节维持稳态的意义。本节课的重要概念：突触传递是兴奋沿反射弧传递的重要环节。神经元之间有复杂的突触联系，进而构成复杂的反射弧，这是神经系统对生命活动进行精细、准确调控的结构基础。本节课的核心问题：反射弧中的突触传递如何实现神经系统精细、复杂的调节？基于重要概念，教学重点是兴奋在神经元之间的传递过程，教学难点是突触传递对实现神经调节精细、复杂的作用。围绕学科思想和核心概念进行精细教学设计，通过科学史料分析建立突触概念，通过提供大量生物学事实，调动学生思考来获得概念，并传递知识背后体现出的学科思想和教育价值。

【评析】设计者对教学内容的分析全面而细致。首先，分析课程标准对相关模块的教学要求，提炼出模块的核心概念及其体现的生命观念，以指导课时教学。其次，分析本章(单元)学科知识体系的重点知识及其价值，厘清本节课的教学内容在单元知识体系中的地位。最后，着重分析本节课的教学内容，包括课时教学内容与单元知识的逻辑关系，提炼出本节课教学的重要概念及其内涵，依此设计出本节课的核心问题，进而确定本节课的教学重点和教学难点。本设计显示出设计者深刻领会课程标准的理念，牢牢把握住学生核心素养的关键因素——生命观念，教学内容聚焦于核心概念。本设计在教学内容分析的基础上，以概念教学为主线贯穿教学策略的设计，注重利用

---

①　马小娟，安军.“兴奋在神经元之间的传递”一节的教学设计[J]. 生物学教学，2018，43(4)：34-35.

教学资源，如利用科学史料来提供生物学事实，帮助学生建立生物学概念。

三、分析学生特征

作为学习活动的主体，不同的学生受生理、心理、社会文化、家庭教育等因素的影响，其智力因素和非智力因素的发展水平会出现差异，从而在认知结构、学习风格、学习动力等方面表现出诸多差异性，他们是以自己的特点来进行独立学习的。因此，教师在进行教学设计时，需要分析学生的智力因素与非智力因素，根据所教学生的实际情况，设计教学目标、确定教学的重难点、选择教学策略等，使教学设计与学生的特征相匹配。在进行学生特征分析时，不可能、也不必要分析学生的所有特征，重点是分析学生的起点知识和能力、学习风格、学习动机等。

(一)学习起点能力的分析

学习是由简单到复杂的循序渐进的过程，当学生开始学习新的单元或命题时，其原有的学习态度、学习习惯、学习方法、知识和技能等对将来的学习成败起着决定性的作用。学生当前具有的知识水平、情感态度水平和动作技能水平等就是其学习的起点能力。教师需要从两个方面分析学生的起点能力。

一是认知和技能的起点能力分析。即学生对新知识学习所需要的预备知识和技能的掌握状况，是否有学生已完全或部分达成学习目标。尤其是在概念学习时，需要分析学生的前概念与已有知识的状况，以决定是否可以省略某些教学内容。通过分析，可以确定教师教学、学生学习的知识和能力起点，从而为制定合理的教学目标、合适的教学重点和难点提供科学的依据。

二是学习动机和学习态度的起点分析。学习动机是学生学习的内在动力，是激励和引导学生进行学习的自身需要，它决定着学生学习活动的自觉性、积极性、选择性和倾向性。而学习态度是学生对学习活动的基本看法以及在学习活动中的言行表现，是学生学习行为选择的决定因素。

学生的学习动机和学习态度通常表现为对所学学科的喜好程度、对所学内容的兴趣、对教师的喜爱程度(包括教师的个人魅力、教师的教学艺术水平)等，这对教师选择教学内容、确定教学方法和教学策略是十分重要的。

(二)学习风格的分析

学生在学习过程中持续一贯地表现出来的、带有个性特征的学习方式，就是学习风格。学习风格是学习策略和学习倾向的总和，它构成了学生通常所采用的学习方式。而学生为完成学习任务或实现学习目标而设计的程序和步骤就是学习策略，其中某一特定的程序和步骤就是学习方法。同时，每个学生在学习过程中又都会表现出不同的学习倾向，包括学习情绪、态度、动机、坚持性以及对学习环境、学习内容等方面的偏爱。

通过对学生学习风格的分析，教师可以寻找到适合于具有不同学习风格的班级和个人的教学策略，使教师的教学策略与学生的学习策略相互协调，从而加强教学设计的针对性，使教学设计更具有科学性，达到促使每一个学生全面发展的目的。

(三)学生一般特征的分析

学生一般特征是指对学生学习有关学科内容产生影响的心理特征和社会性发展的特点。一般特征与学科具体的知识内容没有直接关系，但它代表了学生的生理发展、认知发展和社会性发展等身心发展水平。学生个体的生理成熟年龄不同、日常生活经验不同、学习经历差异等因素，导致学生的一般特征具有差异性。

分析学生的一般特征，可以了解学生群体的一般心理特征，为教师在进行教学设计时，组织学习内容和学习材料、设计教学方法、选择学生的学习方式和教学的组织形式、选择和应用教学媒体等环节提供科学的依据。

【案例】

“生态系统的稳定性”单元教学设计①(节选)

2 学情分析

在初步了解“反馈与稳态”关系的基础上，学生通过本单元的学习，要对“反馈调节对于各个生命系统维持稳态具有重要意义”的观点形成较为深刻的认识，并进一步体会必修3“稳态与环境”的思想主线。在理解自然规律的基础上，学生能够对提高人工生态系统提出可行的建议和策略，也是对本节课的教学反馈。

2.1 知识背景

学生在学习必修3“稳态与环境”模块的相关内容过程中，已经初步建立生命系统的稳态及其与环境的关系，也就是说稳态的实现离不开系统内各组分之间的相互作用，即自我调节。在结构和功能的知识基础上，结合群落演替的动态变化过程，学习本节内容。

2.2 能力背景

高二学生基本适应高中生物学的学习节奏。首先，初中阶段侧重于了解生命现象，而高中阶段透过现象寻找本质的生物学习思维方式也基本建立。其次，利用数学模型研究生物学问题在“生物的进化”中也有基础。

2.3 求知欲

生态环境问题与学生的实际生活联系密切，生态系统的研究对于人类所面临的许多全球资源与环境问题具有重要意义。寻找理论与实际的联系，首先要理解生态系统自身的调节和稳态的维持。

【评析】本节课是高中的课例设计，设计者从学生的学习目标出发，结合教学内容，对学情作出较为全面的分析。首先，从知识维度分析学生学习新知识的已有知识基础，以便确定教学的知识起点。其次，分析学生现有的能力水平，以及初高中学段在学习知识的特点、思维方式的差异，以确定学习新知识需要的科学方法和能力培养的目标。在激发学生学习积极性方面，强调了理论与实际相联系。当然，如果执教者能够进一步分析学生在知识、能力维度上存在的不足及其对学习新知识的影响，将对重难点的确定、教学策略的设计有更大的帮助。

---

① 赵蕾，乔文军.“生态系统的稳定性”单元教学设计[J]. 生物学通报，2017，52(1)：22-24.

【案例】

关注重要概念学习的论证教学设计——以“细胞的生活”(第1课时)为例①(节选)

1.3 学情分析

学生已对动、植物细胞的基本结构与“细胞是构成生物体的基本单位”有了认识。初步具有发现问题、提出问题、作出假设或推测、观察、探究等技能。

由于学生缺乏有关物质的组成、性质、分类与能量形式及其转换等知识，因此重要概念“细胞的生活需要物质和能量”及“细胞中的物质可以分为无机物和有机物两大类”“细胞膜控制物质的进出”“叶绿体和线粒体是能量转换器”等是学生学习的难点。需要利用观察实验、演示实验、多媒体动画及真实的问题情境等，引导学生观察、实验、讨论与论证，多感官配合，促进构建、理解重要概念，提高论证能力。

【评析】本节课是初中的课例，设计者在深入分析教学内容的知识类型基础上，重点分析了初中学生在已有知识的不足，学习新知识的困难。由此，根据学生现有的认知水平及学习难点，在确定教学的重、难点的前提下，提出教学的手段与方法。

四、制订教学目标②

教学目标是对学生通过学习后应该表现出来的可见行为的具体、明确的表述，是预先确定的、通过教学活动可以达到的并且能够用现有技术手段测量的教学结果。作为规定教学活动的重要指标体系，它既是评价教学过程的标准，又具有指导教师进行教学策略选择、引导学生学习活动的功能，是教学活动的出发点和归宿。所以，制订科学合理的教学目标是教学设计中最重要的环节之一。

(一)教学目标的功能

1. 提供教学设计及其实施的依据

教学目标是学科课程目标在课堂教学活动中的分解、细化与落实，也是对课程标准的内容要求在课堂教学活动中达标状态的描述。因此，教师是依据课程标准中的课程目标、各模块(学习主题)目标以及具体内容标准来制订课时教学目标。相对于课程目标、各模块(学习主题)目标以及具体内容标准而言，课时教学目标更具体、详细，对教学活动的指导作用更明确、落实。而教师又是根据课时教学目标设计教学活动和实施教学活动，教学目标不仅制约着教学设计的方向，也决定着教学的具体步骤、方法、组织形式，有利于保证教师对教学活动全过程的自觉控制。

2. 提供教学反馈和教学评价的标准

教学目标是学生所获得学科核心素养表现水平的具体描述，是预先规定的教学结果，也是课堂教学活动实施的方向，其全面、具体和可测量的特点，使教学评价有了科学的依据，自然成为测量、检查、评价教学活动是否有效、教学结果是否成功的标准。

---

① 陈欣. 关注重要概念学习的论证教学设计——以“细胞的生活”(第1课时)为例[J]. 生物学通报，2017，52(3)：28-31.

② 赵广宇. 以新课程的理念指导制订教学目标[J]. 生物学通报，2008，43(5)：34-35.

教师在教学活动过程中以明确的教学目标为标准，充分运用提问、讨论、交谈、测验和评改作业等各种反馈的方法，检测学生的学习状况，帮助教师评鉴和修正教学过程。而以教学目标作为编制测试题的依据，可以保证测试的效度、信度及试题的难度和区分度，使教学评价更具有科学性和准确性。

（二）教学目标的内容

学科课程的教学目标包括课程目标、单元目标、课时目标三个层次。课程目标是教学要实现的最终目标，由《普通高中生物学课程标准（2017 年版 2020 年修订）》和《义务教育生物学课程标准（2022 年版）》提出的学科课程目标所决定，是统领教学活动的指导思想，居于教学目标的最顶端，对于其他教学目标有统领和指导作用。单元目标是指课程标准中各模块（学习主题）的内容标准或某个教学单元的目标，是学科教学活动中的阶段性目标。课时目标是具体到每一课时的、直接使用的行为目标，教学设计中制订的教学目标主要就是指课时目标。

课时教学目标的设计维度应该包括生命观念、科学思维、科学探究、社会责任四个方面，这四个维度分别指向知、意、行、情方面的学习结果①。

生命观念（知）包括了对生命世界现象及其运作规律的理解和认识，是科学世界观的组成部分。

科学思维（意）是认识物质世界、争取获得高质量结果的思维方式和习惯。

科学探究（行）是了解和认识世界、回答科学问题、揭示自然规律的实践方法。

社会责任（情）是对待生命的态度，以及回应社会性科学议题的意愿和行为。

其中生命观念代表知识的内化，是独具生物学科特点的要素，居于生物学学科核心素养之首，是其他核心素养的基础；科学思维和科学探究是关键能力；科学态度和社会责任是必备品格，教学设计制订的是四位一体有机整合的教学目标。“生命观念”属于认知领域，对应着课程标准中的大概念，并分解为重要概念、次位概念，以陈述句的方式具体描述为学生需要理解的范围与水平。在教学活动中，通常在一节课很难让学生真正获得一个大概念，所以，课时教学设计的教学目标主要是针对重要概念、次位概念的，表示学生学习生物学概念、生物学规律等方面所获得的认识，可以依据课程标准的方式，以认知水平的行为动词描述呈现“生命观念”类的目标。“科学思维”和“科学探究”属于能力类的目标，可以用动作技能领域的行为动词加以描述。“社会责任”属于情感价值观类的目标，运用情感性行为动词予以描述。

教学目标呈现的内容应该包括行为主体、学习的行为方式、学习行为的结果等。其中，教学目标描述的行为主体，应该是学生或师生双方。因为，教师的教学过程是为了帮助学生的学习，其教学目标是否实现取决于学生的学习结果，体现在学生身上。教学效果的好坏主要应该评价学生，教师的教学不应该是评价的直接对象，因此，课堂教学的目标应该主要以学生学习后的生物学学科核心素养状态来表达，强调的是学生做什么，其行为动词都是指向学生的，如“举例说明……”“尝试……”“关注……”等。

① 刘恩山，曹保义.《普通高中生物学课程标准（2017 年版）》解读[M]. 北京：高等教育出版社，2018：34.

因此，有人也把教学目标视为学生的学习目标。教学目标的行为动词必须是具体的，不能是抽象的。教学目标的达成度应该用教学活动的结果来描述，而不能用教学活动的过程或手段来描述。

(三)教学目标的特点

1. 整体性和全面性

制订教学目标的依据，一是国家制订的基础教育总目标。二是生物学科课程标准制订的生物课程目标，它是国家规定的基础教育总目标在生物课程的具体体现；是结合生物学科的特点和发展现状以及学生的实际情况，在生物学科领域中培养学生应达到的目标和要求，是制订教学目标的直接依据。因此，制订教学目标时，要在遵循课程总目标的前提下，依据单元目标中对不同学年段的要求，结合本节课的学习内容，制订出课时教学目标。三是制订的教学目标应包括生命观念、科学思维、科学探究、社会责任等维度，强调教学目标的全面性。

同时，教学目标的定位要面向全体学生，即教学的深度和广度要适合学生的知识水平和接受能力，对学生的指导要适合学生的性格、兴趣、爱好等心理特征。

2. 层次性和渐进性

教学设计制订的课时教学目标是单元目标的子目标，单元目标又是课程目标的子目标，课时教学目标、单元目标都要服从、服务于课程目标，三者之间具有明晰的层次性。

教学是循序渐进的，学生是不可能一步达到学科课程的终极要求，课程的总目标需要通过以学年、学期、课时为单位的教学活动逐步达到。尤其是大概念、重要概念的学习，需要众多次位概念的支撑，要经过较长时间的学习才能形成。因此，在制订课时教学目标时，就要分析单元目标中的总要求，并将其分解成章、节及课时目标，从而制订出本课时的教学目标。同时，某一课时的各教学目标之间也应有层次性，要用相应的认知行为动词描述，体现对目标维度的不同层次要求。

3. 灵活性和创新性

教师在教学中要创造性地使用教材，发掘“统一”教材的“独特性”，以满足不同层次学生的不同需求。要创造性地使用教材，先是创造性地设计教学目标。

虽然课程标准中明确规定了课程的目标和内容，但教师被赋予了参与课程设计、选择和再创造的权利。教材不再是学科知识体系的浓缩和再现，而成为学生发展的“文化中介”，是师生进行对话的“话题”。在生物学科教材中所选取的教学材料，一般都蕴含着丰富的科学教育内涵和人文教育内涵，但由于学科内容体系、教材篇幅等方面的限制，往往只侧重呈现出其中的某一方面。比如，高中教材中关于科学史的材料，通常是重点体现了有关的科学思想和科学方法，但其中也蕴藏着丰富的科学精神和科学态度等方面的教育内容。因此，教材内容本身以及隐藏在其中的科学教育或人文教育内涵，为教师在教学活动中发挥创造性提供了广阔的空间。教师可以根据课程目标调整教材内容的顺序，甚至增减教材的某些内容，灵活地选择教学内容；或者根据学生现有的能力水平、已有生活经验，对教材所安排的教学内容和设计的教学活动，进行再加工和处理。然后制订出相应的教学目标，使其更适合学生的发展，以满足不同层次学生的不同需求。

因此，在制订课时教学目标时，教师可以根据教材内容及其特点，在遵循课程目标要求的前提下，既可以设计以知识性目标为主的教学目标，也可以设计出以培养学生探究能力为主的教学目标，还可以把与生产、生活相联系的教学内容，设计成以培养社会责任为主要目标的情感体验活动。教师的教学行为要由“教教材”变成“用教材教”，使教学活动既以教材为基础，但又不囿于教材。

4. 主体性和可测性

教学目标的重点是说明学生学习行为或学习能力的变化，包括四个基本要素：一是教学对象，即学习行为的主体是学生。二是表明学习行为，即要说明学生通过教学后能做什么，以便教师能观察学生的行为变化，了解是否达到教学目标。因此，陈述教学目标的行为动词应力求明确、具体，可以观察和测量。三是学习条件，即有时需要说明学生什么情况或什么条件下完成的相关学习行为，同时也说明评价学生学习结果需要的条件。四是学习标准，即测量学生学习结果所达到的程度，以表明学生对教学目标达到最低程度的水平。因此，陈述教学目标时，学习行为的主体须明确指向学生，要有明确的学习内容，并用明确、具体、可测的行为动词表述学生的学习行为，目的是使教学目标具有可测性。

总之，教师应该贯彻课程标准的理念，注重从学科本质出发，关注大概念、重要概念的形成，强化对生物学概念的深层理解。要发挥自身的创造力，充分挖掘课程标准和教材中的教育因素，制订出符合学生实际、有利于学生发展、具有创新性的课堂教学目标。

【案例】

“酶的作用和本质”概念教学的组织①(节选)

2 学习目标

(1)说出细胞代谢的概念；阐明酶的概念；说明酶在细胞代谢中的作用；建立细胞的功能是绝大多数基于化学反应，这些反应发生在细胞的特定区域的生命观念。

(2)尝试设计实验，学会设置对照、控制变量；学会处理实验数据，得出科学结论；体验基于实验的科学探究方法。

(3)通过实验探究、资料分析，探究酶的概念内涵；领悟基于实验及生物学事实的概念建构，学会运用归纳与概括形成生物学概念的科学思维方法。

【评析】本节课的教学内容选自人教版教材必修1第5章第1节，设计者依据《普通高中生物学课程标准(2017年版2020年修订)》的要求，从生物学学科核心素养的四个维度制订教学目标。其中，(1)是根据课程标准的内容要求，结合教材的具体内容，分解课程标准中的次位概念，细化形成3个基本概念，并通过基本概念的学习形成次位概念和重要概念。(2)是根据概念教学的原理，制订出实验探究的教学目标，提出具体

① 赵广宇，汪绍鑫，徐杰．“酶的作用和本质”概念教学的组织[J]．生物学通报，2019，54(10)：13-15.

的实验探究要求，并依此设计了实验探究的教学策略。(3)是从生物学概念的形成过程、实验探究的方法等角度，制订出科学思维的教学目标。总体来说，设计者聚焦于概念教学，教学目标是通过探究性学习的方式形成生物学概念，进而掌握科学探究的方法、发展科学思维的能力，教学目标的设计比较全面、合理。

【案例】

"发生在肺内的气体交换"的概念教学策略①(节选)

2 学习目标

(1)说明人体呼吸的过程；概述肺与外界的气体交换(肺通气)过程；概述呼吸运动与肺通气的机理。

(2)通过感受自身呼吸活动时胸廓的变化，探讨呼吸运动的原理；运用物理模型模拟呼吸运动，阐释肺通气的原理。

(3)基于生命现象的观察，概括出呼吸运动的概念；以物理模型的模拟活动为基础，推理得出肺通气的原理。

(4)运用呼吸运动的原理，尝试掌握人工呼吸的基本方法；认同结构与功能相适应的生命观念。

【评析】本节课是初中教学案例，教学内容选自人教版教材七年级下册第3章第2节，设计者是依据生物学学科核心素养的要求来设计教学目标。(1)描述的是认知领域的目标，聚焦于概念学习。(2)是有关科学探究的教学目标，明确提出通过生活体验、实验探究、模型建构等方式，完成探究性学习，得出生物学原理、规律。(3)是基于不同的学习方式，运用相应的科学思维方法，提高科学思维能力。(4)是将生物学原理运用于实际生活中，在建立生命观念的基础上，提升社会责任。教学目标设计全面，包括了生物学学科核心素养的四个维度，各个维度的要求科学合理且明确，能够有效引导教师的教和学生的学，为确定教学重、难点和设计教学策略奠定良好的基础。

五、建立课时教学概念结构

《普通高中生物学课程标准(2017年版2020年修订)》和《义务教育生物学课程标准(2022年版)》提出的课程理念"内容聚焦大概念"，要求学生通过概念性知识的学习，建立生命观念。在课程内容框架的设计上，在大概念的统摄下，采用了"大概念""重要概念"和"次位概念"的三级概念层级构成整个课程的概念结构体系及知识内容框架(见图5-5)②。

其中，大概念的建立一般是课程标准中模块(学习主题)的教学目标，需要通过一个模块(学习主题)或者是多个单元的教学才能完成。重要概念的形成是单元的教学目标，往往需要一个或者几个单元的教学才能建立。次位概念是重要概念、大概念的

① 赵广宇，张良，等."发生在肺内的气体交换"的概念教学策略[J].生物学通报，2020，55(2)：20-23.

② 赵广宇.中学生物学课程概念教学理论与实践[M].北京：科学出版社，2019：71.

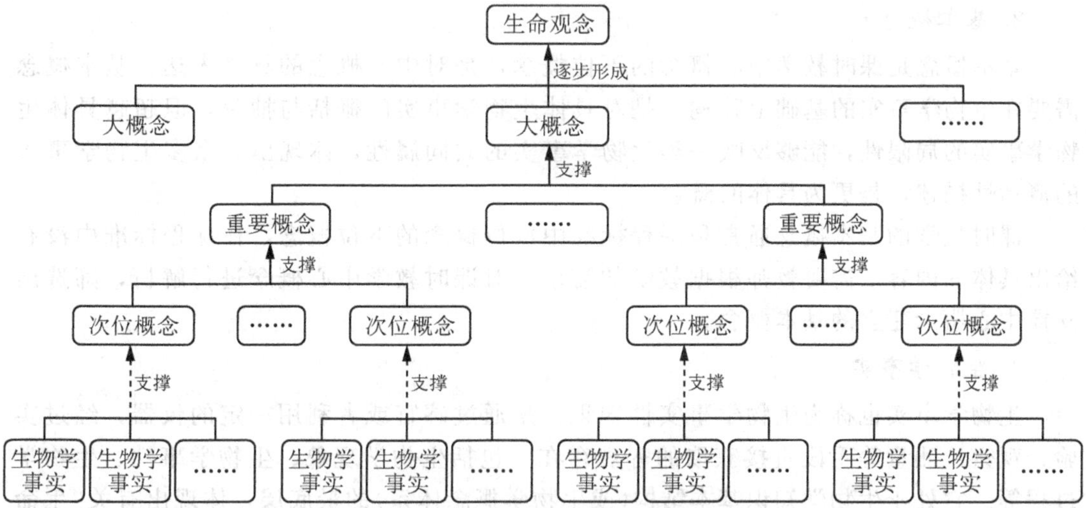

图 5-5 生物学课程的概念体系

基础，通常需要一个课时或者是多个课时的教学才能形成，是课时教学的目标。但是，课程标准中只是呈现出“大概念”“重要概念”和“次位概念”的概念体系，没有列出相关的生物学事实。并且，课程标准的次位概念中，有许多概念涵盖的范畴很大，还需要其下位概念支撑。因此，需要分析次位概念的内涵，厘清组成次位概念的基本概念，筛选支撑概念建构的生物学事实，进而建立起课时教学的概念结构体系。

(一)课时概念教学结构体系的基本结构

课时教学概念结构体系主要是根据课时教学中次位概念的抽象程度，筛选出其下位概念以及相关的生物学事实，再依据概念的层级关系和概念间的逻辑结构而建立的结构化概念系统。课时教学概念结构体系是课程标准概念体系的基础，是由中心概念、基本概念、生物学事实组成的三级体系(见图 5-6)①。

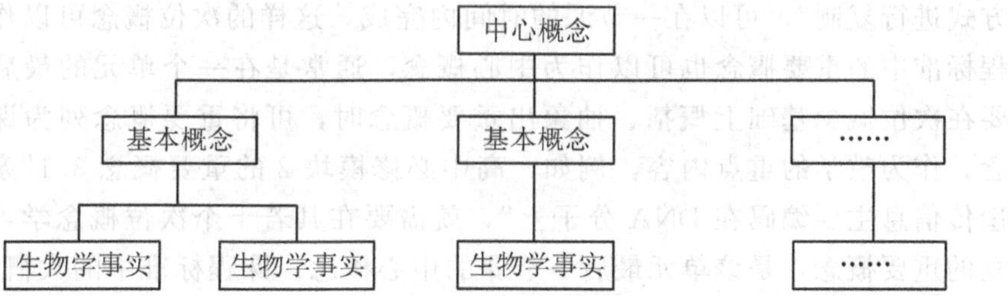

图 5-6 课时教学概念结构体系图

1. 中心概念

课时教学的中心概念是居于课时教学内容中心地位的生物学概念，是在每节课相关基本概念和生物学事实的基础上按照一定的逻辑关系，概括、抽象出来的规律性认识。因此，课时教学内容应该以中心概念为支点构成课时概念结构体系和知识框架，中心概念自然成为课时教学内容的主干部分，是一节课的重点教学内容。

① 赵广宇. 中学生物学课程概念教学理论与实践[M]. 北京：科学出版社，2019：82.

2. 基本概念

基本概念是课时教学中心概念的下位概念，是对中心概念的具体表达。基本概念需要在生物学事实的基础上建构，是对具体生物学事实的概括与抽象，但超越具体生物学事实的局限性，能够反映一类生物学事实的共同属性，体现出对众多生物学事实的概括性描述，是更为具体的概念。

课时教学的基本概念通常是课程标准中次位概念的下位概念，在课程标准中没有给出具体的内容，需要教师根据教学的需求，对课时教学中心概念进行解析，筛选出支撑中心概念建立的基本概念。

3. 生物学事实

生物学事实也称为生物学事实性知识，是通过感官或者利用一定的仪器，经过实验、观察、测量等手段直接获取的客观存在，包括生物学现象、生物学事件、生物学过程等。它处于生物学知识基本结构(或生物学概念体系)的最底层，体现出有关"生命是什么"的层次，是建立生物学概念的基础。

(二)课时概念教学结构体系的建构策略

教师要对课时教学内容进行深度解析，厘清教学内容中的相关概念，对教学内容中的概念类别、逻辑关系做出科学的甄别，明确课时知识内容中概念的类型与层级关系，依据内在逻辑关系建立结构体系。

1. 确立中心概念

教师要分析生物学大概念、重要概念在单元中的分布与逻辑结构，特别是根据次位概念的内涵结合教材提供的教学内容，找到在学生学习中起到主导、引领作用的概念，确定为课时教学的中心概念，为课时教学活动提供支点。

通常情况下，教材中"节"的教学内容对应于课程标准中的次位概念，次位概念就是课时教学的中心概念，例如，高中必修模块 2 的次位概念 3.1.3"概述 DNA 分子通过半保留方式进行复制"，可以在一节课的时间内完成，这样的次位概念可以作为中心概念。课程标准中的重要概念也可以作为中心概念，通常是在一个单元的最后章节教学中，需要在次位概念基础上概括、抽象出重要概念时，可将重要概念列为课时教学的中心概念，作为教学的重点内容，例如，高中必修模块 2 的重要概念 3.1"亲代传递给子代的遗传信息主要编码在 DNA 分子上"，就需要在其若干个次位概念学习后，归纳总结建立的重要概念，是该单元最后一节课的中心概念。课程标准中的大概念(核心概念)也应该成为中心概念，当几个单元或者一个模块(学习主题)的教学结束时，可以将需要建立的大概念作为课时教学的重点内容，引导学生通过建立大概念形成生命观念。

2. 厘定基本概念

以本课时需要建构的中心概念为核心，分析中心概念的逻辑结构，遴选出支撑中心概念的下位概念作为基本概念，这是建构课时教学概念结构体系的主要环节。厘定的基本概念能够从某个方面描述客观事物的本质属性，为建构中心概念提供支撑。

在课程标准列出的次位概念(即中心概念)中，许多概念的定义呈现出其下位概念，这些下位概念就是课时教学概念结构体系中的基本概念。例如，高中必修模块 2 的次位概念 3.3.5“举例说明染色体结构和数量变异都可能导致生物性状的改变甚至死亡”，其表述的“染色体变异”作为课时教学的中心概念，定义中的下位概念“染色体结构变异”“染色体数量变异”就是基本概念。

中心概念没有直接呈现出下位概念的名称，但是概念的范畴相对较宽。这就需要执教者分析中心概念的内涵与外延，得出支撑中心概念的基本概念。例如，高中必修模块 2 的次位概念 3.2.1“阐明减数分裂产生染色体数量减半的精细胞和卵细胞”，显然，要建立并深刻理解该次位概念，还需要如“同源染色体”“联会”等许多下位概念，这些下位概念就是课时教学的基本概念。

3. 筛选生物学事实

《普通高中生物学课程标准(2017 年版 2020 年修订)》和《义务教育生物学课程标准(2022 年版)》都在教学建议中提出：教师需要向学生提供各种丰富的、有代表性的事实来为学生的概念形成提供支撑，但是，无论初中课程标准、还是高中课程标准，都没有提供支撑概念建构的生物学事实。而中学生物学教材中往往只有少量的生命现象、生物学的经典实验与研究史料等材料。因此，需要教师筛选出更有代表性的生物学事实，为学生形成生物学概念提供支撑。

在确定各层级的相关概念后，还要进一步厘清中心概念与基本概念之间、基本概念与基本概念之间、基本概念与生物学事实之间的逻辑关系，再建立起具有层级关系的概念结构，以概念结构图的形式表示，使课时教学中涉及的众多概念实现组织化和结构化，真正成为课时教学概念结构体系。这样，教师能够清晰把握整节课的知识结构，重点是理顺概念的上、下位关系及其逻辑联系，以便采取恰当的教学策略与教学方法，引导学生自主建构概念，建立知识的整体网络，加深对概念的理解。

【案例】

“酶的作用和本质”概念教学的组织①(节选)

围绕与酶相关的概念，以“说明绝大多数酶是一类能催化生化反应的蛋白质”为中心，确定本节课的概念体系如下：

A. 酶的化学本质是有机物

A1. 绝大多数酶是蛋白质；

A1.1 酶的发现史；

A1.2 实验验证木瓜蛋白酶的化学属性是蛋白质。

A2. 少数 RNA 也具有生物催化功能；

A2.1 科学史料证明某些 RNA 也具有催化功能。

B. 酶具有催化作用

B1. 酶的催化作用具有高效性；

B1.1 实验证明酶具有催化作用，且催化作用具有高效性。

① 赵广宇，汪绍鑫，徐杰.“酶的作用和本质”概念教学的组织[J]. 生物学通报，2019，54(10)：13-15.

B2. 酶能显著降低化学反应的活化能；

以上概念间的关系可用概念结构图(见图 5-7)表示。

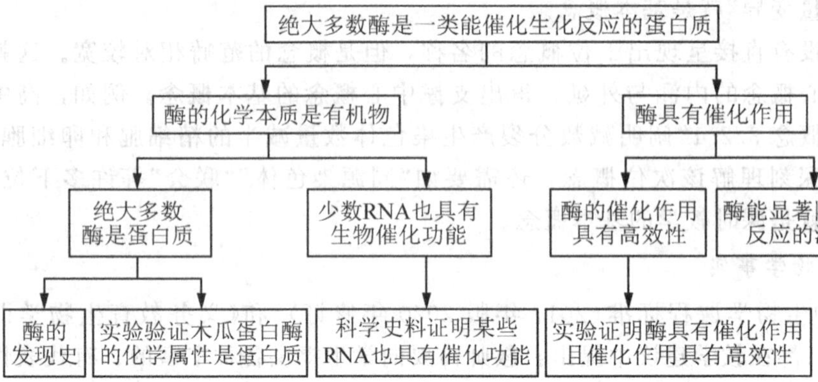

图 5-7　酶的概念结构图

【评析】这节课的教学内容选自人教版教材必修 1 第 5 章第 1 节，设计者秉持发展学生生物学学科核心素养的理念，聚焦于概念教学，依据《普通高中生物学课程标准(2017 年版 2020 年修订)》内容要求，分析、建立了课时教学概念结构体系。首先，设计者将高中必修模块 1 中次位概念 2.2.1“说明绝大多数酶是一类生化反应的蛋白质”确定为课时的中心概念，然后从酶的化学本质和酶的功能两个角度将中心概念分解形成两个基本概念“酶的化学本质是有机物”“酶具有催化作用”，每个基本概念又分解成为两个下位概念。为帮助学生建立上述概念，分别开发了探究性实验、科学研究史料等学习材料，为学生建立概念提供生物学事实，最终建构起如图 5-7 所示的概念结构图。这样的概念教学结构科学、清晰、准确，具有较强的逻辑性，有利于教师引导学生进行概念的自主建构。

六、确定重点难点

(一)确定重点

教学重点是指教学中最突出、最重要的目标，是对整个教学效果起到至关重要作用的教学内容。教学重点是在对教材进行科学分析的基础上确定的最核心的教学内容，通常是教材中的核心概念、重要概念和中心概念、重要的原理和定律等知识内容，也包括对学生学习起到重要作用的科学探究方法、科学思维方式等内容，这些内容都属于生物学科知识和能力的核心部分。

教学重点对全体学生学习知识、提高能力至关重要，如果属于教学重点的教学内容没有完成，教学目标没有实现，整个教学过程的目标也就无法完成。突出教学重点是课堂教学活动必须要达到的目标，自然是教学设计的重中之重。确定教学重点，就是要进一步梳理教学目标，找出教学内容中的重要节点，探寻教学策略，以解决学生学习的关键。

(二)确定难点

教学难点是指教学内容中大部分学生不易理解、难以应用的知识，或是复杂的实验技能，抑或是难以掌握的解题技巧等。这些教学的难点内容，通常是由于学生已有经验中不具备相关知识或能力的基础，而新知识内容相对深奥、思维难度大，使学生现有的认知水平和能力与学习内容之间存在较大的落差而产生的。比如，对于概念的学习，有些生物学概念的抽象程度高、逻辑推理难度大，学生缺乏必要的下位概念支撑，或者没有实践经验的体验，难以理解概念的内涵；而有些生物学概念之间容易混淆，学生区别困难。

教师需要在分析教学内容的基础上，认真进行学情分析，才能真正确定教学难点，进而决定教学内容的深度，为设计突破教学难点的方法与手段奠定基础。

总之，教学重点和难点的确定，尤其是教学难点的确定，不仅要依据课程标准、教材内容，更要根据学生的认知水平和能力状况来确定。有些教学内容既是重点又是难点，有时二者并不重叠。

【案例】

提升学生理性思维的“基因突变”教学设计①(节选)

1 教材分析

“基因突变”是人教版高中生物学教材必修2“遗传与进化”第5章“基因突变及其他变异”第1节的内容。本节既是对前面所学基因的概念、存在部位及功能等合乎逻辑的延续和拓展，又是学习后面诱变育种和现代进化理论的重要基础。学生之前学习的“生物遗传”都是围绕着基因结构的稳定性展开的，而基因突变是从基因复制出现的不稳定性入手阐述生物的变异，是学生认识生物“不变”到“变”的转折点，因此基因突变的概念、特点及原因是本节课的重点。基因突变对生物性状的影响较为复杂，是本节课的难点，教学中通过模型与建模、合作探究、综合应用以前所学知识来帮助学生深刻理解。

【评析】本节课的主要教学内容是“基因突变”，设计者从知识整体性的角度分析教学内容，说明学生已有的有关基因的基础知识与基因突变之间的关系，以及基因突变与后续学习内容的联系。特别是准确把握教学内容的核心思想：遗传与变异的本质区别，以此确立本节课的教学重点；再根据学生对知识学习的复杂程度，确定教学难点。最后，根据教学的重点、难点，设计出相应的教学策略。这样确定的教学重点、难点准确、合理，能有效地指导教学策略的制订与实施。

七、选择教学策略

教学策略是指在一定的教学条件下，为实现特定的教学目标、完成既定的教学任务，所采用的教学程序、教学方法、教学形式和教学媒体等要素。

教学策略是预期的教学实施过程，是实施教学活动的基本依据。所以，选择教学策略成为教学设计的主要环节，是教师有意识选择教学规律、教学原则、教学模式、教学方法，并加以统筹规划及灵活运用的过程。

① 彭菲菲．提升学生理性思维的“基因突变”教学设计[J]．生物学教学，2018，43(5)：31-32.

好的教学策略就是在一定的具体情况下达到特定教学目标的最为有效的方法体系，既要重视教师的“教”，也要关注学生的“学”。一方面，要根据教学目标、教学内容、教学条件的不同，采用不同的教学策略；另一方面，要结合学生情况，教师的教学水平和教学风格，选择适宜的教学策略。教师要学习相关的教学理论，掌握教学的基本策略、基本方法。这样，才能设计多样化的教学策略，向学生充分展现生物学知识的发生和发展过程，展示科学思维的方法。以达到改变学生学习方式，促进学生主动学习、和谐发展，实现全面提高学生生物学学科核心素养的目标。

当然，教师在教学设计环节选择的教学策略，是预设性的，用于指导教师实施教学过程。在学生的学习过程中，经常会有超出预想的新问题不断生成。这就需要教师在教学过程中不断调整教学策略，以适应学生的变化。因此，教学策略应该具有指示性和灵活性，而不具有规定性。

(一)优选教学方法

教学方法是为了达到教学目标，在教学原则的指导下，借助一定教学手段进行的师生相互作用的行为方式；是教师引导学生掌握知识、技能而开展共同活动的方法，是师生互动的方式和措施，是教法和学法的统一。

首先，教师要熟知本学科常用的教学方法及其特点，能够运用不同类型的教学方法进行教学。要在运用讲授法、谈话法、讨论法、实验法、演示法等相对传统的教学方法过程中，夯实教学基本功；还要学会运用以探究法为代表的、体现课程标准理念的教学方法。其次，教师要科学选择教学方法。每种教学方法都有其优势和适用范围，教师应该在谙熟各种教学方法特点的基础上，根据教学目标、教学内容、学生特征、教师教学风格、教学时间、教学技术条件以及教学环境等因素，采用多种教学方法，以最恰当的方式呈现教学内容，调节学生的学习行为，以获得最优化的教学效果，所谓“教学有法，但无定法”。

在选择和运用教学方法时，还应注重对学生学习策略的指导，教给学生学习和思考的方法，使他们掌握发现问题、分析和解决问题的方法，最终帮助他们学会学习。这就要求教师在教学过程中，要处理好传授知识与培养能力的关系，注重培养学生学习的独立性和自主性，要引导学生质疑、调查、探究，在实践中学习，使学习成为在教师指导下主动的、富有个性的活动过程。

(二)设计教学媒体

教学媒体是指直接加入教学活动，以采集、传递、存储和加工教学信息为最终目的的工具和载体，在教学过程中能将教学信息从信息源传递到学习者。教学媒体的使用应该具有明确的教学目标、教学内容和教学对象。根据媒体作用的感官，教学媒体可分为视觉型媒体(如图片、黑板、印刷品等)、听觉型媒体(如口头语言、录音机、广播等)、视听型媒体(如电影、电视、计算机等)、交互型媒体(如多媒体)。

根据教学目标和教学策略的需要，选择出适宜可行的教学媒体并加以优化组合是完成教学设计的重要组成部分。选择教学媒体时，要依据教学目标和教学内容的要求、学生的年龄特征、现有的教学资源条件等多种因素。做到传统与现代结合、单项与多项结合，既大力推广使用现代化的多媒体，也提倡用好教学挂图、教具模型、投影图片以及小黑板等传统的教学媒体。教学媒体的运用，应该起到有利于开发和利用课程资源、促进教师教学方式和学生学习方式多样化等方面的作用，真正达到激发学生的学习兴趣、创设良好的学习环境、扩大课堂信息容量、提高教学效率的目的。

【案例】

"眼是感受外界光线的视觉器官"的教学策略[①](节选)

1 设计思路

本节内容选自北师大版生物学七年级下册第12章，旨在认识"眼是获取外界信息的视觉器官"的基础上，引导学生构建"人体通过眼、耳等感觉器官获取信息"的概念，为构建重要概念"神经系统和内分泌系统调节人体对环境变化的反应及生长、发育、生殖等生命活动"奠定基础。

七年级学生的空间感相对较弱，对建立眼球的立体结构感到困难；同时，由于缺乏物理学知识，学习眼球成像原理的难度较大。针对学生学习中的难点，本节课的教学设计着重解决：(1)引导学生构建眼球的结构模型，即从实际看到他人的眼睛→眼球的立体结构模型→平面结构模型→概念模型，促使学生感知、构建和内化眼球结构的知识；通过眼球各结构在视觉形成中的功能，归纳出视觉器官的概念。(2)通过凸透镜成像的光学实验，引导学生理解视网膜成像的原理，进而认识视觉形成过程。(3)在理解眼球成像原理的基础上，认识近视眼、远视眼视物不清的原因，掌握近视眼、远视眼的矫正方法；并通过调查全年级学生的视力现状，认识保护视力的迫切性。

【评析】这节课是以模型建构促进生物学概念形成的典型课例。设计者采用了以模型建构为主，结合模拟实验探究两种教学方法，帮助学生突破学习中的难点，形成生物学概念。

执教者设计的教学策略，首先是指导学生建构平面、立体等多种形式的眼球模型，以帮助学生认识眼球的结构，真正建立眼球的立体结构，掌握眼球的结构组成。其次是采用凸透镜成像实验模拟眼球的成像原理，使学生能够感受视觉形成的基本原理，从而克服因为缺乏物理学知识而导致学习困难的窘境。执教者设计多样化的教学方法并加以优化组合，并与学生的概念学习有机结合，以实现引导学生开展自主性、探究性学习，引导学生形成具有内在逻辑关系的知识结构，实现视觉知识体系的自主建构，加深对概念的理解，体现了教学策略设计的创新性。

八、设计教学过程

教学过程设计是教师将教学设计思想转化为教学活动的路径与措施，把教学目标转化为教学行为，使设计的教学策略细化为具体实施方案的过程，是对教学组织中的活动主体和行为方式、媒体运用、教学时间分配、教学效果的预期等各方面因素作出预设性安排。

---

① 赵广宇，徐杰，汪绍鑫."眼是感受外界光线的视觉器官"的教学策略[J].生物学通报，2018，53(12)：23-25.

教学过程与教学目标之间具有对应关系，教学过程是为实现教学目标而设计的。教师在设计教学过程时，要围绕教学目标的导向，依据教学策略的要求，对整节课的教学进程作出安排，以保证教学过程的流畅性、完整性；还要完成对每个教学环节的设计，使之符合课时教学的整体性要求。

(一)教学进程的安排

首先，是按照课时概念教学结构体系及学科知识的内在逻辑关系，编制本节课的具体教学程序与行进路线，呈现知识的发生与发展过程。要结合学科知识的逻辑结构，从感知生物学事实开始，经过初步认知形成基本概念，进一步抽象出中心概念，使知识建构过程遵循一般的认知规律：直观(建立表象认识)——→抽象(归纳出本质特征)——→应用(运用概念解决问题)。这样，由现象到本质、由简单到复杂、由了解到理解、由低阶到高阶，有次序、有步骤地进行，实现知识的螺旋式发展，以切实达到预期的教学效果，并为后期的学习打下基础。同时，要梳理知识之间的逻辑关系，围绕大概念、重要概念开展教学，促进学生对概念的深层理解，形成大概念引领的知识体系。教师可以通过设计系统性强、条理清晰的板书，勾勒出一节课的整体知识框架，以利于学生梳理知识，确保学科知识的完整性和系统性，避免知识的碎片化。

其次，是配置每个教学活动需要的大致时间，特别是保证重、难点知识的学习时间。时间的安排要有一定的弹性，使教师在实际教学过程中能够根据教学进程适时的调整。

(二)教学活动的设计

教师要按照既定的教学策略，设计教学过程中具体的师生活动。要设计不同形式教学活动的活动主体(学生、教师或是师生共同参与)、行为方式(探索、思考、讨论、操作等)、组织形式等内容，要设计行之有效的方式、方法，突出教学重点、突破教学难点。

一是围绕课时概念结构体系中的中心概念，设计具有引导性的核心问题，最好是设计出环环相扣的“问题串”，把支撑中心概念形成的基本概念，以“如何”“为什么”“怎么样”等具有驱动性的问题形式表达出来，以问题驱动教学和学习，不断激发学生理解和反思具体的事实和概念中所蕴含的独特的学科思维方式，促进学生对概念的理解。通过把概念以“基本问题”的形式表达出来，使学生的学习具有一定的开放性和挑战性，在解决问题的过程中，学生建构概念、形成并运用生命观念，这就是课堂教学设计的主线。因此，设计课堂核心问题是教学设计的难点，最能体现教师教学的创造性。

二是创设学习的情境，设计学生的学习活动，引导学生的思维活动，实现知识的自我建构。生命观念需要在真实的情境中建构，为学生学习抽象的概念提供形象直观的生物学事实。教师需要将生物学事实创设成具有真实性、问题导向性的学习情境，在激发学习兴趣的同时导入知识学习。要设计学生学习所需要的观察、实验、建模等活动，关注概念形成的思维加工过程；要安排足够的学习时间，保证学生开展自主、探究学习。

三是设计形成性评价的方式。学生在知识建构的过程中，是否出现思维障碍、是否真正理解概念的内涵、是否掌握知识之间的逻辑关系等问题，都是教学过程中常常遇到的困难。教师需要通过设计不同形式的形成性评价手段，运用于教学实施过程中，使教师能够随时对教学方法、教学媒体、教学过程以及学生的学习进程等方面进行评估，及时反馈、及时矫正，针对性地采取新的教学方法、教学手段进行补救。

教师通过对课堂教学的规划、设计、假设、安排，可以在课前检验教学内容和教学对象的分析是否合理、教学目标的设计是否科学准确、教学方法的选择与组合是否恰当、学生学习方法的指导是否到位、教学媒体的选择和运用是否科学，以便做出适当的调整。所以，教学过程的设计是教学预设中最重要的一环，是教学设计的核心。

【案例】

“免疫调节”一节的概念教学设计①(节选)

5 教学过程

5.1 设置生活情景，导出学习课题

教师设置生活情景：随着我国家庭饲养宠物狗增多，时常会发生宠物狗咬人的事件，这对受害者会有什么影响？学生回答：可能导致患狂犬病，危及生命。

教师设置问题串：狗咬人时，“是否咬破皮肤”与人能否患狂犬病之间有没有关系？为什么？同学们一致的结论“咬破皮肤会患狂犬病，否则不会患病”，对于原因则说不清楚。

教师继续设问：被狗咬破皮肤的人，是否都会患狂犬病？为什么？同学们展开激烈的讨论，难以得出结论。教师立即提出：要回答上述问题，需要学习人体免疫调节的相关知识。

5.2 检测已有概念，提出探究问题

教师让学生根据初中学过的免疫知识，说出“免疫的概念”“免疫的类型”。学生回答：免疫就是消灭侵入人体的病原体；免疫的类型包括非特异性免疫和特异性免疫。教师追问：请说出“非特异性免疫和特异性免疫的基本原理”。学生回答：好像与抗原和抗体有关系。教师继续追问：请说出抗原和抗体的概念。学生不能回答。

教师提出：本节将探究免疫的概念、免疫系统的组成和功能、免疫的过程等内容。

5.3 探秘三道防线，领悟免疫机理

教师首先阐述免疫的概念：免疫是人体的一种防御功能，人体依靠这种功能识别“自己”与“非己”，从而破坏和排斥进入人体的外来侵害物质，以及本身所产生的损伤细胞和肿瘤细胞，以维持人体内环境的稳态；包括非特异性免疫和特异性免疫。然后提出探究问题：人体是如何完成免疫功能的？

5.3.1 问题推断与材料分析，建构非特异性免疫模型

教师设问：日常生活中，人体皮肤如果出现破损，会出现发炎化脓的现象，甚至引起更严重的后果。这表明皮肤在人体免疫中有什么作用？学生回答：皮肤能阻挡病原体侵入人体。

教师追问：人体还有哪些结构或生理功能，能够起到相似的作用？学生回答：不太清楚。

教师播放流感病毒入侵人体过程视频，要求学生观察并说出组成非特异性免疫的结构和生理功能。学生观看后总结得出：人体的皮肤、黏膜及其附属结构(如呼吸道纤

① 赵广宇，汪绍鑫，李傅. “免疫调节”一节的概念教学设计[J]. 生物学通报，2015，50(12)：17-21.

毛等）组成了抵御病原体的最外层防线。

教师继续提问：当病原体突破了最外层防线，将进入人体的哪个场所？学生回答：应该是内环境。教师引导学生分析人受到病原体感染后的血检报告（见图 5-8），探寻人体的免疫反应。

①扁桃体炎

[redacted]市妇女儿童中心医院检验报告单

[redacted] Women and Children Center Hospital, Inspection report

姓名(Name)：[redacted]　科别(Dept)：儿内科门诊　样本编号(SampleNo)：13

性别(Sex)：[redacted]　病床号(Bed)：　标本种类(SampleType)：末梢血

年龄(Age)：[redacted]　病案号(PatNo)：1306270878　送检医师(Doctor)：[redacted]

就诊类别(SickType)：门诊　临床诊断(Diag)：扁桃体炎。

序号	项目名称	英文缩写	结果	状态	参考值
1	白细胞	WBC	14.57	↑	3.60—13.00
2	红细胞	RBC	5.02		3.97—5.54
3	血红蛋白	HGB	134		108—145
4	红细胞比积	HCT	40.9		32.7—42.5
5	血小板	PLT	427		125—462
6	中性粒细胞百分率	NEUT%	56		12.9—56.7
7	淋巴细胞百分率	LYM%	36.9		35.4—78.6
8	单核细胞百分率	MONO%	5.1		2.4—10.6
9	嗜酸细胞百分率	EOS%	2.9		0.0—6.4
10	嗜碱细胞百分率	BAS%	0.1		0.0—0.8
11	中性粒细胞绝对值	NEUT#	8.15	↑	0.72—4.80

②病毒性感冒

编号：00008711　时间：　10:59　模式：

姓名：　性别：　年龄：

病历号：　科室：　床号：

参数	报警	结果	参考值
白细胞数目（WBC）	H	16.0×10-9/L	5.0—10.0
淋巴细胞数目（Lyaph#）		5.5×10-9/L	0.8—4.0
中间细胞数目（Nid#）		0.8×10-9/L	0.1—0.9
中性粒细胞数目（Gran#）	H	11.7×10-9/L	2.0—7.0
淋巴细胞百分比（Lymph%）		22.1%	20.0—40.0
中间细胞百分比（Nid%）		4.9%	5.0—9.0
中性粒细胞百分比（Gran%）	H	73.0%	50.0—70.0

③胃部感染（胃炎）

[redacted]省医学科学院·[redacted]省人民医院检验科报告单

Report of Clinical Laboratory of Sichuan Academy of Medical Sciences & Sichuan Provincial People's Hospital

姓名(Name)：　病区(Sec)：门诊　标本(Specimen)：抗凝血　批次(Group)：23

性别(Sex)：　床号(BedNo)：　标本号(SpeNo)：L201504274392　检号(No)：20

年龄(Age)：　病历号(CaseNo)：L201504274392 急诊：否　部门(Dept)：急救中心检验室

项目名称	缩写	结果	单位	参考范围
白细胞计数	WBC	12.680 ↑	10^9/L	3.50-9.50
中性粒细胞数	NEU	10.600 ↑	10^9/L	1.80-6.30
淋巴细胞数	LYM	1.141	10^9/L	1.10-3.20
单核细胞数	MONO	0.609 ↑	10^9/L	0.10-0.60
嗜酸性粒细胞数	EOS	0.190	10^9/L	0.02-0.52

图 5-8　受病原体感染后的血检报告

学生解读化验报告得出：白细胞和中性粒细胞增多。同时存在疑惑：白细胞和中性粒细胞增多的原因？教师依据下列关系讲解白细胞的组成及功能（见图 5-9）：

白细胞（免疫细胞）
- 吞噬细胞
  - 中性粒细胞
  - 单核细胞等
- 淋巴细胞
  - B 淋巴细胞
  - T 淋巴细胞

图 5-9　白细胞的组成

教师引导学生分析得出：①病原体进入内环境后，吞噬细胞通过吞噬作用消灭病原体，因此而增多。②入侵三位病人的病原体不同，但吞噬细胞都能识别并吞噬，说明吞噬细胞可以针对多种病原体，没有特异性，从而建立非特异性免疫的概念。然后，教师引导学生构建非特异性免疫的概念图（见图 5-10）：

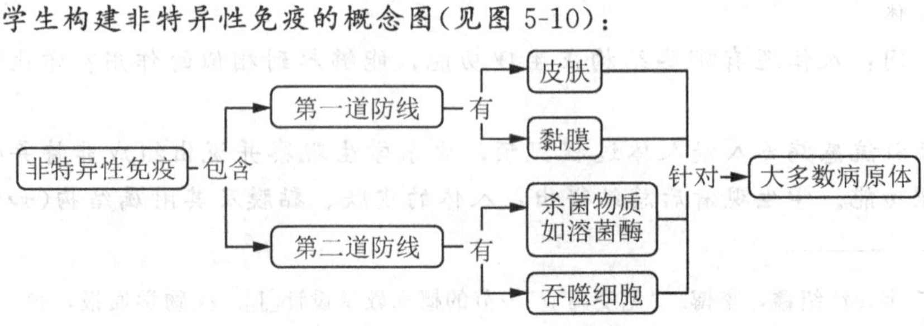

图 5-10　非特异性免疫概念图

5.3.2　材料分析与观看视频，构建体液免疫模型

教师出示某肺炎患者的化验单(见图 5-11)，要求学生与前面的化验单进行比较。

[redacted]人民医院血细胞分析报告单

姓名：　性别：　科　室：　床号：　样品编号：
[illegible]：　年龄：　病历号：　诊断：　样　本：

项目名称		测试结果	提示	单位	参考值
WBC	白细胞计数	12.680	↑	$10^9/L$	4.0-10.0
LY%	淋巴细胞%	71.80	↑	%	20.00-40.00
MO%	单核细胞%	8.50	↑	%	3.00-8.00
LY#	淋巴细胞计数%	23.30	↑	$10^{-3}/\mu L$	1.00-5.00
MO#	单核细胞计数%	1.57	↑	$10^{-3}/\mu L$	0.10-1.00
NE#	中性粒细胞计数%	2.28		$10^{-3}/\mu L$	2.00-8.00

图 5-11　某肺炎患者化验单

学生分析得出结论：除了吞噬细胞数量增多，还有淋巴细胞增多导致白细胞总数增多。教师指出：这意味特异性免疫启动，因为吞噬细胞是非特异性免疫的最后防线，也是特异性免疫的起点。特异性免疫是如何发生的呢？请分析下面的材料：

【材料 1】1973 年斯坦曼发现了免疫反应中的“哨兵”——吞噬细胞。这种吞噬细胞的任务是发现并摄取、处理、暴露抗原，并将其报告给特异性免疫反应的始动者——T 淋巴细胞(简称 T 细胞)。T 细胞将调动其他免疫细胞发生反应，最终消灭入侵者(见图 5-12)。

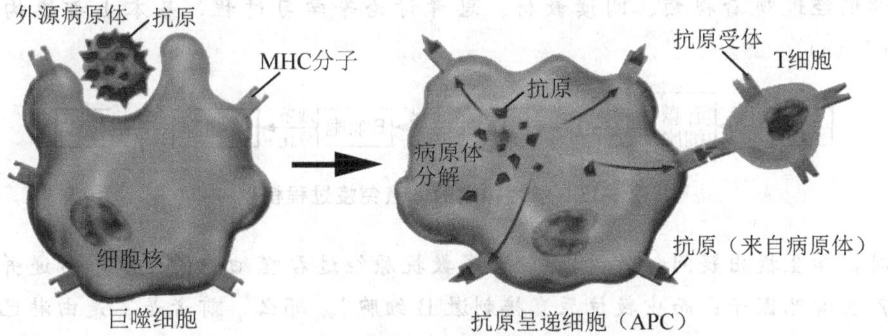

图 5-12　免疫反应中的吞噬细胞

学生能够得出“吞噬细胞能够摄取、处理并暴露抗原”的结论，同时产生“T 细胞是如何调动其他免疫细胞完成免疫反应”的疑惑。

【材料 2】生物学家 Claman 和 Mitchell 等从小鼠脾脏分离纯化出 B 细胞、T 细胞，检测各组经抗原诱导刺激后抗体的产生情况，结果如表 5-1。

表 5-1　B 细胞、T 细胞产生抗体实验结果

培养细胞	抗原	抗体
①B 细胞	加入	极少
②T 细胞	加入	不产生
③B 细胞＋T 细胞	加入	产生
④B 细胞＋T 细胞	不加入	不产生
⑤未经分离纯化的脾脏细胞	加入	产生

教师首先通过引导学生阅读教材并结合讲解，指导学生构建抗原、抗体等概念。然后分析实验结果。

同学们经过思考、讨论，得出的结论：(1)B细胞能产生抗体，T细胞不能产生抗体；(2)B细胞与T细胞混合后产生抗体的能力增强。

教师提示：(1)实验③与实验④对照说明什么？(2)实验①与实验③对照说明T细胞有什么作用？(3)实验③与实验⑤对照说明什么？

学生进一步分析得出：(1)在抗原的刺激下，B细胞才能产生抗体；(2)T细胞促进B细胞产生抗体的能力；(3)脾脏细胞是产生T细胞和B细胞的场所。同时提出疑问：T细胞的作用到底是什么？

【材料3】生物学家研究发现吞噬细胞除了将抗原报告(传递)给T细胞，其膜上还存在一种信号蛋白(B_7蛋白)，T细胞膜上存在相对应的受体蛋白(CD_{28}蛋白)，它们能特异性识别并结合，称为"共刺激分子"，它能使T细胞活化，释放淋巴因子使B细胞活化。当在实验中"去除"或"遮盖"这些分子，T细胞不活化不产生淋巴因子，仅接受抗原刺激的B细胞很难活化。

学生分析得出：T细胞产生淋巴因子，促进B细胞产生抗体。教师在学生分析材料的基础上，播放体液免疫过程的动态视频。要求学生观看视频后，再阅读教材的相关内容，然后构建体液免疫的模型。

同学们经过观看视频、阅读教材、思考讨论等学习过程，基本上都能构建出模型(见图5-13)：

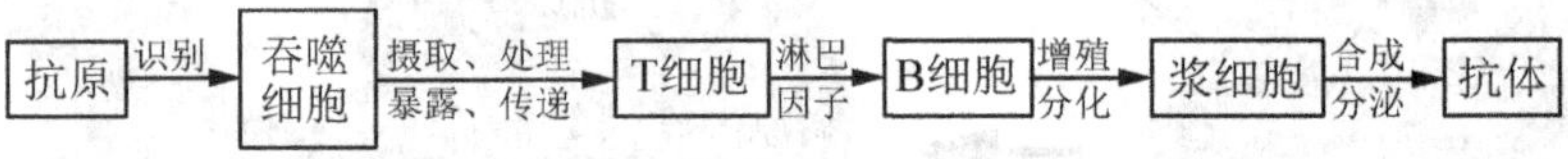

图5-13　学生构建的体液免疫过程模型

此时，学生提出疑问：教材指出"大多数抗原经过吞噬细胞的处理，传递并刺激T细胞，产生淋巴因子；而少数抗原直接刺激B细胞"。那么，前者是不是由淋巴因子直接刺激B细胞，进而直接产生抗体？后者不需要淋巴因子？另外，大多数抗原是指同一种抗原的大多数个体，还是指大多数种类的抗原？

教师讲解：大多数种类的抗原，需要淋巴因子和抗原共同作用于B细胞，产生抗体；少数种类的抗原不需要T细胞的参与，是由抗原直接刺激B细胞，产生抗体完成免疫的。

教师还进一步提示：图中如何体现出记忆细胞的功能？进而引导学生完成最终的体液免疫模型建构(见图5-14)：

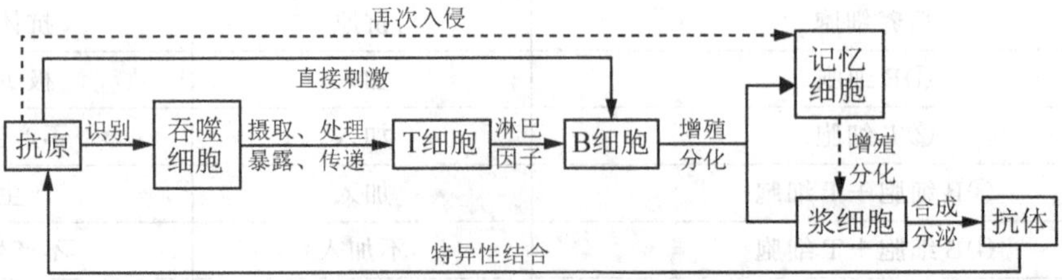

图5-14　体液免疫过程模型

5.3.3 阅读教材与观看视频，构建细胞免疫模型

学生阅读教材中细胞免疫的内容，结合观看视频；然后根据已学的体液免疫知识，通过类比推理的方式，构建细胞免疫的模型(见图 5-15)。

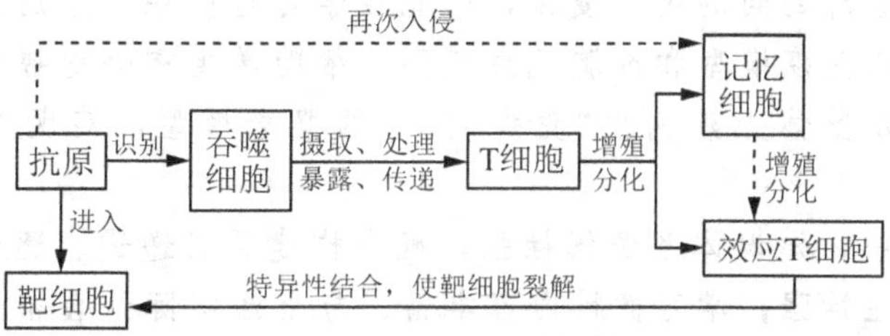

图 5-15 细胞免疫过程模型

5.4 总结归纳所学知识，构建免疫调节概念图

教师首先引导学生归纳参与免疫调节的相关结构和物质，学生通过总结得出：吞噬细胞、淋巴细胞、皮肤、黏膜、淋巴因子、抗体等。进而总结出免疫系统的组成，完成概念图的第 1 部分。

其次引导学生学习免疫系统的功能：除了前面学习的防卫功能外，还有监控和清除功能。完成概念图的第 2 部分。

最后引导学生归纳免疫的类型及其组成，最终得到免疫调节的概念图(见图 5-16)，作为本节课的小结。

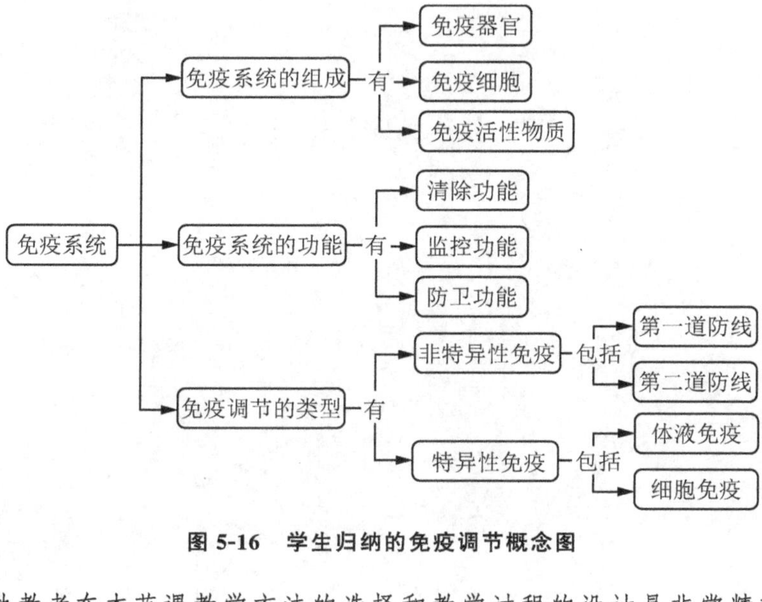

图 5-16 学生归纳的免疫调节概念图

【评析】执教者在本节课教学方法的选择和教学过程的设计是非常精巧的。第一，精心设计问题情境：狗咬人后是否患狂犬病？这样一个开放性的问题，巧妙地将免疫的三道防线的作用联系在一起，吸引学生进入概念学习之中。第二，由于免疫调节的机理和过程较抽象，学生自主建构概念难度较大。但是免疫与生活联系紧密，教师由此准备了“炎症血检报告”“科研资料”和“免疫视频”等丰富的生物学事实性材料，引导学生充分利用事实材料学习基本概念，有效帮助学生建构免疫细胞及其作用、非特异

性免疫和特异性免疫等基本概念。第三，教与学方式的多样化，有资料分析、观看视频、阅读教材、实验与现实问题的分析、模型建构等，使学生能够运用不同的思维方法归纳、概括形成概念。第四，合理运用概念模型促进概念体系的建构。本节课涉及的基本概念众多，概念之间的关系复杂，因此在学习过程中，分别让学生构建了非特异性免疫模型、体液免疫模型和细胞免疫模型，帮助学生充分把握知识内在联系和领悟概念内涵，最终从整体上建构出“免疫调节”的概念模型，实现知识的抽象化和整体化。

整个学习过程中，知识体系逻辑性强，概念构建层层递进、逐步深入；学生学习活动方式多样、自主性强；学习资料内容丰富、与生活实际结合密切，有利于激发学生的学习积极性。学习活动设计科学、合理，充分调动学生的思维活动；活动与活动之间连贯、流畅，师生之间的交互性好。

从学科教学的角度，由于课程目标和教学内容的规定性，以及学生学习时间的有限性，决定了教学活动必须要预设。通过教学设计的预设，使教师的教学工作更加科学化、规范化、有序化，在教学活动中目标更明确、针对性更强、程序更清晰、灵活性更大，从而实现将教学的育人目标真正转化为教学行为，在课堂教学行为中达成课程的育人目标。

第六章　基于课型的教学策略

课型是对课堂教学结构形态的抽象描述，研究课型的目的是试图从学科教学方法、教学观、教学策略等共性中提炼、抽象出课型本质特征，进而研究课型与教学方法、教学模式的关系，以形成特定学科课堂教学的策略。

课型的划分没有严格的标准，可根据教学内容、教学任务、教学目的、教学方法、教学组织形式等对课型进行分类，每一类课型又可根据不同的标准分为若干种亚型。如根据教学任务、教学内容，课型可分为新授课、练习课、复习课、讲评课、实验课等；依据教学方法，课型可分为讲授型、讨论型、探究型等。不同的学科根据其学科特点，可以有不同的分类角度和方法，如语文的阅读课等。课型在不同的分类依据之间存在交叉，在同一分类依据之间也可能存在重叠。

中学生物课程的课型分类，主要是依据教学的目标和任务、教学内容、教学的组织形式等划分的。根据目前中学生物教学的实际情况，通常是按照教学任务、教学内容将生物课型划分成三大类：新授课、复习课、综合实践活动课，三大类课型又可以依据教学目标、教学任务、教学内容和教学形式划分为不同的具体(亚型)课型(见图 6-1)。

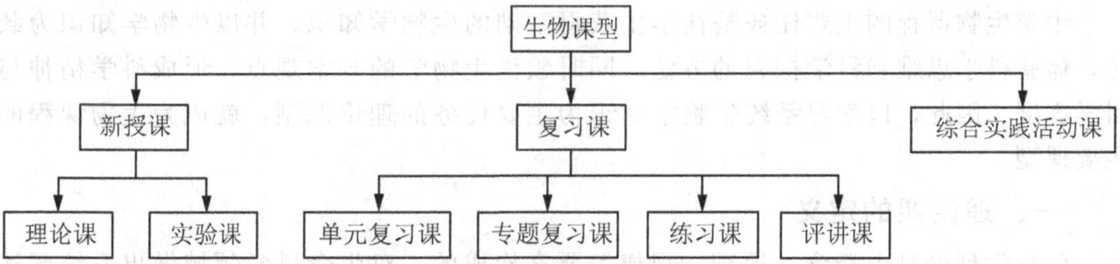

图 6-1　生物学科课型

新授课是以学生学习学科新知识内容为主要任务的课型，其主要目标是指导学生学习生物学的概念、原理、规律等学科知识，以及学习和掌握生物学实验操作技能，逐渐形成生命观念，发展科学思维，提高科学探究能力，能够担当社会责任。新授课是生物教学体系中最基本的教学形式，在各种课型中所占的比例最大，可分为理论课和实验课。

复习课是以引导学生巩固已有知识、补充和完善知识体系，提高应试能力为主要任务的课型。其主要目标是在巩固、强化学生已掌握的学科知识基础上，通过查漏补缺来完善知识网络；同时，强化培养和提高学生运用知识解决实际问题的能力，最终实现提升学生应试能力的目的。复习课对于学生而言，并不是对已学知识的简单重复，而是进行更高层次的再学习。对教师而言，不是对旧知识的重复讲解，或是对知识进行简单的查漏补缺，而是应该通过复习课，引导学生对教材中的知识进行归纳整理，加深对知识的理解；在实现知识的完整化、系统化、网络化的基础上，提高学生的综合能力。复习课可以分为单元复习课、专题复习课、练习课、评讲课等课型。

综合实践活动课是学生以探究性学习和研究性学习为主要学习方式，运用所学的生物学科知识探索新问题的实践性课型。其主要目标是培养和提高学生的科学探究能力和综合运用能力。开展综合实践活动课的场所不局限于学校的教室，可以在校园内的生物园和标本室、校外的植物园和动物园、自然保护区和森林公园等场所。综合实践活动课包括参观实习活动课、调查研究活动课、实验研究活动课、观察测量活动课等课型。

目前，生物学科课堂教学的课型主要是新授课和复习课，综合实践活动课往往受教学内容、教学时间、场地、组织措施、安全保障等诸多因素的限制，在中学生物教学中较少开设。

不同课型在教学目标和教学任务上的不同，导致它们在教学内容、课堂结构、教学活动方式、教学组织形式等方面存在差异，因此采取的教学策略自然也有差别。研究课型，可以提高教师教学设计的能力，使教师能够针对不同的课型选择最恰当的教学方法，制定最优化的教学策略，设计出最适宜的教学方案，并在课堂教学过程中把握住不同课型课堂教学的特点，采用相应的教学方法达成教学目标，实现理想的教学效果，最终实现提升教师课堂教学艺术的目的。

第一节　理论课的教学策略

中学生物课程的主要任务是让学生获得基础的生物学知识，并以生物学知识为载体，体验科学思维和科学探究的方法，同时领悟生物学的基本观点，形成科学精神与科学态度。因此，以学习系统生物学知识为主要任务的理论课型，就成为生物课程的主要课型。

一、理论课的定义

生物学理论是由概念、原理、规律等要素构成的，对生命科学领域做出系统阐述的知识体系，能够阐释对生命世界的本质认识，揭示生物界的变化规律，解释生命世界的现象。

理论课就是以学习生物学理论知识为主的课型，学习的知识包括生物学理论体系中的基本概念、基本原理、基本规律、基本观点、基本方法等，以及贯穿于生物学理论体系中的生物学思想，最终使学生能理解、阐述、运用相关的生物学知识。

二、理论课的特点

生物学作为自然科学中的基础学科之一，其理论体系具有系统性、逻辑性、抽象性等自然科学理论的显著特征。

(一)系统性

理论课的系统性是将中学生物学课程中的生物学理论作为一个整体，引导学生以系统化思维方式建构结构层次分明的生物学知识体系。

生物学理论是经过思维加工而形成的具有严密逻辑结构的学说体系，体现出人类对生物界系统化的理性认识，其本身也是层次分明、结构严密的知识系统。现行中学生物学课程的内容聚焦于生物学概念，其框架是在大概念的统领下，由大概念、重要概念、次位概念构成的概念结构体系，概念之间存在着上位与下位的层级关系，一个上位概念可以统领若干个下位概念，这些概念按照相应的关系，形成了有序的概念网络，全部课程中的生物学概念也就构成了具有特定层级和复杂结构的概念系统。

(二)逻辑性

理论课的逻辑性是引导学生以合乎逻辑性的思维方式，认识生命现象、学习生物学知识，探索概念之间的逻辑关系，在训练和发展逻辑思维能力基础上，建构具有逻辑关联的生物学概念体系。

科学的本质是一种思维方式，概念是思维的基本单位。在组成科学理论结构的三个要素中，概念是运用分析、抽象、概括等逻辑思维方法，将事物的本质和共同特征以及相互关系归纳、概括而成；以概念为基础，概括或假设它们之间的逻辑关系，并能给予合理的解释，形成原理；将概念和原理经过逻辑推理形成简化的描述事物演变过程的结论、模型等，能够反映事物、现象之间内在的、必然的、本质的联系，就称为规律。生物学理论体系就是建立在明确的概念、恰当的判断、正确的推理与严密的逻辑证明基础之上的。生物学课程标准中的内容框架，是由具有学科逻辑的大概念、重要概念、次位概念组成的，概念之间通过逻辑关联形成中学生物学课程的概念体系。

(三)抽象性

理论课的抽象性是引导学生运用归纳与概括、演绎与推理、模型与建模等抽象思维的方法，建构生物学概念，进而运用概念推理、论证概念与概念之间的逻辑关系，达成发展科学思维的课程目标。

概念是科学理论的基本单位，它是人们对具有某些共同属性或特性的事件、物体、现象等客观事实，经过反复抽象思维概括而成。所以，概念具有抽象性特征。建构概念是建立理论体系过程中最重要的环节，以概念为基础建立的科学理论体系都具有抽象性，只是不同的概念、原理、规律在抽象程度上有差异。因此，在中学生物学课程中，组成课程内容框架的大概念、重要概念、次位概念，自然都具有抽象性，只是在抽象程度上有所差异。

三、理论课的主要教学策略

理论课作为中学生物学课程的主要课型，在发展和提高学生的生物学学科核心素养中起着至关重要的作用。理论课教学的核心是概念教学，教师要在遵循教学设计和实施的基本原则、方法策略的前提下，注重引导学生在事实基础上通过抽象和概括等思维建构概念，使理论知识的学习过程体现出系统性、逻辑性、抽象性的特点。

(一)倡导概念的自主建构，提高学生的抽象思维能力

目前，理论课常见的教学方法主要有两种，一是直接陈述法，教师首先把概念的名称和定义告诉学生，然后提供肯定范例和否定范例说明概念的关键特征，学生在记忆的基础上逐步领悟概念的内涵与外延，实现对概念的理解。二是概念获得法，教师给出某个概念的肯定范例和否定范例(生物学事实)，让学生通过推理，发现这个概念并归纳其关键特征，再经过概括给概念命名和下定义，从而获得这个概念。前者是接受式的学习，更多地依靠学生单纯的记忆完成概念学习。后者是自主式的探究学习，强调的是学生自主建构概念。

基于帮助学生建立生命观念、发展生物学学科核心素养的目的，理论课的概念学习不仅需要学生观察记忆，更需要学生开展判断、归纳、推理、概括等抽象思维活动。因此，理论课的教学策略，一是采用概念形成的方式，即尽可能提供充足的生物学事实或数据，使学生在认识生物学事实的基础上，可从不同的事实中找出其共性，并根据某些共同的属性对事物进行分类；再引导学生通过归纳的方法，抽象生物学事实的本质特征，最后指导学生运用准确、简明和逻辑性强的语言，给概念下定义，达成概念的自主建构。二是运用概念同化的方式，将新概念以定义的方式直接呈现给学生，学生以认知结构中原有的概念为支撑，在新概念与已有概念之间建立起逻辑联系，从而将新概念纳入到已有概念结构体系中，最终获得新概念。

总之，要引导学生开展判断、推理、归纳、演绎等思维形式来学习生物学概念，注重概念学习的抽象性特征，使概念建构过程成为学生对生命现象的理性认识过程。

(二)注重概念体系的结构性，培养学生的系统思维能力

生物学理论不是诸多概念与原理的简单堆砌，也不是各种互不相关的论点和论据的机械组合，概念之间没有关联，便不能生成对生物学概念的有意义学习。因此，有效的生物学学习不能是零碎知识的堆砌，只有概念之间通过一定的逻辑相互关联，逐步建构学习者自身的概念体系，才能建构概念和深刻理解概念。奥苏伯尔曾指出：影响学习的重要因素之一即学习者具有知识的清晰度和组织的结构化程度①。因此，在理论课的教学中，要避免学生采取单纯记忆孤立的生物学事实和概念的学习方法，防止出现知识结构的碎片化。要保证教学内容具有良好的结构性，帮助学生以系统化思维的方式学习生物学知识，为学生形成、完善和扩展自己的知识结构打下良好的基础。要在自主建构次位概念的基础上，引导学生将相关次位概念通过学科逻辑有意义地联系起来，进而形成重要概念、大概念。这样，通过建立横向和纵向的知识联系，建构大概念统领下的生物学概念体系，达成学科知识的系统化和网络化，使学生头脑中建立的生物学概念成为有良好层次结构且互相联系的复杂系统，达到对概念的深刻理解。

同时，教师要帮助学生认识生命现象特有的复杂性和多样性，理解由此而产生的生物学概念和规律的特殊性，避免采取死记硬背的方法学习相关知识。

(三)强化知识之间的联系，发展学生的逻辑思维能力

教师要指导学生在基于证据的前提下得出科学的结论、概括出生物学概念，从而培养学生逻辑思维的严谨性、全面性、深刻性和流畅性。初步建立概念后，要引导学生在概念学习的基础上进行原理和规律的学习，引导学生通过对比、分析、抽象、概括，揭示两个或更多概念之间的逻辑关系，找出共同规律，归纳得出生物学的原理和规律，进一步促进学生逻辑思维能力的发展。

引导学生运用归纳与概括、演绎与推理等逻辑思维来学习生物学理论、建构生物

① 奥苏伯尔，等．教育心理学：认知观点[M]．余星南，宋钧，译．北京：人民教育出版社，1994：138.

学概念体系，使建构概念、探明原理、发现规律到建构整个生物学概念体系的过程成为学生发展逻辑思维能力的桥梁。同时，还要把握好内容结构与学生认知结构(知识结构、认知能力结构等)之间的关联性，使学科的内在逻辑与学生的心理逻辑统一起来，以便让学生通过同化和顺应等心理过程，使二者实现有效对接①。

【案例】

“生态系统的结构和功能”的概念教学设计②

1　设计思想

本节源自北师大版教材八年级下册，是学生在掌握生态系统组成成分、生态系统概念的基础上，探索生态系统的结构和功能。八年级学生对生态系统内的生物间存在着“吃与被吃”有粗浅的认识，但缺乏必要的化学和物理知识，抽象思维能力的发展水平不高，理解生态系统营养结构及其物质循环和能量流动有一定的难度。

因此，教学设计要始终贯穿“结构与功能相统一”的重要生物学思想，引导学生以整体和宏观的视角认识生态系统的结构和功能。教师通过草原生态系统、海洋生态系统中动物捕食的视频材料，引导学生观察自然界中“弱肉强食”的现象，建立生物之间存在食物关系的观念，进而构建食物链与食物网的概念。然后，教师以学生的已有概念为基础设计问题串，引导学生感知生命现象，推断生命过程，归纳生命规律。

2　重要概念

要求学生建构的重要概念是“生态系统中的食物链和食物网”“生产者通过光合作用把太阳能(光能)转化为化学能，然后通过食物链(网)传递给消费者、分解者，在这个过程中进行着物质循环和能量流动”，包括以下次位概念及事实性概念：

A. 不同生物之间因食物关系而形成食物链

A.1　生态系统中，生产者与消费者之间、消费者与消费者之间通过吃与被吃的关系形成食物关系

A.2　在一般情况下，食物链指捕食食物链，如：草⟶鼠⟶鹰

A.3　捕食食物链只有生产者和消费者两种成分，起点是生产者，终点为最高级的消费者

B. 一个生态系统中具有许多食物链，它们彼此交错，形成食物网

C. 食物链和食物网是生态系统的结构基础，通过食物链(网)，生态系统中进行着物质循环和能量流动

C.1　能量以太阳能的方式进入生态系统，生产者通过光合作用把太阳能转化为化学能，然后通过食物网(链)传给消费者和分解者

C.2　生态系统中的能量沿着食物链依次流动

C.3　能量沿食物链传递时，每一营养级都要把其中一部分能量用于自己的生命活

---

①　赵占良. 生物学教学强化知识间逻辑联系的意义和策略[J]. 生物学通报，2009，44(9)：28-31.

②　赵广宇，罗诗语，李倩. “生态系统的结构和功能”的概念教学设计[J]. 生物学通报，2016，51(3)：18-21.

动，因此，能量在传递过程中逐级递减

以上概念之间的关系用概念图表示见图 6-2。

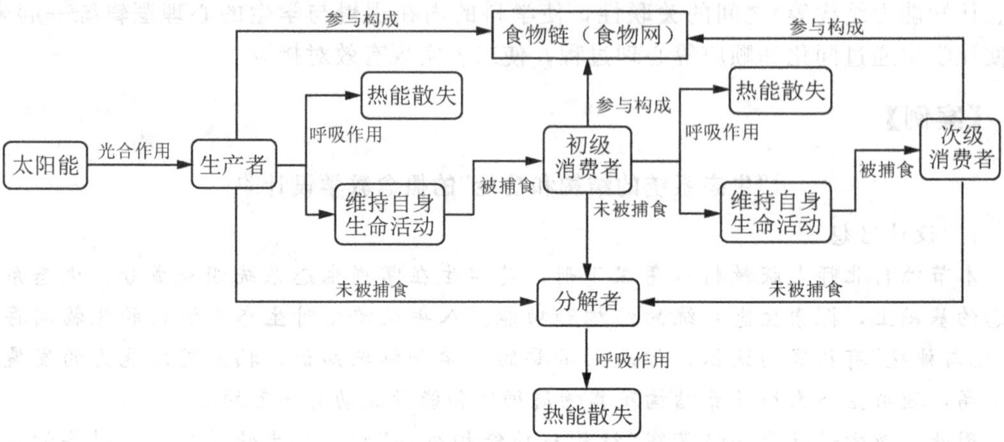

图 6-2 生态系统的结构与功能概念图

3 教学目标

1)知识目标：描述生态系统的食物链和食物网；写出生态系统的食物链；概述生态系统能量流动的概念；说明生态系统能量流动的过程和特点。

2)能力目标：尝试构建生态系统的结构和功能模型。

3)情感态度价值观目标：认同生态系统的营养结构与功能的统一。

4 教学重难点

1)教学重点：生态系统的营养结构——食物链与食物网；生态系统的能量流动。

2)教学难点：生态系统能量流动的过程及特点。

5 教学过程

5.1 感知生物种间关系，构建食物链(网)概念

5.1.1 观看视频资料，感知种间关系 教师播放草原生物生活场景：羊和兔吃着青草，老鼠在啃食草根，附着青草上的昆虫，蛇在青草深处爬行，虎视眈眈的狼隐蔽在附近的丛林中，低空中各种鸟飞翔，高空中老鹰翱翔，不时出现动物捕食的场景。

教师：视频中出现的生物，在生态系统中属于哪种成分？学生：草和树属于生产者；各种动物属于消费者。

教师：视频中哪些生物之间发生了直接联系？这是什么样的关系？学生：草食动物吃草，肉食动物以草食动物为食，说明生物之间有着食物的关系。

5.1.2 分析种间关系，构建食物链和食物网模型 教师引导性提问：草在这种生物关系中的位置？不同的动物在食物关系中的地位？学生经过思考、讨论后得出：草处于食物关系的最底层，永远被吃；草食动物吃草，被肉食动物所吃；肉食动物吃草食动物，也可能被其他肉食动物所吃，或者永远处于食物关系的最顶端。

教师：请同学们用连线的方式，表示生态系统中生物之间的食物关系。学生呈现出的方式有多种，如：草-羊；兔-狼；羊-狼等。

教师提高要求：连线表示有着直接和间接食物关系的生物。学生：草-羊-狼。教

师：如果用箭头和文字表示生物之间吃与被吃的关系，如何呈现？学生得出两种方式：表示被吃关系的，草⟶羊⟶狼；表示吃的关系，草⟵羊⟵狼。

教师讲解：生态系统中的生产者与消费者之间、消费者与消费者之间通过食物的关系形成链条状联系，称为食物链；食物链中箭头表示食物的传递关系，表示为：草⟶羊⟶狼。食物链中每个生物所处的环节称为营养级。那么，视频中的生态系统还有哪些食物链？

学生：比如草⟶兔⟶狼；草⟶兔⟶蛇⟶鹰等。教师引导学生归纳食物链的共性：①一条食物链至少有两个营养级，不同食物链的营养级数量可能不同；②第一营养级一定是生产者(植物)，第二营养级是草食动物；肉食动物处于第三营养级及其以上的营养级。

教师：在食物关系中，一种生物只被另一种生物捕食吗，一种生物只捕食另一种生物吗？学生举例说明：羊、兔、鼠均吃草；狼可以捕食羊、兔等。教师归纳：这说明生态系统的各条食物链之间可能有交叉，从而形成复杂的网状结构，即食物网。用如下模型表示(见图 6-3)：

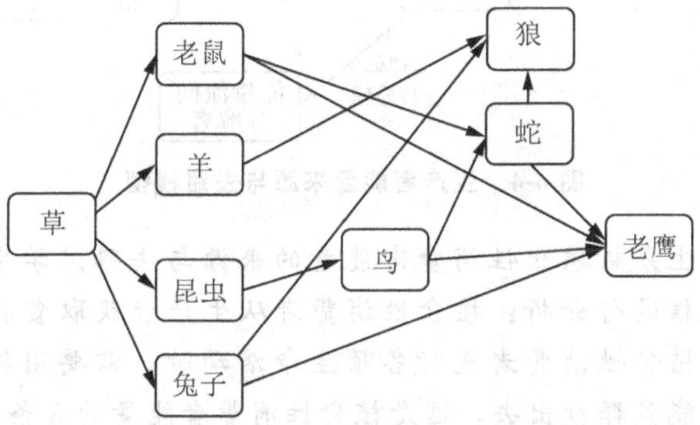

图 6-3　草原生态系统部分生物食物网图

5.2　运用已有概念，构建功能模型

教师讲解：食物链和食物网构成了生态系统的营养结构，成为生物之间食物传递的基础。生物之间通过食物关系形成的食物链、食物网有什么意义？这要思考生物获取食物的意义。学生：从食物中获取生命活动需要的营养物质。

5.2.1　挖掘已有概念内涵，构建物质循环概念　教师引导学生回忆前概念，思考下列问题：①绿色植物(生产者)在完成光合作用、呼吸作用、吸收作用的过程中，分别从外界环境中获取了哪些物质？向外界环境释放了哪些物质？②人和动物(消费者)需要哪些营养成分？这些营养成分的来源是什么？消费者向外界环境排出了什么物质？③微生物(分解者)获取营养的方式及其来源？向外界环境排出了什么物质？

教师引导学生回忆、分析、讨论得出：生产者直接从无机环境中获取水和无机盐，从空气中获取的 CO_2 经过光合作用合成有机物，将 O_2 和 CO_2 返回无机环境；消费者从无机环境中获取水和无机盐，从生产者或者是消费者中获取有机物，将 CO_2 返回无机环境；消费者从生产者、消费者的遗骸中获得有机物，分解成无机物，提供给生产者。

教师总结并引导学生构建物质循环的概念：生物从无机环境中获取相关物质，经过新陈代谢形成自身的组成物质；这些物质可以沿着食物链和食物网流动；最终，这些物质经过呼吸作用(主要是分解者)回到无机环境，这就是生态系统的物质循环。

5.2.2　基于物质循环分析能量流向，构建能量流动模型　教师提出：在生态系统的物质循环中，伴随着有机物变化的还有能量！我们追踪有机物的来源与流向，就可以寻找到能量在生态系统中的变化规律。

教师引导：依据生物在生态系统中所属的成分，分析其所需能量的来源与去向，进而归纳出生态系统能量流动的过程及特点。

教师提出要求：首先从绿色植物的光合作用和呼吸作用过程中能量的变化，研究生产者(绿色植物)的能量流动。教师指导学生绘制生产者能量的来源与去路模型(见图 6-4)：

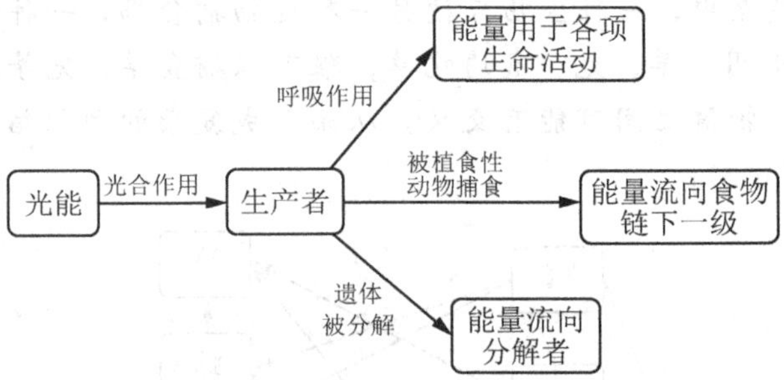

图 6-4　生产者能量来源与去路模型

教师继续引导学生分析植食性消费者能量的来源与去路。学生通过小组讨论，类比生产者能量流动过程进行分析：植食性消费者从生产者获取食物的同时，经消化吸收得到其中的能量；植食性消费者进行各项生命活动时，需要用掉一部分能量；其遗体被分解者分解后，能量释放出去，这是植食性消费者能量的 3 条主要去路。

学生模仿生产者能量来源与去路模型，构建植食性动物的能量来源与去路模型(见图 6-5)：

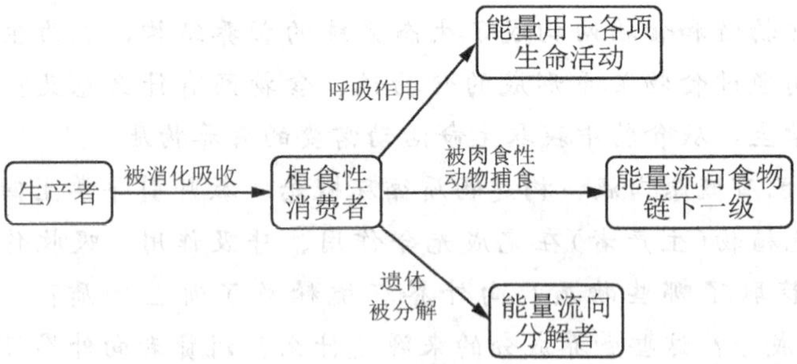

图 6-5　植食性动物能量来源与去路模型

教师提问：肉食性消费者与植食性消费者在能量的来源和去向进行比较，是否相同？学生：能量来自前面一个营养级，可以是生产者，也可以是消费者；去向相同。

教师：请同学们归纳生态系统能量流动的过程，并用模型方式表示。学生总结：①一部分能量用于自身的各项生命活动；②一部分能量通过被捕食流向食物链下一级；

③遗体被分解者分解，释放能量。教师指导学生构建生态系统能量流动模型(见图 6-6)：

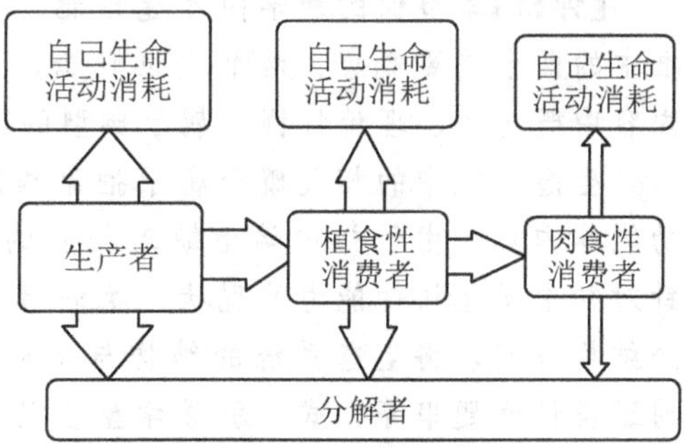

图 6-6　生态系统能量流动模型

5.2.3　推理能量流动特点，构建能量金字塔　有学生提出疑问：为什么模型中代表生产者、植食性消费者、肉食性消费者的方框是由大到小的，代表能量流动的箭头是由粗到细的？

教师引导学生思考：能量流动模型的箭头方向与食物链的箭头方向是否一致？能量流动过程中，生产者、植食性消费者、肉食性消费者与食物链的营养级是否有对应关系？学生给予肯定的回答。

生态系统的物质循环和能量流动是沿着食物链(网)进行的，食物链的箭头本质上就是表示能量流动的方向。那么，每个营养级的生物获得的全部能量是否都沿着食物链流到下一个营养级？为什么？

有学生回答：每个营养级的生物只是将获得能量的一部分沿食物链传递到下一个营养级，因为他们自身进行生命活动要消耗一部分。

许多学生领悟：因此，能量沿着食物链流动将会越来越少。所以，代表能量流动的箭头是由粗到细。教师追问：方框是由大到小的含义是什么？学生经过教师指导得出结论：每个营养级的生物所获得的能量也是越来越少，所以能够传递出的能量越来越少。

同时，有学生提出疑问：生产者和消费者都能将能量传递给分解者，因此，分解者所处的营养级获得的能量应该增多。

教师反问并引导：生态系统食物链中的生物之间是什么关系？分解者是否属于食物链中营养级的环节？学生讨论：食物链中的生物之间是捕食关系，因此分解者不属于其中的营养级。流向分解者的能量最终将散失。

教师总结：在生态系统中，能量是沿着食物链单向传递的，并且随着营养级上升能量逐渐减少(即逐级递减)。人们根据这个特点，用能量金字塔表示(见图 6-7)。教师指导学生阅读教材。

图 6-7　能量金字塔
(引自北师大版义务教育教科书．生物学八年级下册)

【评析】本节课的教学内容选自北师大版教材，教材中的知识内容涉及初中课程标准中的两个重要概念、两个次位概念，且与前面学过的概念密切相关。整节课的学习内容中概念多、理论性强，属于典型的理论课。

生态系统中的相关概念属于抽象程度较高的概念，尤其是生态系统的营养结构和功能等内容，由于初中学生缺乏相应的背景知识或概念，自主建构概念的难度极大。针对初中学生认知能力的现状，执教者充分运用已有概念为学生搭建有逻辑层次的概念结构框架，将生态系统的结构与功能等相关概念有机整合为结构良好的知识系统，通过设计问题串等方式，引导学生在已有概念的基础上，以同化方式建构新概念。再指导学生建构食物链(网)模型和生态系统能量流动模型，使学生从运用形象思维能力出发，从"整体观"的高度认知生态系统的结构和功能，以系统化的整体思维来认识生态系统，把握知识的内在联系以领悟新概念的内涵，实现从具体形象思维向抽象逻辑思维发展，最终达成抽象概念的自主建构。

当然，初中学生自主建构抽象程度较高的概念，依然是生物教学中的难点，仍然有许多问题需要广大教师不断进行探索。

【案例】

"遗传物质控制蛋白质的合成"的教学设计①

1　设计思路

"基因控制蛋白质的合成"是遗传物质作用原理的核心内容，通过学习"基因控制蛋白质的合成"的转录和翻译过程，学生将完整的认识遗传信息的传递和表达过程，真正理解基因与遗传信息之间的关系，理解基因概念的内涵，理解基因的遗传信息与性状之间的对应关系。同时，该部分知识之间的逻辑关系非常紧密，探索其奥妙的科学研究过程跌宕起伏，对思维过程的创新要求很高。体会该研究的思维过程，对学生能起到思维体操的训练作用。而高中学生已经具备了较强的逻辑推理能力，他们喜欢并善于运用理性的思维去探索未知的领域，希望自己探索知识的发生过程，自主建构知识。针对这部分知识内容的特点和学生的认知规律及特点，本节课设计了3条线索：①知识建构线索——遗传信息的表达过程：基因中的遗传信息最终如何体现在蛋白质的氨基酸序列上；②科学方法线索——"假说-演绎"法：依据科学现象，提出假说，然后运用已有知识设计实验，最终通过科学家的真实科学实验结果加以验证，从而体验和感悟"假说-演绎"法及其应用；③能力培养线索——在"提出假说、分析实验结果、得出科学结论"的过程中，发展和提高逻辑推理能力。

2　教学目标

2.1　知识目标

①概述遗传信息的转录；②概述翻译的过程；③概述遗传密码的概念；④归纳出"中心法则"。

---

① 赵广宇，闵洋，陈宽，等. "遗传物质控制蛋白质的合成"的教学设计[J]. 生物学通报，2011，46(1)：31-33.

2.2 能力目标

①通过科学事实的发展，归纳总结出相关概念的逻辑推理能力；②通过观察和思考，能提出探究相关生物学问题的能力；③作出假设、提出实验设计思想的能力；④利用数学方法处理相关资料，并对实验结果进行解释等信息处理能力。

2.3 情感目标

①体验先提出假说，然后通过实验验证，最终形成理论的科学研究方法；②形成质疑、创新及勇于实践的科学精神和科学态度。

3 教学重点、难点

遗传信息转录和翻译的过程；提出假说、通过设计实验进行探究的过程；分析生物学事实、形成生物学理论的逻辑推理能力。

4 教学过程

4.1 回顾已有知识的逻辑关系，导出学习课题

教师引导学生复习“遗传信息的概念”“遗传信息的传递——DNA 复制”等相关知识内容，建立 DNA 的功能与蛋白质之间的逻辑联系：真核生物遗传性状的控制者是 DNA，它具有储存、传递和表达遗传信息的功能，而性状的表现者是蛋白质。这意味着遗传信息的表达过程，就是 DNA 控制蛋白质合成的过程。从而导出学习课题：遗传信息的表达——遗传物质控制蛋白质的合成。

4.2 以“转录”过程为依托，建立新知的逻辑体系

教师强调：DNA 是以碱基一一对应关系的形式，实现了将遗传信息从亲代 DNA 分子准确的传递给子代 DNA 分子。然后引出转录的内容：子代的核 DNA 需要将遗传信息传递到核糖体上，实现其表达。此时，遗传信息的传递需要通过中间媒介物质——信使 RNA(mRNA)，而合成 RNA 的过程称为转录。

在学习“转录”知识的过程中，教师要引导学生寻找转录与 DNA 复制之间的相似之处：复制和转录时，DNA 均是通过碱基互补配对的方式，以碱基之间一一对应的关系，将 DNA 中储存的遗传信息(即碱基序列)，分别传递到子代 DNA 和 mRNA。因此，通过转录，DNA 的碱基排列顺序转变成了 mRNA 的碱基序列，实现了遗传信息由 DNA→mRNA 的传递。

4.3 探究并构建“密码子”的概念

(1)分析新概念，发现探究问题。教师由转录的结果引出翻译的概念：mRNA 控制蛋白质的合成时，需要进行信息的转换，即 mRNA 上的碱基排列顺序转换成蛋白质中氨基酸的种类、数量和排列顺序。由于该过程中发生两种物质之间信息的编码方式变化(即由碱基编码变成氨基酸编码)，称为翻译。

教师提出问题，引导学生发现探究课题：在翻译过程中，mRNA 将其碱基序列转变成蛋白质中的氨基酸序列时，面临的难题是什么？

学生分析、讨论得出：在 DNA 复制和转录过程中，遗传信息的转换都是以碱基一一对应的关系实现的。而在翻译时，需要解决的问题是：由于碱基种类数与氨基酸种类数存在差异，组成 mRNA 的四种碱基，以什么样的编码形式，决定氨基酸的种类？

师生通过讨论、交流，共同提出探究课题：mRNA 上的碱基序列决定多肽链上氨

基酸的种类、数量和排列顺序的方式？

(2)依据数学原理，作出假设。学生通过分析、讨论，首先达成共识的是：mRNA上的碱基是通过不同的排列组合方式，决定特定种类的氨基酸。

其次，学生运用数学的排列组合知识，对碱基种类的排列组合变化与氨基酸种类数的关系，作出了不同的假设：①mRNA由3个碱基决定1个(即1种)氨基酸即可；②mRNA也可以由4个及其以上的碱基，决定1个(即1种)氨基酸。

教师归纳学生的观点，得出首要解决的问题是：组成mRNA的A、G、C、U四种碱基中可重复选取几个碱基进行排列组合，能决定1个(1种)氨基酸？

(3)根据假设，构想研究思路。教师提供相应的技术手段，启发学生提出研究的思路：手段①提供适宜的外界条件，可以人工合成特定核糖核苷酸序列的mRNA，并且可以增添或者删减mRNA上的碱基；手段②提供适宜的外界条件，可以在无细胞结构的基础上，利用人工合成的特定核糖核苷酸序列的mRNA指导形成肽链；手段③借助特定的仪器可以对多肽链上的氨基酸进行测序。

学生们依据上述条件，很容易就得出解决问题的思路：人工合成已知碱基数量的mRNA，利用该mRNA控制合成相应的蛋白质，然后测定蛋白质的氨基酸序列。最后，计算mRNA的碱基数量与蛋白质上的氨基酸数量之间的比值，即可决定1个氨基酸的碱基数量。预期结果应该是符合3∶1或4∶1的比值。

(4)以科学家的实验为起点，重新寻找研究方向。教师首先肯定学生的思路，然后提供如下材料——耶洛夫斯基实验：在研究大肠杆菌某种酶(蛋白质)的时候，发现控制这种酶的DNA片段有1 000多对核苷酸的长度，转录形成的mRNA具有1 000个碱基，但合成的这种酶大约由280个氨基酸组成。

该结果与学生的预期完全不相符合：比值既不是3∶1，也不是4∶1，而是居于二者之间；且不是一个整数比，似乎又不符合逻辑关系。面对这个让人感到困惑的实验结果，教师引导学生对结果进行分析，寻找产生该结果的可能原因。

学生们都认可：碱基数应该是氨基酸数的整数倍。教师提出问题：为何氨基酸数小于碱基数的3倍？学生分析其原因是：①1条mRNA碱基序列决定氨基酸序列的起点可能不在第1个碱基；②mRNA上的碱基没有都用于决定氨基酸；③前2个原因同时产生效果。据此得出的结论是：3个碱基决定1个氨基酸。

教师又启发学生：从碱基数与氨基酸数之间是否存在4∶1关系的角度，寻找原因？这个问题有较高的难度，多数学生一时无法找到答案。个别学生从数量关系及排列组合关系上找到突破口：此时的碱基序列不是以连续编码的方式，而是以重复编码(即重叠编码)的方式决定氨基酸的。结论是：4个碱基决定1个氨基酸。

教师要求学生解释重叠编码的含义，学生在黑板上以1条具体编码的mRNA，演示碱基“重复使用”的情况：比如，前4个碱基决定1个氨基酸，然后前4个中的第4个和后面的3个碱基共同决定下1个氨基酸，即碱基的重复使用。

其他学生在思考、讨论这个结论时，又产生了新的想法：既然4个碱基决定1个氨基酸时，碱基序列可以是重叠编码的；那3个碱基决定1个氨基酸时，应该也可能会出现重复使用的情况啊，同样也可以得到刚才的实验数据。以此类推，如果存在重叠编码的情况，也可能是5个、6个碱基，甚至更多的碱基决定1个氨基酸。

这个观点的提出，使问题陷入了僵局，大家都没有证据证明自己观点的正确性，也无法否定对方的观点。教师引导学生进一步分析、归纳上述观点，从中寻找解决问题的突破口：3个碱基决定1个氨基酸时，碱基未全部使用或是存在重叠使用；而4个(或4个以上)碱基决定1个氨基酸时，碱基必须是重叠编码的。因此，需要解决的核心问题是：mRNA上的碱基在翻译过程中是否存在重叠使用？因为，一旦否定了“重叠使用”的问题，就可以排除4个或者4个以上的碱基决定1个氨基酸的可能性，从而肯定是3个碱基决定1个氨基酸的。

(5)打开解决问题的突破口。确立需要解决的核心问题后，教师提示并要求学生：仍然需要借助前面提供的技术手段，设计出实验研究的思路。学生们经过讨论、交流，形成的研究思路是：借助于数学方法，应用技术手段①。具体的设计思路是：可以通过添加碱基后来看氨基酸的变化，判断碱基是否是重复使用，如果添加1个碱基，氨基酸增加了1个说明是重复使用的。如果没有，再试着添加碱基，如果加到3个氨基酸才发生变化的话，说明碱基是不重复使用的，且是3个碱基决定1个氨基酸。

此时，教师出示相关的材料——克里克的实验：1961年，克里克在研究实验过程中，做了如下尝试。T_4噬菌体DNA上的1个基因通过用原黄素处理，可以使DNA脱落或插入单个碱基。插入碱基叫“加字”改变，脱落碱基叫“减字”改变，无论“加字”还是“减字”，都可以引起DNA上的相应碱基序列产生“移码”改变，从而导致mRNA碱基序列的变化。克里克小组用这种方法获得一系列的T_4噬菌体“加字”和“减字”改变，来获得加入或减少1个、2个、3个的不同碱基数的系列改变。通过这样的方法，他们发现加入或减少1个和2个碱基都会引起噬菌体氨基酸序列改变，而加入或减少3个碱基时氨基酸序列并没有改变，只是增加或减少1个氨基酸。

教师引导学生分析实验结果，得出结论：①加入或减少1个和2个碱基都会引起噬菌体氨基酸序列改变，说明mRNA决定氨基酸时，不存在重叠编码的现象，是连续编码的；②加入或减少3个碱基时氨基酸序列并没有改变，只是增加或减少1个氨基酸，则说明mRNA上是由3个碱基决定1个氨基酸。

(6)建立“密码子”的概念，解释存在的疑惑。在实验结论的基础上，教师首先是归纳、总结出“密码子”的定义；其次是说明教材中密码子表的来源，并指导分析密码子表的特点，特别是认识“起始密码子”“终止密码子”；再要求学生解释：为什么有1 000个碱基的mRNA只翻译出具有280个氨基酸的蛋白质？学生分析后得出：是因为mRNA存在着起始密码子和终止密码子，导致起点不一定是第1个碱基；或者是从第1个碱基开始翻译，中间遇到了终止密码子。

5　学习翻译的过程，建构“遗传信息表达”的知识体系

在解决了需要探究的问题之后，教师指导学生学习翻译的过程：一是认识tRNA的结构与“反密码子”；二是tRNA运输氨基酸具有特异性；三是“反密码子”与“密码子”的互补关系；通过说明：“密码子-反密码子-特定氨基酸”的一一对应关系，讲解翻译的过程，进而形成“遗传信息表达”的知识框架。

最后，以“中心法则”为主线，总结、归纳得出：遗传信息传递、表达的过程。特别强调：在遗传信息流动过程中，编码方式之间的对应关系，揭示出基因与性状之间的内在联系。最终构建“遗传信息传递与表达”的知识体系。

【评析】本节课教学内容是分子遗传学的核心内容，主要是建构《普通高中生物学课程标准(2017 年版 2020 年修订)》模块 2 大概念 3 中的次位概念 3.1.4“概述 DNA 分子上的遗传信息通过 RNA 指导蛋白质的合成，细胞分化的本质是基因选择性表达的结果，生物的性状主要通过蛋白质表现”，该次位概念还包含着若干下位概念。需要学习的知识内容属于分子水平的变化过程，概念多、抽象程度高，且没有生物学事实的支撑，学生缺乏感性的认识，理解起来比较困难。因此，该知识内容往往成为学生学习的难点。

执教者充分挖掘各个子概念的内涵以及子概念之间的关系，通过知识之间的逻辑联系将知识整合起来。在学习过程中，教师引导学生探寻知识之间的逻辑关系，在解决问题的过程中，又会不断地发现新问题，提出新的假说，设计新的解决问题的方法。这样，就沿着问题的逻辑关系，一步一步地推理、分析，逐渐推进，逼近问题的核心。当最核心的问题解决以后，学生恍然大悟，之前的所有疑问迎刃而解。最终，使学生感悟到“遗传物质控制生物性状”的真谛，建构起遗传信息流动的方向(即中心法则)的科学过程，进而建构严密的学科知识体系。这样，就以“遗传信息的表达”知识为载体，在建构遗传信息流动的方向(即中心法则)的科学探索过程中，引导学生通过探究密码子的研究过程，体验假说-演绎法探究的过程，掌握科学探究的方法；在利用数学方法处理相关资料过程中，提高对实验结果进行分析等信息处理能力，在探寻知识逻辑关系的过程中，发现需要探究的科学问题，并依据逻辑思维体系，提出对问题的假设和预设解决问题的方案。通过探索知识之间的因果关系，使学生在发现问题、思考问题、解决问题的过程中，最终培养和发展学生的逻辑推理能力。

同时，本节课在理论课型中如何开展探究式教学活动做了大胆的尝试和创新。教师在教学活动中，引导学生学习和体验生物学研究中的“假说-演绎法”，在跌宕起伏的科学研究过程中，体会该研究的思维过程；在教师指导下，学生通过自主学习、自主探究的学习方式，运用理性的思维去探索未知的领域，探索知识的发生过程，自主建构知识。即探究活动是在思维层面上开展的，以达到提高学生的逻辑推理能力，发展创造性思维能力的目的。

本节课的知识内容比较复杂，有较高的难度，教师设计了对创新思维要求很高的探究式教学，这使得教学的容量很大，对学生的思维能力和思维速度要求较高。在人数较多的班级授课时，如何能使学生跟上教学的进度，还需要进一步的研究和探索。

总之，理论课要充分发挥基础理论的特点和导向作用，通过揭示知识的内涵及其逻辑联系，帮助学生建立知识体系，发展思维能力，把握生物学学习规律。另外，理论课还要面向社会，紧密联系生活和生产实际，培养学生逐步学会从生物学的视角发现、解释和解决自己身边发生的一些与生物学有关的实际问题。

第二节　实验课教学策略

生物学是一门以实验为基础的自然科学，实验研究是生物科学的基本方法，众多的生物学规律、理论的揭示及生物技术的创立是通过实验得出的。实验法也是学生学习生物学知识、探究科学方法和解决问题的重要方法和途径，通过开展形式多样、内容丰富的生物学实验，学生可以学习、掌握实验操作技能；体验科学研究过程，领会科学研究方法，领悟科学思维方法；还可以通过实验探究的方式开展理论知识学习；沿着科学家探索生物世界的道路，理解科学的本质和科学探究的方法，学习科学家献身科学的精神，感悟科学思想的精髓。

一、生物学实验的概述

生物学实验是指根据研究目的，利用一定的手段(包括仪器、设备、材料和药品等)来创设或控制特定的环境条件，运用实验、观察等科学方法来研究特定的对象，探索有关生命现象、生命活动规律的实践活动。

(一)观察及其类型

1. 观察的定义

观察是指通过以视觉为主、融入其他感觉为一体的综合感知行为，是有目的、有计划、有方向、比较持久的知觉活动。在观察过程中，人们进行着判断、分析等积极的思维活动。所以，观察是知觉的一种高级形式，人们也把它称为思维的知觉。

观察一般可以分为日常观察和科学观察两种类型。日常观察是自发进行的，通常没有目的性，因此，不需要选择观察对象，也不要求作严格详细的观察记录，只需要用常识去判断和理解观察的结果。

科学观察在研究方法上也称为观察法，是在自然状态下，选择特定的观察对象，有明确的观察目的、科学而严密的观察计划，用自己的感觉器官外加辅助工具(包括各种科学的观察仪器)，对观察对象进行系统地感知和描述。科学观察需要对观察过程及观察结果作严格详细的观察记录，为揭示事物的本质及其规律提供科学的依据；观察的结果需要用科学的理论去判断、理解，最终用以发现或验证科学结论。中学生物学实验课常常采用科学观察法获取生物学事实。

2. 观察的类型

科学观察通常由观察者和观察对象两个要素构成，或者是由观察者、观察仪器和观察对象三个要素构成。可以根据观察的构成方式、观察的目的等维度划分科学观察的类型。

(1)根据观察的构成方式。

①直接观察。直接观察是指在观察者和观察对象之间不存在任何中介物，人们只需要凭借人的感觉器官对自然事物进行观察；是人们利用自己的感官直接观察外部世界，这在人类认识活动的初期是一种主要的经验认识方式。

直接观察是直接运用观察者个人的感觉器官进行观察。观察方法简单而且直接，受时间、场地等客观条件的限制较少，可随时随地进行。所以，直接观察也是中学阶段获取生物学知识的重要方法，特别是初中生物学，有许多生物学事实，需要学生通过直接观察来发现、获取，比如，观察动物的心脏等。学生在获取生物学事实的基础上得以形成概念，还能进一步发现概念之间的区别和联系，以完善概念体系。

②间接观察。由于人类感官的感知能力是有限的，单凭感官进行的直接观察会受到生理上的限制。于是，人类便通过制造和使用科学仪器来延伸和拓展人的感官，当

观察者借助观察仪器来观察事物对象时，直接观察也就转化为间接观察。

人们利用观察仪器作为观察者和观察对象之间的桥梁，使观察者通过观察仪器去间接地感知被观察对象，便是间接观察。例如：利用显微镜观察细胞的叶绿体、成熟植物细胞的质壁分离、根尖分生区的有丝分裂；利用光谱仪分析各种色素的吸收光谱等。

间接观察使用观察仪器来克服人的感觉器官直接感知能力的局限性，使得人的感官得以延伸，扩大人类所能观察到的范围，使人类的视野从地球拓展到宇宙，对生命世界的观察从宏观世界深入微观世界，把人的感官不能直接观察到的对象转化为可观察的对象。电子显微镜的诞生，更是将人们对生物体内部结构的分辨率达到了0.2 nm，可深入分子水平的研究。同时，采用仪器进行间接观察，会提高观察的广度、深度、精度，也能提高获取观察结果的速度，而且使用仪器可以克服感官造成的某些错觉，纠正直接观察所造成的误差。

(2)根据观察的目的。

①定性观察。定性观察是研究者依据粗略的观察纲要，针对所要认识事物的现象或特性，充分调动感官进行观察的方法。定性观察的结果通常以非数字化形式呈现，以文字、图示等方式记录，反映出人们对观察对象的性质、特性以及事物现象之间的联系等诸多方面的粗略认识。

根据定性观察的性质、特点，以及存在的局限性，要保证定性观察的准确性，特别是保证在生物学科教学活动中开展定性观察的效果，可以采取以下措施。

一是选择典型的观察对象，即在教学活动中要选择合适的观察材料。一般来说，在中学开展的定性观察，无论是凭借感官直接进行观察，还是以科学仪器为中介进行间接观察，都是在自然条件下进行的。尽管生物的多样性使符合特定观察目的和要求的生物对象会很多，然而，中学生特别是初中生的观察能力有限，中学的设施、设备等条件对观察也有限制性影响。因此，教师设计的观察活动必须选择典型的观察对象，并能为学习和探究提供足够的观察材料，保证观察活动得以顺利进行，收到较为满意的效果。

二是选择适宜的观察条件，避免观察过程与观察结果受到过度干扰。任何观察对象都处于一定的环境中，总是或多或少、或强或弱地受到观察条件的干扰和影响。因此，设计观察活动时，一定要选择适宜的观察时间、观察场所，要保证观察过程尽量不受干扰。同时，设置或调整影响观察的其他外部条件，以保证观察效果。例如，使用光学显微镜进行观察，针对不同的观察目的、不同的观察对象，调整好适合的光照亮度，可以取得最佳的观察效果。

三是选择合适的观察方式，提高定性观察的效果。开展定性观察必须根据观察的目的、要求以及观察对象、观察条件的特点，采用恰当的观察方式，包括对比观察、使用特定仪器的观察等。

②定量观察。定量观察是人们借助科学仪器对观察对象进行定量分析，以描述观察对象数量特征的一种观察方法，目的是更完整地用数和量来反映事物客观存在的量的关系。

人们通过定性观察，只能初步认识观察对象的性质、特征以及观察对象与外部的联系等，这种认识通常比较模糊，具有很大的不确定性，难以精确反映观察对象的属性。如果需要精确、细致深入地认识观察对象，就需要在定性观察的基础上，利用较为精密的科学仪器，如天平、钟表、温度计、显微镜等，根据一定的标准进行定量观察，以获得观察对象精确的测量数据和资料。由于定量观察的结果是用具体的数据来描述，一般比较精确，能够对观察对象的性质、状态以及事物间的关系给出精准的观察结果。

定量观察对观察过程和观察结果的要求比较高，要保证定量观察的效果，首先需要选择合适的观察仪器，确保仪器的精度，以减少客观因素造成的观察数据误差，这是确定准确数据的前提。其次是掌握相关的测量方法，以保证定量观察的实施。最后是掌握数据收集、处理与分析的方法，以减少主观因素造成的观察数据误差，提高定量观察的精度。

(二)实验及其类型

1. 实验的定义

实验是根据科学研究的目的，在专门的实验室或实际情景的场地中利用一些专门的仪器设备，人为地改变、控制或模拟研究对象，突出主要的研究因素并尽可能地排除其他外界的影响，使某些事物(或过程)发生或再现，从而认识自然现象、自然性质、自然规律。

因此，实验研究通常是针对某一问题，根据一定的理论或假设进行有计划的实践，主要目的是建立变量间的因果关系，通过一个或多个变量的变化来评估它对一个或多个变量产生的效应，从而得出一定科学结论的方法。实验研究法随着近代自然科学的发展而兴起，是自然科学中的主要研究方法。随着现代科学技术和实验手段的飞跃发展，实验法正在发挥出越来越重要的作用。

2. 实验的类型

科学实验可以用不同的标准进行分类：一是根据实验的实施场所不同，将实验分为实地实验与实验室实验。实地实验也称现场实验，是在自然条件下或在真实生活的环境中所做的实验。实验室实验是在有专门设备的实验室中进行，在借助各种实验仪器设备的情况下，严格控制实验条件，甚至主动创造实验条件，严格设计实验程序而进行的实验。实验室实验便于严格控制各种因素，是探索自变量和因变量之间关系的实验方法。实地实验与实验室实验的差别在于变量可控制的程度，需要在情境允许的条件下尽可能地控制和操纵变量。

二是根据对变量的控制程度以及实验设计的严格程度，将实验分为纯实验与准实验。纯实验是能够随机地把实验对象分派到实验组、控制组，也可以对实验误差来源加以控制，使得实验结果能够完全归因于自变量改变的实验。纯实验设计的控制水平很高，操纵和测定变量很精确，对实验者和研究对象的要求较高，操作难度相对较大。准实验是无法随机分配实验对象到实验组、控制组，也不能完全控制实验误差来源的实验。准实验研究通常在现实、自然的环境进行，是在接近现实的条件下，尽可能地运用纯实验研究的原则和要求，采用一定的操控程序，最大限度的控制因素，灵活地控制实验对象进行实验处理的实验。与纯实验相比，其严谨性略低，如对照组无前测设计和非对等控制组设计等，因而所产生的因果结论的效度比真正的实验研究低，但优点在于所要求的条件灵活，与现实的联系密切，在无法控制所有可能影响实验结果的无关变量时，具有广泛的应用性。

三是根据研究的深度把实验分为验证性实验与探究性实验。探究性实验也称为探索性实验，是人们从事开创性的研究工作时，为探寻未知事物或现象的性质以及规律所进行的实践活动；是实验者在不知晓实验结果的前提下，通过自己实验、探索、分析、研究得出结论，从而形成科学概念的一种认知活动。验证性实验是人们对研究对象有了一定了解，并已经形成了一定的认识或提出了某种假说，为验证这种认识或假说是否正确而进行的实验，是强调演示和证明科学内容而进行的实验活动。

二、实验课及其类型

(一)实验课的定义

《普通高中生物学课程标准(2017 年版 2020 年修订)》中将实验教学定义为：教师组织学生在生物学实验室和校园内外开展的教学活动，既可以是动手、观察类的实践活动，也可以是以问题解决为特点的探究活动①。显然，课程标准所说的实验教学是指运用实验、观察等生物学实验方法的所有教学活动，包括生物实验课、生物实践活动等。

中学生物实验课是指在生物实验室中，学生按照一定的教学内容和要求，在教师指导下，利用一定的材料、仪器设备、工具等条件，在人为控制条件下，主要针对生物体的形态结构、生理功能进行有目的、有重点的观察、测定和分析，以完成相应的实验操作。在实验过程中，学生学会控制实验条件、观察实验现象、获取实验结果等实验技能，从而在实验过程中获得学科知识、发展科学探究能力的课型。

(二)实验教学的类型

中学生物学实验从学科性质划分，可分为形态学实验、解剖学实验、生理学实验、遗传学实验、生态学实验和生物技术类实验等类型。从操作者来划分，可分为教师演示实验和学生实验。从开展实验的场地划分，生物学实验可以在实验室、教室里进行，也可以在生物园、农林实验园地完成。

从实验研究的深度或者是目标划分，可分为验证性实验和探究性实验，这也是中学生物实验教学中针对学生能力培养目标常用的分类方式。验证性实验通常是在学习理论知识以后，教师组织学生进行实验活动，目的是让学生用实验验证已学过的生物学概念或原理。开展验证性实验，可以促进学生加深理解生物学概念，巩固掌握的生物学知识，同时培养学生的实验操作技能。探究性实验在中学生物实验教学中属于“再发现”式实验，是学生为领悟生物学的研究方法、主动获取生物学知识而进行的实验活动。探究性实验是学生在实验前不知道实验现象和实验结论的情况下，带着需要探究的问题，自己设计实验方案、完成实验操作、获取实验结果，然后分析实验结果、得出实验结论。这样，学生可以在实验过程中通过探究发现知识、获得新的概念，并加深对概念的理解。通过探究性实验还可以激发学生的好奇心、学习知识的内在动机，促进学

① 中华人民共和国教育部. 普通高中生物学课程标准(2017 年版 2020 年修订)[S]. 北京：人民教育出版社，2020：59.

生对生命问题的探究，进而领悟科学家研究自然界所用的方法，提高学生的思维能力、分析综合能力和解决实际问题的能力；学生在探究实验的过程中，还能领悟科学的思想观念。所以，探究性实验是发展学生生物学学科核心素养的重要途径。

三、实验课的功能

实验教学不仅可以帮助学生获取生物学知识，还能够培养他们的科学精神，提高科学探究的能力，是促成学生达成生物学学科核心素养的重要支撑。

(一)促进生物学概念的形成

以实验的方式研究生命问题，能强化学生对生命现象的感性认识，进而将感性认识升华为理性认识，促进生物学概念的形成。通过实验，可以使学生把一定的现实问题与理论知识联系起来，领悟实验中所反映出的学科本质规律，加深对概念、原理、规律的理解，巩固所掌握的生物学概念。

(二)提升科学探究能力

《普通高中生物学课程标准(2017 年版 2020 年修订)》对科学探究的定义是“能够发现现实世界中的生物学问题，针对特定的生物学现象，进行观察、提问、实验设计、方案实施以及对结果的交流与讨论的能力”①。《义务教育生物学课程标准(2022 年版)》要求学生初步具有科学探究能力，“能够从生物学现象中发现和提出问题、收集和分析证据、得出结论”②。学生通过生物学实验活动，可以学习和提高实验操作的技能；还可以模仿科学研究的一般过程，学会科学研究的基本方法；通过开展探究性实验，能够提升独立探索能力。

(三)领悟科学思维方法

学生通过设计并实施观察、实验的过程，探索并领会科学家发现问题和解决问题的思路；通过对实验的现象、结果、数据等进行分析、综合、推理、想象、联想，以创造性思维活动得出正确结论，可以感悟科学家的优秀思维品质，进而受到科学思维方法的训练。

(四)感悟科学精神

无论是高中生还是初中生，大都很喜欢动手操作的实验课，通过实验课，可以激发学生探索科学的欲望和热情，培养他们崇尚科学的态度。同时，现在的中学生物实验，尤其是高中选择性必修模块 3“生物技术与工程”中的许多实验内容，具有很高的难度，甚至需要花费很长的时间才能完成。完成这些实验，可以培养学生尊重事实和证据，崇尚严谨和务实的求知态度，使学生养成认真细致、实事求是、敢于质疑的科学品质；还能培养学生坚韧不拔、勇于进取、勤奋刻苦、甘于奉献、善于合作的科学精神。

---

① 中华人民共和国教育部. 普通高中生物学课程标准(2017 年版 2020 年修订)[S]. 北京：人民教育出版社，2020：5.

② 中华人民共和国教育部. 义务教育生物学课程标准(2022 年版)[S]. 北京：北京师范大学出版社，2022：6.

四、实验课的教学原则

实验课具有其一定的特殊性，除了遵循理论课的教学原则以外，还应该遵循以下原则。

(一)科学性原则

科学性是生物学实验固有的属性，尽管中学实验课开展的生物学实验不是真正意义上的科学研究，仍需遵循科学研究的基本原则，以保证实验过程的严谨性、规范性。首先，学生的实验操作要严格遵守操作要领与规范；其次，实验探究的过程要科学，实验设计必须有充分的科学依据，实验设计方案要做到目的明确、内容具体、材料选择恰当合理、实施步骤科学；分析问题、实施实验要做到全面性和科学性，要体现思维的严密性；实验的观察及结论必须是科学、合理的。

(二)可行性原则

实验材料和仪器设备是完成实验的基本物质保障，选择适宜的实验材料、恰当的实验器具是开展实验活动的前提条件。中学教材中提供的实验方案通常是按照正规实验室配置的仪器设备而设计，对实验室硬件设备相对不足的学校来说，可能无法实施；另外，其材料的选择有一定的地域性，而我国地域辽阔，部分地区可能无法得到教材中的实验材料。因此，教师要根据自身学校的实际情况，遵循实验材料易于获取、实验用具简单便利、实验方法简便易行等原则，在不改变课程目标、不违背科学性的前提下，可选用一些替代品，完成相关的实验。

(三)探究性原则

以探究为特点的主动学习是落实生物学学科核心素养的关键①，探究性实验就是开展探究性学习的一种主要方式。教师在实验课教学设计时，可以充分发掘其中的探究因素，把教材中的一般实验拓展设计成探究性实验，使之成为探究性学习的过程，引导学生获得新知识的同时接受科学方法的训练。

(四)安全性原则

一是学生的自我安全防护，生物学实验中使用的部分实验材料、化学药品、仪器用具等，对人体有一定的危险性，而实验课中有大量的时间是学生独立完成操作，存在一定的安全隐患。所以，教师在实验前必须对学生进行实验室常规教育，讲解实验规则、实验室管理制度及实验要求等，特别是强调安全教育。为此，教师要从操作程序、要领入手，要求学生在常规操作训练中，按科学严谨的规程、方法和原理去完成课本规定的项目。对于可能接触到的致病微生物、有毒或腐蚀性的药品，要强调注意事项，以杜绝隐患。这样，使学生掌握规范的实验操作，培养其严谨求实的科学态度，在班级形成严肃、和谐、求实、探索的学习氛围。二是环境安全保护，实验中所使用的致病微生物、有毒或腐蚀性等废弃物，可能会对环境或者他人造成危害，需要进行妥善处理，以保证安全性。

---

① 中华人民共和国教育部. 普通高中生物学课程标准(2017 年版 2020 年修订)[S]. 北京：人民教育出版社，2020：57.

五、实验课的主要教学策略

实验课是生物学教学的基本课型之一，教学活动要在遵循生物学科教学基本原则的前提下，采用实验课特有的教学策略，以充分发挥实验教学在发展学生生物学学科核心素养中的独特优势。

(一)加强教学组织，养成科学精神

刚开始接触生物学实验时，中学生尤其是初中生对待生物实验课的态度就是“好玩”，这导致他们在实验课上显得非常兴奋，常常不注意听课，而是急于进行操作。在操作时，往往没有按照操作规程进行，随心所欲地“玩”。因此，教师首先要加强组织教学的力度，使实验课在规范、有序的状态下顺利进行。上课伊始，教师要讲解实验目的、实验原理、方法步骤、注意事项等，其中比较简单、易懂的部分，可以让学生课前预习。在实验过程中，教师要通过巡视，观察学生的实验情况，对其中普遍存在的问题，进行画龙点睛式的集中讲解。教师的讲解尽可能精练，以便有更多的时间让学生进行操作。其次，教师要引导学生将“好奇心”转化为对生命现象进行探索的欲望，以科学、严谨的态度对待实验过程。实验完成后，教师要进行点评、总结。

(二)注重操作规范，掌握实验技能

掌握实验技能是完成实验的基础，也是实验课的培养目标之一。为此，依据课程标准的要求，指导学生学会正确使用显微镜等生物学实验中常用的工具和仪器，学习并掌握生物学实验基本技能，包括采集和处理实验材料、进行生物学实验操作、生物绘图等。教师的指导须简明扼要，可边讲解边演示，在演示中突出操作要领；要指导学生进行操作练习，以做到操作的规范化。在学生独立操作时，教师要不失时机地巡视，查看各组学生的动手情况，捕捉反馈信息，做好个别辅导，让学生在实验中提高动手操作能力和思维能力。

另外，生物学实验的部分内容源自生活实际，如制作泡菜、酸奶，酿制果酒、果醋等，而消毒、灭菌可以应用于日常生活。因此，实验操作技能的训练可与生活实际相结合，使学生能学以致用。

(三)突出科学探究，渗透科学思维

生物实验课的目的，一是验证书本知识中的概念、原理和定律；二是通过探究性实验，建构概念、探索规律，提高科学探究能力。因此，实验课教学设计必须重视揭示规律、帮助学生突破理论学习上的难点，理解和掌握规律和结论；必须紧密结合教学内容中的相关概念和原理，突出教学重点。要充分调动学生的积极性、主动性，让学生在科学、严谨、求实的条件下，积极进行实验探索。要将科学探究能力的培养融入实验教学中，引导学生逐步学会：①客观地观察和描述生命现象；②通过观察或从现实生活中提出与生物学有关的、可以探究的问题；③分析问题，阐明与研究该问题有关的知识；④确认变量；⑤作出假设和预期；⑥设计可行的实验方案；⑦实施实验方案，收集证据；⑧利用数学方法处理、解释数据，根据证据作出合理判断；⑨用准确的术语、图表介绍研究方法和结果，阐明观点；⑩听取他人的意见，利用证据和逻辑对自己的结论进行辩护以及作必要的反思和修改，培养学生基于事实证据进行逻辑思维的能力。

【案例】

“血管”一节的概念建构教学设计①

1　教材分析

北师大版教材七年级下册中“血液循环”的知识内容包括血液循环系统的组成及各组分的结构、血液循环的途径、血液循环的生理等，本节课从中选取“血管是血液流动的管道”作为教学内容。并依据课程标准，确定学生应建构的概念为“血管是血液循环的管道，血管分为动脉、静脉和毛细血管，它们有着与各自功能相适应的特点，并和心脏一起保障血液的循环流动”；“动脉是将血液从心脏输送到身体各部位的血管，静脉是将血液从身体各部位送回心脏的血管，毛细血管是连通微小动脉和静脉之间的血管。”

初一学生对血管的知识有粗浅的认知，能说出动脉、静脉和毛细血管的名称。但是，在学习过程中，学生如果仅仅依靠教材、图示学习血管的概念，很难理解概念的内涵，部分学生甚至形成：动脉就是运输动脉血的血管，静脉就是运输静脉血的血管等错误的概念。

因此，本节课在教学设计上力图以观察实验为切入点，首先通过“观察小鱼尾鳍的血液流动”实验，让学生通过实际的观察活动，真实地看到血管及血管中血流状况，获取生物学的事实及现象；然后以问题驱动的方式，引导学生对观察的现象进行分析与比较，从中发现问题，并进一步开展深入的观察活动，以寻找问题的答案。最后，教师引导学生对观察到的现象或事实进行归纳、整理，最终得出血管的种类和特点等概念，从而实现概念的自主构建。

2　教学目标

2.1　知识目标

描述动脉、静脉、毛细血管的概念；归纳并比较动脉、静脉、毛细血管的特点；阐述动脉、静脉、毛细血管的特点与其功能相适应的关系。

2.2　能力目标

通过“观察小鱼尾鳍的血液流动”的实验，观察血液在血管中流动的状态；比较、归纳观察到的现象，总结出动脉、静脉、毛细血管的概念及特点。

2.3　情感、态度与价值观目标

通过对血液循环系统的认识，强化形成“生物体的结构与功能相适应”的生物学思想。

3　教学过程

3.1　联系感性认识，营造探究情景

教师创设问题情景：同学们可曾看见过血管？是否感知到血液在血管中流动的情形？引导学生通过观察自身颈部、手上的“青筋”、触摸血管的搏动，感知血管的存在以及血液的流动。因此，提出本节课的学习课题：观察“小鱼尾鳍的血液流动”，认识

① 赵广宇，张良，吕婵娟，等. “血管”一节的概念建构教学设计[J]. 生物学教学，2016，41(12)：28-30.

血管的种类及特点。

3.2 观察血液流动，感知血管存在

首先，教师指导学生学习观察“小鱼尾鳍的血液流动”的操作方法与技能，强调观察的要领：低倍镜观察、保持小鱼的生命。然后，提出观察的任务：观察小鱼尾鳍是否有血管存在？说明理由。

学生完成观察后，教师组织学生讨论、交流观察的结果。全体学生都表示观察到血管，但是对血管的描述却存在差异，部分学生是从形状上描述的，如瓦片状的结构，或者是竹节状的结构；多数学生则是通过观察到的血液流动，推断血管的：在或直或弯曲的管道中，有液体在流动；有的学生甚至观察到管道中有颗粒状的物体在流动。

针对学生观察结果的差异，教师组织学生继续讨论：如何判断观察到的结构是不是血管？同学们经过再观察、分析、讨论，得出：应该通过是否有血液流动，判断该结构是否为血管，其中颗粒状的物体应该是血细胞；而瓦片状或是竹节状的结构，其中没有流动状态的物体，不是血管，实际上是小鱼尾鳍的鳍条。

3.3 比较血流速度，寻找血管差异

教师引导学生在观察时寻找血管之间的差异：移动小鱼尾鳍，寻找多条血管进行观察、比较。学生再次进行仔细观察，都观察到血管有粗细、曲直的差别；同时有部分学生观察到血流的速度不同。

教师提出问题：可否依据血管之间的差异，将血管分为不同的类别？首先，同学们经过讨论，认为血管的粗与细、曲与直不能作为血管分类的标准，因为细血管有曲和直，粗血管也有曲和直。

其次，大多数学生根据观察结果总结出血流速度大致可分为三种状态：一是速度快，血液不断前涌，是动脉；二是速度平缓前流，是静脉；三是一种很细的血管，血流速度极慢，能清晰地看到细胞是单行通过，是毛细血管。因此，血流速度可以作为划分血管种类的依据。

教师肯定学生观察到的毛细血管：血细胞呈单行通过的血管就是毛细血管。然后用显微投影呈现小鱼尾鳍的血流图像，图像中显现出多条血管的血流状况，请学生依据血流速度判定哪些是动脉、静脉？

由于有多条粗细不同的血管，其血流速度无法明显分为两种类型，导致学生判定出现障碍。而且，个别学生由于只看到了一条血管，也无法根据血流速度的快慢判断动脉、静脉。

教师指出：通过血流状况可以准确判定毛细血管；但是，仅仅通过血流速度，是不能完全、准确判断动脉、静脉的。

3.4 探寻观察方法，建构概念内涵

教师指导学生阅读教材中关于动脉、静脉的概念，总结得出：动脉、静脉的概念内涵是根据血流的方向，而不是速度；血流速度差异是二者的特点。

教师针对学生困惑：显微镜观察小鱼尾鳍，无法看到与心脏连接的血管，该如何判断血管中的血流方向呢？出示人体的血液循环途径示意图及模型，引导学生观察、思考：与心脏相连的血管都是粗血管，它们在心脏由远至近的方向上，逐渐由细的血管汇集为粗血管的。但是，在其中的血流方向是不同的！让学生在此基础上总结得出：

观察血管时，需要找到血管有分支的部位。当血流方向是由粗血管流向细血管时，该血管为动脉；当血流方向是由细血管流向粗血管时，该血管为静脉。

引导学生再次深入观察小鱼尾鳍的血流流动，通过比较得出：由主血管流向分支血管的，血流速度相对快，应该是动脉；由分支血管流向主血管的，血流速度相对慢，应该是静脉。

教师根据学生的回答，引导学生在归纳的基础上，建构血管的概念：依据血管中血流方向是流回心脏、还是流出心脏，将血管分成动脉和静脉；而毛细血管是连接微小的动脉和静脉的血管，其血流速度最慢，红细胞单行通过，有利于血液与组织细胞进行充分的物质交换。

3.5　观察永久装片，归纳结构特点

教师指导学生观察动脉和静脉的横切装片，探寻动脉、静脉的结构特点。学生在观察中发现：相比较而言，动脉的管壁厚，静脉的管壁薄。教师对此讲解：血液的流动除了需要心脏提供动力外，血管壁平滑肌的收缩也是血液流动的动力之一，血流速度较快的动脉管壁上的平滑肌就比较厚，而血流速度较慢的静脉管壁上的平滑肌就比较薄。

3.6　列表比较归纳，检测概念构建

教师出示如下表格(见表 6-1)，引导学生通过列表比较，检测概念构建情况。

表 6-1　血管概念、结构及特点比较

血管种类	概念内涵 (血流方向)	结构特点	血流速度特点
动脉			
静脉			
毛细血管			

【评析】这节课是以观察活动促进概念建构的典型课例。本节课的教学内容是学习“血管”知识，建构动脉、静脉、毛细血管的概念，其难度在于初中学生对动脉、静脉的概念理解会出现偏差。针对学生学习的难点，执教者拓展了教材实验的功能，将教材中观察血液循环的活动，用于建构血管的概念，力图在观察血管中血液流动的方向来建构血管的概念，以突破学习中的难点，实现概念的自主建构，体现出教学设计的创新性。

针对七年级学生由于生活经验缺乏、对事物的感知能力往往不足的现实状况，执教者设计的观察活动，能够引导学生全面观察到有关血管的血流方向、血流速度、血管壁厚度等现象，直观感受到血管及其特点，获得充足的事实性知识，从而以事实性知识支撑概念建构，为自主建构概念奠定了坚实的基础。另外，七年级的学生在科学观察时，往往浅尝辄止，满足于看到了目标即可，很少开展深入细致的观察活动，这样，就很难将实验活动与概念建构相联系，失去了实验观察的意义。在本节课自主观察过程中，学生先是根据血管粗细来判定动脉和静脉，然后是仅根据血流速度的快慢进行判定，接着是依据单一血管中的血流方向来判定。为此，执教者在学生初步观察的基础上，设计了具有较强逻辑性的问题串，引导学生由表及里、由浅入深的开展观察活动。使学生能够先从形象、感性的角度感知血管及其特点，进而进行理性、抽象的思维活动，深刻认识血管的本质特征。最终在教师的引导下，依据教材对动脉、静脉、毛细血管的定义，发现了寻找具有分支的血管，然后根据血管中血液是从分支血管流向大血管、还是由大血管流向分支血管的特征，判断动脉和静脉，同时根据血管中血细胞流动特点判断毛细血管。这样，经过由表及里、由现象到本质的观察过程，通过分析和总结，最终归纳出三种血管的概念，真正做到概念的自主建构。

另外，本节课需要学生利用显微镜反复观察，因此，执教者可以强化培养学生使用显微镜的技能，并通过指导学生开展细致的观察，达到提升观察能力的目的。

【案例】

“探究成熟植物细胞是否通过渗透作用失水和吸水”的教学设计及实施①

1　设计理念及设计思路

根据对教材的分析，我们将本节知识内容与验证性实验进行重新设计，通过创设探究情境，诱导学生提出探究课题：成熟的植物细胞是否通过渗透作用失水和吸水。再引导学生探寻实验原理、设计并实施实验方案，最终通过分析实验结果得出有关结论。这样将教学活动组织成在教师引导下师生共同参与的探究学习过程，通过探究活动，使学生体验科学探究的过程，掌握科学探究的基本方法，培养和发展科学探究的基本能力和获取新知识的能力。最终达成知识性、技能性、情感性三个方面的教学目标。

2　教学目标

能描述渗透作用原理，解释植物细胞吸水与失水的原因；能运用渗透作用原理，独立设计、评价并实施实验方案。培养和发展学生科学探究的能力；培养学生形成科学探究的欲望，体验科学探究的过程。

3　教学重点和难点

教学重点：①植物细胞渗透失水和吸水的原理；②设计探究实验方案。

教学难点：设计实验方案、分析实验结果。

4　教学过程(即学生探究过程)

4.1　设置探究情境、提出探究课题

在学生学习理解渗透作用原理的基础上，教师创设探究的情境，引导学生回顾初中生物课曾经观察过的现象：如两个相同的萝卜条分别在清水和盐水中，外形状态发生的变化；以及生活中发生的植物体或细胞发生失水、吸水的现象。进而提出探究课题：成熟的植物细胞是否通过渗透作用失水和吸水。

4.2　引导学生探讨实验原理

当学生明确了探究课题、产生了探究欲望以后，他们却不知如何进行探究。这时

---

①　赵广宇，陈亮．“探究成熟植物细胞是否通过渗透作用失水和吸水”的教学设计及实施[J]．生物学教学，2004，29(8)：27-28．

教师要抓住学生的这些疑惑，引导他们探寻实验原理。

4.2.1　分析和寻找研究思路

教师引导学生根据课题进行思考，如果成熟的植物细胞是通过渗透作用吸水和失水的，那么植物细胞与外界溶液之间就构成了一个渗透装置，应该满足渗透作用发生的条件：①原生质层相当于半透膜。②当外界溶液浓度大于细胞液浓度时，植物细胞应该出现失水；当外界溶液浓度小于细胞液浓度时，植物细胞应该出现吸水。使学生认识到探究本课题的关键是：将成熟植物细胞放入一定浓度的外界溶液中，能否观察到渗透作用现象的发生。这时，学生又面临一个新的问题，即如何能观察到水分的流动方向，以判断是否发生了渗透作用。

4.2.2　寻找研究的方法　教师引导学生在回顾成熟植物细胞结构特点的基础上，引申出细胞壁与原生质层在失水状态时，它们的伸缩性不同，导致细胞出现质壁分离的现象。而质壁分离的细胞通过吸水，又会出现质壁分离复原的现象。因此，可以根据是否发生质壁分离和质壁分离复原的现象，来验证细胞是否出现失水和吸水。然后，进一步引导学生根据观察的要求确定实验材料(为何选用紫色洋葱鳞片叶表皮细胞和蔗糖溶液的原因)、用具。

在此基础上，要求学生根据实验原理和要求(包括方法步骤、结果记录等)以 2 人小组为单位，独立设计本次活动的探究方案。

4.3　学生自主设计方案，并通过交流、评价，修订、完善自己的方案

在学生设计方案时，教师要注意引导学生自己思考并解决遇到的问题，鼓励学生提出有创新性的方案。同时，注意收集学生方案的类型。

当各小组完成方案设计后，教师组织全班的学生进行交流。在方案展示时，学生交流的重点是设计的思路，教师注重引导其他同学对这些方案的设计思路和方法进行评价，形成生生间、师生间的评价，使学生能够产生思维的碰撞。例如：

方案 1　将洋葱表皮细胞放入 0.3 g/mL 的蔗糖溶液中，观察质壁分离的现象，再将其放入清水中观察质壁分离的复原现象。

学生评价：单一浓度的蔗糖溶液中发生的质壁分离不能说明细胞是渗透作用在失水(即无法证明细胞液浓度的大小)。应该看到在外界溶液浓度大于细胞液浓度时，细胞都出现失水现象；外界溶液浓度小于细胞液浓度，细胞都出现吸水现象。

方案 2　用 0.3 g/mL、0.2 g/mL、0.1 g/mL 的 3 种不同浓度的蔗糖溶液来观察有关现象。

学生评价：这种设计的浓度梯度范围过宽，也不能准确测定细胞液的浓度。

方案 3　用 0.3 g/mL 的蔗糖溶液处理并制作 1 张装片，然后通过不断滴加清水改变蔗糖溶液浓度，并观察相关现象。

学生评价：这样进行实验我们无法知道外界溶液浓度的准确值，也就是无法控制变量。

教师引导学生得出本次探究活动方案设计的关键：①如何设置对照(包括自身对照和相互对照)。②怎样控制实验变量(即设置不同浓度的蔗糖溶液)，以便快速准确的测出细胞液的近似值。据此，同学设计了：

方案 4　用 0.3 g/mL、0.29 g/mL、0.28 g/mL……一直做下去。直至找到不出现

质壁分离的现象，再将质壁分离的细胞放入低浓度溶液中出现质壁分离复原现象。

学生评价：大家认为这种方案设计思路是正确的。但操作起来过于复杂，因此可以根据数学中的优化逼近方法来寻找细胞液的浓度。

最终每个小组的学生，修改完善自己的探究方案。学生最终的方案有：

方案1　用0.3 g/mL、0.25 g/mL、0.2 g/mL、0.15 g/mL、0.1 g/mL的蔗糖溶液分别处理洋葱表皮细胞，观察是否出现质壁分离现象；再在没有出现质壁分离现象的最低浓度和出现质壁分离的最高浓度之间再以0.01 g/mL为梯度进行实验。

方案2　先用0.3 g/mL的蔗糖溶液处理观察细胞是否出现质壁分离，然后在0～0.3 g/mL的中间0.15 g/mL进行实验，如果0.15 g/mL没有出现质壁分离就在0.15～0.3 g/mL的中间找浓度进行实验；如果0.15 g/mL出现了质壁分离，就在0～0.15 g/mL的中间找浓度进行实验。用此方法逐渐逼近细胞液浓度。

方案3　先用0.3 g/mL的蔗糖溶液处理观察细胞是否出现质壁分离，再用0.25g/mL处理观察，如果出现质壁分离，再做0.2 g/mL……这样用单边逼近的方法来寻找细胞液的浓度。

教师再组织学生交流、评价，同学们认为这几种方案都是可行的，可任选一种实施。同时教师指出，如有同学坚持自己原先的观点，可按原先的方案加以验证。

4.4　学生实施自己的探究方案，记录观察结果

在操作过程中，教师要求学生注意：①对不同浓度的实验组装片进行编号。②及时将实验结果记录在相应的表格内，以保证实验记录的准确性。

4.5　实验结果的分析、交流、评价，最终得出本次探究课题的结论

首先小组对自己的实验结果进行分析、得出相应结论。然后教师组织全班进行相互交流及评价，重点是引导学生学会：

(1)处理实验数据：即统计各小组得到的等渗溶液浓度值，多为0.27 g/mL，个别为0.26 g/mL和0.22 g/mL，根据统计原理，可以定0.27 g/mL为细胞液浓度的近似值。

(2)分析实验现象，得出结论：①观察到半数细胞刚出现质壁分离、半数细胞不出质壁分离时的溶液浓度即细胞液浓度。②通过发生质壁分离与复原时溶液的浓度与细胞液浓度对比，可得出：当外界溶液浓度大于细胞液浓度时，植物细胞失水；当外界溶液浓度小于细胞液浓度时，植物细胞吸水。从而证明成熟的植物细胞是通过渗透作用失水或吸水。③进而证明了细胞与外界溶液构成了渗透装置，那么，原生质层相当于半透膜。

(3)分析实验中出现问题或差异的原因：如有小组测定细胞液浓度为0.22 g/mL，通过分析，他们认为可能是操作失误(蔗糖溶液浓度配制不准、数据记录错误、观察不准确等)，有可能是由于不同细胞的细胞液浓度有差异所致。

4.6　引导学生总结和掌握探究活动的一般方法

教师引导学生回顾本次活动的全过程，进而总结出探究活动的基本程序，并明确每个程序的基本要求及注意事项，重点引导学生掌握：制订计划(选择材料用具、控制变量、设计对照实验)、实施计划(观察现象、收集和评价数据)、得出结论(处理数据、得出结论)、表达和交流(探究过程和结论)这四个环节的原理和方法等，使学生在体验科学探究过程的基础上，初步学会生物科学探究的一般方法。

【评析】“观察植物细胞的质壁分离与复原”是中学生物学课程的经典实验，对培养学生掌握生物学实验技能有着重要价值。执教者在本节课的设计中，在保持实验教学特征的前提下，深入挖掘教材中的探究因素，将验证性的实验活动设计成探究性实验活动。

首先，执教者强化了实验技能的培养。完成该实验需要学生掌握制作临时装片、能够正确使用显微镜观察这两项重要的生物学实验技能，由于执教者将该实验设计为探究性实验，需要设置多个实验组，这就要求学生制作若干个临时装片，通过多次制作临时装片，起到了强化训练的目的，使学生能够攻克制作临时装片的操作难点。同时，学生需要观察不同实验组的结果，这种需要记录观察结果的活动，无形之中提高了对实验观察的要求，学生通过反复的观察活动，在提高显微镜观察技能的基础上，也提高了科学观察的能力。

其次，本节课的实验活动在定性实验的基础上，发展成为定量实验。学生完成探究性的实验活动，通过试剂的定量配制、显微镜的观察、观察结果的记录、实验结果的处理，获取了生物学事实，进而在分析实验数据的基础上，定量表述实验结果，得出实验结论。实现了在主动体验科学探究过程、探索和掌握科学探究方法的基础上，自主建构新知识的目标。通过教学目标的变化，实现了由被动接受式学习向主动探究式学习的转变，并有层次地、递进式地培养科学探究所需的各种能力。

科学实验是人类认识自然和有效利用自然的方式和方法。生物学实验课有助于激发学生产生积极的学习兴趣，有助于学生直接获取或理解生物学知识，有助于学生科学操作技能的提高，还有助于学生养成实事求是的科学态度。

第三节　单元复习课教学策略

目前，在中学生物学课程中，序列化的复习课主要是出现在高中毕业年级的教学活动中。根据教学的需求与毕业年级的教学时数，通常安排两个轮次的复习，依照复习的先后顺序，通常称为“一轮复习”“二轮复习”。这样的复习课型分类，缺乏清晰的复习课功能定位。因此，可以根据复习课的功能，将其划分为单元复习课、专题复习课、评讲课三种类型。

一、教学单元概述

教学单元是指中学学科课程知识体系中，具有内在逻辑联系的知识内容所组成的知识板块，它是阶段性教学活动的单位，具有相对的完整性和独立性。

在生物学科课程标准中，没有对教学单元作出明确定义。因此，教师在新课的教学活动中，通常是依据教材中的章、节来划分教学单元，有学者称之为“教材单元”。一般来说，教材的编写是遵循课程标准的内容要求和编排的次序，以“章”为单位对应课程标准中的重要概念，通过一章或几章的内容来体现生物学中某一个分支学科的内容，如细胞生物学、植物学、遗传学、植物生理学等。所以，以相关联的教材内容作为教学单元，符合学科知识的逻辑体系，体现了新课知识的系统性和完整性，有助于在连续的时间段内系统、完整地进行某一方面的知识传授和技能训练。

教学单元的划分，也可以根据课程标准的建议"教师在设计和组织每个单元的教学活动时，应该围绕大概念和重要概念展开"①，以大概念或重要概念为单元主题，依据学科知识的逻辑体系，可以打破教材的逻辑结构对相关教学内容进行整合，将具有内在联系的知识内容组织在一起，构成一个教学单元。这样的教学单元，不是对教材内容的简单划分，是围绕主题对教学内容进行重新组织和整合，以"实现学科内在逻辑与学生认识逻辑的统一"②。这在复习课教学中显得尤为重要，如，高中生物学中"有丝分裂"与"减数分裂"的内容，在课程标准中分别属于两个重要概念，分布在两个不同的模块。复习课时，可将两个内容整合为"细胞增殖"主题，纳入"细胞的生命历程"单元。

总之，教学单元的设定不具有规定性，教师在教学实践中，可以按照教学的需要对相关知识内容进行整合，自己划分或者是组织教学单元，以满足教学活动的需要。

二、单元复习课的定义

单元复习课是指依照教材中的章节顺序组织复习课的教学单元，以全面复习生物学基础知识、提高基本技能、建构单元知识体系为目标的复习课型。

单元复习课的教学单元设计，是在遵循教材结构体系的前提下，按照生物学的生物化学、细胞生物学、遗传学、生态学、微生物学等分支学科的逻辑体系组织教学内容。复习的目标是全面、系统地复习单元知识内容，把握基本概念、基本原理等单元知识的要点，深入理解相关概念的内涵；厘清知识之间的逻辑关系，逐步建立单元知识之间的内在联系；尝试将相关知识进行归纳整理，使单元知识系统化。学生通过复习初步建立起单元知识系统，并能运用单元知识解释相关的生物学问题，逐步提高分析和解决问题的能力。因此，单元复习课也称为单元知识系统复习课。

三、单元复习课的功能

经过新授课学习后，学生初步掌握了生物学的基础知识和基本技能。但是，距离选拔性考试的要求仍有一定差距，主要存在着三个方面的问题：一是普遍存在知识的漏洞；二是概念、原理等理解不深刻；三是掌握的知识缺乏系统性，存在碎片化现象。因此，针对学生存在的问题，单元复习课应该具备以下功能。

(一)巩固基础知识

单元复习首要的任务是全面而系统地复习单元知识内容，一是通过再现基础知识，包括生物学的基本事实、基本现象、基本概念、基本原理、基本定律、基本过程等内容，以加深对原有知识的记忆；二是通过概念重建等方式，弥补知识漏洞；三是通过教师讲解概念、原理等知识要点，加深对原有基础知识的理解程度。这样，可以全面夯实基础知识，使学习内容掌握得更扎实。

(二)加深知识理解

在新授课学习时，学生普遍存在基础知识薄弱、学习能力不足的状况，尤其是在

① 中华人民共和国教育部．普通高中生物学课程标准(2017年版2020年修订)[S]．北京：人民教育出版社，2020：58.

② 中华人民共和国教育部．普通高中生物学课程标准(2017年版2020年修订)[S]．北京：人民教育出版社，2020：66.

学习有关生物化学、遗传学等知识内容时，缺乏化学、数学等学科的基础知识作为支撑，导致无法理解相关的概念、原理。因此，在单元复习时，一是指导学生通过再学习或者是以新的角度重新学习某些概念、原理，实现概念的重建与理解。二是围绕单元复习主题归纳单元知识的要点，建立知识之间的内在联系，激发学生深度参与学习活动，促进对相关概念、原理的深刻理解。三是充分发挥练习的功能，结合典型习题的分析，引导学生从问题出发，应用概念、原理解释某些生物学问题，以达到知识的融会贯通，灵活运用，并在原有的基础上提高分析和解决问题的能力，逐步提升应试能力。

(三)建构单元体系

在全面复习知识内容的同时，需要按照单元知识之间的逻辑关系，将相关知识点联系起来，建立单元的知识体系，使单元知识系统化。这样，单元知识通过逻辑关系形成一个有结构的整体，能够形成知识的结构层次，体现出知识之间的关联性、衔接性和连贯性，有助于学生系统地掌握学科知识。

四、单元复习课的教学原则

单元知识系统复习课要解决学生在新授课学习中存在的问题，为开展专题复习奠定坚实的基础，所以，单元知识系统复习在毕业年级的学科教学中具有承上启下的作用，其教学活动应该遵循以下原则。

(一)系统性原则

一是复习单元的组织具有系统性。设计复习单元时，在遵循教材基本结构的前提下，依据学科知识的内在逻辑和学生的认知逻辑对知识内容进行整合，进而确定复习单元的“主题”，组成具有相对独立性与完整性的单元知识系统。单元“主题”不一定是教材中单元或章节的“标题”，复习单元不完全等同于教材的“章、节”内容。各复习单元之间要有适切的前后顺序，构成具有整体性、衔接性、序列性的单元复习体系。

二是每个单元复习的内容具有系统性。要以单元复习“主题”为中心，合理组织每个单元系统复习的知识内容。要在新课学习的基础上，适当纵向加深内容的层次，横向拓宽知识的广度，要根据知识的层次性和相关知识之间的逻辑关系，对相关教学内容进行整合，以体现学科知识的逻辑性、系统性、完整性。要将基本能力的提升与基础知识复习有机结合，设计出能力培养的具体措施，体现出能力提升的层次性和渐进性。

(二)全面性原则

单元复习的知识内容设计要体现基础性、全面性，达成巩固和提高基础知识和基本技能的目标。每个单元的复习内容，要能够涵盖构成单元知识体系中的所有知识点。对每个知识点的复习，要关注知识点内容的完整和全面，厘清概念的定义、原理的要点、规律的论点、理论的观点、模型的要素等，加深对基本概念、基本原理、基本规律的理解，还要建立单元知识点之间的内在联系，形成知识结构相对完整的单元内容体系。

(三)深刻性原则

单元知识复习不是对已有知识的简单再现，而是需要推动学生在现有水平基础上进行深度学习。要尽可能设计具有思维含量的学习任务或问题，引导学生在复习或重建概念、原理、规律时，经历由浅入深、由简单到复杂的科学思维过程，突破学习的关键点，领会知识的内涵，实现对某些概念的重构、达成对知识的深层理解。要注重引导学生建立知识之间的逻辑关系，复习过程要将单元知识系统的学科逻辑与学生的认知规律有效融合，促进对学科知识深刻理解的同时，推动学生认知能力的提升。要以重要概念统摄大量的次位概念以逐步形成结构良好的知识体系，进一步促进对知识的深刻理解，实现知识的迁移与应用。

五、单元复习课的主要教学策略

在单元知识系统复习时，教师要指导学生围绕单元复习的主题，着重解决在基础知识和基本能力方面存在的问题，以全面掌握知识，深刻理解知识。

(一)推动学生自主复习

复习课教学面临的最大困难是学生存在的问题千差万别，学习水平参差不齐，满堂灌式的讲授法难以收到良好的复习效果。因此，必须充分发挥学生的学习自主性，使学生能够针对自己存在的问题开展复习，但大多数学生自己很难把握复习的内容及深度。因此，教师的复习教学应该做到：复习内容的设计上要有层次性，尽量照顾到不同水平学生的复习需求；尽可能创设学生自主学习的情境和条件，促进学生充分发挥学习的主动性，从而提高复习质量；课堂复习的过程中，给予充足的复习时间与思维的空间，推动学生开展自主复习。

(二)促进学生深度学习

单元复习的目的是在巩固已有知识的基础上，突破学习的关键点，促进对知识的深层理解，实现学科的知识水平和能力水平的螺旋上升。这仅仅靠简单重复、死记硬背，以刷题代替知识复习等方式是无法实现的，需要采取合适的学习方式开展深度学习。

1. 以概念为中心开展深度学习

生物学课程标准的内容体系由概念构成，单元知识系统复习的重要任务就是把握概念的内涵、厘清概念之间的关系。因此，教师需要以大概念、重要概念为复习主线，引导学生开展深度学习。

(1)围绕重要概念建构知识体系。

重要概念是单元知识系统的中轴，具有统领的作用。因此，重要概念是单元知识系统复习的重点，有些也是难点。以重要概念为中心开展复习可以联系许多相关的次位概念，从整体上把握概念的内涵，并找到知识的内在联系，有利于学生形成知识网络。对具有递进关系的概念，以重要概念为中轴，按照一定的逻辑关系，层层递进，将相关概念有序地组织在一起，建构在整体的知识结构之中。通过建构知识网络，概念、原理的内涵逐渐清晰，各知识点之间联系的条理顺畅，能有机地将各知识点联系起来，有效促进学生对概念、原理的深层理解。

(2)抓住关键概念带动全面复习。

在生物学的概念体系中，有许多支撑大概念、重要概念的下位概念，成为理解大概念、重要概念的关键知识。在众多的概念中，以关键概念为核心，从不同角度、不同层面分别衍生出其他概念，可以促进本单元其他知识的复习，为建构知识网络奠定基础。

(3)厘清相关概念把握内在联系。

单元知识系统中都有许多相关的概念，厘清相关概念之间的逻辑关系，有助于深入理解和正确应用有关的知识。一是引导学生运用归纳等思维方法，将关联概念串联在一起，重点是把握相关概念之间的内在逻辑联系，从而建构成一个整体的知识结构。二是采用比较等思维方法，将概念名称或概念内涵相似的概念进行比较，寻找出各相关概念之间相似或不同的层面，促进学生对各概念内涵和外延的深刻理解，在把握每个概念独特性的基础上加以区别。这样，既能巩固需要掌握的知识点，又能把握住知识点之间的联系。

2. 灵活恰当运用多种思维方式

教师要设计多样化的复习方式，注重引导学生更多运用抽象思维的方法来复习或重建概念，通过归纳、演绎、概括、判断、推理、分析、综合等思维方法，确定概念的内涵属性、概念的外延属性、概念与概念之间的逻辑关系等，以形成并掌握生物学概念和原理。如用比较思维的方法，复习形态、结构的知识；用分析和综合的方法，复习生理活动、生命现象、结构与功能相适应的知识；用概括、归纳的思维方法理解基本概念等，这样使学生真正实现对知识的深刻理解，表现为：能准确叙述具体内容并对关键词或关键环节加以说明；能通过列表、绘图、归纳、图解等各种方法对相关问题加以区别或建立联系；能结合实例分析现象并解释原因。

在复习过程中，教师要关注学生思维的逻辑性和连贯性，通过指导学生恰当地运用多种方法复习生物学的概念和原理，使基本概念、原理、规律等基础知识的获得过程与思维能力的发展相辅相成，促进学生思维能力的提高。

(三)注重建构知识体系

教师要指导学生在全面复习基础知识的前提下，围绕大概念或重要概念建构相对完整的单元知识体系，矫正知识碎片化的缺陷，实现单元知识的系统化。

建构单元知识体系的关键在于教师引导下的学生自我建构，而不能由教师包办代替。教师需要从整体上设计单元复习的流程、选择恰当的教学方法，通过精妙的课堂教学方法、巧妙的课堂提问，引导学生在把握具体知识点的基础上，抓住单元知识的主线，梳理并逐渐理解单元内各知识点之间的联系，将零散的知识点有机地组合起来，理成线、结成网。通过厘清知识之间的层次和递进关系，形成体系更加完整、结构更加坚固的单元知识体系。从而在学生头脑中建构起完整的单元知识网络，把握大概念、重要概念之间的联系，深刻理解知识点之间的内在逻辑关系，有利于知识的迁移，不断提高分析、综合运用能力。

【案例】

“细胞膜——系统的边界”的复习教学策略①

1 教材分析与设计思路

细胞膜是认识细胞结构的起点，也是理解生物膜系统的结构与功能的基础。针对学生新课学习中存在的问题，笔者重新组合教材内容，将细胞膜的组成成分、结构和

① 赵广宇，汪绍鑫，徐杰.“细胞膜——系统的边界”的复习策略[J]. 生物学教学，2019，44(5)：29-32.

功能的关系有机整合起来，设计以构建结构模型和概念模型为主的多样化学习方式，引导学生在复习细胞膜的结构和功能等知识的基础上，理解细胞膜的结构特点与功能特性，为深入理解生物膜系统的知识奠定基础，并最终树立结构与功能相适应的生命观念。

2　教学目标

基于课程标准的内容要求、学业要求和学业质量标准，并围绕培养学生核心素养的要求，制订了如下教学目标：

(1)通过说明细胞膜的化学成分，阐明细胞膜的结构、特点和功能特性等，树立细胞的“结构与功能相统一”的生命观念。

(2)通过细胞膜结构模型构建、资料分析等，发展科学思维。

(3)通过血检报告及资料分析，形成社会责任。

3　教学过程

3.1　学案导学，简述化学组成

教师设计问题串：组成细胞膜的化学成分有哪些物质？其中主要成分包括哪些物质？与细胞膜功能密切相关的物质是什么？引导学生回忆细胞膜的化学成分，并通过学生回答问题，发现存在的知识缺陷：混淆了细胞成分中脂质与磷脂的关系；遗忘了成分中含有糖类、蛋白质与细胞膜功能的关系等知识。针对问题，教师通过学案，引导学生阅读教材，完善细胞膜化学成分的知识体系。

(1)细胞膜由脂质和________组成，其中的主要成分是________。在组成细胞膜的脂质中，________最丰富，________是构成动物细胞膜的重要成分。

(2)细胞膜表面蛋白质与糖类结合形成________，除此以外，糖类与脂质分子结合形成________。

(3)在细胞膜行使功能时发挥重要作用的物质是蛋白质，功能越复杂的细胞膜，蛋白质的________越多。

(4)细胞膜的成分________(能/否)改变，比如________________________。

3.2　模型建构，说明结构基础

教师提出问题：细胞膜的化学成分是如何构成其结构的？请绘制细胞膜的模式图。在学生绘制细胞膜结构的模式图中(见图6-8)主要存在的问题：不能全面体现蛋白质的分布状态；漏绘制糖被和糖脂。在学生阐明细胞膜结构模型时主要存在的问题是：学生不能用专业术语描述磷脂、蛋白质分子的排布状态；无法说明磷脂、蛋白质分子在细胞膜结构中的作用。针对学生的知识缺陷，教师以问题引导学生思考：①磷脂是如何构成双分子层的？并以人体红细胞为例，说明磷脂分布特点的生物学意义。②蛋白质分子在磷脂双分子层中的分布状况？是否对称？③糖被的位置？糖脂的位置？

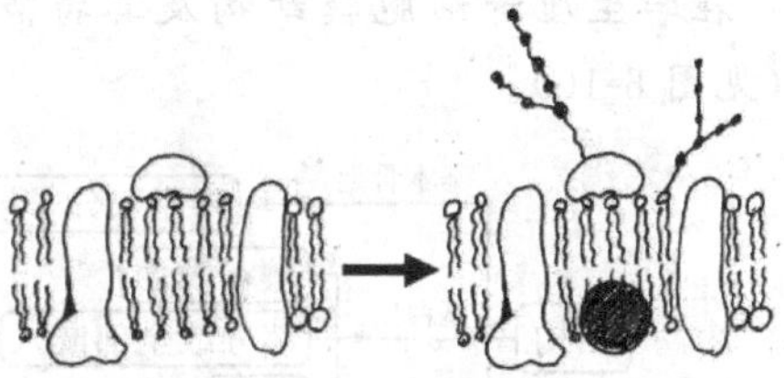

图6-8　学生初次绘制和经过修改后细胞膜建构模式图

基于上述问答，学生进一步观察细胞膜结构模式图，结合阅读教材，完善知识结构，修改自己绘制的细胞膜结构模式图。教师通过组织学生讨论、交流问题，结合学生回答问题中存在的不足，进行点评讲解，引导学生加深对细胞膜结构——“流动镶嵌模型”的认识。

3.3　分析资料，概述结构特点

教师提出问题：细胞膜的结构具有什么特点呢？学生回答：具有一定的流动性，教师追问：如何通过实验证明呢？学生依据必修1教材第67页相关内容，以荧光标记的小鼠细胞和人细胞融合实验，证明：细胞膜具有流动性。教师提示学生：该实验的荧光蛋白只是标记了蛋白质分子，能否证明细胞膜具有流动性？学生思考后认为不能证明，但不知如何解决。教师出示资料1，要求学生分析资料：科学家在实验中首先用荧光物质标记膜蛋白或脂质，检测其亮度，然后用激光束照射细胞的某一区域，使被照射区域的荧光淬灭变暗形成一个漂白斑(见图6-9)。经过一段时间，淬灭区域亮度逐渐增加，最后被荧光物质重新覆盖，亮度与周围的荧光强度相等。

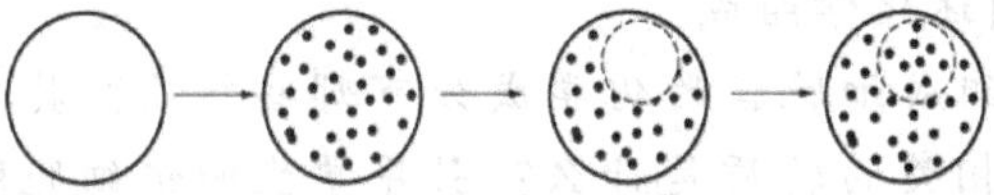

图6-9　荧光淬灭实验

学生通过分析得出：蛋白质分子可以运动，脂质分子也是可以运动的。教师进一步指出：磷脂分子都是可以运动的；大多数蛋白质分子是可以运动的，其中少数起稳定结构的蛋白质分子是不能运动的。因此，细胞膜的结构特点——具有一定的流动性。

教师要求学生列举能说明细胞膜具有流动性的生命现象或生理过程，学生通过讨论，总结出如下情形：①动物细胞吸水涨大，失水皱缩；②成熟植物细胞的质壁分离和复原过程；③胞吞和胞吐过程；④动物细胞有丝分裂后期和末期，细胞膜向内凹陷缢裂过程；⑤受精作用，精子和卵细胞的融合；⑥突触小泡与突触前膜融合，释放神经递质的过程；⑦吞噬细胞摄取病原体的过程；⑧变形虫的运动等。

在学生厘清细胞膜结构及其特点的基础上，教师引导学生总结知识、构建概念图(见图6-10)。

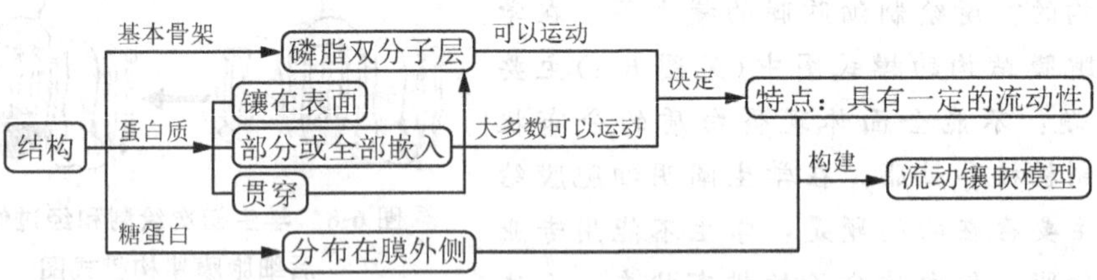

图6-10　“细胞膜的结构”概念结构图

3.4　分析推理，阐明功能特性

教师提问：基于细胞膜的结构及其特点，阐明细胞膜的功能？学生能回答出教材上列出的3项功能，但是不能从“结构与功能统一”生命观念的角度，阐明细胞膜的功能。

首先，教师引导学生分析研究资料，推断细胞膜“控制物质进出”的功能。

资料 2：用台盼蓝染色，死的动物细胞会被染成蓝色，而活的动物细胞不着色，这种方法称为“染色排除法”，是科研上鉴别细胞死活的常用方法。

资料 3：谷丙转氨酶合成并主要存在于肝细胞内，其细胞内浓度高于血浆中 1 000～3 000 倍，血浆中含量极少，只要有 1%的肝细胞坏死，就可以使指标增高 1 倍(见图 6-11)。因此，血浆谷丙转氨酶被世界卫生组织推荐为肝功能损害最敏感的检测指标。

[redacted]检验报告单 门诊

姓　名：　性　别：男　年　龄：31岁　申请单号：710001712409
病 历 号：00339307H　床　号：　标本种类：　标本说明：合格

编号	项　目	结果	状态	参考区间	单位
1	谷丙转氨酶	588	↑	0—46	U/L
2	谷草转氨酶	268	↑	0—46	U/L
3	AST/ALT	0.46		0.2—2.0	
4	总胆红素（TBIL）	17.4		0—25	μmol/L
5	直接胆红素（DBIL）	3.9		0—7	μmol/L
6	总蛋白（TP）	62.2		60—83	g/L
7	白蛋白（ALB）	38.7		35—55	g/L
8	球蛋白（GLB）	23.5		20—30	g/L
9	γ谷氨酰转肽酶	47		5—55	U/L
10	碱性磷酸酶（ALP）	106		35—134	U/L

图 6-11　某患者血检报告(部分)

在教师的引导下，学生经过集体讨论，得出：生物活细胞能够阻止细胞不需要的物质进入细胞(资料 2)；也能阻止酶等物质排出细胞(资料 3)，即控制物质进出细胞。

教师提问：基于细胞膜的结构，说明为什么能够控制物质进出细胞？学生笼统地回答出：由磷脂双分子层和膜蛋白共同决定的，但是无法阐述其原理。

教师讲解：依据相似相溶原理，磷脂是弱极性分子，CO_2 等非极性气体小分子可以通过；同时磷脂分子是有机物，甘油等小分子有机物也可以溶解在磷脂分子中，顺浓度扩散穿过；水是极性分子，只能部分穿过；而葡萄糖、无机盐离子等都是非脂溶性分子，无法直接穿过，需借助载体蛋白透过细胞膜，载体蛋白自身结构的特异性，决定其只能专一性的转移某一类物质(见图 6-12)。所以，细胞膜具有控制物质进出的功能，其功能具有选择透过性的特性，即细胞膜是选择透过膜。

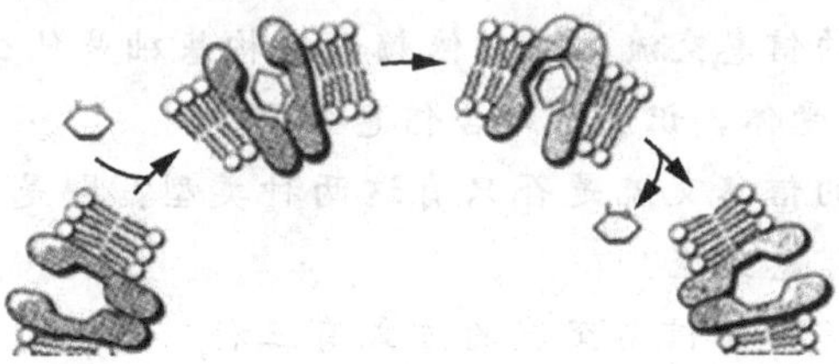

图 6-12　葡萄糖通过红细胞细胞膜示意图

教师继续提出问题：大分子物质又是依靠什么方式进出细胞呢？原理又是什么？学生回答：由于生物膜具有流动性，大分子物质和颗粒借助胞吞和胞吐的方式，选择性的通过细胞膜。

师生共同归纳，构建概念图(见图 6-13)，加深对细胞结构决定功能观念的认识。

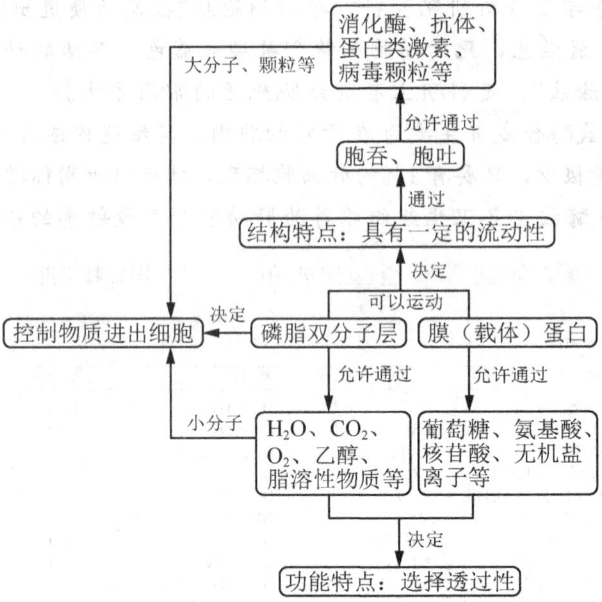

图 6-13　细胞膜“控制物质进出细胞”概念结构图

其次，教师指出：正因为细胞膜具有控制物质进出细胞的功能，所以，细胞膜就能将蛋白质、核酸等生命物质与外界环境分隔开，使细胞成为相对独立的系统，从而保障了细胞内部环境的相对稳定，具有“将细胞与外界环境分隔开”的功能。

最后，梳理具体生理活动，提炼“信息交流功能”。教师提问：细胞膜使细胞成为相对独立的系统，多细胞生物体内的细胞之间是否彼此孤立？学生立即回答：不是，细胞之间能进行信息交流。

教师呈现下列生理活动，要求学生判断其信息交流方式：①胰岛 A 细胞分泌胰高血糖素促进肝细胞内糖原分解；②精子与卵细胞的识别与融合；③兴奋在相邻神经元之间的传递；④T 细胞分泌淋巴因子促进 B 细胞的增殖分化；⑤吞噬细胞暴露并传递抗原给 T 细胞。

学生分析得出：①③④是通过体液运输方式；②⑤是通过细胞直接接触的形式。教师提问：这些细胞间的信息交流方式，依赖的结构基础是什么？学生回答：糖被（糖蛋白），作为信息分子的受体，识别并结合信息分子。

教师追问：细胞间的信息交流是否只有这两种类型？即是否都需要通过细胞膜表面的受体实现细胞间的信息交流？

学生通过阅读教材，归纳信息交流的方式有三种：①通过体液运输传递信息，作用于靶细胞的受体；②通过相邻细胞的细胞膜接触传递信息；③相邻细胞之间形成信息通道。其中，第三种方式不依靠细胞膜表面的受体接受信息。在学生完成例题的基础上，教师通过评讲，强化学生对细胞膜具有信息交流功能的理解。

[巩固练习]细胞的膜蛋白具有物质运输、信息传递、免疫识别等重要的生理功能。图 6-14 中，可正确表示不同细胞的膜蛋白及其相应功能的是(　　)

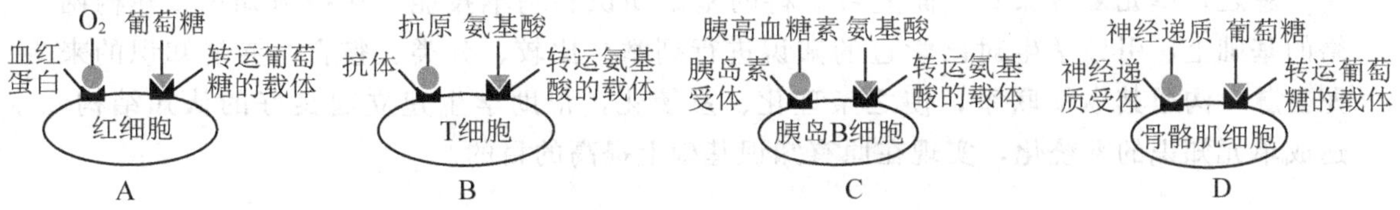

图 6-14 细胞膜膜蛋白及其相应功能示意图

3.5 构建概念图，形成知识网络

教师引导学生从分子(成分)→细胞(结构)、从结构→功能的思维逻辑，总结本节课的知识体系，进而构建出概念图(见图 6-15)：

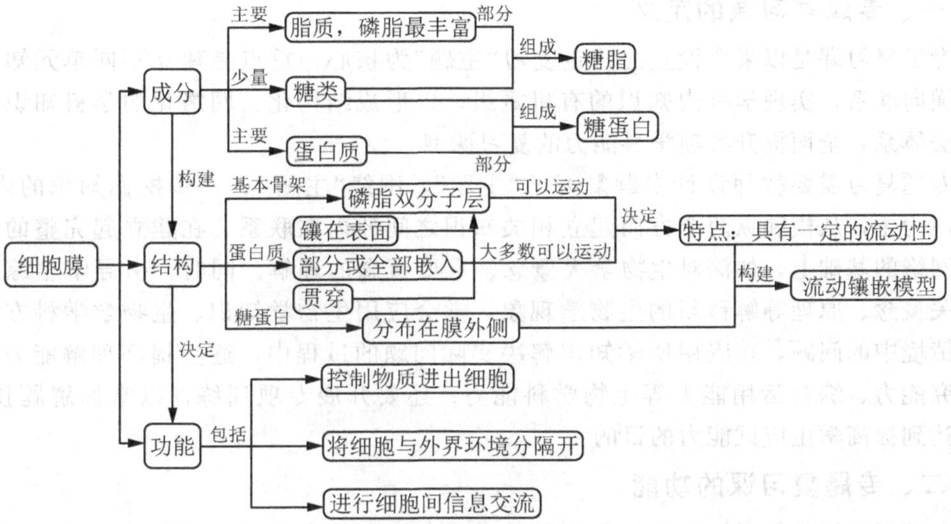

图 6-15 细胞膜概念结构图

【评析】这是典型的单元复习课，本节课的设计突出体现了以下特点。

1. 知识的系统化　执教者整合跨章节的知识内容，设立单元复习的主题——细胞膜。围绕“主题”将与细胞膜有关的结构、功能等内容全部纳入复习的知识内容中，建立起细胞膜的成分、结构和功能之间的内在联系，并以建构概念图的形式建立起单元知识体系。

2. 知识的深度学习　复习内容源于教材但高于教材，体现出单元复习课的巩固和提高功能。针对细胞膜的结构与功能，执教者主要采用模型建构与资料分析相结合的方式，引导学生深入认识细胞膜的物质基础和结构基础。同时，以建构概念图的方式建立知识之间的逻辑关系，深刻理解相关概念。

3. 教学容量大　本节课的复习内容包含了有关细胞膜的所有内容，教师还在教材内容基础上，进行了一定的拓展和加深。这样的教学设计，体现了单元复习课具有知识系统化、网络化的特点，有利于学生弄清知识之间的内在联系。

4. 学生复习方式的多样化　教师设计了包括模型建构、资料分析、学案导学、阅读教材等多样化的学习方式，以问题引导与任务驱动的方式，激发学生的学习积极性，以充分发挥学生的主体作用，实现学生的自主复习，避免教师的满堂灌，有效提高复习效益。

总之，单元复习课要全面复习学科的基础知识和基本技能，在捋清知识、建构网络的基础上，引导学生对已学过的知识进行列举、比较、分类、整合，弄清知识的来龙去脉，沟通其纵横联系，使之条理化、系统化，帮助学生建立起良好的认知结构，达成单元知识的系统化，实现在原有知识基础上提高的目的。

第四节　专题复习课教学策略

专题复习的主要目的是建立完整的学科知识体系、全面提高学科能力，以适应选拔性考试的需要。因此，专题复习课是安排在单元知识系统复习之后的复习课型。

一、专题复习课的定义

专题复习课是以某个设立的特定复习“主题”为核心，重点是建立不同单元知识之间的横向联系，实现学科内知识的有机重组，以形成结构化、网络化的学科知识体系和方法体系，全面提升各项学科能力的复习课型。

专题复习需要教师设计专题复习的“主题”，围绕“主题”进一步挖掘知识的内涵，以横向为主，从横和纵两个方向建立相关知识之间的内在联系，在建立起完整的学科知识网络的基础上，加深对生物学大概念、重要概念的理解。同时，引导学生综合运用相关概念、原理等解释新的生物学现象，学会应用生物学知识、生物学学科方法解决新情境中的问题，在应用所学知识解决实际问题的过程中，逐步提高理解能力、科学探究能力、综合运用能力等生物学科能力；还要开展专项训练，以掌握解题技巧，最终达到提高学生应试能力的目的。

二、专题复习课的功能

专题复习不是单元知识系统复习的简单重复，而是在全面掌握基础知识、基本技能的基础上，进一步加深对知识的理解，提高学科能力。因此，专题复习的功能主要包括提高功能、整合功能、总结功能。

(一)提高功能

专题复习最重要的功能是提高功能，一是提高知识理解能力，通过完善知识网络，建立知识之间的联系点，分清变化点、区别点，把握应用点，促进对概念、原理的理解，在知识的全面性、准确性等方面有新的提升。二是提高知识应用能力，引导学生综合运用概念、原理、定律等解释新的生物学现象，解决现实的生产生活问题，以全面提升学生运用所学知识分析问题、解决问题的综合能力。三是提高实验与探究能力，通过系统性学习和总结相关研究方法的基本程序、基本原则等，掌握实验研究方法、提升科学探究能力，并能运用特定的学科研究方法与相关的学科能力解决新情境中的新问题。四是提高应试能力，通过习题强化训练，对解题方法达到熟能生巧、触类旁通的本领。

(二)整合功能

专题复习通常需要打破章节知识之间的界限，围绕专题中的重点知识、重要概念等内容，从新的维度进行知识归类和系统化整理，重点是建立知识之间的横向联系，在完善认知结构的基础上，实现知识的网络化、系统化。这样，通过专题复习，使学生可以聚焦某个生物学大概念、重要概念，把分散在不同章节的相关基本概念、基础知识整合成知识网络，从而把握知识之间的内在逻辑关系，从学科知识体系的角度系统地理解所学知识的内涵，强化知识的交叉渗透，形成完整化的、结构化的知识体系和方法体系。

(三)总结功能

专题复习需要在知识归纳、总结的基础上，加强对试题的研究。要归纳高考题型的命题特点、规律，通过专项训练、变式训练等训练形式，探寻解题思路、方法、技巧，归纳、总结出本专题主要题型的解题规律，并能举一反三、延伸拓展，提升知识的运用能力。

三、专题复习课的教学原则

由于受到教学时数的限制，专题复习很难做到学科知识内容的全面覆盖。而不同班级、同一班级的不同学生之间，存在着知识水平和能力水平上的差异，需要解决的问题各不相同。因此，专题复习的教学设计与实施不必面面俱到，应该遵循综合性原则、针对性原则、灵活性原则，以达成专题复习的教学目标。

(一)综合性原则

专题复习应该聚焦生物学大概念、重要概念，从多层次、多角度对知识点进行归纳和综合，通过建构知识网络达成知识的系统化。要帮助学生提高整体思维能力，在整体知识体系中认识局部知识，理解整体知识与局部知识之间、局部知识与局部知识之间的逻辑关系。利用综合度较高的习题进行专题训练，使学生在新情境中分析现实问题，运用多个知识点来解决实际问题，从而提高综合运用能力。

(二)针对性原则

专题复习要着眼于所教学生的知识与能力缺陷，精心设计专题复习的主题，选择确定专题复习课的内容，针对学生实际水平控制复习内容的广度和深度。要采用多种教学方法开展专题复习课的教学，有目的、有针对性地对学科知识进行查漏补缺、知识体系的网络化建构；可根据高考试题的难度差异，对不同层次的学生提出相对应的复习要求，选择的训练试题要具有阶梯性，以适应不同层次学生对能力专项培养的需求。

因此，专题复习不可能、也没有必要面面俱到。学习水平、学习能力层次不同的学生，选择的专题复习“主题”可以有差异；同一个“专题”，其复习的内容及要求也可以不同。

(三)灵活性原则

专题复习具有很强的应试特征，其复习的内容、复习的方式和方法要适应考试的要求。因此，要根据高考试题的特点和学生学习发展的水平，灵活选择专题复习的主题；要依据高考试题的变化趋势，设计不同的专题复习体系，以实现不同主题之间的优化组合。

四、专题复习课的主要教学策略

专题复习的目标是完善知识网络，促进学生对概念的深刻理解和知识的迁移运用，最终提高学生的学习水平和应试能力。要达成专题复习的目的，仅靠背诵和记忆是无法实现的，需要多样化的教学方式才能促进学生对生物学概念的理解和应用。

（一）以重要概念为核心建构专题复习体系

专题复习是主题式、序列化的教学活动，需要根据拥有的教学时数，建构由若干个复习“专题”构成的专题复习体系，以便对复习的进程进行科学合理的规划。

1. 围绕重要概念设立专题复习主题

重要概念是对某一类生物学问题本质特征的概括，通常由多个次位概念支撑而形成，是对大概念的支持和具体描述，在概念体系中有承上启下的作用，通常是单元教学的目标。可根据课程标准的要求及高考的热点，将某些重要概念、重要定律等作为复习主题，打破章节界限建立知识的横向联系，进行知识的归纳与整合。这样，围绕重要概念、重要定律建构更全面的知识体系，加深对重要概念、重要定律的理解，提高知识运用能力。复习的主题聚焦于某个重要概念，再根据重要概念及其次位概念在单元中的分布和逻辑结构，精心设计复习的内容及其专项训练。如“蛋白质”专题，以“蛋白质是最重要的生物大分子”为主题，围绕次位概念“蛋白质是由 20 种氨基酸分子组成，它的功能取决于氨基酸序列及其形成的空间结构，细胞的功能主要由蛋白质完成”“绝大多数酶是一类能催化生化反应的蛋白质”“生物的性状主要通过蛋白质表现”，设计出蛋白质的组成与结构、蛋白质的合成、蛋白质的功能及其与激素调节、免疫调节等复习内容。

此类复习的“主题”包含知识内容多则成为大专题，包含知识内容少则成为小专题，大专题可以跨模块、章、节，如“基因”“细胞增殖”“蛋白质”等专题，小专题可以在章节内，如“神经调节”“细胞结构与功能”等。

2. 聚焦学科能力设立专题复习主题

目前，我国高考生物学科的命题是以能力立意的，其中，理解能力、获取信息能力的考查载体主要是生物学科的知识，特别是生物学概念；实验与探究能力是在考查实验技能的基础上，重点考查科学方法与科学探究能力；综合运用能力则是考查运用所学的生物学科知识，解释、解决生产生活中的现实问题，特别是解决新情境下的新问题。强化学科能力的培养与提高，是专题复习的重要目的。

(1)能力类专题。

能力类专题是以某项学科能力（主要是“实验与探究能力”“获取信息能力”）、学科研究方法（如实验研究方法）等作为复习“主题”，围绕生物学知识在生产生活中的应用为中心，结合生物学科知识在科学研究的运用等内容，通过引导学生分析问题、解决问题，逐步掌握生物学的研究方法，提高科学探究能力、获取信息能力，最终实现提高学科的综合运用能力的最高目标。如“实验与探究”专题，以“科学探究的过程与方法”为主题，围绕“设置对照试验，控制单一变量，增加重复次数等是提高实验结果可靠性的重要途径”“科学探究需要对证据、数据进行分析和判断”“科学探究需要利用多种方式呈现证据、数据，如采用文字、图表等方式来表述结果”等重要概念，设计出生物学实验研究的原则、基本方法、探究的基本程序、实验操作技能等复习内容。

(2)题型类专题。

以高考试题中的模型类、遗传规律推理类、实验探究类等题型作为复习主题，以提高解题能力和应试能力作为主要复习目标的专题复习课。

针对不同题型的特点和要求，聚焦高考的重点考点、热点考点、学生易错点题型，围绕考查的重要概念和学科能力来设计复习内容，在深化重要概念理解的基础上，提高解题能力和应试能力。如“遗传基本定律题型”专题，包括遗传基本定律的原理及其运用、遗传研究的基本方法、遗传的概率计算等复习内容。也可以把“实验”专题按照试题的类型划分为验证性实验专题、探究性实验专题、设计型实验专题、纠错型实验专题、分析型实验专题等。

专题的划分可以有不同的标准，关键是根据学生的实际，有针对性地解决学生存在的问题，达到巩固知识，完善知识体系，提高能力的目的。一个大专题可以划分成相对独立的若干个小专题，从整体到局部或从局部到整体，以提高专题复习的效率。

3. 科学合理建构专题复习体系

要依据针对性原则和灵活性原则设计专题复习体系，一是专题的数量合理，要针对所教学生的实际需求、高考的趋势等因素，结合教学时数，有目标、有计划设计一定数量的“主题”构成专题复习体系，总体规划专题复习。二是专题复习的内容及标高恰当、合理，针对不同层次学生，可以在同一“主题”复习内容的广度与深度上设计区别；训练试题要具有阶梯性，以适应不同层次学生的需求。

总之，专题复习没有必要、也不可能实施知识的全覆盖。要针对本校、本班学生的实际状况设计专题复习体系，不同学校、班级之间在专题的选择、专题复习的数量、同一专题的复习内容及教学时数、习题的选择与组合等方面都可以有差异。通过建构科学合理的专题复习体系，可以避免教学的随意性，保证复习的效果。

(二)针对重要概念设计专题复习策略

专题复习要设计多样化的复习方式，以充分调动学生的学习自主性。要引导学生依据“主题”中的重要概念，搜索相关的下位概念，寻找概念、原理之间的联系。采用多种方法，由点到线、由线到面、由面到体整理“知识链接”，将跨越不同模块的知识内容、分散在各章节间的知识内容进行整合，使分散的知识点能够连成串、织成网，自主建构起具有纵、横联系的知识网络，形成学科知识的逻辑联系，以把握知识内在的、本质的关系，实现知识的升华与跃迁，达成对概念的深刻理解，也利于学生储存、提取和运用。

1. 串联式建构法

以重要概念、重要原理、重要定律等为中心，将存在着密切关系的次位概念等其他相关概念，按照一定的逻辑关系和顺序串联起来，建构起知识网络，使学生能很好地把握各概念、原理之间的内在联系，在头脑中知识的联系更加紧密，容易实现知识的迁移。如“免疫调节”的主题，围绕重要概念“免疫系统能够抵御病原体的侵袭，识别并清除机体内衰老、死亡或异常的细胞，实现机体稳态”，建立免疫调节依赖于免疫器官的逻辑关系，再以“免疫器官”为中心，串联免疫器官的组成、功能，并将免疫的类型联系在一起，形成概念结构体系(见图6-16)。

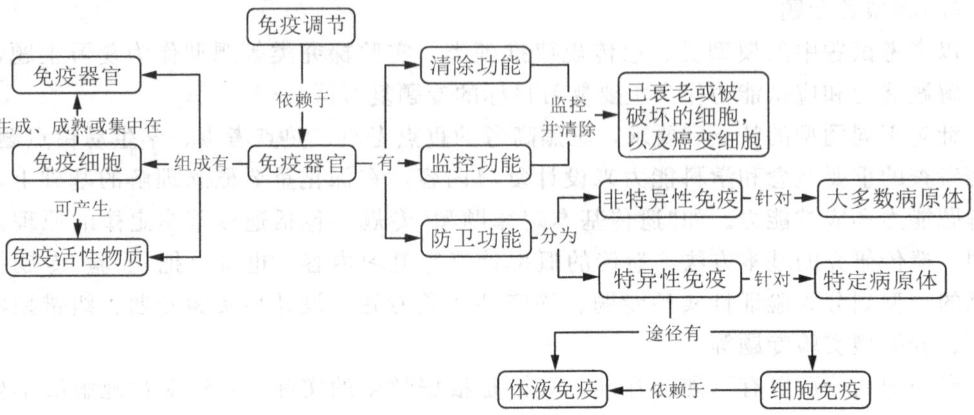

图6-16　免疫调节的概念结构图

2. 并联式建构法

采用比较的方法，将属于同一类概念或者原理的不同方面或不同知识的同一方面的内容“并联”在一起，通过比较，找出各知识点之间的区别与联系(特别是横向联系)，加深对知识的理解和鉴别。如“细胞的结构与功能”专题，围绕重要概念“各种细胞具有相似的基本结构，但在形态与功能上有所差异”，针对次位概念“描述原核细胞与真核细胞的最大区别是原核细胞没有核膜包被的细胞核”，列表比较不同类型细胞的结构，以厘清原核细胞与真核细胞的差异、植物细胞与动物细胞的异同(见表6-2)。

表6-2　原核细胞与真核细胞的差异、植物细胞与动物细胞的异同比较表

项目	原核细胞	真核细胞	
		植物细胞	动物细胞
本质区别	无以核膜为界限的细胞核	有以核膜为界限的细胞核	
大小	较小	较大	
细胞壁	有(支原体除外)	有	无
细胞质	有核糖体，无其他细胞器	有核糖体及其他细胞器，高等植物细胞无中心体	不含叶绿体、液泡，含有其他细胞器
核区	无核膜、核仁、染色质	有核膜、核仁、染色质	
实例	细菌、蓝藻	种子植物	哺乳动物

3. 层递式建构法

相关概念之间存在着逻辑上的递进关系，利用概念的递进关系，将概念有序地组织在一起，建构成知识网络。如将两个重要概念“不同种群的生物在长期适应环境和彼此相互适应的过程中形成动态的生物群落”“生物群落与非生物的环境因素相互作用形成多样化的生态系统，完成物质循环、能量流动和信息传递”合并，组合成一个主题“生态系统的稳态”，其中生态系统在不同空间范畴的结构单位之间可形成如下的知识体系(见图 6-17)。

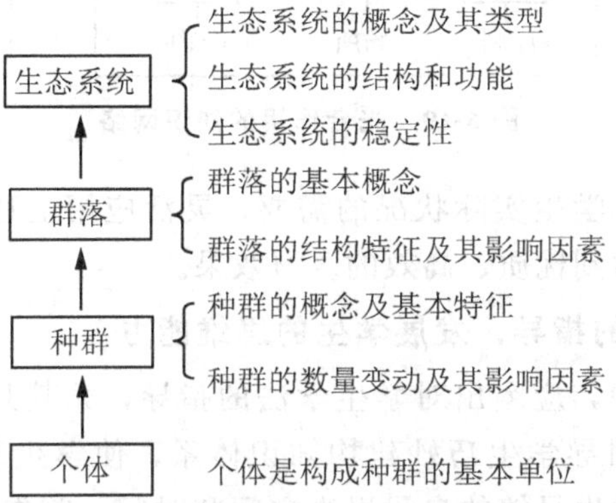

图 6-17　生态系统、群落、种群和个体的知识体系

4. 分支式建构法

从某个概念的不同角度、不同层面分别衍生出若干个相关概念，再以其中的概念为支点展开分支，衍生出其他概念，最终建构成知识网络。这种方法将各分支知识点有机地结合在一起，各知识点之间的关系清晰明了，知识有序排列。如小专题“染色体”中，可以将相关染色体的类型、变化等内容联系在一起形成知识网络(见图 6-18)，使学生深刻理解染色体在细胞分裂中的变化规律、染色体的行为变化与基因遗传规律之间的关系等。

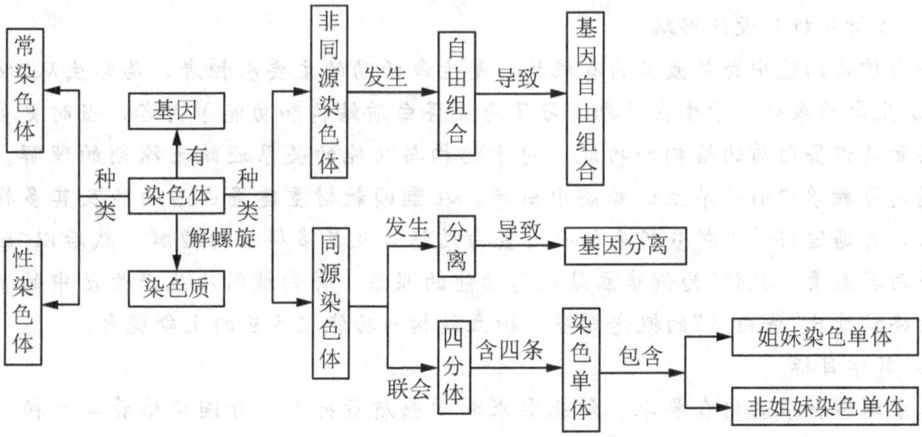

图 6-18　染色体及相关概念的结构图

5. 辐射式建构法

以某个概念为中心，依托其组成的各个要素，辐射出与之相联系的相关概念、相关原理，形成概念体系或知识网络。如“光合作用”专题中，以光合作用的总反应式为中心，辐射出光合作用的概念、场所、条件、意义等相关知识(见图 6-19)。

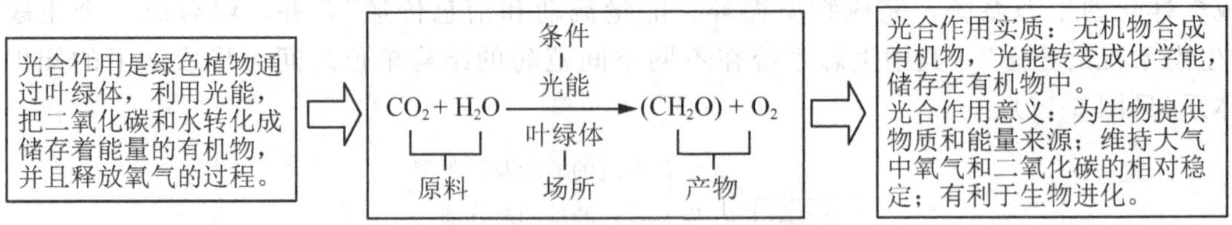

图 6-19　光合作用的知识网络

应该根据复习内容、学生实际状况的需要，灵活应用上述方法，采用一种或几种方法组合起来使用，以达到优质、高效的复习效果。

(三)注重学习方法的指导，发展学生的思维能力

在专题复习的教学中，应突出对学生学法的指导，尤其是建构知识网络时，要有意识地采用多种方法，引导学生巧妙建构知识体系，使学生真正做到对知识的理解、迁移乃至应用。要给予学生足够的自我思维空间和时间，首先是对概念组进行精加工，要求学生复述已知概念并能释义，填补对应各个概念的例证，从各种例证的共性与特性中辨别概念，并确认辨别的依据，这有助于学生牢记概念的关键特征，促进概念的理解精确化，为应用奠定基础。其次是知识内容完成结构化，就是运用归纳法，将相关概念按照它们的生物学意义建构成为相关的概念组块，为学生提供了诸多的正例和反例，有助于从整体上把握概念间的内在逻辑关系以及区别。

【案例】

"生命活动的主要承担者——蛋白质"的复习教学①(改编)

1　教材分析与设计思路

蛋白质是细胞中含量最多的有机物，是生命活动的主要承担者，是学生从"物质层面"认识生命的基础。学生在前期复习了有关蛋白质结构和功能等内容，当时更多是从识记层面认识蛋白质的结构和功能，对于结构与功能的关系还缺乏深刻的理解。笔者在专题复习教学中引导学生统筹高中所学，在翻阅教材重建蛋白质功能及其多样性的基础上，再通过科学史料分析来加深对蛋白质结构及其多样性的理解，然后以"酶、载体、蛋白类激素、抗体"为例建立结构与功能的联系，并尝试解决生产生活中的实际问题，最终构建出"蛋白质"的概念模型，树立结构与功能相适应的生命观念。

2　教学目标

基于课程标准的内容要求、学业要求和学业质量标准，并围绕培养学生核心素养的要求，制订如下教学目标：

(1)阐明蛋白质的结构、功能及其特性，树立结构与功能相适应的生命观念。

(2)通过科学史料分析，提高分析资料、获得信息的能力。

(3)通过解决生产生活实际问题，形成社会责任。

① 汪绍鑫，肖文翰，徐杰，等."生命活动的主要承担者——蛋白质"的复习教学[J]. 生物学教学，2020，45(3)：29-32.

3 教学过程

3.1 列举实例，归纳蛋白质功能及其特性

蛋白质是生命活动的主要承担者，一切生命活动都离不开蛋白质。教师以此设计问题串：蛋白质为何如此重要？高中阶段学习过哪些种类的蛋白质？它们各自具有什么功能？引导学生翻阅教材，列举各种蛋白质并描述它们的功能。学生分册整理如下(见表 6-3)。

表 6-3 相关的蛋白质

教材	列举内容
必修一	肌肉、羽毛、头发、蛛丝、胰岛素、胃蛋白酶、血红蛋白、抗体、甲胎蛋白、癌胚抗原、核糖体中蛋白质、细胞膜中蛋白质、染色体中蛋白质、细胞骨架、受体蛋白、载体蛋白、水通道蛋白、过氧化氢酶、脲酶、消化酶(唾液淀粉酶、胃蛋白酶等)、溶菌酶、光合作用和细胞呼吸相关酶，纺锤丝(体)、星射线、肌动蛋白等
必修二	病毒蛋白质外壳、DNA 酶、解旋酶、DNA 聚合酶、绿色荧光蛋白、RNA 聚合酶、逆转录酶、淀粉分支酶、酪氨酸酶、跨膜蛋白(CFTR)、限制酶、DNA 连接酶等
必修三	蛋白质(多肽)类激素(TRH、TSH、生长激素、胰岛素、胰高血糖素、抗利尿激素等)、溶菌酶、抗体
选修一	蛋白酶、脂肪酶、淀粉酶、纤维素酶(C_1 酶、C_X 酶和葡萄糖苷酶等)、葡萄糖异构酶、果胶酶(果胶分解酶、果胶酯酶和多聚半乳糖醛酸酶等)、血红蛋白

学生列举蛋白质时暴露的问题有：①不清楚血浆蛋白是一大类蛋白质；②认为所有激素都是蛋白质；③认为所有酶都是蛋白质；④认为神经递质都是蛋白质。教师引导学生互评、翻阅教材，将问题逐一澄清。在此基础上，教师要求学生对所列举的蛋白质按功能进行分类。学生大多能将其分为结构(肌肉、羽毛等)、催化(胃蛋白酶、溶菌酶等)、免疫(抗体)、运输(载体)和信息(胰岛素、胰高血糖素等)等功能类型，教师肯定学生的回答，并追问：每一种蛋白质都仅有一种功能吗？学生迷惑，教师立即展示科学资料，要求学生讨论分析，回答问题：①H^+ 跨膜运输的方式是什么？②质子泵具有什么功能？为什么？

[资料 1]质子泵(见图 6-20)是镶嵌在生物膜上的一种蛋白质，它可以将细胞质中的 H^+ 运送至细胞外，使细胞外侧的 pH 比细胞内低，维持细胞中 pH 的稳定。

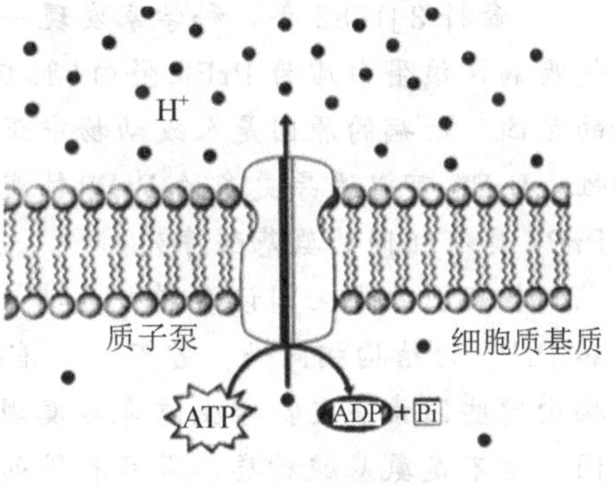

图 6-20 质子泵

学生讨论分析，能够发现 H^+ 是通过主动运输的方式出细胞的，质子泵既有运输 H^+ 的载体功能，也具有催化 ATP 水解的功能，说明一种蛋白质可以具备多个功能。教师引导学生总结：①不同种类的蛋白质具有不同的功能；②一种蛋白质可能具有多个功能。学生自然发现蛋白质在生物体中功能多种多样，从而归纳出蛋白质功能的特性——多样性。

设计意图：通过翻阅教材、分类归纳、分析资料等形式，激发学生复习的主动性，让学生真切感受到蛋白质功能的确多种多样，水到渠成得出结论：蛋白质功能具有多样性，蛋白质是生命活动的主要承担者。

3.2　资料分析，阐明蛋白质结构及其特性

教师指出：在日常生活中，人们也意识到蛋白质对于生命活动的重要性，但补充的途径却有一定误区。于是提出问题：广告口服胶原蛋白粉可补充体内流失的胶原蛋白，达到皮肤抗皱的效果，是否合理并阐述原因？学生能够答出是不能的，因为胶原蛋白是蛋白质，在消化道会被消化酶分解失效。教师追问：为什么胶原蛋白被分解后就丧失了固有功能？学生能够得出：蛋白质要执行正常的功能，必须要具备有序的结构，或者说蛋白质必须保持一定的结构才能正常发挥功能，结构一旦被破坏功能就会减弱甚至丧失。

蛋白质具有怎样的结构？人们是如何研究蛋白质结构的？蛋白质结构具有怎样的特性呢？基于此，教师展示科学史料，引导学生复习构建蛋白质的结构及其特性。

[资料 2]1886 年，俄国科学家丹尼列夫斯基尝试用氨基酸“装配”蛋白质。他先把蛋白质“拆开”，然后把拆下来的氨基酸放进试管里，加进一些合成蛋白质的物质。过一段时间后，试管里出现了乳白色的沉淀物。整个科学界为之轰动了，仿佛人工合成蛋白质的道路已经找到了似的，其实这只不过是一些由多个氨基酸分子组成的多肽。

教师引导学生，阅读资料并思考：①“装配”蛋白质的氨基酸，在结构上有什么特点？结构通式是什么？②氨基酸分子互相结合的方式是什么？③“乳白色的沉淀物”是同一种物质吗？为什么存在差异？

学生回答时暴露的问题有：①不能准确地描述氨基酸结构，如没有强调必须至少有 1 个氨基和 1 个羧基连在同一个 C 碳原子上；②“脱水缩合”是发生在两个氨基酸之间的，而不是同一个氨基酸上；③对“乳白色的沉淀物”不是同一种物质的原因，未从氨基酸种类、数目和排列顺序三个方面描述。教师展示氨基酸分子结构通式图和氨基酸脱水缩合示意图，引导学生重读教材解决疑惑，同时提出新的问题：氨基酸种类、数目和排列顺序完全相同的蛋白质，就是同一种蛋白质吗？学生难以举例但对此非常感兴趣，教师展示资料。

[资料 3]1982 年，科学家发现一种结构异常的蛋白质可在脑细胞内大量“增殖”引起疾病，该蛋白质为 PrP^{sc} 蛋白(朊病毒)，它是导致“疯牛病”“克-雅氏症(人疯牛病)”的元凶。致病的原因是人或动物中正常蛋白 PrP^{c}，错误折叠形成 PrP^{sc}，就具有了致病性。PrP^{sc} 可以诱导更多的 PrP^{c} 转变为 PrP^{sc}，实现朊粒的增殖导致病症出现，PrP^{c} 和 PrP^{sc} 具有相同的氨基酸序列。

教师引导学生阅读资料并思考：①PrP^{c} 和 PrP^{sc} 的功能相同吗？为什么？②PrP^{c} 和 PrP^{sc} 的结构相同吗？若不同，差异在哪里？③根据资料 2 和资料 3，归纳蛋白质结构由哪些因素决定？学生惊奇地发现 PrP^{c} 不具有致病性而 PrP^{sc} 具有致病性，功能不同，这不是氨基酸种类、数目和排列顺序造成的，而是由于盘旋折叠方式不同，顺势归纳出：蛋白质的结构由氨基酸的数目、种类和排列顺序以及多肽链的盘曲折叠方式共同决定。然后根据问题：原料充足，合成 100 个氨基酸组成的多肽，理论上有多少种？学生自然能够感受到数据的庞大，从而得出蛋白质结构的特性——多样性。

设计意图：复习课不是将学过的知识原样再现。笔者将新课学习中学生不曾重视的资料加以编辑整理，让学生眼前一亮，达到较好的复习效果，从而顺利构建出蛋白质结构及其特性的概念体系。

3.3　图片视频，树立蛋白质结构与功能观

学生能够背诵“结构决定功能”“具有一定功能就应该有与之适应的结构”，但是教师提出问题：举出有哪些生理过程能够体现蛋白质的结构在决定功能呢？为什么？学生大都非常迷惑，甚至不能阐明一个实例。这说明“结构与功能观”仅仅流于形式，学生并未真正树立。

教师提出如下实例：蔗糖溶液在蔗糖酶作用下水解，却不能在麦芽糖酶作用下分解。引导学生从“结构与功能的关系”阐述原理。学生恍然大悟，蔗糖酶的结构与底物的结构是特异性契合的，只有蔗糖酶这样的空间结构才能执行催化底物水解的功能，即酶的专一性，这是由酶的空间结构决定的。教师肯定学生的回答，并出示某类酶作用的模型图(见图 6-21)，形象直观地说明酶的结构在决定其特有的功能。

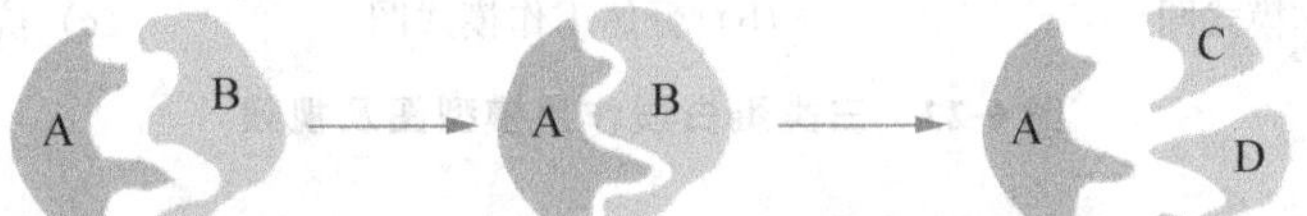

图 6-21　某类酶作用模型图

为进一步突破该难点，教师展示酶抑制剂原理示意图(见图 6-22)，并提问：竞争性抑制剂和非竞争性抑制剂的工作原理是什么？学生可以回答竞争性抑制剂与酶底物结构相似，可以竞争结合酶的活性中心，从而影响酶活性。非竞争性抑制剂会改变酶活性中心的空间结构，从而影响酶的活性，加深对酶结构决定功能的理解。

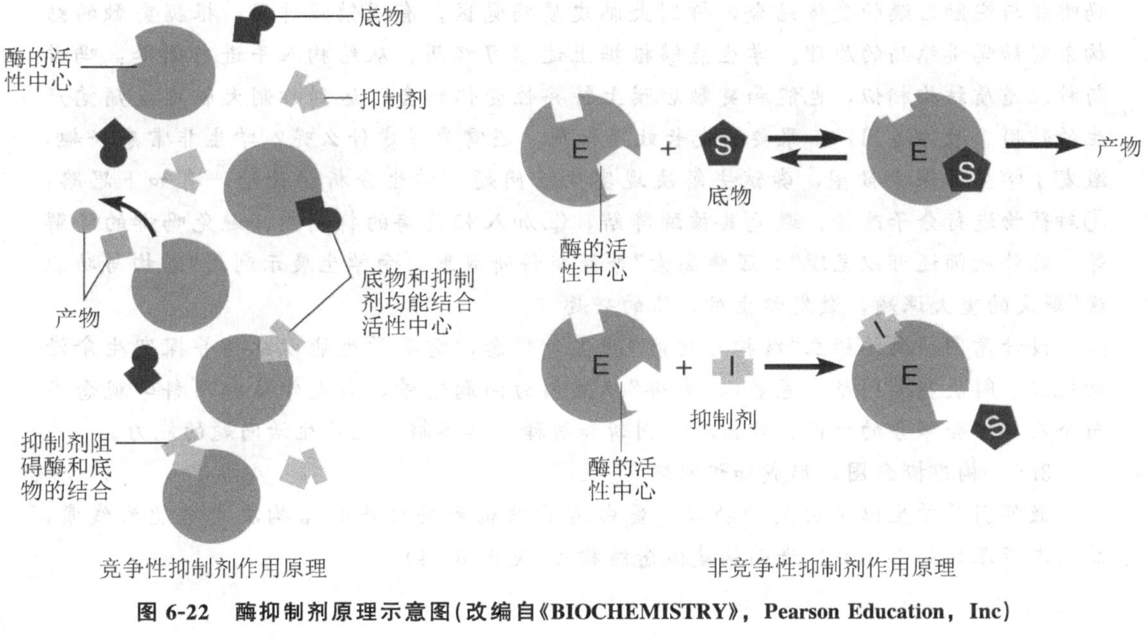

图 6-22　酶抑制剂原理示意图(改编自《BIOCHEMISTRY》，Pearson Education，Inc)

学生思维顿时被打开，开始从教材中翻阅蛋白质结构决定功能的生理过程，除了酶的专一性外，主要归纳为三个方面：①载体蛋白的特异性；②受体蛋白的特异性；③免疫蛋白的特异性。教师立即将预设的问题情境呈现，要求学生解释其机理：①成熟植物细胞为什么能在适宜浓度的 KNO_3 溶液中质壁分离并自动复原，而在蔗糖溶液中却只能质壁分离？②下丘脑分泌的 TRH，可随体液弥散全身，为何只能作用于垂体细胞？③注射乙肝病毒疫苗产生的抗体，为何不能应对流感病毒呢？学生皆能从蛋白质独特结构决定专一功能的层面加以阐释，教师随即展示三种情形的静态图、动图和视频（见图 6-23），让学生直观感受结构与功能的关系。

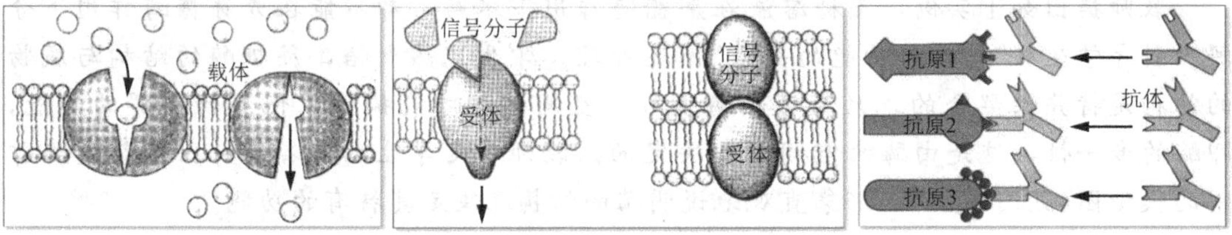

(a) 载体工作模式图　　(b) 受体工作模式图　　(c) 抗体工作视频

图 6-23　三类蛋白质作用模型图及视频

设计意图："生命观念"是对观察到的生命现象及相互关系或特性进行解释后的抽象，是人们经过实证后的，而不是直接灌输和强加的观点。笔者引导学生回顾新课所学，整合解释"酶、载体、蛋白类激素、抗体"等鲜活的实例，通过静态图片、动图和视频等直观方式，在理解生物学概念的基础上逐步树立"结构与功能"的生命观念。

3.4　学以致用，解决生产生活中的问题

教师提问：结构和功能的关系，在实际生活中有怎样的运用呢？教师展示案例：吗啡能与突触后膜的受体结合，抑制大脑皮质痛觉区，有强镇痛作用。根据突触的结构来解释吗啡镇痛的原理。学生能够根据上述学习经历，从结构入手进行阐释：吗啡与神经递质结构相似，也能和突触后膜上特异性受体结合，达到抑制大脑皮层痛觉产生的作用。教师追问：如果要研发长效镇痛剂，还需要考虑什么呢？学生非常感兴趣，激发了学生的探索欲望，尝试去解决现实生活问题。学生分析讨论后，有如下思路：①对药物进行分子改造，避免其被酶降解；②加入相关酶的抑制剂，避免吗啡的降解等。此外教师还可以呈现"口服胰岛素"等最新科研成果，向学生展示利用"结构与功能观"解决的重大课题，激发学生对科研的兴趣。

设计意图：最终树立"结构与功能"的生命观念，需要学生能以此指导探究生命活动规律，解决实际问题。笔者以"吗啡"镇痛剂为问题情景，激发学生利用科学观念参与个人与社会事务的讨论，作出理性判断和解释，具备解决生产生活问题的能力。

3.5　构建概念图，形成知识网络

教师引导学生以蛋白质的功能、蛋白质的结构和蛋白质的结构决定功能为线索，总结本节课的知识体系，进而构建概念结构图（见图 6-24）。

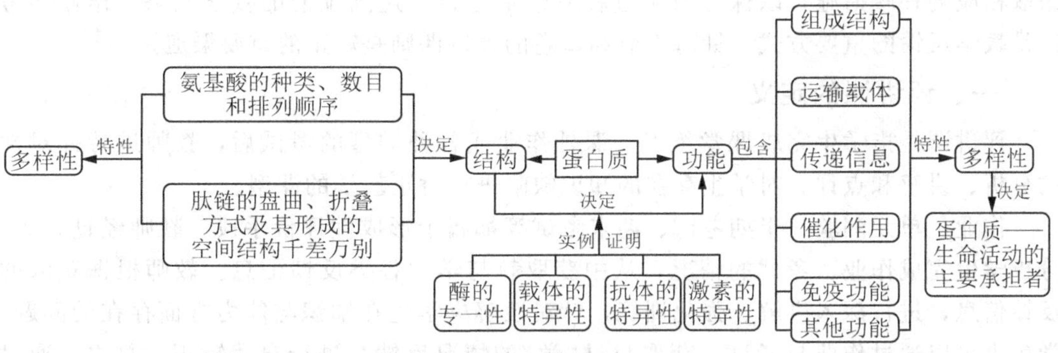

图 6-24　“蛋白质”概念结构图

【评析】这是典型的专题复习课，复习的内容源自学生学习中的重点及难点问题。本文呈现的是一节课的教学内容，因此采取小专题的复习形式，引导学生围绕“蛋白质的结构与功能”概念体系的重建，达成对相关概念的深刻理解。其主要特点有以下3个方面。

1. 围绕“重要概念”重建概念体系　本节课的教学遵循概念学习有关上位学习的原理，将课程标准中三个次位概念“阐明蛋白质通常由20种氨基酸分子组成，它的功能取决于氨基酸序列及其形成的空间结构，细胞的功能主要由蛋白质完成”“说明绝大多数酶是一类能催化生化反应的蛋白质”“生物的性状主要是通过蛋白质表现”合并为一个教学中心概念，建立专题复习的主题“蛋白质的结构与功能”，引导学生梳理不同种类的蛋白质、蛋白质的结构、蛋白质的功能等知识之间的横向联系，加深对相关概念的理解。这样，以概念同化的方式建立蛋白质的概念体系，并进一步认识了生命的物质属性，为复习其他化合物、细胞结构与功能等相关内容奠定良好基础。

2. 以模型建构等学习方式突破难点　针对学生学习中的难点问题，从列举蛋白质功能起始，采取模型建构与资料分析相结合的方式，引导学生基于生物学事实的基础上，通过形象化的物理模型弄清概念来龙去脉，把握概念的内涵，在概念重建的过程中，真正达到理解概念，进而建构知识体系的目的。此外，通过实际应用进一步加深对概念的理解。

3. 充分调动学生复习的自主性　在教学过程中，创设了丰富多样的学习情境：翻阅教材、资料分析、构建模型、观看图片和视频等，不断以新颖的问题为任务驱动学生思考，激发学生兴趣，发挥学生的主观能动性，达到很好的复习效果。

总之，专题复习课的教学，要把握专题复习的目标，遵循专题复习课的教学原则，做到知识与能力并进，实现知识在更高层次上的回归与整合，以帮助学生深刻理解概念的内涵，从整体上掌握知识，提高学科能力。

第五节　评讲课教学策略

教学的反馈、矫正在教学活动中居于相当重要的地位，教师与学生需要通过多种教学反馈的渠道，获取并利用相应的教学反馈信息，不断地调整教与学的行为方式，采取相应的补救措施，以保证教学过程有效地进行，达到预期的教学效果。作业和考试是教学反馈的重要方式，针对作业和试卷的评讲课则是矫正的重要渠道。

一、评讲课的定义

评讲课是指学生完成课堂练习、课外作业或各种类型的考试后，教师进行针对性的分析、讲解和点评，对学生存在的知识缺陷进行矫正教学的课型。

作业、单元测验、半期考试、期末考试等都属于形成性评价手段，教师经过收集、分析学生完成作业、考试的情况，从中获取教与学的各类反馈信息。教师根据获取的反馈信息，进行深入讲解、强化训练，针对性解决学生在知识与能力方面存在的问题。学生也可以通过作业与考试，获取自己“学”的情况反馈，进行自我矫正。总之，通过评讲，可以巩固已有知识，进一步解决学习中的疑难问题，促进知识的深刻理解，提高学科能力。所以，评讲课具有复习课的属性。

评讲课包括作业评讲课和试卷评讲课两种类型。作业评讲课是在完成某一节课或某一小节的学习后，教师通过评讲学生完成的课后作业，以解决知识中存在的问题为主要目标，从而实现及时反馈矫正的目的。试卷评讲课则是在单元测试、期中考试、期末考试后，教师依据学生完成试卷的情况，在解决知识性问题的基础上，着重解决学科能力上存在的问题，以促进对知识的深刻理解，提升综合运用能力。

评讲课的效益，首先取决于习题、试题的质量，其次取决于评讲课的教学方法。因此，评讲课教学策略应该包括习题与试题的编制策略、作业与考试的评讲策略。

二、评讲课的功能

作业、考试及其评讲课，在检测学生的学习效果、诊断学生存在的学习困难、调整教学过程等方面，有着十分重要的作用。

(一)诊断功能

作业或考试作为教学评价的重要形式，可以反映学生在学习中存在的优势与不足，帮助教与学双方从多个角度获取教与学的反馈信息，对教师的教和学生的学都具有诊断功能。对教师而言，能够评价教学目标的达成度，对学生而言，可以评定学业水平的高低。

第一，师生双方都可以根据作业或试卷中题目的完成状况，判定出学生在现阶段学习中知识、能力已达到的水平和存在的问题，直接诊断出学生在学科知识上存在的缺陷和学科能力上的不足。

第二，师生双方都应该根据作业和试卷存在的问题，认真分析出现问题的成因，为调整或改进教与学的方法与策略奠定基础。尤其是教师要利用获得的反馈信息，判断是否达到预期教学目标，分析自己所采取的教学方法或教学策略是否得当，以把握教与学两个方面的变化与进展。

第三，通过评讲课，教师要引导学生透过题目中出现的问题，认识到自己学习上的缺陷与难点，从学习策略和思维方法等方面寻找出现问题的深层次原因。

(二)矫正功能

教师通过评讲课这个重要的矫正渠道，可以有效地纠正学生答题中的各种错误，重点解决一些比较突出的问题，进行查漏补缺以弥补知识缺陷；同时，给学生的答题指点迷津，规范解答要求，掌握答题技巧。在评讲过程中，教师还要指导学生对知识、方法作进一步的归纳和总结，强化对知识的实际运用能力和应试能力，从而巩固和提高课堂学习的成果。同时，教师要根据学生学习过程中存在的困难，及时采取适当的补救措施，并调整教学的进度、改进教学的方法和策略等。

学生通过评讲课可以从教师那里获得自己的学习行为及其效果的反馈信息，运用教师提供的途径与方法进行自我矫正。一是直接修补学科知识和学科能力的缺陷与不足；二是反思、总结自己的学习活动，及时修正与调整自己的学习行为及方式，逐渐形成良好的学习习惯并掌握科学的学习方法。

(三)导学功能

学生作业与考试的整体情况，能够较为全面反映教学的效果，对教与学双方具有很强的激励功能。一方面，师生双方获得的信息反馈，可以判断自己的教和学与目标之间的“距离”，从而引导教与学的努力方向。获得肯定性评价的教师和学生，其“成就感”能在某种程度上获得精神上的满足，证明了师生双方努力的成效，激励着师生更加努力；而获得否定性结果的师生，其适度的紧张和焦虑感也激励着师生奋勇向前。

另一方面，从作业与考试中获得学科知识与能力的反馈信息，可以让师生双方从教与学中存在的具体问题，找到症结所在并提出可能的解决办法，为后续教与学的起点提供依据，对今后的教与学具有明确的导向功能。教师还要通过评讲课，引导学生“知其所以然”，针对问题提出改进和补救的建议，让学生明白“学什么、怎么学、如何用”，从而指导学生改进自己的学习方式和学习策略，以提高学习效果。

三、题目与试卷编制的原则与程序

高考及学业水平考试等国家级考试，其考题的命制与试卷的编制有严格、规范的程序与方法，标准和要求极高。在日常的教学活动中，题目与试卷的编制不需要那么高的要求，但仍然要遵守基本的原则和程序。由于教师布置作业通常是选用教辅资料中现成的题目，通常只需要进行筛选，以下将着重讨论试卷编制的原则与程序。

(一)题目与试卷的编制原则

日常的测验用试卷，其性质属于形成性评价或者是诊断性评价。教师通常是利用各种教学资源库选择题目，然后进行编制形成试卷。选编时要遵循以下原则，以体现试题与试卷在学习中所承担的功能。

1. *科学性原则*

科学性主要是针对试题而言，这是评判试题质量的重要指标之一，在很大程度上决定了评讲课的有效性。因此，题目中涉及的学科知识内容必须保证其科学性、准确性和缜密性，不能出现科学性错误。试题中出现的模型、数据、实验及研究材料等，都要有理论、实验证据的支持，所用的资料、图形应与事实相符，不能出现科学性错误，更不能人为编造。题目的文字表述严谨规范、文字精练、简明易懂，防止语言烦琐，让学生难以理解题意；给出的题干信息本身有意义，包含有明确的问题，不要出现与答题无关的信息，以免干扰学生的审题；出现的生物学专有名词或术语要用词准确，尽量与教材中的表述一致，要避免出现有歧义的内容。

2. 合理性原则

检测的主要目的是了解学生的学习状况，为师生双方的教与学提供反馈信息。因此，试题与试卷编制应该有明确的目的性和针对性，每套试卷考查的内容不必强求全面性，可以有所侧重。

①试卷的题量和长度要适当，符合测试的目标，避免思维量过大。

②整套试卷及每个题目的难度应该与教学目标相适应，避免超纲和超越学生的实际水平，要避免教师过度青睐材料新颖、构思巧妙的题目，使此类试题在试卷中所占比例过高，导致试卷整体的难度偏高，影响考试效果。

③题目中信息的呈现方式应该包括文字、图、表等形式，避免单调。

④整套试卷的题目分布与试题问题的设计应遵循由易到难的原则，形成合理的能力梯度。

3. 导向性原则

整套试卷编制应该依据课程标准来确定考查的目标，有明确的知识检测目标和能力检测水平，以促进学生生物学学科核心素养的发展，适应高考的要求。每道试题都应该有明确的能力测试目标和具体的知识考查内容，考查的形式符合高考试题的发展方向，使题目具有明确的诊断作用，可以引导学生改进其学习方式与学习策略。

试卷和试题应该难易有度，使检测结果能够为教师的课堂教学和学生的学习提供正确的导向。避免故意显示命题技巧，人为拔高测试难度而出现偏题、怪题的现象，这样会使测试目标与教学要求差距过大，导致教与学的方向发生偏差。题干中的情境材料在知识上应该科学真实，能够激发学生的思维活动，引导他们运用学科知识解决问题，避免科学性错误引发的学生认知与思维的混乱。试题结构应该符合生物学试题的格式与要求，指向要明确，保证答案的合理性，避免出现“三短一长”“三长一短”的选项，导致学生投机取巧去猜答案。

(二)题目与试卷的编制程序

为保证题目与试卷的质量，教师在选编题目与命制试卷过程中，还要认真遵循题目与试卷编制的基本程序。

1. 确定测试目的

目前，教师需要编制的试卷主要是用于单元测验、月考、半期考试、期末考试。考试类型不同，其作用是有差异的，单元测验、月考的主要功能是诊断作用，期末考试的主要功能是学习水平判定，半期考试则二者兼而有之。因此，编制试卷时，首先要明确使用的目的，把握不同类型考试在功能上的差异性，以便为习题的选择或命制确定总体方针。

在确定测试目的后，规划试卷的基本结构，包括试题的总体难度、测试的知识内容、能力水平、题型比例、考试时长等。

2. 编制双向细目表

通过编制双向细目表的形式(见表 6-4)，确定本次考试的知识内容与范围、考查的能力要求与层次，进而确立试卷结构、试题的难度、试卷的题量等，以保证试题在知识内容上的覆盖面、能力考查的全面性。

表 6-4　双向细目表的形式

知识内容	识　记	理　解	应　用	比　重（分值）
总　计				

3. 精心选编试题

首先，根据测试的目的，确定试卷中题目的类型及其比例。题目类型包括：①巩固性题目——以学科基本事实、基本概念、基本原理、基本规律等基础知识以及基本技能为载体，用以检测学生掌握基础知识和基本技能情况而设计的题目，主要是用于巩固双基。②易错性题目——针对学生在学习过程容易出现问题和错误而设计的题目，用于检测学生对知识的理解程度、对知识的联系点、区别点等的分析与判断能力。③拓展性题目——采用新材料或创设新情境，引导学生运用已有知识解决新问题，以发展和提高学生的综合应用能力。

其次，教师需要从各种资源中进行试题的筛选，以符合自己命制试卷的要求。同时，可以对筛选出的部分题目进行改编，以增强题目的针对性、有效性和新颖性。

4. 优化组合试卷

在编制试卷时，要从整套试卷的角度，将选编的试题进行优化组合。整套试卷的结构应体现出：①整个试卷中题目的难度分布应呈现阶梯形，通常为前易后难。②题目类型搭配要合理，即新颖性题目与常规性题目比例合适，基础性题目与灵活性题目比重恰当。③考查相同知识内容的题目在试卷中的位置要合理分布。防止出现不同的题目之间，在解题思路上有相互提示作用或者是答案有重叠等现象。

为保证试题和试卷的质量，应该采取集体合作的方式。负责命题的教师完成试题的选择和试卷的编制，制定参考答案和评分细则。备课组集体对试卷和试题、参考答案和评分标准进行审定，以确定是否符合测试的目标和命题的原则。然后对文字和排版进行仔细校对，最后定稿。

四、评讲课的教学原则

评讲课是在新授课阶段和复习课阶段都要出现的课型，既是对新授课教学的补充完善，也具有复习课的性质。因此，评讲课在遵循一般教学原则的前提下，还要遵循以下原则。

(一)及时性原则

教学活动结束后，教师与学生都期盼着通过作业或者考试来反馈有关教或学的效果，这决定了评讲课必须具有及时性。因此，学生完成作业或者考试结束后，教师应及时批改和评讲，才能使学生尽快收到反馈信息，以便有效开展反馈矫正的教学活动，达成评讲的高效性。

(二)针对性原则

评讲课不必每题必评、面面俱到。而是应根据学生在检测中表现出的问题、错误，进行统计和分析，找到学生在学习中的难点、盲点、疑点等，分析出现问题的原因，制订出评讲课的重点、难点和关键点，着重评讲考查的知识难点、能力障碍、解题的策略、答题的思路等内容，引导学生针对性解决学习中存在的问题。

(三)矫正性原则

教师在评讲过程中，要依据学生的考试情况，依托重点评讲的题目或题型，再选取同类的习题，进行变式训练，使学生能够掌握其中的方法与规律。如果是非常重要的知识板块或者大多数学生掌握知识的情况不好，教师还可以再精心设计一套针对性的试卷，进行矫正训练，帮助学生辨析易错、易混淆的知识，提高知识的迁移能力。教师还要在评讲中归纳、总结相关的解题方法和技巧，逐步提高学生的应试能力。

五、评讲课的主要教学策略

教师要依据试题与试卷的功能，制订评讲的目标与计划。评讲前要认真收集学生的作业、试卷中的反馈信息，对试卷、试题进行具体、细化的分析，找出存在的问题，分析问题出现的成因。评讲时要以点带面，要在补充完善相关知识的基础上，对所学知识进行归纳、总结；注重培养学生的优良思维品质，发展和提高学生的学科能力。

(一)归类评讲，注重知识的系统性

在评讲过程中，教师要把试题按照知识点、题型、解题方法、错误类型等方面进行归类，将其中考查的知识点相同或相似、题目呈现形式相同或相似、学生出现错误的原因等具有相同特征的集中评讲，针对学生作业或答卷中存在的共性问题和典型性问题，精心设计评讲的内容。通过比较、辨析、判断进行解析，使学生厘清知识要点及其内在联系，弄清知识之间的混淆点及区别点，促进学生加深知识的理解，实现知识的系统化。同时，引导学生对某些题型进行归纳总结，学会利用已有知识解读题干信息，从中找出解题的关键点。通过此类典型题例的评讲，寻找这些题型的解题思路、解题方法，总结出解题一般规律，掌握解题的一般方法与技巧，实现方法的规律化，逐步形成科学严谨的思维方法。

(二)延伸评讲，发展思维的灵活性

评讲要重点评析典型题例，以核心题目为评讲的中心，变换题目的条件、结论、表达形式等多种变形，形成许多新类型的题目。通过对核心题目和变式题目的比较、鉴别，引导学生学会运用相关的概念和原理分析题目的条件，从试题的题干中获取相关信息。指导学生进行联想、类比、推理、演绎等思维活动，建立两个或多个知识点

之间的联系，寻找解题的思路与方法。对典型试题的延伸评讲，可以拓展学生的视野，开阔他们的思路，发展思维的灵活性。

(三)拓展评讲，提高思维的发散性

以综合性试题为桥梁，将相关知识点连接起来，进一步拓宽评讲的范围。有意识地把学生可能遗忘的、与本题有关而题目中未涉及的知识遗漏点串联起来。在评讲的深度和广度上，对题目进行适当的拓展和延伸，强化知识的纵横联系与融会贯通，能够由此及彼、触类旁通。通过综合试题拓展评讲，引导学生在解题时开展综合性的思维活动，不断提高分析和综合能力，逐步提高思维的发散性。

【案例】

基于生物学核心素养培养的高考试题讲评策略①

试题讲评是高三教学的重要环节，尤其是对高考题的讲评。在讲评课中经常会出现就题论题，内容缺乏延伸性；教师独霸课堂，形式缺乏互动性等问题。如何在讲评课中让学生在学科知识上有获得、学科能力上有提高，适应新高考改革对学科素养的要求？本文以 2017 年北京高考理综第 30 题为例，尝试探索新的试题讲评模式，提升学生的生物学核心素养。

1 原题再现

玉米($2n=20$)是我国栽培面积最大的作物，近年来常用的一种单倍体育种技术使玉米新品种选育更加高效。

(1)单倍体玉米体细胞的染色体数为________，因此在________分裂过程中染色体无法联会，导致配子中无完整的________。

(2)研究者发现一种玉米突变体(S)，用 S 的花粉给普通玉米授粉，会结出一定比例的单倍体籽粒(胚是单倍体；胚乳与二倍体籽粒胚乳相同，是含有一整套精子染色体的三倍体。见图 6-25)。

①根据亲本中某基因的差异，通过 PCR 扩增以确定单倍体胚的来源，结果见图 6-26。从图 6-26 可以推测单倍体的胚是由________发育而来。

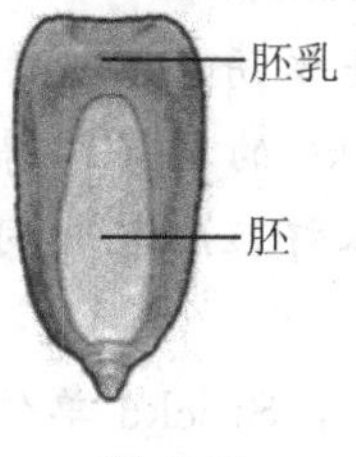

图 6-25

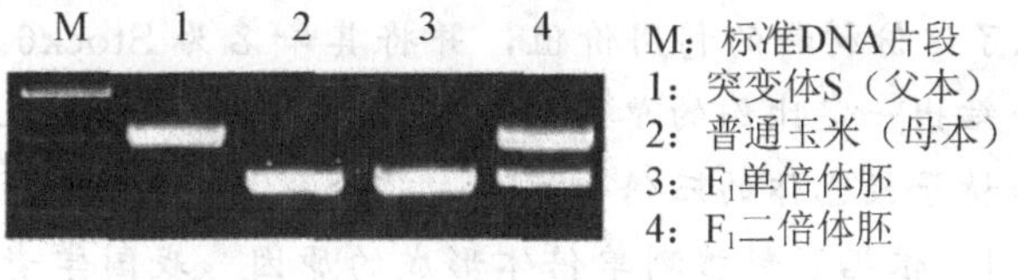

图 6-26

②玉米籽粒颜色由 A、a 与 R、r 2 对独立遗传的基因控制，A、R 同时存在时籽粒为紫色，缺少 A 或 R 时籽粒为白色。紫粒玉米与白粒玉米杂交，结出的籽粒中

① 郭洁．基于生物学核心素养培养的高考试题讲评策略[J]．生物学通报，2019，54(3)：28-30.

紫∶白＝3∶5，出现性状分离的原因是________，推测白粒亲本的基因型是________。

③将玉米籽粒颜色作为标记性状，用于筛选S与普通玉米杂交后代中的单倍体，过程如下(见图6-27)：

P　♀普通玉米　×　♂突变体S

（白粒，*aarr*）　↓　（紫粒，*AARR*）

F_1　二倍体籽粒，单倍体籽粒

图6-27

请根据F_1籽粒颜色区分单倍体和二倍体籽粒并写出与表型相应的基因型________。

(3)现有高产抗病白粒玉米纯合子(G)、抗旱抗倒伏白粒玉米纯合子(H)，欲培育出高产抗病抗旱抗倒伏的品种。结合(2)③中的育种材料与方法，育种流程应为________；将得到的单倍体进行染色体加倍以获得纯合子；选出具有优良性状的个体。

2　教学策略

对于本试题，学生的难点是理解突变体S诱导单倍体的原理，以及应用突变体S进行育种实践。为解决上述难点问题，笔者进行了如下尝试。

2.1　从学生原有的知识背景出发提出问题，培养学生的社会责任

问题1："玉米(*Zea mays L.*)是我国种植面积最大的粮食作物，直接关系到我国的粮食安全问题，具有十分重要的战略地位。现有高产不抗病(*DDEE*)玉米纯合子、低产抗病(*ddee*)玉米纯合子(控制上述性状的2对基因独立遗传)，欲培育出高产抗病的新品种，请结合所学知识，设计合理的育种方案。"

设计意图：学生应用已有的杂交育种与单倍体育种知识解决问题(设计方案见图6-29板书设计)。

问题2：杂交育种所需年限较长。单倍体育种中花药离体培养是获得单倍体的有效途径之一，但玉米的花药离体培养比较困难，主要原因是花药愈伤组织的诱导率和分化率比较低。如何解决上述问题?

设计意图：在学生设计育种方案的基础上进一步提出新问题，由"旧知"引出"新知"。强调育种工作的重要性和挑战性，培养学生的社会责任感。

2.2　从真实的实验情境中获取"新知"，培养学生的实验探究能力

美国Northrup King种子公司于1950年发现一个玉米单倍体诱导系。1956年，Coe发现了这份材料的利用价值，并将其命名为Stock6。用Stock6的花粉给普通玉米授粉，会结出一定比例的单倍体籽粒(胚是单倍体；胚乳与二倍体籽粒胚乳相同，是含有一整套精子染色体的三倍体)。

2.2.1　依据资料推测单倍体形成的原因　我国学者研究指出，Stock6单倍体诱导系诱导形成单倍体的过程中，精卵融合形成受精卵的过程是正常的。通过对受精卵发育成幼胚过程中，细胞有丝分裂行为的研究发现，幼胚发育过程中有丝分裂时染色体行为出现了异常(见图6-28)；通过对细胞中染色体数目进行计数，发现某些细胞中的染色体数目也出现了异常(见表6-5)。

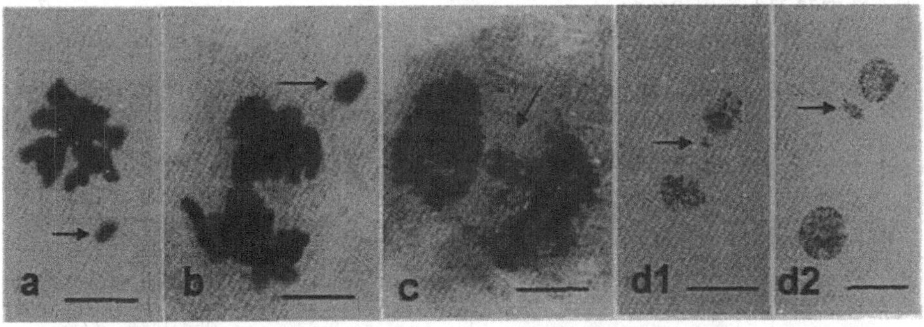

a. 细胞分裂中期一条染色体落后的细胞；b. 细胞分裂后期有一条染色体落后的细胞，落后染色体排列于赤道板之外；c. 细胞分裂后期的落后染色体；d1、d2. 细胞分裂末期的微核。

图 6-28 幼胚发育过程中有丝分裂异常行为

表 6-5 “不同染色体数目”的细胞的种类和频率(注：玉米 $2n=20$)

细胞中染色体数目	10	11	12	13	14	15	16	17	18	19	20
细胞频率/%	67.47	13.07	2.67	5.87	1.07	0.00	1.07	0.53	1.33	0.27	4.53

设计意图：应用已有的有丝分裂及染色体变异的知识解决新情境中的问题，培养学生的实验结果分析能力。学生通过推测可得出 Stock6 单倍体诱导系诱导形成单倍体的过程中，可能发生了染色体缺失。

2.2.2 依据资料分析单倍体胚的来源 根据亲本中某基因的差异，通过 PCR 扩增以确定单倍体胚的来源，结果见上述原题图 6-25、图 6-26。

资料分析：请结合资料分析推测单倍体胚的来源。

设计意图：运用 PCR、电泳等现代生物技术解决新情境中的问题，进一步提高学生的实验结果分析能力。学生通过推测可得出单倍体的胚是由卵细胞发育而来。

2.2.3 依据资料分析育种应用中，子代单倍体的筛选是为了解决 Stock6 在单倍体育种应用中区分子代单倍体的问题，Coe 将控制籽粒颜色的 A 和 R 基因导入 Stock6，并经过培育获得了紫粒显性纯合 Stock6($AARR$)，普通玉米为白粒($aarr$)。

设计意图：应用已有的基因工程及遗传规律的知识解决新情境中的问题，培养学生实验方案设计的能力。学生通过分析可得出以紫粒显性纯合 Stock6 为父本与普通白粒玉米杂交，子代中单倍体籽粒的表型为白色，基因型为 ar；二倍体籽粒胚的表型为紫色，基因型为 $AaRr$；二者胚乳的表型均为紫色，基因型为 $AaaRrr$。

2.3 用“新知”再次解决问题，培养学生的理性思维

问题 3：应用本节课中学习的知识，再次解决课程开始时提出的问题“现有高产不抗病($DDEE$)玉米纯合子、低产抗病($ddee$)玉米纯合子(控制上述性状的两对基因独立遗传且均为白粒)，欲培育出高产抗病的新品种，请设计合理的育种方案(设计方案见图 6-29 板书设计)。

设计意图：即学即用，培养学生的知识迁移能力。

2.4 板书设计(见图 6-29)

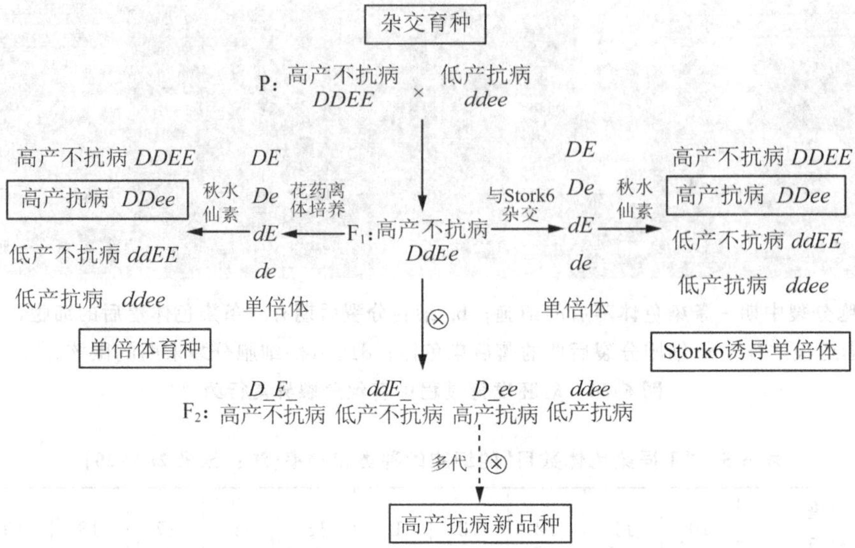

图 6-29 板书设计

【评析】执教者精心设计的评讲策略，使针对这道高考试题的评讲成为有关“植物育种”教学活动的有机整体，减少了评讲课的随意性，提高了教学效益。

1. 问题驱动，促进自主学习 执教者创新评讲课样态，改变就题论题、重在弥补知识的常见评讲模式。围绕需要评讲的高考题，采取“问题驱动”的方式，引导学生运用发现问题、寻找方法、解决问题的学习程序，以充分激发学生的自主性。学生围绕教师设计的三个问题，开展分析、讨论，重点是引导学生建构植物育种的知识体系，以实现知识的迁移。同时，教师则根据学生的学习状况，运用了延伸评讲、拓展评讲的方式，使学生能够不仅知其然，还能知其所以然。

2. 以知识为载体，突出能力培养 执教者在评讲过程中，以植物育种知识为载体，引导学生通过“资料分析”的形式解释、解决相关问题，加深对知识的理解。执教者通过评讲引导学生进一步梳理知识体系，找出知识之间的变化与区别，厘清知识之间的逻辑联系，建立起知识网络。这样，在深化知识的同时，突出了思维能力的培养，也体现了综合应用能力的培养，促进了学生掌握知识的全面性和深刻性。

评讲课是中学生物教学的一个重要环节，教师在评讲过程中，要力求精讲精析，抓住典型的错例，择其要点加以点拨，充分启发学生思考，对重要的解题思路和方法进行有效的归纳与训练。只有这样，才能提高学生的思维水平和应变能力，才能充分发挥习题评讲课的功能，保证教学的效果。通过评讲课，达到让学生每做一份试卷，每听一次评讲，都能巩固知识，领悟道理，开阔视野，掌握技巧，提高应考能力，这才是评讲课的真谛。

第七章　探究性学习方式的教学策略

科学是以科学理论的形式反映客观事物规律性的知识系统，而科学理论的建立是基于科学研究中，人们通过一定的研究方法和思维活动，对客观事物的内在本质和活动规律的认识。因此，科学研究的基本任务就是探索和认识未知的客观事物，以回答“是什么”“为什么”的问题，具有很强的探索性，其成果往往具有创造性，人们常称之为科学探究。所以，科学探究是科学家用于研究自然界、获得相关证据并依此做出种种解释的多种方法和途径，是科学家们工作的基本范式和核心内容。

在我国生物学课程中，科学探究是一种能力，是学生生物学学科核心素养的重要组成部分。《普通高中生物学课程标准(2017 年版 2020 年修订)》对科学探究的定义是“能够发现现实世界中的生物学问题，针对特定的生物学现象，进行观察、提问、实验设计、方案实施以及对结果的交流与讨论的能力。”作为核心素养，科学探究是学生能够针对有价值的问题、疑问、难题或者想法进行研究，基于好奇与困惑来理解生命世界和建构知识的意愿和能力。①

科学探究还是一种学习方式，《美国国家科学教育标准》指出：学科学的中心环节是探究。② 作为学习方式的科学探究，是学生以类似科学家工作的方式进行学习，以获取知识、建构概念，领悟科学的思想观念，学会科学家们研究自然界所用的方法，也称之为探究性学习。探究性学习要力图反映科学研究工作的真实情况，通过模拟科学家科学研究的过程，使学生从过去那种“看科学、听科学”的被动学习方式，转变为“做”科学、亲身实践、手脑并用、主动参与的学习方式。要让学生亲历科学发现的过程，参与实践和问题解决，通过自己的思维活动和实践活动来获取知识，并在增进对科学理解的同时，体验科学探究的艰辛和乐趣，寻求科学发展的轨迹；在学习科学知识的同时，掌握科学的研究方法、形成科学的思维方式和正确的科学态度。因此，组织以探究为特点的主动学习是落实生物学学科核心素养的关键③。教师应该给学生提供多种形式的信息，创设有效的探究性学习环境，使教师和学生都能以积极主动的学习者的态度共同参与，尤其是学生要亲自动手做而不是看着别人做，这是开展探究性学习的核心。

---

① 刘恩山，曹保义.《普通高中生物学课程标准(2017 年版)》解读[M]. 北京：高等教育出版社，2018：47.

② 国家研究理事会. 美国国家科学教育标准[M]. 戢守志，金庆和，梁静敏，等，译. 北京：科学技术文献出版社，1999：2.

③ 中华人民共和国教育部. 普通高中生物学课程标准(2017 年版 2020 年修订)[S]. 北京：人民教育出版社，2020：57.

第一节 基于实验探究的教学策略

生物学的发展历史是以科学实验探究为主的历史，许多生物学理论的形成、生物技术的创立都是源自实验研究的结果。因此，实验与观察是中学生体验生物科学家工作范式的重要途径，也是开展探究性学习的主要途径。在生物学科教学中开展探究性实验活动，可以使学生由过去从概念、规律开始学习的方式，转变为通过探究性实验活动获取相关的生物学事实，进而再发现概念和规律的学习方式，使学生能够自主建构科学概念，同时培养创新思维。

一、探究性实验的定义

探究性实验是学生在不知晓实验结果的前提下，经历实验探究的过程，通过自己分析、研究得出结论，进而形成生物学概念、原理的认知活动。

科学研究是科学家为了认识自然界的内在本质和运动规律而进行的具有创造性的工作，从科学研究的角度看，在中学开展的探究性实验，不是真正意义的科学探究。因为，中学生探究的问题是科学界已知的概念、规律和原理，只是对中学生来说是未知的生物学问题；而实验本身通常是不具备科学实验应有的本质特征，与科学研究中的实验相距甚远。所以，中学的探究性实验只是学生通过模拟科学家进行科学实验探究的方式，探索自己未知生物学知识而进行的实践活动。在实验探究的过程中，应该体现出科学探究的特征，让学生在体验科学实验探究过程的同时，获取生物学知识、养成科学的思维方式、学会科学研究的方法和技能，形成科学的观点、树立科学的精神。

二、探究性实验在教学中的作用

探究性实验作为探究性学习的重要形式，在培养和提高中学生的生物学学科核心素养中，有着不可替代的作用。

(一)直接获取生物学事实，支持概念的自主建构

中学生物学知识体系中的许多概念、原理等知识内容抽象度高、理论性强，尽管教科书以文字、图片等形式提供了许多事实性材料，从多个侧面提供证据，但对于学生而言，仍然属于间接性材料，对概念形成的支撑力度不够。

将探究性实验与概念学习有机结合，学生有明确探究学习目标的指引，通过探究性实验活动，以观察、实验的手段主动去探寻真实的生命现象，亲自获取大量的事实性知识，扩大感性认知范围，为学习、建构概念提供生动、直观、具体的感性认识材料。这样直接获取的生物学事实材料，能够为建构生物学概念提供有力的支撑，可以引导学生在感性认识的基础上形成概念，更有利于建构学科的概念体系。而且，通过探究性实验活动自主获得的信息，更容易被学生相信、记忆和理解。

(二)亲历探究过程，培养科学探究能力

开展探究性实验活动是培养学生科学探究能力的重要渠道。通过组织观察、实验

设计等探究性实验活动，学生可以亲身经历类似科学家的科学探究活动，对某个生物学问题进行系统性的研究。在这个过程中，学生根据科学探究的基本程序，实施生物科学研究中的常见操作，体验了生物学家的工作方式和研究方法，能够学会科学研究的方法与技能。在不断开展的实验探究活动中，学生逐渐体验、感悟生物学家在探索生命世界的过程中，可以通过观察与实验等方式、方法来获取证据，进而理解书本中呈现生物学知识的获得途径，理解科学必须基于证据与逻辑得出结论的本质特性。在系列化的探究性实验活动中，学生可以逐步掌握科学探究的基本方法，学会科学研究的思维方式，建立科学研究的基本观点，使科学探究能力得到发展和提高。

(三)分析探究结果，发展科学思维能力

在探究性实验的过程中，学生需要学会用逻辑思维的方式设计探究方案，以保证探究的过程是科学、严谨的；面对实验的现象与结果，需要用批判性思维审视其是否可靠、充分。学生还需要收集所观察到的生命现象、实验对象的性质特征和数量特征等表象特征，将事实、证据串联起来，经过分析、比较、推理、综合等思维活动，把握生命现象的本质属性，建构形成生物学概念、原理、规律。这样，学生基于探究性实验所获取的事实、证据，运用逻辑思维阐述生命现象与规律，其思维的严谨性、全面性、深刻性和流畅性得到全面培养，使科学思维能力不断提高。

三、探究性实验的类型

在中学开展的探究性实验，可以根据探究活动的组织形式、探究过程的完整性等划分为不同类型。

(一)依据探究活动的组织形式

1. 学生自主式探究

自主式实验探究最重要的特征是自主性，需要学生自主设计探究方法和程序，自主查阅资料、自主收集和处理信息，自主完成探究实验的过程，最终自主分析探究结果、得出结论，形成科学概念。

学生自主式探究不仅要完成探究性实验的过程，更重要的是通过实验探究的过程，引发想象力、激发思维力、诱发创造力，以促进生物学学科核心素养的提升。学生自主式探究可以是个人独立开展探究，也可以是小组合作探究，通常是以小组合作的形式开展实验探究活动的。在小组内，通过相互之间开展的讨论、交流，实现思维的碰撞，充分发挥集体的智慧，共同寻找有价值的观点、方法等。

在学生自主探究的过程中，教师仅作为指导者和帮助者的角色，一是在学生自主探究的过程中，引导学生探寻实验研究的基本原则和方法，着重把握科学性和创造性的指导；二是为学生提供探究实验所需的文献资料及其他的课程资源等，帮助他们解决在完成实验探究过程中某些自己难以克服的困难。

2. 教师引导式探究

在中学开展探究性实验活动，常常会遇到学习时间有限、学生探究能力不足、部分实验的探究难度较大等困难，此时，学生是很难自主完成实验探究的，需要教师的具体指导才能实施。

教师引导式探究主要是由教师提出探究问题，提供相关的研究材料，学生在教师的引导和帮助下，设计并完成实验。学生收集实验现象、整理实验结果和数据，开展分析和讨论，思考和解决所需探究的问题，自行发现并归纳、概括得出科学的结论，发现和领悟新的知识，建构新的概念、原理、规律等。教师引导式探究不是代替学生思考，而是在学生探究出现困难时，以巧妙的启发、指导、点拨为学生指路搭桥，使学生在较短时间内明确“为什么探究”“探究什么”“怎么探究”，找到探究的方向、方法等，能在规定的时间内完成探究活动。应该说，这是目前生物课堂上探究性学习的主要方式。

(二)依据探究过程的完整性

1. 全程式探究

学生在一次实验中需要完成对某个课题探究性实验的全过程，包括发现问题、确定变量、形成假设、设计实验、完成实验、验证假设、得出结论等。

全程式探究能使学生完整经历实验探究的每一个环节，学习和掌握实验探究活动的基本程序，认识实验探究的基本原则、实验设计的基本方法等，从而在这个过程中学习科学的方法和技能、科学的思维方式，体验和感悟科学家开展科学探究活动的方式。

但是，全程式探究对学生的探究能力要求较高，需要的学习时间较长。因此，可以在一个学期或者一个学年，选定1～2个课题开展全程式探究，让学生体验、感悟实验探究活动的全部程序，起到对实验探究活动进行学习、总结、提升的目的。

2. 分项式探究

分项式探究是教师将科学探究的原则、程序、方法等内容进行分解，要求学生在一次实验中只完成探究活动的某些内容或项目，以便针对性地进行专项学习与训练。

由于科学探究的程序多而复杂，全程式探究常常难以在一节课内完成，而中学生物课很少有两节课以上的连堂课，使全程式的实验探究很难在课堂教学中真正实施。如果每个实验都要开展全程式探究，很可能成为蜻蜓点水式的表面文章，即形式上完整、到位，但缺乏充足的时间思考，很难领悟科学探究的相关原理与原则、科学探究的思维方式等，也就无法真正发展科学思维、提高科学探究能力。所以，既没有可能、也没有必要对全部的探究性实验都开展全程式探究，可以根据课程标准的要求及学生发展的实际情况，将提高“科学探究能力”的整体要求分解成若干个子目标，分散到不同的学年段，成为单元或模块教学的教学目标，进行专题培养，逐步到位。

四、基于实验探究的主要教学策略

在探究性实验教学活动中，要体现出探究性学习的自主性、探究性、实践性、开放性等特点，让学生积极主动地通过主观感知来获取生物学事实，进而形成生物学概念，使探究性实验活动成为学生学习和建立概念的重要途径。这样，可以加深对概念的理解，为形成生命观念打下坚实的基础，还能够培养学生探究能力和实验技能。

(一)精心组织探究素材，体现探究活动特征

教师在指导学生开展探究实验活动时，要根据学生的学习能力、知识基础、教学条件等因素，对教学内容、探究的问题及材料等，进行深入的分析、选择和改造，充分发掘其中的探究因素，将探究性实验活动设计成不同的类型，以适应学生开展探究性学习的需要，符合探究性学习建构科学概念的要求。

在组织、引导学生开展探究性实验活动时，教师要创设问题情境，引导学生亲身经历和体验科学探究实验活动，在自身的感知、操作等实践活动中，发现和探索生命现象、生物学问题，以获取生物学事实；经过分析、比较、推理、综合等思维活动，对生命现象、生物学问题进行解释，并总结、归纳出具有本质属性的规律，最终建构起生物学概念；此外，通过运用科学概念，解释和解决相关问题，促进知识内化，真正理解科学概念。

(二)合理设计探究方式，重在自主建构概念

学生以探究性实验的方式自主建构生物学概念，关键在于教师要把握探究性学习的内涵，以探究性实验活动为载体，将探究实验活动与概念学习有机结合，让学生通过探究性学习的方式形成生物学概念。

各种类型的探究实验都可以帮助学生有效建构生物学概念，要合理利用不同的探究实验类型，选择符合教学目标的探究实验对象和内容，充分发挥其效用。教师应该根据教学内容需要，单独采用某种类型的实验活动，或综合使用多种类型的实验，如将演示实验作为探究实验中现象观察的一部分；将课外实验或科学史实验设计成探究实验的形式等。

把探究性实验活动与概念学习有机地结合在一起，需要采用多样化的教学方式，融合形式多样的思维方式，帮助学生透过实验现象，探寻生物学本质。比如，针对具有事实基础、易于观察的生物学概念学习，可采用“观察-分析-结论”的方式，学生通过对生物学的现象或事实进行观察、描述，然后通过分析、归纳、比较等思维活动，对事物进行抽象和概括，最后形成概念。而对于生物体的生理活动，可采用“观察-预测-验证”的方式，学生主要通过观察生物学现象，发现问题，提出假设或预测，进而进行验证，若结果与预测相符，证明预测正确，最后形成科学的生物学概念。学生在学习过程中侧重运用分析、联想、系统等思维能力，思维的深刻性、创造性有所增强。对探究性较强的实验活动，采用“假设-实验-推理”的方式，教师引导学生从生活经验出发，使学生能够以生物学的现象或研究材料为依据，发现并提出问题；然后指导学生设计实验方案以验证假设，最后分析实验结果，进行演绎推理得出结论，形成概念。

(三)遵循科学探究原则，切实培养探究能力

探究性实验是模拟科学研究活动，探究过程必须具有科学的“味道”，要避免形式上热闹、内容上漫无边际的无效探究。

一是探究的问题有价值。教师要指导学生提出真正值得探究的问题，这些问题应该有利于学生学习和运用生物学知识、发展生物学学科核心素养，使实验探究活动体现出生物学科的育人价值。同时，探究课题要有适当难度，对学生的学习能力具有一定的挑战性，是需要经过自己的探索才能得出结果的问题。

二是探究过程具备科学性。在开展探究性实验活动时，教师要牢牢把握科学性的原则。学生设计的探究方案要符合科学探究的程序，运用的研究方法要遵循实验研究的基本原则，做出的假设、对结果的分析等要体现科学思维的逻辑性、严密性、深刻性等品质。这样，才能使探究性实验活动具有有效性，能够更好地提升学生的科学探究能力。

【案例】

"探究 CO_2 浓度对光合作用强度的影响"的实验教学案例①

1 设计思想

本节课是在学生学习了光合作用的基础知识以后，通过"探究 CO_2 浓度对光合作用强度的影响"的探究性实验，力图以 CO_2 浓度作为自变量、O_2 生成量作为因变量，引导学生探究 CO_2 浓度变化对光合作用影响的本质原因，构建光合作用过程的模型，进而探索光反应与暗反应之间的关系，促进学生理解光合作用的内涵。

本节课设计了两个学生自主探究实验：一是探究 CO_2 浓度变化对光合作用强度的影响；二是探究 CO_2 浓度达到饱和点后，改变光照强度对光合作用强度的影响。教学过程采取教师引导下的学生自主探究学习，即"假设-实验-分析-结论-模型构建"的方式，通过两条主线完成学习任务：一是知识主线，通过实验探究的过程，引导学生深刻理解光合作用过程的知识；通过自变量——CO_2 浓度与因变量——O_2 生成量之间关系的讨论，构建光反应与暗反应之间的关系，最终实现丰富和完善光合作用的知识网络，构建光合作用的概念体系。二是能力主线，教师引导学生学会设计和控制自变量与因变量、收集和处理实验数据、分析实验数据得出结论，从而提升学生的实验与探究能力。

最终，通过探究性实验活动促进光合作用等相关知识的内化理解，实现光合作用过程模型的自主构建；同时，通过探究性实验活动的开展，使学生领悟探究性实验研究中，有关变量的控制、实验数据的处理等实验研究的方法。

2 教学重难点

2.1 教学重点

探究 CO_2 浓度变化对光合作用强度的影响；

2.2 教学难点

控制实验变量；构建 CO_2 浓度对光合作用强度影响的数学模型。

3 教学目标

3.1 知识目标

阐述 CO_2 浓度等外界因素对光合作用强度的影响；说明光反应与暗反应之间的关

---

① 赵广宇，汪绍鑫．"探究 CO_2 浓度对光合作用强度的影响"的实验教学案例[J]．生物学通报，2017，52(4)：29-32.

系；总结得出CO_2浓度对光合作用强度影响的变化规律。

3.2　能力目标

在"探究CO_2浓度对光合作用强度的影响"活动中，尝试做出预期和假设；学会控制实验变量；学会处理实验数据，构建光合作用过程的模型。

3.3　情感、态度与价值观目标

在实验过程中，体验科学实验的严谨性、科学性。

4　教学准备

材料及主要器材：黑藻、CO_2发生器、简易pH计、组装注射器、不同功率LED灯、锥形瓶、橡皮塞、1mL移液管、刻度尺、烧杯等实验器材。

5　教学过程

5.1　回顾已有知识，提出探究课题

教师提出问题引导学生回顾光合作用的过程：根据光合作用过程，指出影响光反应和暗反应的外界因素分别是什么？学生回答：光照强度和CO_2浓度。教师追问：能否说明光照强度和CO_2浓度对光合速率影响的变化规律？学生一时难以回答这些问题，教师由此提出探究课题：以CO_2浓度为例，通过实验探究外界因素对光合作用强度的影响。

5.2　应用已学知识，预测实验结果

教师提出：依据光合作用过程，预测CO_2浓度对光合强度影响的规律性变化，并绘出曲线坐标图。学生结合自己对光合作用知识的理解，做出的预测有3种情况（见图7-1）：①随CO_2浓度增加，光合强度先增加后减小；②随CO_2浓度增加，光合强度先增加，到一定值后会趋于平衡；③随CO_2浓度增加，光合强度一直增加。

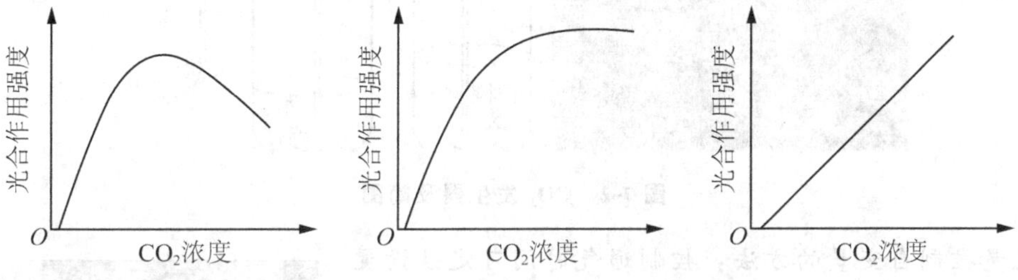

图7-1　预测CO_2浓度对光合作用强度的影响

教师要求学生说明自己预测的理由，同学们的共同观点是：CO_2是光合作用的原料，CO_2浓度增大，光合作用的强度应该增大。不同意见在于：观点①认为CO_2过多会影响细胞呼吸，从而限制光合作用；观点②认为光合作用强度达到一定数值后，植物不需要更多的有机物，因此CO_2浓度再增加，光合强度不再增大；观点③认为CO_2作为光合作用的原料，其数量增加会不断促进光合作用加强。显然，学生都无法做出正确的解释，说明还没有真正理解光合作用的实质，由此也激发了学生探索知识的欲望。

5.3　创新实验装置，探索变量控制

学生根据已有的知识和实验技能，大都能自主完成实验程序的设计，主要差别在于：①自变量控制方法不同；②选择的因变量不同。这样就导致设计的实验装置不同，使同学们对实验的科学性、可操作性产生了分歧。

5.3.1　控制自变量，创新实验装置

根据设置不同浓度梯度 CO_2 的需要，学生提出控制自变量的方法有两种：①用嘴吹气的方式，向水体中通入不同体积的 CO_2 气体；②在水生植物的环境中，加入等量不同浓度的碳酸氢钠，以释放不同浓度的 CO_2。

针对方法①，反对者认为：由于个体差异、速率、强度、时间都难以控制，设置的自变量不够准确。学生受到习题的影响，普遍认为方法②可行，而教师提示：当环境溶液浓度增大时，水生植物细胞会受到什么影响？学生由此得出结论：环境溶液浓度增大导致细胞失水，气孔关闭，使光合作用强度下降，影响实验结果。学生意识到方法②存在问题，但受到已有知识和能力的制约，对如何控制自变量感到迷茫。

此时，教师展示制气装置——CO_2 发生器并利用简图(见图 7-2)，讲解其原理：两瓶中分别装有柠檬酸溶液和 $NaHCO_3$ 溶液。多次挤压 A 瓶，使柠檬酸溶液流入 B 瓶与 $NaHCO_3$ 溶液接触，反应生成 CO_2 气体；当 B 瓶 CO_2 过多时，压强增大可阻止 A 瓶溶液流入 B 瓶，减少气体生成；当 B 瓶 CO_2 过少时，压强减小则 A 瓶溶液顺利流入 B 瓶，增加气体生成。因此可产生连续、稳定、纯净的 CO_2 气流。

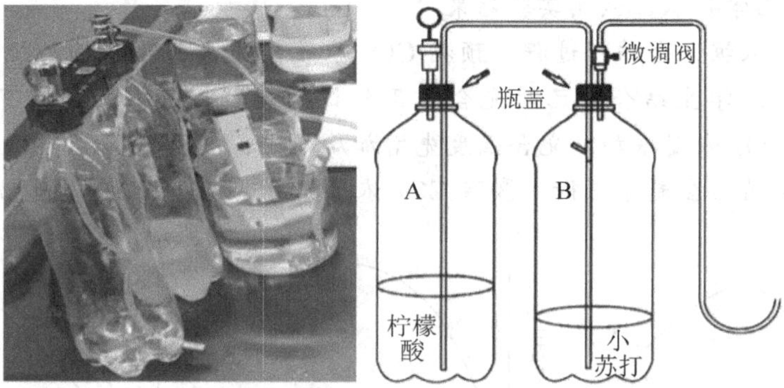

图 7-2　CO_2 发生器及简图

定量控制自变量的方法：控制通气时间可定性设置自变量；也可以结合 pH 计，在可逆反应 $CO_2 + H_2O \rightleftharpoons H_2CO_3 \rightleftharpoons H^+ + HCO_3^-$ 中，用 pH 计读出 $c(H^+)$，然后利用这一可逆反应的电离平衡常数(K_a)，准确计算溶液中 CO_2 浓度，实现对自变量的定量控制。本实验建议设置的浓度梯度为：3.0μmol/L、6.0μmol/L、9.0μmol/L、12.0μmol/L、15.0μmol/L。

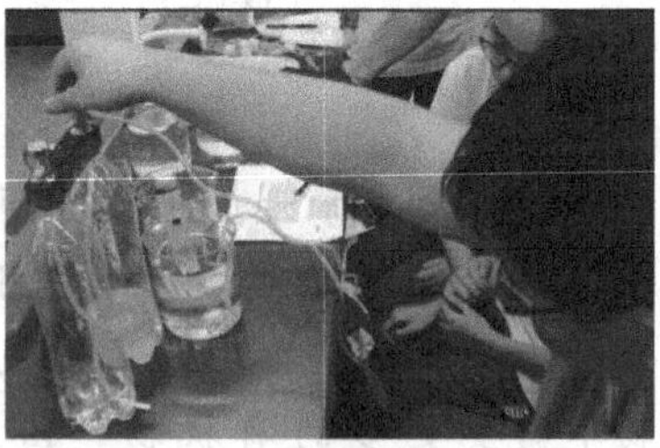

图 7-3　学生练习使用实验装置

学生学习 CO_2 发生器的原理后，在教师指导下，尝试完成装置的装配并练习使用(见图 7-3)，以便实现定量控制自变量的准确性。

5.3.2　选择因变量，建构知识体系

学生选择的因变量为 CO_2 的消耗量或者是有机物的生成量，但是在设计实验装置时发现，因变量的检测很难完成。此时，教师提示学生：可否以 O_2 的生成量作为因变量？并组织学生展开讨论，在讨论过程中，教师引导学生运用光合作用过程的知识，重点思考光反应与暗反应的关系。学生通过分析、讨论得出：CO_2 浓度增大使暗反应加快，导致 ATP 和[H]消耗增多，因此促进光反应加速，使 O_2 释放速率加快。同时，教师引导学生构建概念模型(见图 7-4)。这样，学生在确定以 O_2 释放量作为实验因变量的同时，促进了对光合作用光反应和暗反应联系的理解。

5.3.3　装配实验装置，完成实验操作

教师讲解实验装置(见图 7-5)：250 mL 锥形瓶中装满 CO_2 溶液和 5g 黑藻，橡皮塞上安装带刻度的 1mL 移液管，采用水集气法，在 LED 灯下(光照强度为 1.0×10^3 Lux)光照 15min，测定 O_2 释放量。改装注射器便于调节液柱高度。该装置可定量测定 O_2 释放量：移液管上升高度通过测量，可定量转化为 O_2 体积。

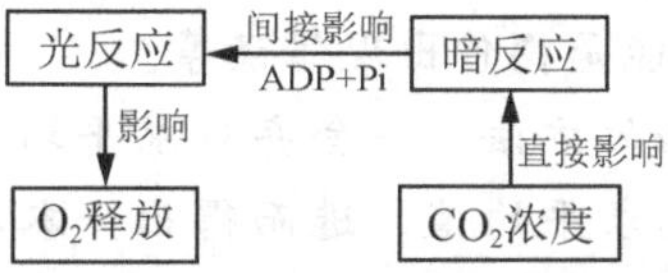

图 7-4　学生构建光合作用过程概念模型

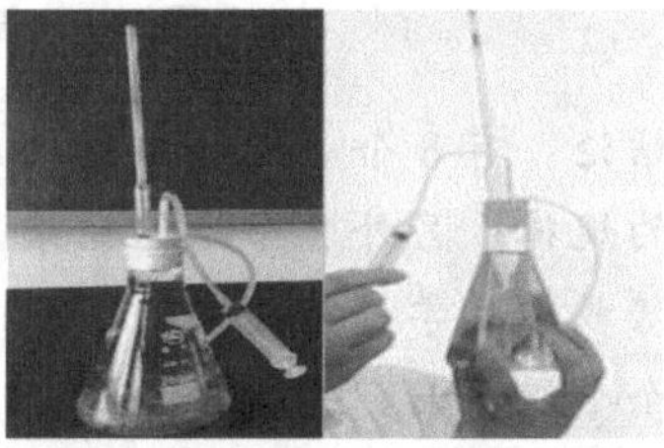

图 7-5　光合作用的实验装置

教师强调实验注意事项后，学生按照如下步骤完成实验操作：①装配实验装置(见图 7-6)；②完成实验操作；③观察实验现象(见图 7-7)；④测定、记录、处理数据(见图 7-8)。

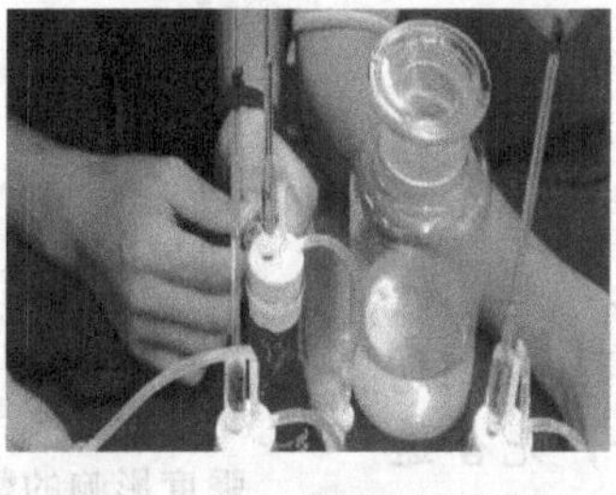

图 7-6　学生装配实验装置

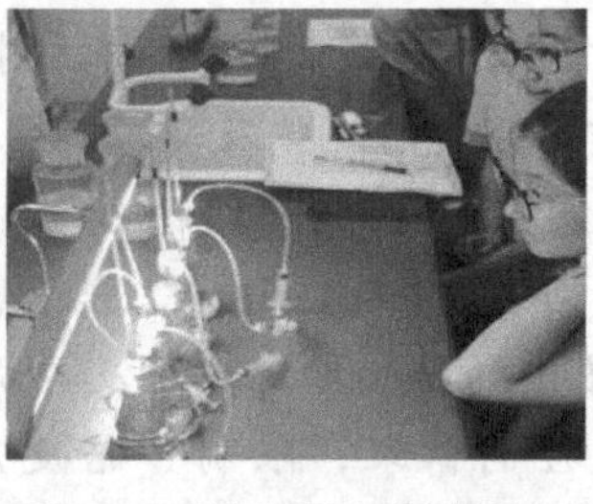

图 7-7　学生观察实验现象

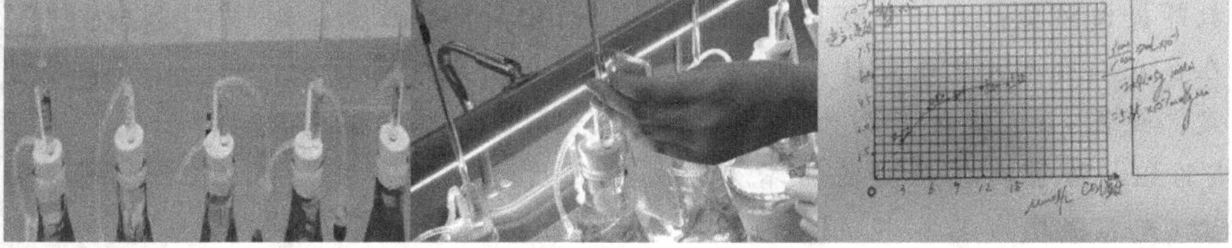

图 7-8　学生测定、记录、处理数据

5.4　处理实验数据，建构数学模型

5.4.1　处理数据，总结规律

学生将实验数据记录在坐标图中，并作曲线图。然后，教师要求每个小组将本组实验数据标注在黑板坐标图上(见图 7-9)，引导学生对数据进行分析：比较各小组实验结果的异同？

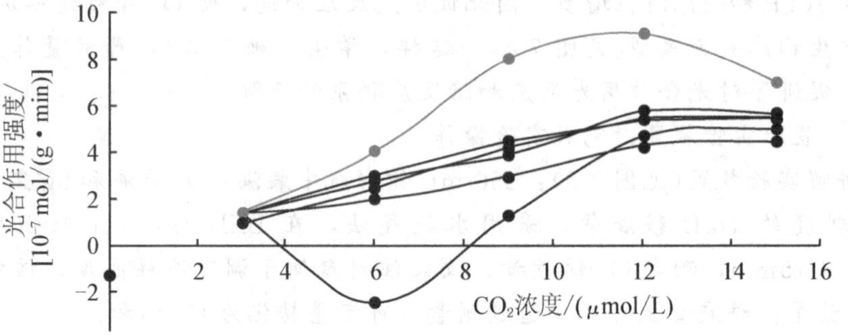

图 7-9　各小组展示实验数据

学生的结论：有 8 个小组绘制的曲线趋势大致相同，能够证明 CO_2 浓度对光合作用强度影响的规律；另外 2 个小组结果不同，可能是操作出现错误等。

教师顺势教学生学习处理有明显偏离的数据的方法——舍弃后求平均值：舍弃偏差过大的两个小组数据，将 8 个小组的数据汇总求平均值。进而得出：本次实验测得的 O_2 释放速率为 0～6×10^{-7} mol/(g · min)。以此得出规律：在 3.0～12.0 μmol/L 的范围内，随 CO_2 浓度增加，光合速率增强；当 CO_2 浓度超过 12.0 μmol/L(在 12.0～15.0 μmol/L)，光合速率不再增强。

5.4.2　构建模型，内化概念

教师要求学生根据处理后的实验数据，绘制平滑曲线，构建数学模型(见图 7-10)；并要求学生阐述 CO_2 浓度影响光合作用强度的规律及其原因：*ab* 段，光照充足，光反应产生足量的 ATP 和[H]，为暗反应提供能量和还原剂；因此，当 CO_2 浓度增加，光合速率随之增强。*bc* 段，随 CO_2 浓度的持续增加，光反应提供的 ATP 和[H]不能满足暗反应的需求，限制了暗反应的进行，光合速率不再增大而保持相对稳定。

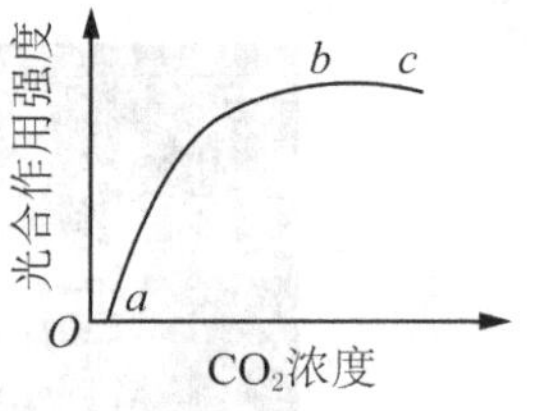

图 7-10　CO_2 浓度对光合作用强度影响的数学模型

5.5　补充探究实验，完善知识体系

教师提出问题：如何验证同学们对 *bc* 段的分析？学生得出：在 *b* 点以后增大光照强度，测定光合速率，并且设计出实验方案：设置 CO_2 浓度分别为 12.0μmol/L、15.0μmol/L 的 2 个实验组，给予比前面实验组增大的光照强度，即在使用 LED 灯(光照强度为 1.8×10^3 Lux)，其余条件相同的条件下，测定 O_2 的释放量(见图 7-11)。

图 7-11　增大光照强度探究实验装置

学生通过实验，测定的结果并绘制的坐标图(见图 7-12)：在此基础上，教师引导学生总结光合作用的过程、光反应与暗反应之间的关系等知识，构建出概念图(见图 7-13)。

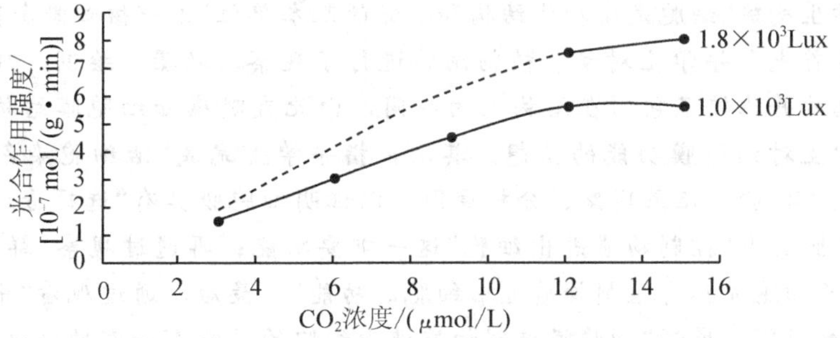

图 7-12　增大光照强度实验结果

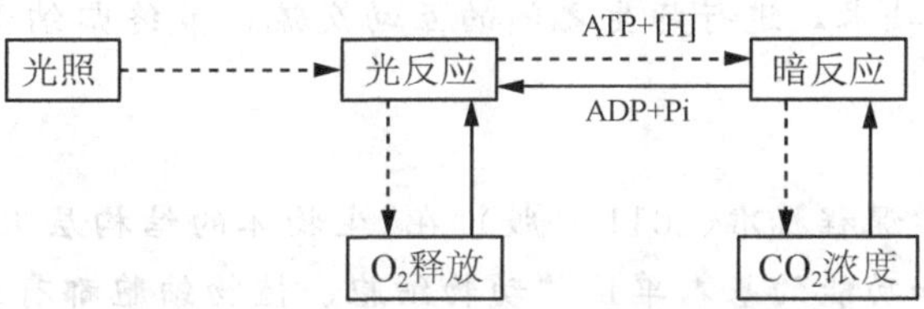

图 7-13　进一步完善光合作用过程模型

这样，在教师引导下，学生加深了对光合作用过程的理解，领悟了光反应与暗反应的关系，真正内化了光合作用的相关概念，完善了知识体系。

【评析】这节课是实验探究与理论建构相结合的典型课例。设计者采用了实验探究与概念模型建构两种教学方法，重点是聚焦知识板块中的中心概念，以探究实验活动为载体，引导学生以实验数据为基础，通过分析、归纳等思维活动，对事物进行抽象和概括，把握知识的要点；再通过建构概念模型，认识知识之间的逻辑关系，形成知识体系，最终实现让学生通过探究性学习形成重要概念的目的。

教师设计的教学策略，力图将探究实验活动与概念学习有机结合，使学生的实验探究与概念构建紧密相连，引导学生应用概念指导实验，通过实验强化对概念的理解，进而以光合作用过程为中心来统摄基本概念、基本原理，促进学生形成具有内在逻辑关系的知识结构，实现光合作用知识体系的建构。设计者通过选择多样化的教学方法并加以优化组合，引导学生开展自主性和探究性学习，使学生自主建构概念，加深对概念的理解，体现了教学策略设计的创新性。

本节课主要的亮点是改进了实验方法，使学生能够从定量分析的角度开展实验探究。这要求学生必须掌握控制变量的方法，学会处理实验数据的方法，进而建构出数学模型，以揭示问题的本质，帮助学生建构概念，促进科学思维能力的提升。

【案例】

用创新实验促进学生体验概念形成过程——“细胞膜的功能”教学研讨①

1　设计思路

教学内容选自北师大版教材七年级上册第三章，旨在构建“细胞膜的功能”的重要

① 周密，赵广宇．用创新实验促进学生体验概念形成过程——“细胞膜的功能”教学研讨[J]．生物学通报，2017，52(8)：22-24．

概念后，为学生构建“细胞是生物体结构和功能的基本单位”这一核心概念奠定基础。

本节教学首先引导学生对动、植物细胞进行了观察、拍摄、绘制，辨认了动植物细胞的基本结构并比较了它们在结构上的异同，由此直观感知细胞膜结构的存在及其位置；激发学生对细胞膜功能的猜想。其次，指导学生完成“活细胞染色”探究实验：作出假设、完成实验、记录现象、分析原因，以证明细胞膜具有“选择透过性”的特点，进而归纳细胞膜具有“控制物质进出细胞”这一重要功能；再通过观察“鲜花脱色”演示实验，得出“活细胞才具有控制物质进出细胞的功能”；最后，通过观看“中性红染色较长时间”实验微视频，感悟“细胞膜控制物质进出细胞的功能有一定的限度”。学生借助多种实验方式，在亲身实践与观察过程中深度思考、逐步剖析；同时，借助数码显微镜、iPad 等现代信息技术，进行师生之间的互动交流；最终归纳形成“细胞膜的功能”的重要概念。

2　概念分析

《义务教育生物学课程标准(2011 年版)》在“生物体的结构层次”提出的重要概念有“细胞是生物体结构和功能的基本单位”“动物细胞、植物细胞都有细胞膜、细胞质、细胞核和线粒体等结构，以进行生命活动”。本节课的重要概念为“细胞膜具有分隔和控制物质进出细胞的功能”。包括两条主要的次位概念以及支撑每条次位概念理解的事实性知识：

A. 细胞膜将细胞与外界环境分隔开

A.1　细胞由细胞膜所包裹，细胞膜将细胞与外界分开

A.2　细胞膜是相对独立的结构，具有特定的功能

B. 细胞膜能够控制物质进出细胞

B.1　有些物质可以通过细胞膜进出细胞，有些物质则不可以，因此细胞膜具有“选择透过性”的特点，可以控制物质进出细胞

B.2　活细胞的细胞膜才能控制物质进出细胞

B.3　细胞膜“控制物质进出细胞”的功能有一定的限度，环境中部分有害物质仍能通过细胞膜进入细胞

3　教学目标

(1)知识目标：说出细胞膜具有“分隔”功能；说明细胞膜具有“控制物质进出细胞”的功能。

(2)能力目标：完成“活细胞染色”实验，描述实验结果、分析实验现象、得出实验结论。

(3)情感、态度与价值观目标：认同“细胞膜控制物质进出细胞功能有一定的局限性”。

4　教学重难点

(1)教学重点：细胞膜“控制物质进出细胞”的功能。

(2)教学难点：细胞膜具有“选择透过性”。

5　教学过程

5.1　回顾前概念，推测细胞膜功能

教师播放学习细胞的各种视频资料，特别是用显微镜观察、用 iPad 拍摄的各种生物细胞小视频，引导学生回忆细胞的基本结构。并利用学生拍摄的草履虫细胞照片，

辨认草履虫的细胞膜、细胞质、细胞核等基本结构。

教师启发学生思考：草履虫细胞最外层的细胞膜有什么作用？学生都能回答“保护”作用。教师追问：为什么细胞膜具有保护作用？学生分析到：细胞膜把细胞质、细胞核包在里面，把细胞与外界环境隔离开，从而具有保护作用。

5.2 完成探究实验，逐步建构概念

5.2.1 交流探讨，推理分析细胞膜的功能

教师追问：细胞膜将细胞与外界环境分隔开，就能实现保护作用吗？学生对此问题感到困惑，不知如何回答。

教师鼓励学生大胆猜想：细胞膜还有什么作用？学生想到了“过滤”的作用，并作出解释：细胞膜可以像筛子一样，把废物排出去时把有用的东西留下，把不好的东西筛出去；吸收营养时把营养物质筛进来，其他没用的就留在了外面。教师对学生的推测进行简要概括：某些物质可以通过细胞膜，某些物质不可以。同时提出：如何验证自己的猜测？

5.2.2 动手实践，实验验证细胞膜的功能

由于学生无法完成实验的设计，教师通过提供实验的材料、用品：草履虫培养液、0.1%的中性红稀释液、稀释 200 倍的红墨水稀释液。以此来启发学生实验设计的思路。

有学生提出：将草履虫培养液滴在载玻片上，再将稀释液滴入培养液，观察草履虫细胞颜色的变化，并进一步推理出可能出现 3 种情况：一是两种稀释液滴进去细胞都不变红，可以证明草履虫细胞膜能不让某些物质进细胞；二是两种稀释液滴进去后细胞都变红，只能证明这两种物质都能通过细胞膜；三是滴加其中一种变红而滴加另一种不变红，这才能证明某些物质能够通过细胞膜，某些则不可以。

在研讨过程中，有学生通过教师的提示，补充设计：应该先观察草履虫原来的样子，再以染色后的样子做对照。最终完善了实验方案。教师提出了 3 点实验要求：①制作染色前、染色后草履虫细胞颜色对照图作为实验证据；②实验结束后用清水将用过的培养液冲入回收杯，尽量保护草履虫的生命；③各小组扫二维码完成调查问卷以进行全班实验结果统计。

各小组开始按照分工完成分组实验，并利用每组两台数码显微镜进行对照观察。观察到实验现象后，学生利用 iPad 记录了现象、扫码完成了实验结果统计，并制作了染色前后的草履虫细胞颜色对照图。

5.2.3 深度思考，归纳概括细胞膜的功能

教师请两组学生对观察到的现象进行展示交流。第一组现场展示了制作的对照图，并描述：“利用 iPad 在数码显微镜的屏幕上拍摄了染色前和染色后的草履虫照片，用 Keynote 软件制作了对照图，包括：染色前草履虫细胞图片；滴加了中性红的草履虫细胞图片，染色 2 分钟左右变红；滴加了红墨水的草履虫细胞图片，染色 5 分钟左右都没变红。”(图略)

第二组描述的实验结果：“实验分两组，一组观察中性红染色情况，一组观察红墨水染色情况。滴加中性红的草履虫可以变色，这说明草履虫可以吸收中性红；而红墨水不能使草履虫变化，说明草履虫不能吸收红墨水。”

教师现场展示了学生扫码答问的结果：多数组都观察到了类似的现象，少数组不能确认。针对实验现象，教师引导学生分析其原因是：中性红能够通过细胞膜而红墨水不可以。由此得出结论：某些物质能够通过细胞膜，而某些则不可以。从而证实了实验前的推测。这时，教师点拨：某些物质能够通过细胞膜，而某些不能通过的特点，称为“选择透过性”。选择透过性对细胞有何意义？

有学生阐述：食物来源是困扰草履虫的一个问题，当草履虫的细胞膜有选择透过性，就能从水中过滤食物、排出杂质，得以生存。细胞膜是一个神器。其他学生则用限制或者是控制、选择等词汇，描述细胞膜在物质进出细胞时发挥的作用。

教师指导学生通过阅读教材，归纳、提炼得出：细胞膜具有控制物质进出细胞的功能。教师进一步总结：细胞膜的“分隔”功能将细胞与环境隔离开，变成独立的部分；“控制物质进出细胞”功能，可以和外界发生联系。这对于细胞有什么意义？

学生讨论得出：使细胞既与外界环境相对独立又能与其发生联系，很好地实现了保护作用。通过讨论交流，学生虽然用了不同的方式或不同的词来表述细胞膜的功能，但已经建构“细胞膜具有控制物质进出细胞的功能”这一重要概念；再联系之前所得出的“细胞膜具有分隔的功能”，学生对细胞膜如何实现“保护作用”有了更深层次的理解。

5.3　拓展延伸，借助实证内化重要概念

5.3.1　观察演示实验，拓展重要概念

教师演示鲜花脱色实验：取非洲凤仙的红色花朵为材料，分别放入1号和2号烧杯，各自倒入50 mL清水浸没。1号烧杯加热，2号烧杯不做处理。请学生对照观察两个烧杯中液体的颜色。在演示实验的过程中，教师邀请一名学生利用iPad现场拍摄，并利用无线投影功能将画面投射到互动电视，让所有学生都能清晰地观察到实验过程的每个细节。

学生描述观察到的现象“加热后的花瓣褪色了，水变红了”并解释导致该现象的原因是“开水把细胞膜煮坏了，细胞内的色素流出”。在教师的继续追问下，学生得到了“完整的、有生命的细胞膜才具有控制物质进出的功能”的结论。

5.3.2　观看实验微视频，深入理解概念

教师展示用数码显微镜记录的微视频：中性红染色时间与草履虫细胞的变化。要求学生观看后，描述实验结果。

学生观察到的结果：当中性红进入草履虫细胞较长时间后，细胞开始变形，由草鞋形逐渐变成椭圆形，之后，细胞膜破裂，细胞质等细胞内容物从破裂的地方流出。

学生分析其中的原因得出：活细胞染色实验中，草履虫的染色状况及其细胞本身的变化，与草履虫处于染色剂中的时间有关。

教师继续引导学生归纳得出结论：细胞膜破裂，不仅是无用的物质，有用的物质也排出了。教师追问：中性红对草履虫细胞是有害的，为什么它还是能够通过细胞膜？学生能够回答“草履虫的细胞膜还不能完全选择有害或无害的物质”，最后归纳出“细胞膜的功能有一定的限度”，并对“为什么要保护环境”有了更进一步的理解。

【评析】对于刚刚进入七年级的学生来说，缺乏化学、物理等相关学科的基础知识，难以理解“细胞膜的功能”中有关分子及分子运动等知识内容。针对学生学习的难点，本节课的执教者设计多个探究性实验，让学生亲身经历实验探究的过程，通过自己观

察到的实验现象获取生物学事实，使抽象的知识具象化，为概念建构奠定了基础。在学生亲身体验生物学事实的基础上，借助数码显微镜、iPad等现代信息技术，引导学生进行推理、实证、分析、概括等高阶思维活动，把实验与高阶思维活动紧密结合，通过基于实证的逻辑思维方式，进一步探索概念所蕴含的丰富内涵，帮助学生实现重要概念的自主建构，而不是仅仅记住表述概念的语言符号。

通过以学生为主体的探究性实验活动，使学生在充分获取生物学事实的基础上，建构概念、原理、规律等理论知识，可以摆脱概念学习中常见的简单机械式记忆的学习方式，引导学生将学习重心从记忆知识转移到深层次理解上，组织建构科学的知识体系，才能够使学生真正理解生物学知识的本质，达成生物学概念的自主建构。同时，还能提升科学探究能力，领悟科学方法，树立科学精神。

第二节 基于资料分析的教学策略

学生以探究性学习方式学习生物学知识、建构生物学概念时，不仅可以通过观察、实验等方式直接获取生物学事实，还可以通过阅读、分析科学资料的形式间接获取生物学事实。因此，运用科学思维进行资料分析，在获取生物学事实的基础上，建构生物学概念，是探究性学习的重要方式之一。

一、资料分析的定义

资料分析是指学生从各种形式的科学资料中获取相关的生物学现象、生物学研究的结果，运用科学思维方法进行分析，得出相应的科学结论，最终，概括形成生物学概念。

基于资料分析的探究性教学设计与实施，需要教师遵循从感性认知到理性思维的认知规律，给学生提供揭示概念特征与本质相关的实验案例、数据、图表、图像、科学史料等资料，引导学生以探究性学习的方式，对资料进行分析，帮助学生通过分析、综合、抽象和概括等思维活动，从个别到一般、从具体到抽象，自主探寻概念的本质属性，建构概念或概念体系。

二、资料的类型

资料的形式多种多样，能够提供的信息类型多元化。根据资料的形式以及在中学生物概念教学中的作用，可以将资料分为图片和影像资料、数据资料、科学史资料三类。

(一)图片和影像资料

图片通常指由图形、图像等构成的平面媒体，是图画、照片、拓片等的统称，一般是呈现静态、平面的信息。随着数字采集技术和信号处理理论的发展，越来越多的图片以数字形式存储，通过影像的形式展示出来。影像是指所有具有视觉效果的画面，包括以纸质、底片或照片形式呈现的，或者是呈现在电视、投影仪或计算机屏幕上的。影像既能呈现静态、平面的信息，也能呈现动态的、立体的信息，图片、影像资料可以统称为图像资料。

图像是人类视觉的基础，“图”是反映事物的客观形式，“像”是人的视觉系统所接受的图在人脑中所形成的印象或认识。图像是客观对象的一种相似性的、生动性的描述或写真，包含了被描述对象的有关信息，是自然景物的客观反映。所以，图像是人类社会活动中最常用的信息载体，成为人们最主要的信息源，是人类认识世界和人类本身的重要资料来源。

影像资料是生物学教学中常用的教学工具，如教学挂图、实物照片、教学视频等。把影像资料用于生物学教学中，可以开阔学生观察世界的视野，拓展感知生命世界的范围；能够把学生受条件限制而无法亲身感知的生物学现象、事实等呈现在眼前，让他们有身临其境之感；也能将教材中以文字形式呈现的内容转换成图片、图像的形式展现出来，使抽象的内容变得形象、具体。

比如，在北师大版教材八年级下册“生态系统的结构和功能”的概念教学中，学生对草原上存在的生物种类及其关系缺乏感性认识。教师可以播放草原生物生活场景的视频资料：在茫茫的大草原上，羊和兔吃着青草，老鼠在啃食草根，附着青草上的昆虫，蛇在青草深处爬行，虎视眈眈的狼隐蔽在附近的丛林中，低空中各种鸟飞翔，高空中老鹰翱翔，不时出现动物捕食的场景。播放视频后，再通过问题“视频中哪些生物之间发生了直接联系？这是什么样的关系?”引导学生得出“草食动物吃草，肉食动物以草食动物为食，说明生物之间有着食物关系”的具体概念。对于生物体内发生的微观生理活动过程，如“DNA分子的复制”“基因的表达”等内容，教师可用动画视频的形式模拟分子水平的动态变化过程，将抽象状态的概念转化为可以直接感知的形象状态，降低学习的难度，促进学生对概念的理解。

(二)数据资料

数据是对客观事物的性质、状态以及相互关系等进行记载的符号，是经过观察、实验或计算得出的数值结果，通过可识别的、抽象的符号对客观事件进行记录，用于表示客观事物的未经加工的原始素材。数据是对客观事物的逻辑归纳，能定性、定量反映事物数量特征及本质属性。

数据按照性质可分为定性(如表示事物属性的数据)、定量(反映事物数量特征的数据)、定位(如各种坐标数据)等；也可按照表现形式分为数字数据(如各种统计或测量数据)、图形数据(如点、线、面)、符号数据、文字数据和图像数据等。

中学生物教学中使用的数据资料，主要是以数据表格、饼状图、柱形图、曲线图、条形图等形式呈现的数字数据、图形数据，从定性和定量两个方面反映事物的属性。这些资料往往蕴含着生物学概念最基本、最本质的属性，对概念的建构和理解具有重要的作用。例如人教版高中教材，在以模型形式呈现的赛达伯格湖能量流动图解中，同时提供了定量分析的数据(见图7-14①)，引导学生运用分析、比较和归纳等思维方式，抽象出能量流动过程、方向、传递效率等特征，以理解能量流动的本质属性，进而建构起“能量单向流动和逐级递减的规律”的概念。

① 人民教育出版社．普通高中课程标准实验教科书：生物·必修3[M]．北京：人民教育出版社，2007：95.

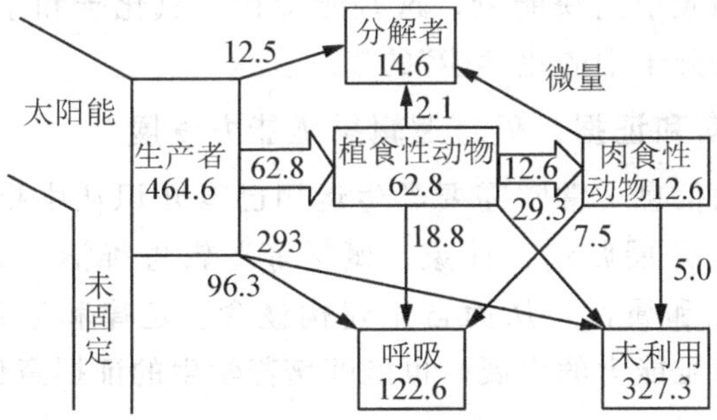

图 7-14　赛达伯格湖能量流动图解[单位：J/(cm²·a)]

(三)科学史资料

生物科学史是前人探索生命世界奥秘的历史，更是生物学思想的发展史，体现了生物学理论体系建立、发展的历程。生物科学史记载了生物学发展过程中曾经面临的问题，以及人类为解决这些问题而思考、研究的历程，客观记录了生物科学从低阶到高阶的思维发展历程，揭示出诞生生物科学定理、概念的探究过程，体现了生物学理论发生、发展的演变过程，以及生物科学体系不断丰富完善的历史进程。生物科学史料也反映了生物学发展历史中许多重要的科学争论，记录了生物学家们的思想及其转变，揭示了生物科学发展的历程及其趋势。

生物科学史还能体现生物科学研究方法与技术的演变与发展历程，如从简单的比较、分类、类比等方法，向综合的假说演绎方法、模型方法、系统方法的发展。这样的历程，更包含了科学家研究生物科学的方法及思维方式，具有探究性、多样性和创新性的特点。生物科学史还能投射出科学家实事求是的科学态度，以及敢于怀疑、敢于求真、敢于创新的科学精神等。

三、教学资料的功能

形式多样化的教学资料能够给学生的学习活动提供内容丰富的学习素材，教师可以利用这些学习素材创设问题情境，激发学生的求知欲。同时，引导学生有目的地对相关资料进行多角度、深层次的分析、归纳、推理等思维活动，概括出相关概念、定律和原理的本质属性，进而建构相应的生物学知识体系。

(一)间接呈现生物学事实，促进概念深刻理解

由于受到时间、场地及各种研究条件的限制，学生学习生物学知识、建构生物学概念所需要的大量生物学事实不可能都是通过观察、实验的方式来直接获取。而教学资料则可以不受时空的限制，为学生提供相关生物学问题的研究过程、研究方法、研究结果、生物学理论与思想的演变历程等信息，或者以图像资料形式提供生物体的形态、结构、生理特征及行为等生物学现象，以帮助学生自主建构概念、促进对概念的深刻理解。例如，“光合作用”是众多科学家经过漫长的时间研究得出的重要生物学概念，学生不可能通过重现研究的全过程来建构概念。因此，教师可呈现科学家研究光合作用的经典实验等科学史料，使学生间接获取实验的条件、过程、结果等数据、信息，经分析得出光合作用的原料、产物、条件、场所等结论，进而建构光合作用是“植物细胞的叶绿体从太阳光中捕获能量，这些能量在二氧化碳和水转变为糖与氧气的过程中，转换并储存为糖分子中的化学能”的概念。

(二)提供科学事实和证据，促进逻辑思维能力发展

以资料形式呈现的信息，常常需要学生运用已有知识从中提取相关的生物学事实与证据，进而基于实证开展归纳、抽象、概括等逻辑思维活动，总结出生物学概念、原理、定律的本质特征和属性，从而自主建构概念、定律和原理。这样的学习活动，有效促进了学生科学思维能力的发展，也能够培养学生的证据意识和获取证据的能力。

(三)再现科学研究过程，体验科学精神

资料中的生物科学史料和实验案例，可以再现科学家的科学探究历程。学生通过资料分析仿佛置身于科学发现的历程中，不仅可以学习探索生命世界的基本方法，还能够体验生命科学发展的曲折和艰辛，领会科学家的科学态度、科学精神，体验创新与合作等人格特质，更重要的是能够感悟生命科学思想及其发展，促进生命观念的形成。

四、基于资料分析的主要教学策略

基于资料分析的教学活动，需要教师给学生提供恰当类型的文字资料、图影像资料，引导学生分析资料中蕴含的信息，抽象、概括出相关的概念、原理和定律。

(一)开发课程资源，恰当选编资料

教学资料主要有四个来源，一是源自教材，不同版本的教材在相同教学内容中可能提供了不同的资料，这些资料大都经过专家团队精心挑选和改编，图文并茂，符合该学段学生学习的需要。教师可以直接利用学生所使用版本教材中的资料，也可以从其他版本教材中选用恰当的资料。二是来自生物科学类网络平台，可以提供相关的动画、视频等教学资料，呈现出微观的生命世界或者是动态的生理活动等。三是教师利用教学资源经过选择、编辑而成的教学资料。此类教学资料可以选自生物学科的大学教材与专著，以及生物学类的期刊，包括《生物学通报》《生物学教学》《中学生物教学》等中学生物教学类杂志，学术专著、期刊的权威性和严谨性，保证了教学资料的科学性和准确性；也可以选自各类媒体，如电视新闻报道、报纸杂志、微信公共号等渠道，从中获取与生物学内容相关的社会热点资料，尤其是音频和视频资料。四是教师充分利用生产、生活遇到的实际问题，开发形成教学资料。如，收集扁桃体炎患者、病毒性感冒患者、胃部感染患者、肺炎患者的血检报告(见图 7-15)①，可以引导学生在数据分析的基础上，建立“免疫类型”的概念。

教师在收集资料后还需要对资料进行鉴别、遴选、整理和编辑。遴选和编辑时应该遵循以下原则：一是科学性原则，要查证所选资料是否符合科学事实和客观实际，真实可靠是资料遴选的最基本原则。二是适应性原则，选用教学资料的内容与类型要符合课时教学目标的要求，能够有效促进教学目标的达成；选用材料的类型与内容还

① 赵广宇，汪绍鑫，李倩，等. “免疫调节”一节的概念教学设计[J]. 生物学通报，2015，50(12)：17-21.

[redacted]市妇女儿童中心医院检验报告单

Women and Children Center Hospital, Inspection report

姓名(Name)：[redacted]　科别(Dept)：儿内科门诊　样本编号(SampleNo)：13
性别(Sex)：　病床号(Bed)：　标本种类(SampleType)：末梢血
年龄(Age)：　病案号(PatNo)：1306270878　送检医师(Doctor)：[redacted]
就诊类型(SickType)：门诊　临床诊断(Diag)：扁桃体炎

序号	项目名称	英文缩写	结果	状态	参考值
1	白细胞	WBC	14.57	↑	3.60—13.00
2	红细胞	RBC	5.02		3.97—5.54
3	血红蛋白	HGB	134		108—145
4	红细胞比积	HCT	40.9		32.7—42.5
5	血小板	PLT	427		125—462
6	中性粒细胞百分率	NEUT%	56		12.9—56.7
7	淋巴细胞百分率	LYM%	36.9		35.4—78.6
8	单核细胞百分率	MONO%	5.1		2.4—10.6
9	嗜酸细胞百分率	EOS%	2.9		0.0—6.4
10	嗜碱细胞百分率	BAS%	0.1		0.0—0.8
11	中性粒细胞绝对值	NEUT#	8.15	↑	0.72—4.80

（a）扁桃体炎患者血检报告

编号：00008277　时间：　10:59　模式：
姓名：　性别：　年龄：
病历号：　科室：　床号：

参数	报警	结果	参考值
白细胞数目（WBC）	H	16.0×10-9/L	5.0—10.0
淋巴细胞数目（Lyaph#）		5.5×10-9/L	0.8—4.0
中间细胞数目（Nid#）		0.8×10-9/L	0.1—0.9
中性粒细胞数目（Gran#）	H	11.7×10-9/L	2.0—7.0
淋巴细胞百分比（Lymph%）		22.1%	20.0—40.0
中间细胞百分比（Nid%）		4.9%	5.0—9.0
中性粒细胞百分比（Gran%）	H	73.0%	50.0—70.0

（b）病毒性感冒患者血检报告

[redacted]省医学科学院[redacted]省人民医院检验科报告单

Report of Clinical Laboratory of Sichuan Academy of Medical Sciences & Sichuan Provincial People's Hospital

姓名(Name)：　病区(See)：门诊　标本(Specimen)：抗凝血　批次(Group)：23
性别(Sex)：　床号(BedNo)：　标本号(SpeNo)：L201504274392　检号(No)：20
年龄(Age)：　病历号(CaseNo)：L201504274392 急诊：否　部门(Dept)：急救中心检验室

项目名称	缩写	结果	单位	参考范围
白细胞计数	WBC	12.680 ↑	10^9/L	3.50-9.50
中性粒细胞数	NEU	10.600 ↑	10^9/L	1.80-6.30
淋巴细胞数	LYM	1.141	10^9/L	1.10-3.20
单核细胞数	MONO	0.609 ↑	10^9/L	0.10-0.60
嗜酸性粒细胞数	EOS	0.190	10^9/L	0.02-0.52

（c）胃部感染（胃炎）患者血检报告

[redacted]人民医院血细胞分析报告单

姓名：　性别：　科室：　床号：　样品编号：
类型：　年龄：　病历号：　诊断：　样本：

项目名称		测试结果	提示	单位	参考值
WBC	白细胞计数	12.680	↑	10^9/L	4.0-10.0
LY%	淋巴细胞%	71.80	↑	%	20.00-40.00
MO%	单核细胞%	8.50	↑	%	3.00-8.00
LY#	淋巴细胞计数%	23.30	↑	10^{-3}/μL	1.00-5.00
MO#	单核细胞计数%	1.57	↑	10^{-3}/μL	0.10-1.00
NE#	中性粒细胞计数%	2.28		10^{-3}/μL	2.00-8.00

（d）肺炎患者血检报告

图 7-15　不同患者的血检报告

要与学生的学段及学习能力水平相适应，比如初中和高中都要学习“细胞是生物体结构和功能（生命活动）的基本单位”的概念，但初中要求从细胞水平建构概念，而高中则是从分子水平建构概念。因此，针对不同学段、不同能力水平的学生，教学中所选用的教学资料在类型和内容上应该有差异。三是高效性原则，选编资料的内容要含建构概念、理解概念起关键作用的信息，资料的类型要与本节课所设计的教学方法相适应，如细胞的显微结构或亚显微结构，可以选择图像资料，便于学生观察；像动物行为等动态变化过程，可采用视频资料，使学生在视觉冲击中留下深刻印象。这样，才能在有限的课堂教学时间内提高课堂效率。

（二）巧妙使用资料，创设探究情境

教师要充分利用资料中的相关信息，设置探究情境，将资料内容转化为探究性的问题。要设置相应的问题串，引导学生主动全方位思考，像科学家一样去分析、研究和解决问题，主动地思考、探究；通过观察、阅读、思考、讨论等方式去研究资料中客观事物的属性，探索事物内部的联系和概念发展的过程，从中找出共同属性、规律，进而形成概念。

因此，设疑是引导学生进行资料分析的重要条件。教师巧妙设置问题，将教学资料问题化，使科学探究和概念学习有机地结合起来，能促进学生形成概念、加深对概念的理解。

教师在设置问题时，要注意以下几点：①针对不同类型的资料，问题的指向应有所不同。对于图片和视频资料，问题应该主要引导学生观察具体的目标或动态过程；对于数据或曲线图问题，应引导学生分析数据或曲线的变化趋势或规律；对于科学史料问题，应引导学生分析实验设计的原理、步骤、现象和结论的由来。②应根据学生生物知识的认知水平设计有序的问题，问题设置要符合学生的认知规律，具有层次性和有序性的特点。教师要精心选择探究材料，充分发掘材料的内涵，将探究活动与知识学习自然地联系起来，让各层次学生有不同程度的收获。同时，问题的指向要明确，由表及里、由浅入深、层层深入，前一个问题的设置作为后一个问题的铺垫，为后续问题的生长留下足够的空间，让问题探究成为引导概念形成的有效途径。③问题设置应有利于学生深入理解概念的内涵和外延。可以借助丰富多彩的图片图像、数据曲线和科学史料，将比较抽象的概念内涵具体化、形象化，使学生全面深刻地理解概念的内涵和外延。④问题的设置应具有启发性和挑战性，“真问题”能激发学生去探究、去发现，在分析问题的过程中抽象出生物的本质特征，从而更加深入地理解概念。

这样，学生通过一系列问题的解决，体验概念的建构过程、理论和定律的形成过程，在厘清知识的发生与发展历程中，建立知识点之间的联系，最终建构完整的知识结构体系。

(三)有序分析资料，自主建构概念

教学资料可以为学生提供多种丰富的、有代表性的生物学事实，为概念的形成提供支撑。教师要引导学生科学地分析资料，以充分感知生物学事实并获取相关证据，再运用归纳与论证、演绎与推理、分析与综合等逻辑思维方法，把事物的一般本质属性抽象出来，最后概括形成生物学概念。

1. 问题引导，获取实证

教师以图片、视频、数据、文字材料等形式呈现学习材料，引导学生通过观察、阅读等方式感知生物学事实，帮助学生在特定情境中回忆和梳理已知概念，以便从学习材料中获取建构概念所需要的实证。例如，在初中生物“动物行为的特点”的教学中，教师设计问题串：①非洲野猫捕食过程中的具体动作；②非洲野猫在捕食过程中有哪些行为变化？③非洲野猫的哪些器官、系统参与了捕食活动？引导学生观察、阅读“非洲野猫捕食过程”的视频及文字资料，感知生物学事实。学生通过观察、阅读，获取非洲野猫捕食的具体行为：非洲野猫在完成捕食行为时，会有悄悄走近、隐蔽、潜伏、猛然窜出、扑向猎物、咬住喉咙等动作变化过程。在非洲野猫的捕食行为中，神经系统、感觉器官、运动器官都参与其中。

2. 归纳概括，建构概念

在学生获取建构概念所需要的实证基础上，教师引导学生进一步分析资料，以材料呈现的典型生物学事实为基础，结合更多的生物学现象，通过推理、抽象、概括等逻辑思维活动，从个别到一般、从具体到抽象，逐步归纳出事物的本质，概括形成共同属性并完成概念的建构。仍以“动物行为的特点”教学为例，在学生通过材料获取实证前提下，教师呈现更多的生物学现象：北极熊捕食、鸟类育雏、蜘蛛结网、鸟类飞翔等不同动物的各种行为。归纳、概括得出“动物行为”的概念：是一个运动、变化的动态过程，不仅包括身体外部的变化，也包括动物身体内部的生理活动变化。这样，就实现了从材料分析到概念建构的飞跃。

3. 综合运用，完善概念

根据学生认知发展的规律，概念的学习是由浅入深、由表及里的进阶过程。在学

生初步建构概念后，教师还需要通过问题引发学生进一步的探究、思考和讨论，使学生从不同的角度逐渐明确概念的内涵和外延，逐步理解概念的本质属性。对抽象程度高，尤其是需要在下位概念基础上通过同化获得的上位概念，教师要及时补充相应的学习材料并提出新问题，或在原有材料基础上将问题进行延伸，引导学生进行深入分析和综合，帮助学生突破难点，补充和完善概念。

完成概念建构后，最好能够让学生将概念应用到具体的问题情境中，在实际应用中加强对概念的辨析、应用和迁移。同时，在概念应用的过程中，也可以检验学生对概念的理解程度，帮助学生厘清概念的内涵和外延，促进对概念的深刻理解。教师需要根据学生反馈的学习情况，适当调整教学内容和教学进度，帮助学生建构起正确的、完整的、系统的、逻辑清晰的概念结构体系。

【案例】

“生物的分类”一节教学设计①

1　设计思想

“生物的分类”一节是北师大版教材八年级下册的内容。作为一级主题“生物的多样性”的组成内容，本节的教学要帮助学生建立生物分类的思想，引导学生构建物种的概念及生物分类层级的概念，了解生物分类的依据和单位，从而落实课程标准要求的目标“尝试根据一定的特征对生物进行分类”。

本节课在概念构建上，由于前概念的影响，导致学生理解“种”的概念的难度大；加之学生缺乏足够的生物物种知识，对于“分类层级”“分类依据”等知识的认知，就显得抽象而困难。

鉴于以上分析，在教学设计中，采取先以具体、形象的案例作为切入点，引导学生通过充分地观察、形象地感知，认识生物的多样性与差异性，初步体验生物分类的方法和意义；然后引导学生以比较和类比的思维方式，建立分类的思想，感知分类的知识，进而构建分类系统的基本概念。主要教学环节包括：①列举形态相近、同名异物及同物异名的生物物种事例，学生体验生物分类的意义；②观察比较生物的差异，体会依据性状差异的程度和亲缘关系的远近来进行生物分类；③以动物界为例，研究生物界如何从生物大类逐级细分为生物小类，构建生物分类阶层系统的概念并归纳其特征；④利用所学知识，尝试对“模拟生物”进行分类，建立初步的分类层级框架，以实现技能提升并内化科学家的分类方法。

这样，就使学生能够真正领会分类的生物学思想，认识分类的生物学知识，学会进行生物分类的生物学基本技能。

2　概念分析

依据《义务教育生物学课程标准(2011 年版)》，本节要帮助学生形成的重要概念有：“地球上生活着各种各样的生物，可以根据特征将生物进行分类”“为了科学地将生物进行分类，弄清生物之间的亲缘关系，生物学家根据生物之间的相似程度，把它们划分

---

①　赵广宇，李倩，谭勇.“生物的分类”一节教学设计[J]. 生物学通报，2015，50(10)：26-29.

为界、门、纲、目、科、属、种等不同等级。'种'是最基本的分类单位。"上述概念的次位概念以及事实性概念包括：

A. 将生物进行分类便于科学家进行交流和研究。

B. 生物学家根据生物性状差异的程度和亲缘关系的远近将生物分类。

B.1　生物学家在对生物分类时采用的基本方法是：根据不同生物之间特征的异同，将生物分为若干个大的类群。

B.2　在大的生物类群中，寻找另外一些特征，根据特征差异，将大类群中的生物分为较小的类群。依次类推，直至确定出某一种生物在分类系统中的位置。

C. 生物学家在进行生物分类时建立了生物分类的阶层系统。

C.1　该系统包含七个分类等级，按其高低和从属关系顺序排列起来为"界、门、纲、目、科、属、种"。

C.2　生物学家将生物分为五个"界"：原核生物界、原生生物界、植物界、真菌界和动物界。

C.3　种是最基本的分类单位。

以上概念的关系可以用概念图表示为(见图 7-16)：

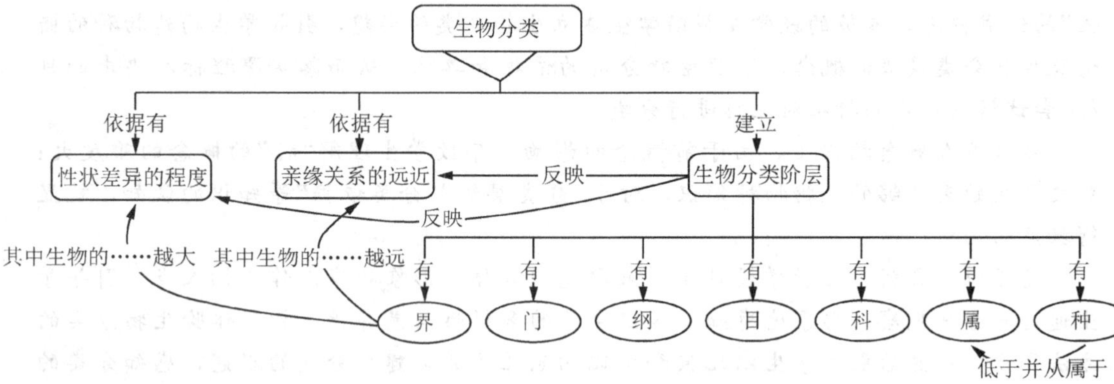

图 7-16　"生物的分类"一节概念结构

3　教学目标

(1)知识目标：说出生物分类的依据；说出生物分类阶层系统及生物分类的基本单位；列举地球上生物可以分为五大类群。

(2)能力目标：尝试根据一定的性状差异特征对生物进行分类。

(3)情感目标：认同生物学家对生物进行分类的依据和方法；体会生物分类的意义。

4　教学重难点

(1)教学重点：生物分类的依据。

(2)教学难点：生物分类的基本单位"种"；尝试对生物进行分类。

5　教学过程

5.1　尝试辨识生物，体验分类价值

教师创设多彩生物界的情景：播放炫目的生物世界视频，激发学生的兴趣。同时，引导学生用成语描述心目中的生物界。学生对生物的种类，往往用：数不胜数、不胜枚举、琳琅满目等成语进行描述；而对形态和色彩，则用：多姿多彩、万紫千红、五彩斑斓、五彩缤纷、五光十色、姹紫嫣红、绚丽多彩、异彩纷呈等成语进行描述。

教师总结并提问：自然界的生物种类繁多，形态各异，科学上已知的有200多万种。科学家们是如何划分出这200多万种生物的？同学们不知道如何回答。教师继续发问：同学们请看这张图片(见图7-17)，这是银环蛇，剧毒，被它咬伤之后有生命危险。同学们听到这些描述，感到惊讶。教师又展示一幅图片(见图7-18)：图示的蛇是不是银环蛇？

图7-17　银环蛇

图7-18　加利福尼亚王蛇

同学们都不敢肯定二者是否相同。教师说道：这两条蛇形态相似，但不是同一种，后者叫加利福尼亚王蛇，是无毒蛇。这样的情形在自然界还有很多，比如下面所示的蘑菇(见图7-19、图7-20)：

图7-19　白毒鹅膏菌

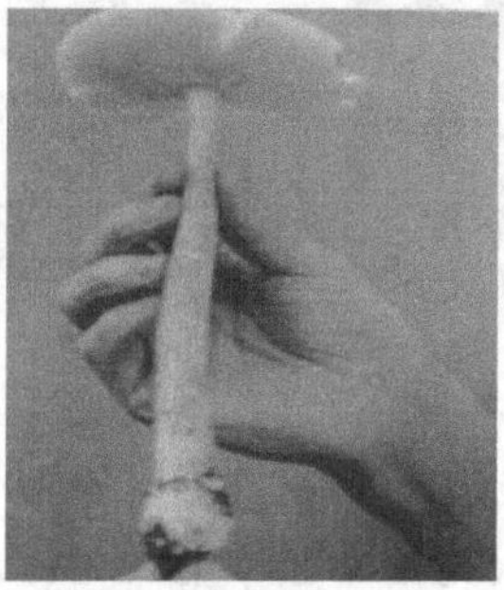

图7-20　白托柄菇

白毒鹅膏菌，有毒且死亡率很高。白托柄菇，一种药用菌，有祛风散寒、舒筋活络的功效。

教师设问：如果人们不认识上述生物，不能区分它们，对生活会造成什么影响？学生：如果不知道被毒蛇咬伤，耽误救治，会出现生命危险；误食毒蘑菇，也会带来生命危险。

教师引导学生思考并提出课题：此外，还存在着许多“同名异物”或“同物异名”的生物，比如教材中提到的山药、甘薯，给科学研究和交流造成障碍。因此，建立生物的分类系统和分类方法，十分必要。

5.2　学习分类系统，构建分类层级

教师引导学生回忆已经学过的生物类群，学生回答：植物、动物和微生物。有学生补充到：微生物还可以分为细菌、霉菌、酵母菌、病毒、放线菌等。

教师讲解：大家回答出的植物、动物属于生物分类系统中“界”的层级，是分类的最高层级。现在生物学家普遍认为，自然界的生物可分为五个大类群，即分为五界：原核生物界、原生生物界、植物界、真菌界、动物界。请阅读教材了解每个类群的基本特点。

教师指导学生阅读教材“犬的分类等级”图示，并讲解分类层级：从界以下的分类单位按照由高到低的次序，依次包括：门、纲、目、科、属、种。从界到种的分类单位，由高到低，相互之间属于从属关系，即每个界包括若干个门，每个门包含若干个纲，每个纲则包含若干个目，依此类推，每个属可以包含许多个种。“种”是分类的基本单位。

教师出示图片(见图 7-21、图 7-22)，学生立刻分辨出：鸡。教师提问：仔细观察，两只鸡是否有区别？学生经过认真观察、比较，得出：二者相比，前者的头顶肉冠大且显著，另外二者背部的羽毛颜色有些差别。教师肯定学生的回答：二者可以笼统的称为鸡，都属于动物界鸟纲鸡形目雉科原鸡属，且属于同一个物种：原鸡种。学生感悟：日常生活中说的某种生物，可能不是“种”的概念，而外形有差别的某种生物却是同一个种。“种”才是生物分类的基本单位。

图 7-21　原鸡

图 7-22　河南斗鸡

5.3　比较生物差异，探索分类依据

教师出示图片(见图 7-23、图 7-24)，要求学生观察，然后说出物种的名称。学生汲取刚才的经验，认真、仔细地观察，进行比较，相互之间还展开讨论。有学生回答：前者应该是拉车的马，后者是赛马。其他同学反驳：赛马和拉车的马属于用途不同，不是分类差异，两者应该都是马。

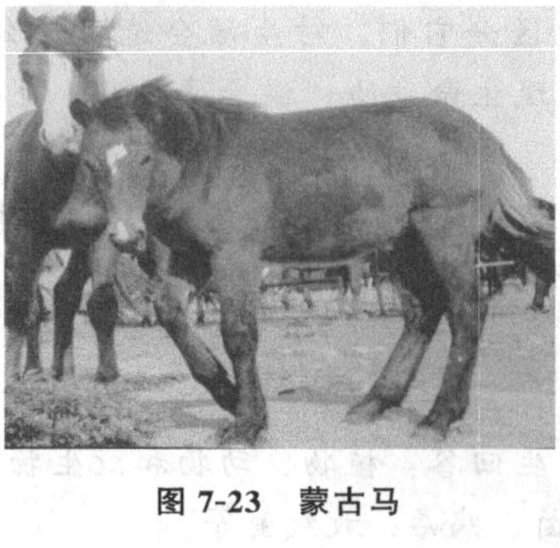

图 7-23　蒙古马

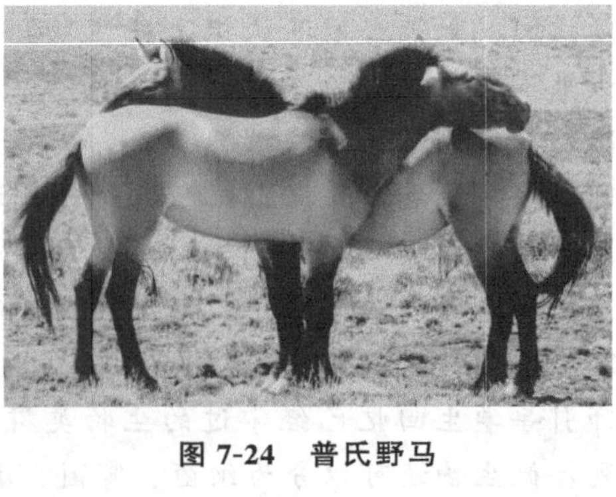

图 7-24　普氏野马

教师：这两匹马，从外形看不易区分。但是它们的染色体数目不同，前者有 64

条，是家马的一种，叫蒙古马；后者有66条，是普氏野马。

教师：通过家鸡与原鸡、家马与野马的识别，我们从中是否可以寻找到生物分类的一些基本依据？

学生思考、讨论后，得出：生物在形态、结构方面的异同，可以作为分类的依据。因为，鸡羽毛的颜色差异属于形态特征，家马与野马染色体的不同属于基因构成方面的差异。

教师肯定学生的回答并设问：形态、结构方面的特征在遗传学上，如果用遗传学的概念表述，其名称是什么？学生回忆并回答：性状。

教师：生物性状差异的程度是分类的依据之一。另外，生物亲缘关系的远近也是分类的依据。那么，从界逐级分类到属，分类层级由高至低，分类依据表现出的特点是什么？

学生阅读、观察教材“犬的分类等级”图示，并开展讨论，最终在教师引导下得出结论：分类层级由高到低，生物间共同特征逐级增多，性状差异程度逐级减少，亲缘关系越来越近。

教师补充：随着科学技术的发展，科学家现在不仅依靠观察生物的性状差异来分类，还要通过测定生物的基因相似程度，以此确定亲缘关系的远近，进而厘清生物之间的分类关系。例如，黑猩猩和人类基因组的DNA序列相似性达到99%，是现存与人类关系最密切的“表兄弟”。

5.4　尝试生物分类，检验概念生成

教师：科学家在运用“生物性状差异的程度和亲缘关系的远近”进行分类时，根据生物性状的相似与差异，编制出生物检索表。

教师指导学生阅读教材中的检索表，讲解编制的规律及检索的基本方法。说明发现的新物种可以通过查检索表来确定其分类地位。这样，使学生能够进一步领会生物性状的差异程度作为分类依据的内涵。

为检验学生对本节概念的生成情况，教师出示分类练习：假如自然界存在如下8种“甲虫”(见图7-25)，为了便于辨识，请各小组依据“甲虫”的足、触角、背部形状、色斑等性状的不同，将“甲虫”从大类分成次大类，最终至最小类的方法，建立“甲虫”的分类层级图(无须使用界、门、纲等层级词)，并标注每次进行分类所依据的性状特征。

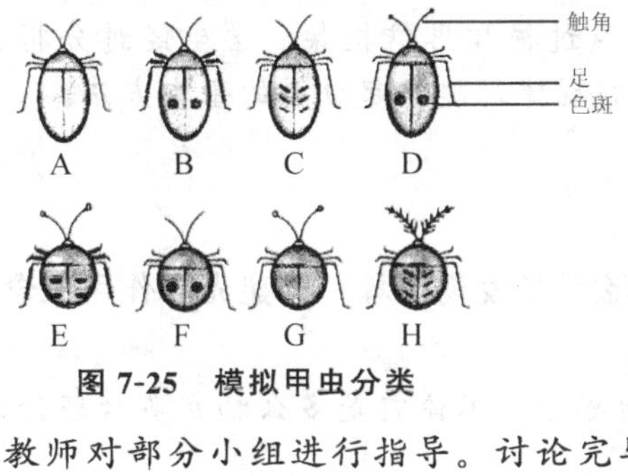

图7-25　模拟甲虫分类

小组进行积极讨论，教师对部分小组进行指导。讨论完毕，每一小组都将这8种“甲虫”进行了完全分类，且每一组建立的分类层级不完全相同。教师展示某些小组结果如下(见图7-26)。

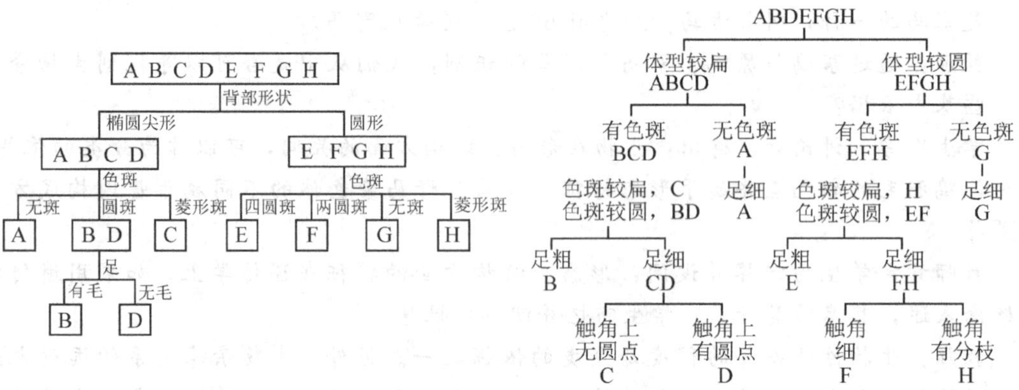

图 7-26　学生分类结果展示

【评析】本节课的教学设计针对初中学生在学习“生物分类”知识中的难点，以资料分析作为切入点，引导学生观察、比较、分析具体形象的图片资料，排除前概念对认知的干扰，逐步建构正确的生物学概念。

(1)创设探究情境，聚焦概念本质　针对学生前概念中对于生物“种”的概念及其分类标准有模糊或者是错误的认知，教师以图片资料的形式呈现不同类型的生物，让学生通过观察来判断是否属于同一个物种，使学生产生认知冲突，推动学生对生物分类产生深层次的认识。同时，运用问题串进一步激发学生的求知欲和探究欲，从而进入自主学习的状态。

在此基础上，教师继续呈现典型生物的图片资料，学生在问题串的引导下用心观察图片，寻找概念建构的生长点，通过类比、推理的方式，建构相关概念；最后通过动手模拟“分类甲虫”活动，检验并巩固学生概念生成情况。

因此，本节课基于图片资料的分析来建构有关生物分类的概念，能够将较为抽象的生物分类的理论以形象的形式呈现，能够在激发学生学习兴趣的前提下，有效降低初中学生对生物分类理论体系的认知难度。

(2)设计认知活动，建立逻辑体系　教学设计围绕建立“生物分类依据：性状差异程度和亲缘关系远近”和“生物七大分类层级系统”两个重要概念，将建立分类思想作为认知的出发点，引导学生学习分类单位及层级，探索生物分类的依据，并尝试进行生物分类。让学生依次经历“为什么需要进行生物分类”“科学家进行生物分类的结果是什么”“科学家为什么这样进行生物分类”“尝试练习生物分类”四个富有逻辑关系的教学活动，更符合学生的知识生成过程和思维框架。学生经过分析、比较、推理、综合等思维活动，概括出生物分类的规律，建立起分类的基本方法。

【案例】

体验科学发现历程　构建光合作用概念①

1　设计思想

鲁宾斯坦说过：“任何思维，不论它是多么抽象多么理论的，都是从分析经验性材

① 赵广宇，汪绍鑫，徐杰. 体验科学发现过程　构建光合作用概念[J]. 生物学通报，2017，52(12)：11-14.

料开始，而不可能是从其他任何东西开始”。概念是由众多事实归纳推理分析得出的，因此，概念教学离不开事实，众多事实的支撑方可得出概念。所以，概念教学也应该是建立在事实感知的基础上。“光合作用”是高中生物学中最重要的概念，在教学中如何引导学生建立此概念呢？

本节教学过程采取教师引导下的学生自主探究式学习。在学生已有初中知识的基础上，以科学家研究光合作用的经典实验为主线，通过不断提出探究课题来创设探究光合作用规律的情境，再分析实验结果，归纳得出光合作用的原料、产物、条件、场所等结论，进而构建光合作用的概念，归纳出光合作用的总反应式，并进一步引申出光合作用的意义。如此，在学生了解生物学事实的前提下，通过分析、归纳、推理等思维活动，自主构建出光合作用过程的概念体系；并在知识学习的同时，学习探索生命科学的基本方法，体验科学的设计思想，感悟科学的思维方法，发展科学探究的能力，养成思考、实践和创新的学习习惯，提高自身的生物科学素养。

2　教学目标

(1)知识目标：概述光反应和暗反应的过程；阐明光反应和暗反应之间的关系。

(2)能力目标：通过资料分析得出相应结论、并做出合理推断；尝试构建“光合作用的过程”的概念模型。

(3)情感、态度与价值观目标：从物质与能量转化的角度认识生命活动，形成结构与功能相适应的观点。

3　教学重、难点

(1)重点：光反应和暗反应的生理过程及二者的联系。

(2)难点：光合作用的过程及其模型构建。

4　教学过程

4.1　应用已有概念，提出探究课题

教师要求学生根据初中学过的光合作用知识，回答光合作用的概念，以及光合作用的原料、产物、条件和场所。学生能够正确回答出光合作用的原料、产物、条件和场所，但是不能准确表述光合作用的概念。

在此基础上，教师设置问题串追问：光合作用过程中的物质变化、能量变化是什么？学生通过合作，回忆得出：CO_2 和 H_2O 等无机物转变成淀粉等有机物；光能转化为有机物中的能量。

教师设问：植物在叶绿体中是如何实现上述变化的？学生无法回答，教师指出：这是本节的学习课题——探究光合作用的过程，揭示光合作用的机理。

4.2　体验科学发现历程，探秘光合作用过程

教师将教材中的光合作用发现史料与其他资料相整合，按照知识的逻辑顺序，逐步呈现，引导学生进行分析，得出相关结论。

资料1：1937年，英国植物学家希尔(R. Hill)做了这样一个实验：从绿色植物的叶肉细胞中分离出叶绿体制成悬浮液，发现在适宜的条件下给分离出的叶绿体溶液以光照，离体的叶绿体在没有 CO_2 存在的条件下，放出了唯一的气体——O_2。

资料2：鲁宾和卡门实验(教材内容)。

学生分析、讨论得出：光合作用释放的 O_2 来自 H_2O，可不需要 CO_2 参与；反应

条件包括光照和叶绿体。同时，也产生疑惑：H_2O 生成 O_2 后，其中的氢元素到哪里去了？

资料 3：科学家希尔（R. Hill）又做了一个实验（见图 7-27）：在光下，若给绿色植物的离体叶绿体，提供特定的与氢离子结合的 H^+ 受体（如 2，6-D，一种氧化性的蓝色染料，H^+ 受体接受 H^+ 后能被还原成无色）。实验除了产生氧气外，A 试管变为淡绿色（叶绿体本身的颜色），B 试管变为墨绿色。

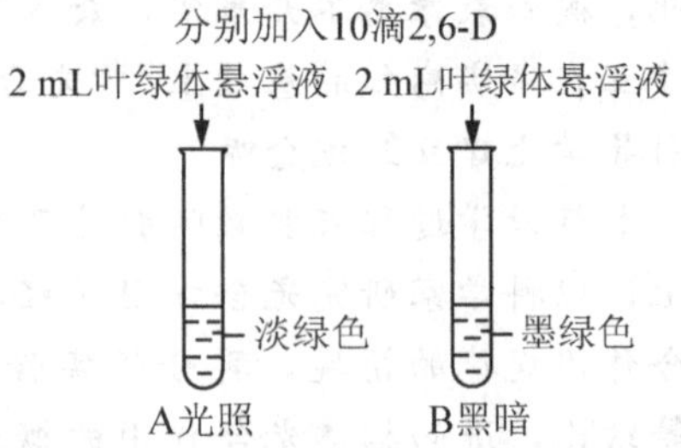

图 7-27　希尔实验探究氢元素的存在形式

学生解释实验现象：A 试管产生了 H^+ 并与 2，6-D 结合，使 2，6-D 还原成无色物质。B 试管缺乏光照，不能产生 H^+，氧化性 2，6-D 的蓝色与叶绿体的绿色合在一起，呈现墨绿色。结论：在光照的条件下，水生成了 O_2 和 H^+。同时，学生提出疑问：生成的 O_2 供有氧呼吸使用或释放到环境中，H^+ 的去向或存在状态呢？

资料 4：1954 年，美国科学家阿尔农用离体的叶绿体做实验，同样无 CO_2，在给分离的叶绿体以光照时，当向反应体系中供给 ADP、Pi 和 $NADP^+$（辅酶Ⅱ）时，发现除生成 O_2 外，会有 ATP 和[H]产生。

同时，教师指导学生阅读教材第 103 页的相关信息，了解辅酶Ⅱ与还原型辅酶Ⅱ的知识，掌握[H]的含义，然后分析资料。

学生分析得出：H_2O 分解生成的 H^+ 与辅酶Ⅱ（$NADP^+$）反应生成还原型辅酶Ⅱ（NADPH），同时生成 ATP。

针对学生在结论中只描述物质变化的问题，教师提示学生：ATP 的生成意味什么？学生思考后得出：反应过程中发生了能量转换，光能转换为 ATP 中活跃的化学能。教师进一步说明：色素捕获的光能一部分用于 H_2O 的光解，还有一部分用于 ATP 的合成。

接着，学生迫切想知道：反应物中的 CO_2 与生成物中有机物之间的关系？教师呈现资料 5。

资料 5：美国科学家卡尔文用小球藻做实验材料，采用放射性同位素标记的 $^{14}CO_2$ 作为光合作用的原料，每隔一段时间取样并使用放射自显影技术追踪被 $^{14}CO_2$ 标记的产物，结果发现：短时间 0.5 s 的时候，^{14}C 标记物首先集中出现在 PGA（一种三碳化合物）中，5 s 的时候，^{14}C 标记物则集中出现在葡萄糖和 RUBP（一种五碳化合物）中。当卡尔文突然降低 $^{14}CO_2$ 的供给时，发现 RUBP（一种五碳化合物）会积累（见图 7-28）。

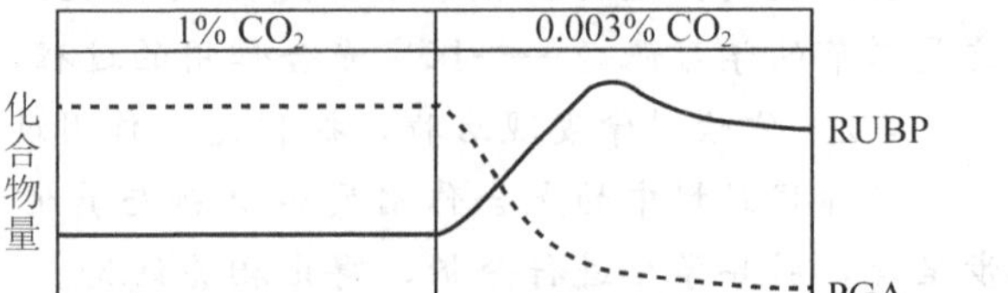

图 7-28　突然降低 CO_2 供应，RUBP 和 PGA 的变化

教师要求学生阅读资料，并提出问题：①CO_2 转化为生成物中有机物大致经历几个阶段？每个阶段发生了什么变化？② 为什么突然降低 $^{14}CO_2$ 的供给时，发现 RUBP 会积累？③推测 CO_2 是与何种物质结合形成 PGA(一种三碳化合物)呢？

经阅读资料、思考讨论后，学生大多数都能得出 CO_2 转化为生成物中有机物需要经历两个步骤及具体变化。对于问题②③，学生感到无从下手，教师引导学生使用“代入法”——CO_2 是与 RUBP 结合形成 PGA 的，并通过实验数据验证这种推测是合理的。教师解释：细胞内，在 CO_2 浓度相对稳定的时期，RUBP 和 GPA 处于一种动态平衡，当突然降低 CO_2 浓度时，产物 GPA 随之降低，与 CO_2 结合的 RUBP 数量减少，RUBP 在细胞内积累，最后二者又达到一种动态平衡。

至此，学生通过对科学史料的分析，基本厘清了光合作用过程中反应物与生成物之间的关系，对光合作用过程有了初步的认知。

4.3　领悟光合作用机理，自主构建概念模型

教师引导学生在资料分析的基础上，对光合作用过程发生的物质变化和能量变化进行归纳、总结。

教师首先提出：光合作用过程中，在光下发生了哪些反应？该过程进行的场所、条件、反应物和生成物是什么？学生总结得出：发生了 H_2O 的分解和 ATP 的形成；条件——光照、酶、色素；反应物——H_2O、ADP、Pi 和 $NADP^+$；生成物——O_2、ATP 和[H]；场所——叶绿体类囊体薄膜。教师指出：由于该过程必须有光参与，因此被称为“光反应”。并进一步要求学生尝试用概念图表示光反应的过程，完成后学生相互评价，修改完善使之更加合理、美观(见图 7-29)。

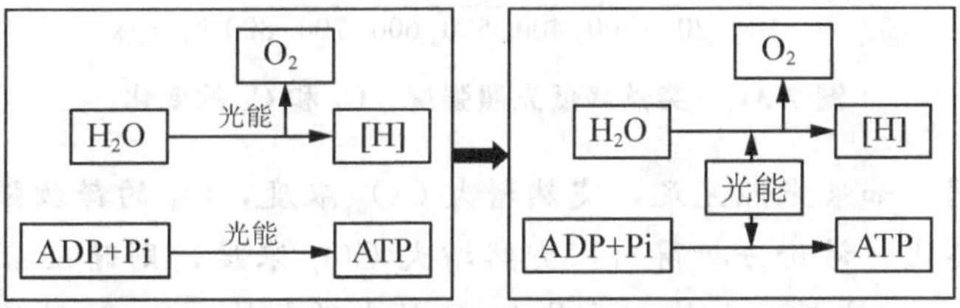

图 7-29　学生初次构建和修改完善的光反应模型

教师根据学生之前得出的 C 元素的转移路径：$CO_2 \rightarrow C_3 \rightarrow C_5$ 和(CH_2O)，指出前一阶段称为 CO_2 的固定，CO_2 与五碳化合物结合生成 C_3；后一阶段称为 C_3 的还原，这些变化可在无光的条件下进行，因此被称为“暗反应”。教师引导学生阅读教材，思考完成这两个阶段需要的条件、场所和物质与能量的变化。学生在资料分析的基础上能迅速归纳出发生暗反应的条件——酶、ATP 和[H]、CO_2；场所——叶绿体基质；物质变化——CO_2 转化为有机物；能量变化——ATP 中活跃的化学能转换为有机物中稳定的化学能。此时，教师要求学生构建、评价和修正暗反应的过程模型(见图 7-30)。

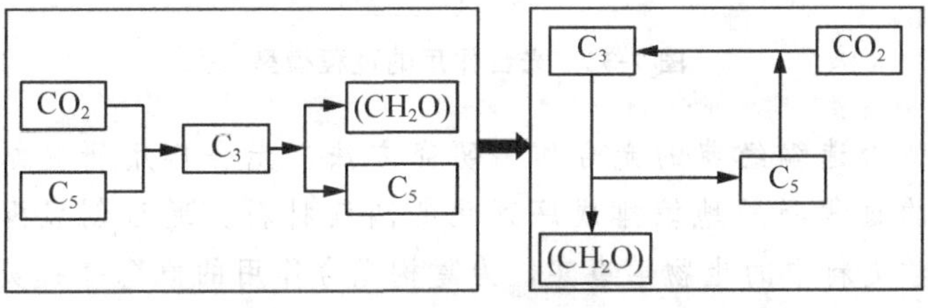

图 7-30　学生初次构建和修改完善的暗反应模型

4.4　阐明知识之间联系，把握核心概念内涵

学生开始构建的概念图基本上就是两个独立的过程，这一困惑也一直萦绕在学生的头脑中：光反应与暗反应之间有什么联系？教师继续提供科学史料。

资料6：阿尔农用离体的叶绿体做实验，在黑暗条件下中，只要给分离的叶绿体提供ATP和[H]，叶绿体就能将CO_2转化为糖类等有机物，同时ATP和[H]含量急剧下降。

学生分析得出：暗反应的进行需要消耗ATP和[H]，而在光合作用过程中，产生ATP和[H]的是光反应，即光反应为暗反应提供了ATP和[H]。

为促进学生对该过程的理解，教师设置问题情境：如果CO_2充足，突然停止光照，预测C_3含量、C_5含量的变化趋势是什么，请说明理由。

学生在教师的引导下，逐步从物质的来源和去路两个角度分析：突然停止光照，光反应生成的ATP和[H]减少，C_3的还原(消耗)减少；另一方面CO_2充足，C_3生成基本不变，故C_3含量总体增多，而C_5含量减少。最后形成数学模型(见图7-31)。

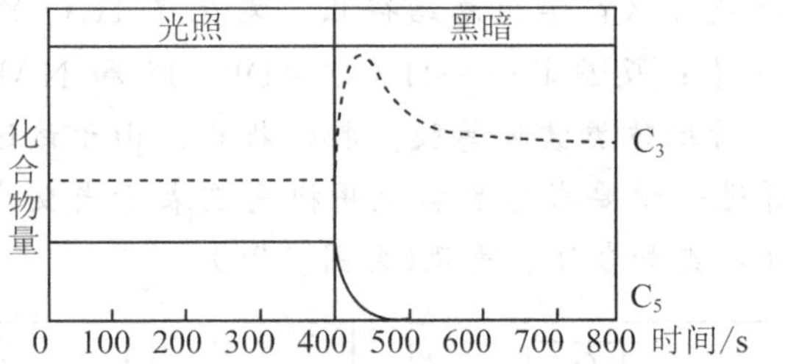

图7-31　突然降低光照强度，C_3和C_5的变化

教师继续设问：如果光照充足，突然增大CO_2浓度，O_2的释放强度如何变化？为什么？学生通过类比、讨论分析得出：突然增大CO_2浓度，则暗反应为光反应提供了更多的ADP和Pi，使光反应加快，于是H_2O的光解加快，O_2的释放强度增大。

最后，利用概念模型(见图7-32)小结：光合作用的光反应和暗反应虽然过程不同，但通过紧密联系形成了一个有机整体，即光合作用的过程。

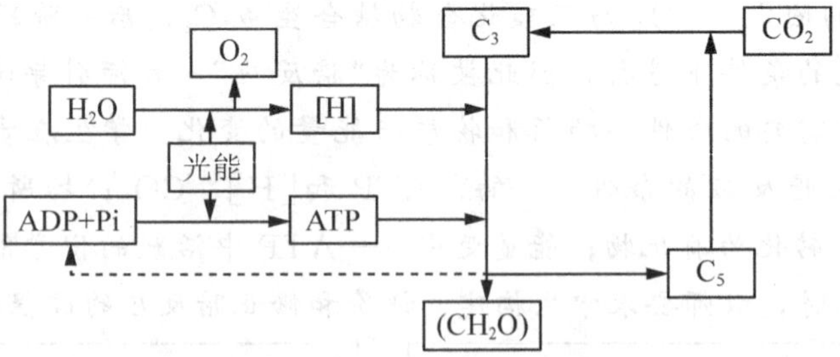

图7-32　光合作用的过程模型

【评析】教师精心选编经典的光合作用研究方法、光合作用研究结果等科学史料，并根据光合作用的过程巧妙地编排成序列化的阅读材料。通过创设探究的问题情境，引导学生感知科学史料中的生物学事实，为建构光合作用的概念寻找实证。

教师引导学生通过观察、阅读、分析科学史料而开展对光合作用机理的探索，在

充分获取有关光合作用事实材料的基础上，用探究性的问题营造科学思维的氛围，开展分析、推理等思维活动，使学生通过事实提取出光合作用的本质变化，总结、归纳出光合作用的本质属性，自主建构光合作用的相关概念。

在教学过程中，教师引导学生通过建构概念模型，尝试将相关实验资料得到的结论，通过文字和带箭头线条连接、建构出相对完整的知识体系，使学生能够逐步深刻理解概念的内涵，掌握概念的外延。通过概念模型将知识直观化、简明化，这有利于学生将零散的知识进行归纳整合，建立起知识网络体系，进而深入探讨概念模型中各部分的本质联系，以深刻领悟光合作用过程中光反应与暗反应联系的内涵，最终建构出光合作用过程的概念体系。

总之，在基于资料分析的教学过程中，教师充分开发和利用各种课程资源，精心准备和遴选多种形式的材料，既可呈现图片、视频资料，也可提供数据表格和科学史料等文字材料，并通过巧妙的教学设计，实现材料的有机组合使教学手段和活动丰富多彩。教师要指导学生学会资料分析的方法，使学生能够从材料中感知生物学事实，获取建构知识所需要的实证。要设置具有探究性的问题或问题串，引导学生在资料分析的过程中，由表及里、由浅入深对相关资料进行分析，先从事实性材料归纳提炼出基本概念，由感性认知到具体概念；再由具体概念逐步深入，分析基本概念之间的逻辑关系，在基本概念的基础之上同化出上位概念。通过基于资料分析方式自主建构概念，学生能够体验概念发生与发展的过程，能够运用科学思维的方法寻找到概念的关键属性，真正理解概念的内涵和外延。

第三节　基于模型建构的教学策略

模型与建模是重要的科学思维方式，模型建构是把认知对象经过抽象而实现概念化的过程，建立的模型本身就是科学探究的重要结果。以模型建构的方式进行探究学习，能够引导学生对概念的自主建构，帮助学生深入理解生物学概念的内涵，领悟科学思维方式。

一、模型与模型建构

(一)模型的定义

模型是人们依据研究的特定目的而对认识对象所做的一种简化的概括性描述，能够呈现出客观事物的结构、功能、关系、过程等本质属性。因此，模型具有所研究对象的基本特征或要素，其表达形式既可定性，也能定量描述；既能借助于具体的实物或其他形象化的手段表达，也能通过抽象的形式来表达。

(二)模型建构

模型方法是以研究模型来揭示原型的形态、特征和本质的方法，是逻辑方法的一种特有形式。模型方法也是现代科学的认识手段和思维方法，所提供的观念和印象，不仅是人们获取知识的条件，也是人们认知结构的重要组成部分。并且，模型的思维方法遵循化繁为简的原则，把复杂的实际问题转化为理想的简单模型，再将简单的模型应用于实践过程的方法。总之，模型方法就是把认识对象作为一个比较完整的形象表示出来，使问题简明扼要，以便窥见其本质。

模型建构是运用模型方法把抽象、不可测的事实或过程，借助身边的材料、用具或者运用数学方法、图像等加以描述、概括的一种活动，是利用已成型的或已知的某种结构解决现实世界的问题，是一个动态变化的过程。

由于模型是根据已知事实建立的，是对研究对象简洁、仿真的表述，建立模型既是认识手段，也是认识的直接结果。所以，模型与建模是重要的科学方法与思维方法。

学生借助模型建构学习生物学知识，就是为了理解事物、解决问题而对事物做出一定抽象、简化的学习活动，是把认识对象进行概念化的过程。通过模型建构，能够帮助学生更深刻、更直观地把握研究对象的本质和特征，促进学生理解和掌握相关的概念；还可以帮助学生领悟模型方法、建立模型的思维。而教师借助模型开展教学，可以将陌生的、非直观的事物及思想转换为熟悉的、直观的形式，使抽象的概念、定理、规律等知识实现具体化、形象化。所以，模型建构是一种易于学生学习概念、加深概念理解的重要学习方法，也是学生认识世界的重要思维方式。

二、模型的类型

模型可以根据不同的标准分为不同的类型，从模型形态上分为实体形态的物质模型和观念形态的思想模型；从模型的表现形式上可分为物理模型、数学模型、图像模型等。中学生物学课程中涉及的模型分为物理模型、数学模型、概念模型三种。

(一)物理模型

物理模型是指以实物或图画形式直观地表达认识对象特征的模型。根据模型所表达对象的生物学属性不同，又分为静态模型和动态模型。

静态模型主要是反映生物体的形态结构特征和因果关系的模型，包括描述生物个体、系统、器官、组织、细胞的形态结构示意图、模式图或图解，生物体结构的标本、立体结构模型等。例如，建构“真核细胞结构”的静态模型(见图 7-33)，可以促进学生深刻理解重要概念“各种细胞都有相似的基本结构，但在形态与功能上有所差异”。

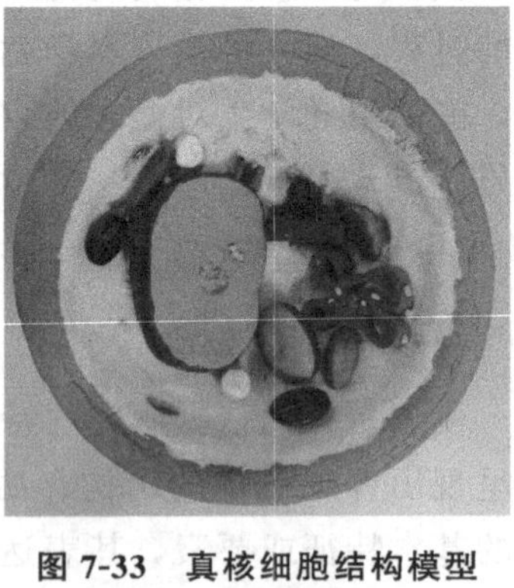
图 7-33　真核细胞结构模型

动态模型主要是描述生命活动的动态过程，是人们抽象出生物原型中某些方面的本质属性而构思出来的，用特殊的符号、色彩和图形来反映生命现象的发生、发展、变化，以及生物的结构与生理过程之间的相互联系，是生物学概念、原理的重要表达方式。例如，植物细胞有丝分裂模式图、肽链合成示意图等。动态模型的呈现方式能使研究对象内部各组分之间原本难以理解的关系，通过变化的过程体现出来，例如，荧光标记的小鼠细胞和人细胞融合实验示意图(见图

7-34①)，可以呈现细胞融合过程中蛋白质分子分布的变化，反映出蛋白质分子在细胞融合过程中的运动，并结合其他证据以证明细胞膜结构具有流动性。

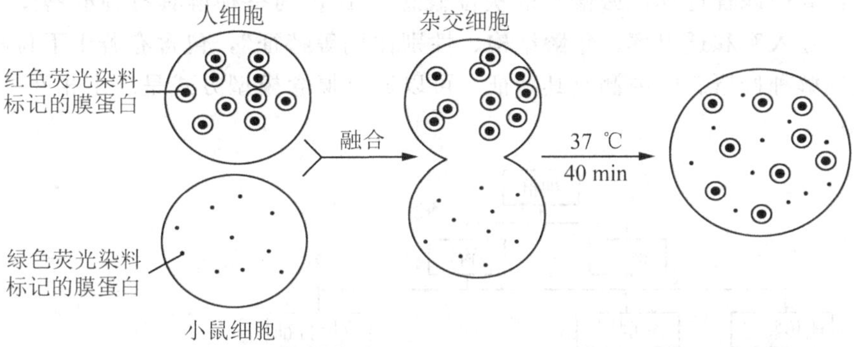

图 7-34　荧光标记的小鼠细胞和人细胞融合实验示意图

(二)数学模型

数学模型是用数学语言描述的一类模型，是把现实世界中的实际问题加以提炼，根据其特有的内在规律，运用适当的数学工具，得到的一个数学结构。在生物学中，数学模型是用来表达生命活动规律的计算公式、函数式、曲线图以及由实验数据绘制的表格、饼状图、柱形图等，可以定量地或定性地描述生命系统中各变量之间的相互关系或因果关系。数学模型是联系实际问题与数学的桥梁，能帮助学生把具体的数据转变成抽象的数学图形、把复杂的表象转变成对概念本质属性的认识，同时数学模型还具有解释、预测等重要功能。例如，酵母菌种群的增长曲线图(见图 7-35)，可以表示在实验室条件下，种群增长的“S”形曲线，反映种群增长的规律性变化。

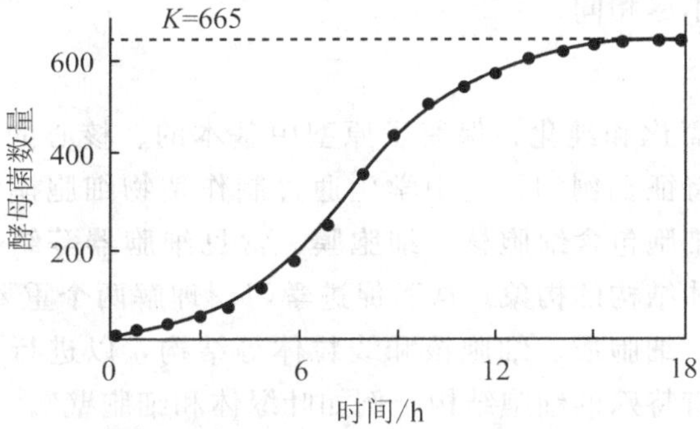

图 7-35　酵母菌实验种群的增长曲线图

(三)概念模型

概念模型是以图示、文字、符号等组成的流程图，描述、阐明生物的生命活动规律、机理，是主要以文字表述来抽象、概括出生物本质特征的模型。概念模型主要显

① 课程教材研究所·生物课程教材研究开发中心．普通高中教科书：生物·必修 1[M]．北京：人民教育出版社，2019：67．

示生物概念间的意义联系，展示概念间层级结构。建构概念模型，可以厘清生物学概念之间的关系，形成完整、清晰、系统、科学的知识体系。

例如，高中课程选择性必修 2 的次位概念 2.1.1“列举种群具有种群密度、出生率和死亡率、迁入率和迁出率、年龄结构、性别比例等特征”，包含有若干下位概念，为帮助学生理解种群概念的内涵及其特征，可以通过概念模型方式呈现出相互的关系(见图 7-36①)：

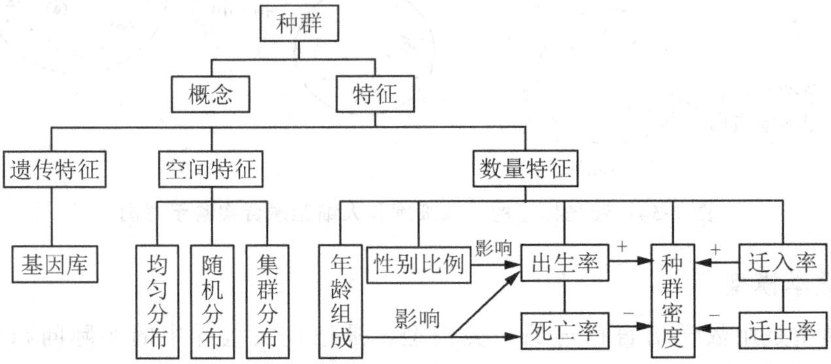

图 7-36 “种群”知识结构图

总之，在教学活动中，教师可充分利用不同模型的特点，把模型建构与概念学习有机结合在一起，通过指导学生进行模型建构，促进概念的形成、理解与应用。

三、模型的教学功能

模型是对客观事物相关属性的模拟，它可以使抽象的事物具体化，从而简化复杂的现象，为科学地解释现象、预测变化提供依据。不同种类的模型因其所表征的侧重点不同，承担的功能不尽相同。

(一)描述功能

模型是对原型的简化和纯化，保留了原型中基本的、核心的、本质的关系，能够描述生命现象等原型特征。例如，初中学生通过制作植物细胞模型或者动物细胞模型的活动，能够建立起细胞包含细胞核、细胞膜、常见细胞器等结构的概念，还能够在头脑中建立起细胞立体结构的构象。从而促进学习、理解两个重要概念“动物细胞、植物细胞都具有细胞膜、细胞质、细胞核和线粒体等结构，以进行生命活动”“相比于动物细胞，植物细胞具有特殊的细胞结构，例如叶绿体和细胞壁”。

(二)解释功能

模型能够反映客观事物的规律、过程等属性，利用已经获得的模型，就能解释生活中或者科学实验过程中遇到的相应问题。例如，学习“举例说明激素通过分级调节、反馈调节等机制维持机体的稳态，如甲状腺激素分泌的调节和血糖平衡的调节等”概念时，学生可以根据所建构的“血糖平衡调节的模型”，解释为什么正常人饭后会出现短暂的血糖浓度上升，一段时间后血糖浓度又下降到正常水平；为什么糖尿病患者血糖

① 赵广宇，刘霞．“种群的特征”的教学设计与实施[J]．生物学通报，2022，57(2)：21-23.

浓度持续高于正常水平，注射胰岛素后才回到正常范围等问题的原因。

（三）预测功能

根据已有模型，能预测与此相关的事物将来发展、变化的趋势。例如，在学习“生物与环境相互依赖、相互影响”这一概念时，要真实观察环境对生物影响的结果，不仅需要的时间长，也很难获得所需的数据和现象。因此，面对这种类型的学习内容，通常采用模拟实验的方式，像利用硫酸模拟酸雨对植物生长的影响，依据收集到的实验数据建立数学模型，可以预测在自然条件下，植物处于不同的大气条件下，生长状况可能出现的情况，从而理解生物与环境之间相互影响的关系。

四、基于模型建构的教学策略

基于模型建构开展教学活动，就是以模型与建模为载体，引导学生开展探究性学习，重在帮助学生掌握科学探究方法，提高科学思维的能力，达成发展学生生物学学科核心素养的目标。

（一）运用模型建构，促进概念形成

以模型建构的方式开展概念学习，可分为 5 个步骤：模型准备→模型假设→模型建立→模型检验→概念形成（见图 7-37）。

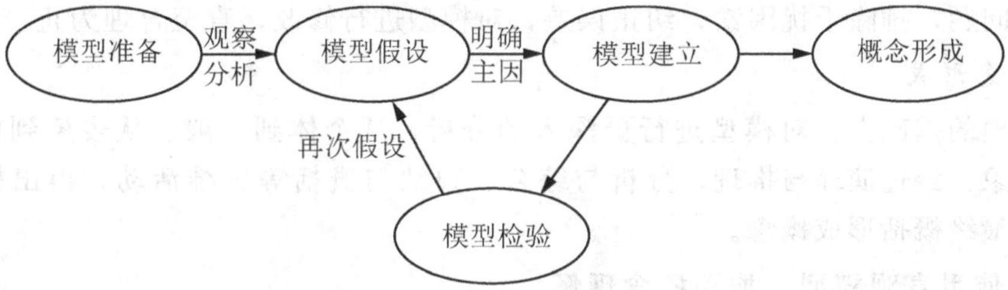

图 7-37　基于模型建构的概念形成过程

1. 模型准备

首先，根据概念的特征及其形成所需要的背景条件，厘清概念形成过程与建模的关系；其次，确立此概念建构需要的模型类型，是采用某一种模型，还是多种模型协同使用共同来表达概念。

2. 模型假设

用精确的语言作出相应的假设是建模的关键步骤，这也是对概念的初步认识阶段。作为假设的依据，一是出于对问题的内在规律的认识，二是来自对现象或数据的分析①。

对于比较复杂的概念，可以将概念中涉及的问题进行必要的、合理的简化，排除一些干扰因素，针对最核心的问题进行假设。假设的内容应该是合理的、真实的、可检验的，即后期可以通过实验或其他方式进行验证。

---

① 夏鸿鸣，魏艳华，王丙参. 数学建模[M]. 成都：西南交通大学出版社，2014：4.

3. 模型建立

模型建立是根据假设的内容和所选择的模型类型，设计出恰当的公式、图形、曲线或者是合理模型结构的过程。

由于学生对概念认识程度不同，模型建立过程可分为多个阶段进行。首先依据假设或者提出的问题，收集资料或者数据，以此建立一个简单的模型，也就是对概念最基本的理解。随着学习过程的进行，学生对概念的理解越来越深刻，这时进行模型的第二次建构过程，主要是对最初模型的完善补充，或是对最初模型的更正。如果是较为复杂的概念，可能还需要对概念进行拆分，建立多个模型或者多种类型的模型，共同来帮助复杂概念的形成。

4. 模型检验

将经过模型建构得到的理论数值、图像等结果与实际数值、图形相比较，如果两者相符，则说明所建立的模型是成功的；否则，需要对所建立的模型进行修改。

修改时，要认真分析模型不合理、不准确的原因。比如，所建模型是在理想条件下得到的，可能与实际问题有出入，导致出现较大误差；或者是问题的简化与假设不合理，造成模型出现偏差；抑或在运用模型建构概念的过程中，将复杂概念拆成多个基本概念、生物学事实时，没有厘清概念之间的关系，从而使建构的模型不合理。针对发现的问题，排除干扰因素，纠正误差，对模型进行修改，直至合理为止。

5. 概念形成

在建模的基础上，对模型进行更深入的分析，从个体到一般、从表象到内在、从具体到抽象，经过演绎与推理、分析与综合、归纳与概括等思维活动，得出模型的本质属性，最终概括形成概念。

(二)使用直观模型，加深概念理解

有些生物学概念涉及的研究对象属于微观水平的结构，或者其存在部位不在生物体表等因素，导致学生很难用常规方法直接观察到。例如，高中课程必修 1 中的次位概念“概述细胞都由质膜包裹，质膜将细胞与其生活环境分开，能控制物质进出，并参与细胞间的信息交流”，其中涉及的质膜无法用光学显微镜直接观察到，图片资料又缺乏立体感。而有些概念则涉及生物体的生理活动过程，学生也无法在课堂上直接观察到，教材中的模式图也不能呈现这种动态变化过程。例如，初中课程标准中的次位概念“概述血液循环”，由于学生无法观察到心脏、血管及其相互连接成系统的状况，导致很难建立起血液循环系统结构的概念；同时，因为无法直接看见血液流动，特别是在心脏内的流动状况，难以理解血液循环的概念。

针对这样的生物学概念，可以采用模型建构的方式，将抽象状态的概念转化为可以直接感知的形象状态，以模型的方式直观地呈现出来，使观察对象可视化、动态化，降低学习的难度，有利于学生对概念的理解。例如，制作血液循环系统的动态模型，可以让血液循环系统的组成可视化；而以不同颜色灯光显示动脉与静脉的血液流动过程，使血液循环呈现动态化，有利于学生理解概念的内涵。再如，重要概念“有性生殖中基因的分离和重组导致双亲后代的基因组合有多种可能”的形成，涉及“减数分裂中同源染色体非姐妹染色单体的交叉互换，同源染色体分离、非同源染色体自由组合”等基本概念的学习，仅仅通过语言阐述很难达到预期效果，因此，在进行这一概念教学活动时，可以使用橡皮泥制作减数分裂过程图(见图 7-38)，呈现在减数分裂过程中染色体的行为变化，将抽象概念形象化、直观化。

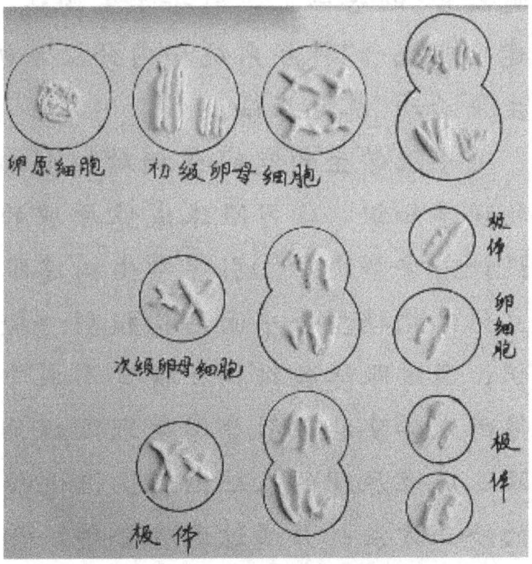

图 7-38　减数分裂过程中染色体行为

(三)呈现概念层级，建构概念体系

通过建构概念图，可以将学生在一节课或一个单元中学习的众多概念，按照一定的规律有机结合在一起，形成清晰的知识网络图形。这样，以概念图的形式呈现概念之间的层级关系，能够厘清概念之间的逻辑关系，建立起概念结构，使知识系统化，为形成新的重要概念和大概念奠定基础，最终形成生命观念。例如，初中学生学习重要概念“阐明细胞是生命活动的结构和功能的基本单位”时，通过建构概念图(见图 7-39)，建立起以“细胞是生物体结构和功能的基本单位”为中心，包括两个次位概念“动物细胞、植物细胞都具有细胞膜、细胞质、细胞核和线粒体等结构，以进行生命活动”“细胞的各结构行使着一定的功能，以维持细胞的生命活动”，以及若干个基本概念构成的概念体系。建构概念图使概念之间的关系结构化、逻辑化，也是探究学习的成果之一。

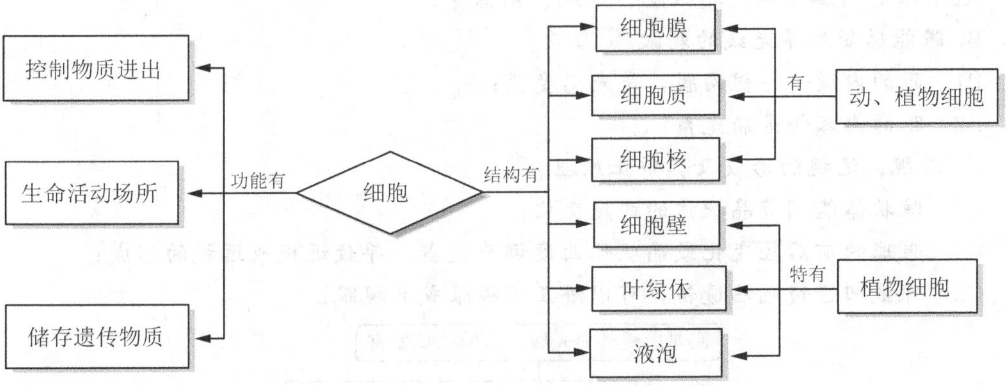

图 7-39　细胞基本结构的概念图

【案例】

“眼是感受外界光线的视觉器官”的教学策略①

1　设计思路

本节内容选自北师大版教材七年级下册第十二章，旨在认识“眼是获取外界信息的

① 赵广宇，徐杰，汪绍鑫．“眼是感受外界光线的视觉器官”的教学策略[J]．生物学通报，2018，53(12)：23-25.

视觉器官”的基础上，引导学生构建“人体通过眼、耳等感觉器官获取信息”的概念，为构建重要概念“神经系统和内分泌系统调节人体对环境变化的反应及生长、发育、生殖等生命活动”奠定基础。

七年级学生的空间感相对较弱，对建立眼球的立体结构感到困难；同时，由于缺乏物理学知识，学习眼球成像原理的难度较大。针对学生学习中的难点，本节课的教学设计着重解决：①引导学生构建眼球的结构模型，即从实际看到别人的眼睛→眼球的立体结构模型→平面结构模型→概念模型，促使学生感知、构建和内化眼球结构的知识；通过眼球各结构在视觉形成中的功能，归纳出视觉器官的概念。②通过凸透镜成像的光学实验，引导学生理解视网膜成像的原理，进而认识视觉形成过程。③在理解眼球成像原理的基础上，认识近视眼、远视眼视物不清的原因，掌握近视眼、远视眼的矫正方法；并通过调查全年级学生的视力现状，认识到保护视力的迫切性。

2　概念分析

《义务教育生物学课程标准(2011 年版)》对本节内容要求的重要概念是“概述人体通过眼、耳等感觉器官获取信息”。本节课设定的教学任务是有关眼的知识，围绕与眼的相关概念，确定本节课的概念体系(见图 7-40)。

A. 眼的结构包括眼球和附属结构

A1　眼球是眼的主体结构，由眼球壁和内容物组成；

A1.1　眼球壁包括外膜、中膜、内膜；

A1.2　内容物由房水、玻璃体、晶状体组成。

A2　眼的附属结构包括眼睑、结膜、泪器等。

B. 眼能感受外界光线的刺激

B1　眼的内膜——视网膜，是光感受器；

B2　眼的内容物是屈光系统。

C. 近视、远视的形成及其矫正原理

C1　睫状体能调节晶状体的曲度变化；

C2　眼球的前后径变化或晶状体曲度调节失当，导致近视或远视的形成；

C3　佩戴凹透镜或凸透镜，可以矫正近视眼或远视眼。

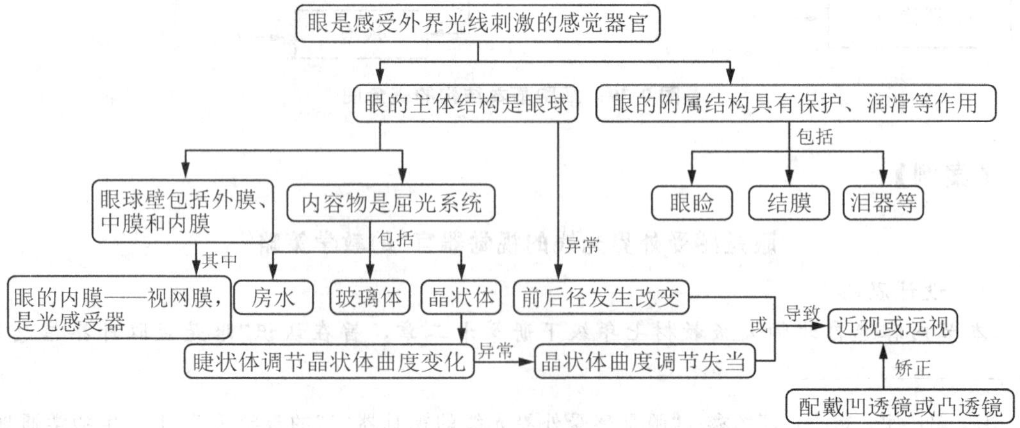

图 7-40　眼的概念结构图

3　教学目标

(1)知识目标：描述眼的结构和功能；说出视觉产生的基本过程；说明视觉器官的概念；解释近视、远视视物不清的原因及矫正方法。

(2)能力目标：尝试构建眼球的结构模型；完成凸透镜成像的实验，探索眼球成像的原理。

(3)情感态度价值观目标：关注用眼卫生，预防近视眼；关爱盲人，珍爱生命。

4　教学重难点

(1)重点：眼球的结构与功能；视觉形成的原理。

(2)难点：眼球的立体结构；眼的屈光调节；光线成像原理。

5　教学过程

5.1　角色扮演，创设学习情境

教师在课前安排两位学生戴上眼罩，体验盲人的感觉。上课伊始，两位学生在同伴的搀扶下走进教室时，学生们都感到很新奇。教师把握时机提问这两位学生：请谈谈失去光明的感受？两位学生的感受基本相同：开始是觉得好玩；后来，因为看不见东西，不敢行动，慢慢感到害怕。尽管有他人搀扶，还是会不断碰到别人或者障碍物，最后有点恐惧了。其他学生在两位学生的真情表述中受到感染，仿佛体会到了失去光明，人的生活将面临极大困难。此时，教师提出课题：用眼“看”是人获取外界信息的重要途径；人体的视觉是如何形成的？这首先要认识眼的结构。

5.2　模型构建，认识眼的结构

5.2.1　相互观察眼睛，检测眼的前概念　教师布置任务：请根据你已有的知识，也可以观察他人的眼睛，说出眼睛的结构组成？学生回答出：眼皮、黑眼珠、白眼仁等。此时，教师呈现眼球的立体结构模型，请学生们观察，大家感到很惊讶：原来眼睛是如此大的一个器官，还有许多我们不知道的结构。教师再结合眼睛的结构图，说明：人们看到眼睛，只是眼的部分结构。眼的结构包括两个部分，主体结构——眼球和附属结构(眼睑、泪器、睫毛等)。

5.2.2　观察立体模型，初步认识眼球结构　教师布置小组学习任务：对照教材中的眼球结构图，先观察眼球的立体模型；然后进行眼球模型的拆装，认识眼球的立体结构(见图7-41)。

图7-41　学生拆装眼球模型

当学生完成观察和模型构建任务后，教师出示眼睛的正面观模式图，要求学生指出：图中能观察到眼球的哪些结构？部分学生在辨析眼球正面观时出现了如下错误：一是将巩膜错认成玻璃体或角膜等其他结构；二是无法分辨角膜与虹膜之间的位置关系。这说明学生没有实现眼球模型到实物之间的认知转换。

5.2.3　拼装纵切面模型，深入认识眼球结构　针对学生在认识眼球实物与模型、纵切面结构与立体结构等方面存在着转换的困难。首先，教师引导学生用双手分别遮住眼球立体模型中角膜上下的巩膜，感知模仿眼睑遮住眼球的状态，再通过反复观察他人的眼睛、教材图示，并与模型进行比较、辨析，建立眼球整体与眼睛外观之间的关系。

其次，教师提供眼球纵切面结构剪纸，要求学生按照从外→内、从前→后的顺序，拼装眼球的纵切面结构(见图 7-42)。学生在构建模型时，又出现新的问题：睫状体、晶状体与虹膜之间的位置关系不清；无法准确认识外膜、中膜、内膜，导致位置关系错误。教师指导学生将立体模型、剪纸拼图与教材图示的结构一一对应，然后重点讲解学生容易混淆的结构。最后，要求学生在剪纸拼图中，标注出各部分结构的名称，以巩固学习成果。

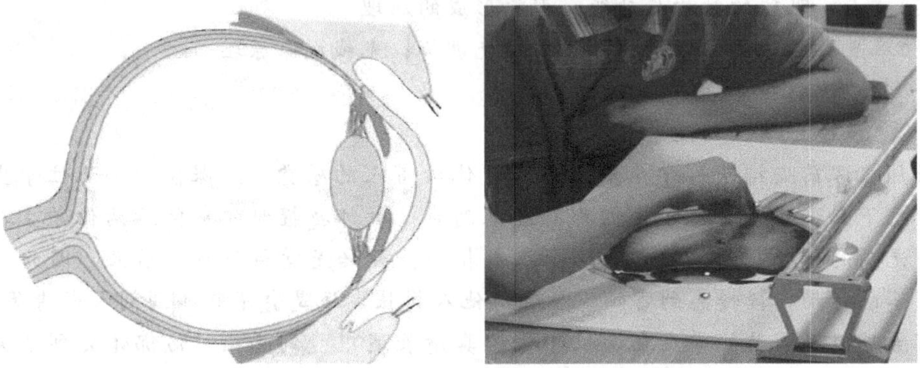

图 7-42　眼球纵切面观剪纸(左)和学生在课桌拼接纵切面模型(右)

5.2.4　构建概念模型，学习眼球的功能　教师引导学生先以概念图的形式，总结眼球的结构。然后，讲解相关结构的功能，特别要强调视网膜、内容物、睫状体与晶状体等结构的功能，为学习视觉形成奠定基础。最后，师生共同总结、形成如下概念图(见图 7-43)。

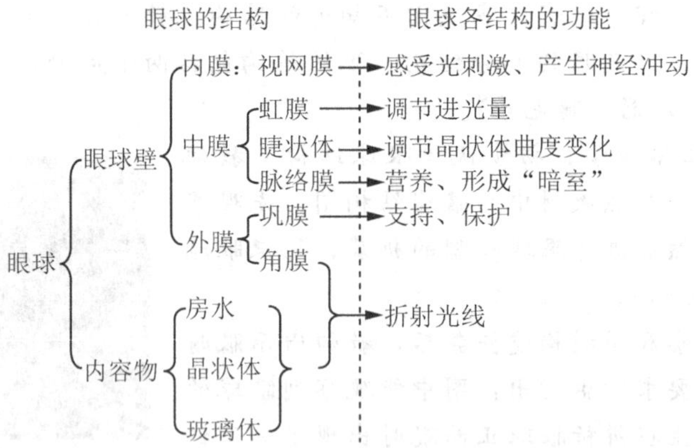

图 7-43　眼球结构与功能概念图

5.3　模拟实验，感知视觉形成

教师提出问题，引导学生思考：外界物体无论是远、是近、是大、是小，人眼都能够清晰看见。那么，外界光线进入人眼、到达视网膜之前，经过了哪些结构？光线经过这些结构后，会发生什么变化使人能够形成清晰的视觉呢？学生只能回答出：经过了角膜、房水、虹膜的瞳孔、晶状体、玻璃体，到达视网膜，而对光线进入眼球后会发生什么变化感到困惑。

图 7-44　凸透镜成像实验

5.3.1　观察凸透镜成像，感知光的折射　教师简介实验装置及实验操作要求，学生按照要求完成实验(见图 7-44)。教师引导学生观察光屏上出现的现象，侧重观察物像在大小、方向、亮度等方面的变化。学生观察后，经过集体的交流、讨论，总结出实验现象：光屏上成缩小、倒立的影像且亮度有所减弱。教师进一步指导学生加用暗箱，再次观察成像效果。学生：成像的亮度增大，其他没有变化。

教师讲解：光线通过凸透镜会发生折射，在光屏上形成缩小、倒立的物象。然后引导学生以类比的思想，概括出眼球成像的原理与过程：角膜、房水、晶状体、玻璃体共同构成眼球的屈光系统，外界光线通过屈光系统，在视网膜上形成缩小、倒立的物象。脉络膜使眼球内成为暗室，成像更加清晰。

5.3.2　分析推理，概括视觉形成过程　教师引导学生依据眼球的结构及其功能、神经系统的结构与功能，通过阅读教材、分析、讨论，推断视觉形成的基本路径：外界光线经过眼球的透明部分，在视网膜上形成物象；视网膜受到刺激产生冲动；冲动通过与视网膜相连的视神经传导，到达大脑皮层的视觉中枢，形成视觉。在此基础上，要求学生构建出视觉形成过程概念图(见图 7-45)。

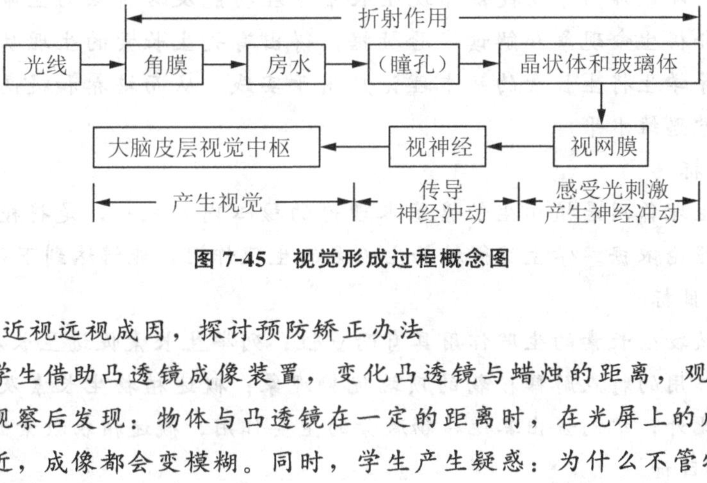

图 7-45　视觉形成过程概念图

5.4　分析近视远视成因，探讨预防矫正办法

教师引导学生借助凸透镜成像装置，变化凸透镜与蜡烛的距离，观察光屏上物象的变化。学生观察后发现：物体与凸透镜在一定的距离时，在光屏上的成像是清晰的。距离过远、过近，成像都会变模糊。同时，学生产生疑惑：为什么不管物体的远、近，我们人眼看到的物体都是清晰的呢？

教师演示实验：当物体的距离变化后，采用不同曲度的凸透镜完成实验。学生惊喜地发现，当物体距离发生变化时，只要采用合适曲度的凸透镜，成像仍然是清晰的。

教师顺势讲解人眼曲光系统的调节原理：睫状体内的平滑肌发生收缩或舒张，可以调节晶状体的曲度变化，使不同距离的物体清晰地在视网膜上成像。

在此基础上，教师引导学生分析近视、远视形成的原因，探讨预防近视的措施，以及矫正的方法，为形成科学用眼的习惯奠定基础。

【评析】本节课针对初中学生认识眼球结构存在的困难，引导学生采取以模型建构为主的多样化学习方式，以实现概念的自主建构。

首先，教师要求学生运用前概念描述眼球的结构，然后初步观察眼球平面结构图，以引起认知冲突，为建构模型做准备。在模型建构时，先观察立体模型，再进行拆装，从立体的角度深入认识眼球的结构。其次，以平面图检验学生的认知成果，帮助学生发现自己存在的认知盲点；接着，运用拼装的方式，完成对眼球结构平面模型的正确建构。最后，引导学生以概念图的形式，总结眼球的结构，巩固认知的成果。

这样，采用模型建构的思想，利用观察人眼、观察眼球立体模型、拼接眼球切面结构图、观察眼球结构模式图等方式，引导学生从平面到立体、再从立体到平面，突破学生缺乏立体空间感的难点，使学生能够真正建立眼球的立体结构，掌握眼球的结构组成，真正建构了“眼是视觉器官”的概念。

【案例】

“植物生长素的生理作用”推理探究式教学设计与实施①

1　设计思路

本课是“植物生长素”的第2学时。通过生长素发现过程的学习，学生已经初步体验生长素基本理论的形成过程，了解到科学家早期研究的基本方法和科学思维方式。在此基础上，本课时将采用以信息处理为主的探究学习模式，引导学生习得植物生长素的生理作用，即教师为学生提供体现生长素生理功能及其特点的生命现象或实验数据，引导他们分析生命现象和解读实验数据，得出有关生长素的生理功能和特点等结论，进一步引导学生将生长素的基本理论应用于实践，从而培养和提高学生的科学探究能力及其科学思维水平。

2　教学目标

生长素的生理作用是植物生长素基本理论的核心内容之一，是将植物生长素应用于生产实践的理论依据。学生习得植物生长素的生理作用，能够达到下列预期目标。

2.1　知识目标

举例说明植物生长素的生理作用具有两重性；列举生长素促进生长和发育的例证，用生长素生理作用的特点解释植物的顶端优势现象；概述植物生长素及类似物在农业生产的应用。此外，举例说出其他植物激素的主要作用，概述植物激素的共同特征。

2.2　能力目标

通过识图和图文、图图转换训练，发展获取、整理信息的能力；通过解读相关资料信息，发展分析问题和解决问题的能力。

2.3　情感态度价值观目标

认同观察和实验是生物科学研究的基本方法，领悟分析数据和得出结论是一个关键而严谨的科学探究环节；结合生长素作用的两重性，体会对立统一规律对认识事物

---

①　赵广宇，闵洋，陈亮，等．“植物生长素的生理作用”推理探究式教学设计与实施[J]．生物学通报，2010，45(4)：28-31.

发展变化的指导作用，接受科学思维方式训练；关注植物激素的应用信息，认识生命科学的价值。

3　教学重点和难点

揭示植物生长素生理作用的两重性，概述植物激素的共同特征。

4　教学过程

4.1　用习得知识导入新课题

引导学生将温特实验结果与植物向光性进行比较，得出产生向光性的内在原因：背光一侧的生长速度快于向光一侧的事实表明，生长素在体内分布不均匀，背光侧的生长素分布较多，向光一侧的生长素分布较少。进而引导学生分析产生向光性的外因：生长素在体内分布不均匀是由单侧光照射引起的。然后设疑：植物生长素有哪些生理作用呢？由此导入新课题。

4.2　以自然现象引发学生探究欲望，创设探究情境

用PPT展示在黑暗中水平放置的玉米种子萌发状况，引导学生观察茎的负向重力性和根的正向重力性现象。学生随即产生疑惑并提出疑问：为什么在重力的作用下，根和茎的生长方向会相反呢？教师鼓励学生们对产生实验现象的原因进行大胆的猜测。同学们通过思考、分析，基本上形成两种意见：一是重力对根、茎中的生长素分布影响不同。即茎的近地侧生长素分布较多，植物生长较快；远地侧生长素分布较少，生长速度慢，导致植物产生茎的背地性生长；而根的近地侧生长素分布较少，植物生长较慢，远地侧生长素分布较多，生长速度快，导致根的向地性生长。二是相同的外界因素(即重力)对根、茎中的生长素分布影响应该是相同的，但因为某种未知的原因导致根、茎的生长方向产生了不同。

前者是运用已有知识解释现象，得到多数学生的赞同，但无法解释重力对不同器官的影响不同；后者是少数学生的直觉。双方观点对立，但都无法用理论和数据给出科学解释。此时，教师引导学生找出双方观点分歧的原因：重力导致不同器官中生长素分布不同(即浓度产生差异)，从而造成生长差异；根和茎对相同浓度生长素产生的反应也可能是不同的。由此，同学们形成共识并提出探究的课题：探究生长素浓度与根和茎生长速度的关系。

4.3　分析他人研究结果，自主建构新知

受学习时间和条件的限制，课堂上难以开展实验探究学习。因此，教师根据学生的观点，提供他人的研究案例，指导学生分析实验结果，进而得出相关的科学结论。

4.3.1　教师提供的研究案例(某学生研究小组的实验)

配制药品：配制不同浓度的生长素溶液：称量0.01 mol的生长素，先加入少量酒精，待溶解后稀释至1 000 mL。得到10^{-2} mol/L的生长素溶液，再用蒸馏水依次稀释和配制出10^{-12}～10^{-2} mol/L共11个浓度的生长素溶液，保存在棕色瓶中，贴上标签，放在暗处保存。

处理实验材料：挑选大小基本一致的大蒜鳞茎作实验材料，每组选10个进行处理，共分12组，分别用不同质量浓度的生长素溶液处理浸泡根部，每组贴上相应的标签。处理后的第7天，差异已经很明显。实验结果见表7-1。

表 7-1 实验结果

编号	生长素/(mol·L^{-1})	根的平均长度/mm	苗的平均高度/mm
1	蒸馏水	2.8	25.5
2	10^{-12}	11.5	30.6
3	10^{-11}	10.4	34.0
4	10^{-10}	10.0	39.2
5	10^{-9}	9.5	31.0
6	10^{-8}	8.6	29.6
7	10^{-7}	8.1	27.4
8	10^{-6}	6.6	26.2
9	10^{-5}	2.0	21.5
10	10^{-4}	1.8	18.1
11	10^{-3}	0.2	18.0
12	10^{-2}	0	17.2

分析实验数据：多数学生依据生长素浓度变化范围(10^{-12}～10^{-10}mol/L)与根、茎长度的关系，分析得出结论：①根的生长速度随着生长素浓度的升高而减慢，即二者间成反比关系；②在一定的生长素浓度范围内(10^{-12}～10^{-10}mol/L)，苗的生长速度随着浓度的增高而加快，超过一定的浓度范围(大于10^{-10}mol/L)，苗的生长速度随着浓度的增高而降低。依据上述结论，进一步得出：生长素对根的生长起抑制作用，而对茎的生长既有促进作用又有抑制作用。这个结论似乎可以解释茎负向重力性生长、根正向重力性生长的现象。但少数学生心存疑虑，他们觉得生长素对根、茎的作用应该一样，但不知如何证明。这时，教师提示他们思考数据的处理方法。

4.3.2 学会处理和分析数据的方法 如何正确处理实验数据，得出科学的结论呢？在学生陷入困惑时，教师提出问题，引导学生寻找正确处理数据的方法：在分析数据时，该如何使用空白对照组的数据？

学生通过分析认识到：由于空白对照组的植物也处于生长状态，说明其体内含有一定浓度的生长素，而实验组的生长素浓度都是在此浓度基础上的增加值。因此，根和茎的生长应该表示其变化值，即分析根、茎生长速度的变化与生长素浓度变化的关系。

由此得出数据处理方法：将数据绘制成坐标图时，应以对照组的浓度设为起始浓度，横坐标表示溶液中的生长素浓度(生长素浓度的变化值)。纵坐标为根或苗的相对平均长度，即相对高度＝实验组数据－对照组数据。由此学生绘制出的坐标图见图 7-46、图 7-47。

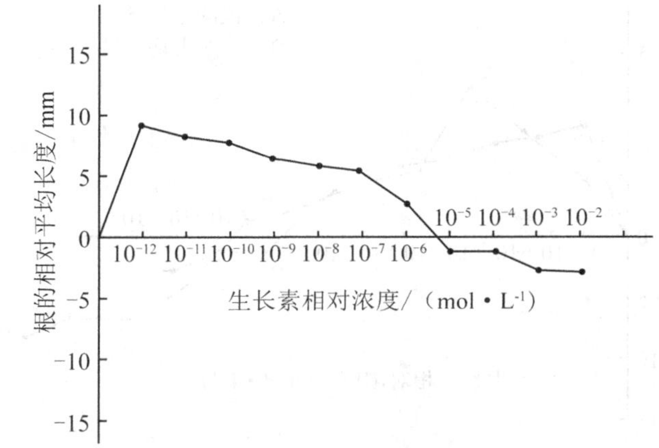

图 7-46　生长素浓度与根的平均长度关系

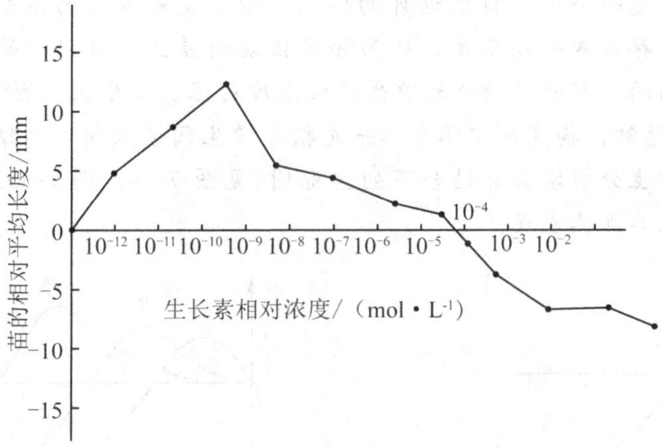

图 7-47　生长素浓度与苗的平均高度关系

4.3.3　**分析数据，得出结论**　教师首先设问：坐标图中正值、负值代表什么含义？学生：正值表示实验组比对照组的生长速度快；负值表示比对照组生长速度慢，但仍然在生长。教师进一步讲解：正值就表示生长素具有促进生长的作用，负值则表示对生长起抑制作用。

然后要求学生依据坐标图，总结生长素浓度变化对植物根、苗生长速度的影响。学生分析得出：在一定的浓度范围内，根或苗的生长速度随着浓度的增高而加快；在某一浓度(最适浓度)时，生长速度达到最大；超过一定的浓度范围，根、苗的生长速度随着浓度的增高而降低。教师总结：生长素生理作用的上述特点，称为两重性。

教师提问：如何运用生长素作用的特点解释茎的负向重力性生长、根的正向重力性生长呢？学生：将图 7-46 和图 7-47 重叠起来(见图 7-48)，比较生长素浓度对根、茎生长的影响之间的区别，从而得出结论。

学生在分析图 7-48 后提出质疑：促进茎生长的生长素最适浓度高于根、抑制茎生长的浓度却低于根。这无法判断根、茎对生长素的敏感程度，也就不能依此解释相关现象。这与教材中图示的结果有矛盾，这是为什么？

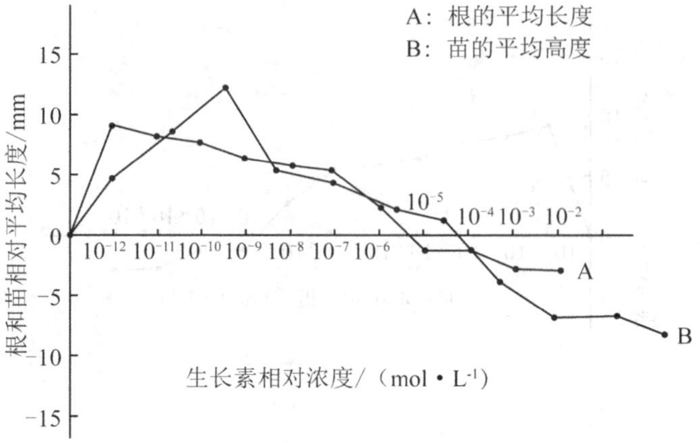

图 7-48　根、苗对生长素浓度反应的比较

教师解释：这是一个学生自己设计的实验，由于实验条件的限制，在实验变量或无关变量的控制等存在着一些不足，从而导致出现误差。而教材中的数据是科学家通过更精确实验得到的，可以准确地反映生长素浓度对根、茎生长的影响。

4.3.4　归纳总结，构建知识体系　一是指导学生阅读教材，总结出生长素的生理作用。二是引导学生分析实验并结合下列坐标图(见图 7-49、图 7-50)，归纳得出生长素作用的二重性及其具体表现。

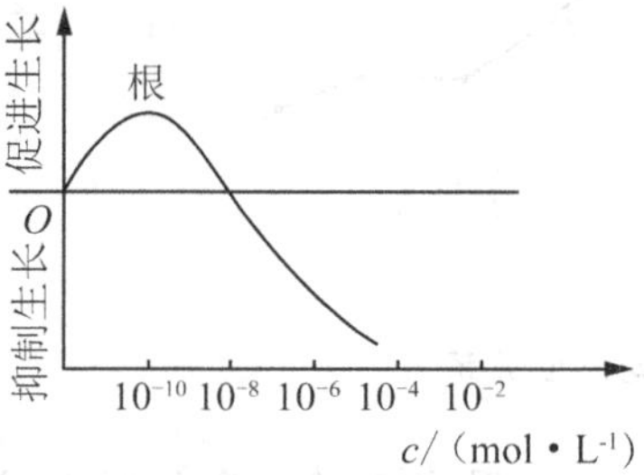

图 7-49　根对生长素浓度的反应

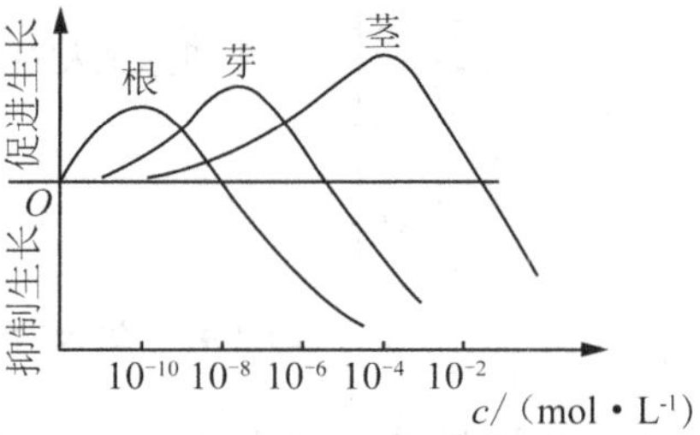

图 7-50　同一植株不同器官对生长素浓度的反应

①分析图 7-49 得出：同一植物的同一器官，对不同浓度的生长素溶液的敏感程度不同。

②分析图 7-50 得出：同一植物的不同器官，对同一浓度的生长素溶液的敏感程度不同，根对生长素的敏感性最高，芽次之，茎最低。

③依据生长素作为除草剂的作用得出：不同的植物对同一浓度生长素的敏感程度不同。

4.4　理论联系实际，学以致用

4.4.1　解释自然现象

(1)茎的背地性生长、根向地性生长。教师将自然现象转换成如下问题：将植物横放，其生长状况的关系如左图所示(见图 7-51)。如果测定根和茎的生长素浓度及其与生长的关系，得到右图(见图 7-51)。请回答下列问题：①右图曲线上 P 点最可能对应于左图中的位置是哪一点？为什么？②解释根的向地生长和茎的背地生长的原因？

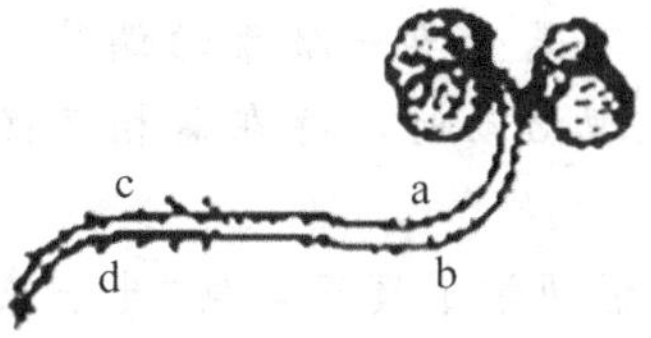

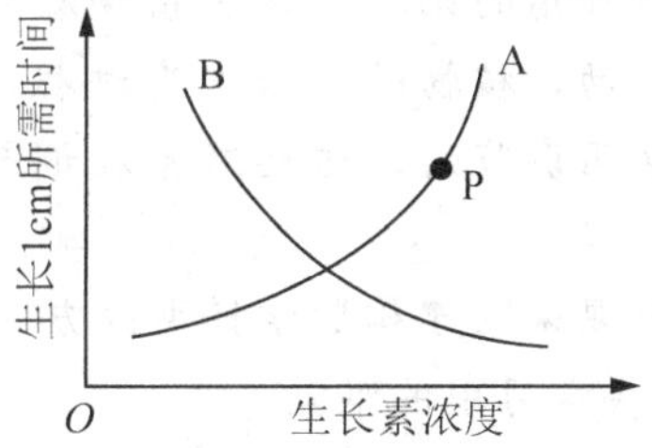

图 7-51　茎背地性生长、根向地性生长与生长素浓度的关系

教师引导学生从 A、B 2 条曲线表示的生长素浓度与生长所需的时间关系，判断 P 点对应的位置：由于 A 曲线显示生长素浓度越高，生长速度越慢，而 B 曲线正相反，所以 A、B 曲线分别表示的是根、茎生长与生长素浓度的关系，则 P 点表示的 d 点。说明在重力作用下，根、茎中的生长素分布状况是相同的，生长素在近地侧的浓度较高，远地侧浓度较低，即 b 点＞a 点，d 点＞c 点。

至此，学生可以运用生长素具有两重性的知识，解释第 2 个问题：由于同一植物不同器官对同一浓度的生长素溶液的敏感程度不同，对茎而言，b 点浓度大于 a 点，生长快，所以弯向背地侧生长；而对根而言，d 点浓度过高，起到抑制作用，c 点浓度较低，起促进作用，故弯向向地侧生长。

(2)顶端优势现象。第一，教师引导学生由自然界中树木的枝叶呈现出的宝塔形，归纳出顶端优势的概念；第二，提示学生运用"生长素的产生部位、生长素的极性运输、生长素作用的两重性"等已有知识解释顶端优势现象；第三，启发学生思考顶端优势现象对植物的意义，并由此引出生长素在生产实际中的应用。

4.4.2　生长素在农业生产上的应用　因为学生缺乏生产实践的经验，由教师将生产中的实际事例总结成相关类型(即教师提出生产上的措施或要求)，引导学生根据生长素的生理作用及其作用特点，分析其应用的目的、原理及注意事项：

(1)行道树、绿篱等进行修剪：目的——可以多长侧枝；原理——解除顶端优势；(2)果树(如梨树、苹果树)、棉花、番茄等进行修剪：目的——减少叶枝徒长，避免花蕾等脱落，以提高农作物的产量；原理——解除顶端优势；(3)促进扦插的枝条生根：目的——使扦插的枝条易于成活；原理——促进形成不定根；(4)获取无子辣椒等：目的——培育无子果实；原理——发育的种子中能够产生生长素，促进子房发育成果实；(5)2，4-D 用作双子叶植物的除草剂：目的——除去农田中的双子叶植物类的杂草；原理——不同的植物对同一浓度生长素的敏感程度不同。(注意事项：使用生长素类似物溶液时，其浓度要在适宜范围内)

通过对生长素的理论联系实际的分析与应用，可以加深学生对生长素生理作用及其特点等知识的理解，并能应用这些知识解释或解决生产实际中的一些问题。

4.5　其他植物激素的主要作用及其共同特征

学生阅读教材，结合教师补充的有关赤霉素、脱落酸等知识，以表格的形式总结五类植物激素的主要作用、分布部位等。在总结的基础上，教师引导学生归纳出植物激素的共同特征(教材中植物激素的概念)：在植物体的一定部位合成、从产生部位运输到作用部位、对植物体的生命活动产生显著调节作用的微量有机物。同时，引导学生通过激素生理作用的比较，得出植物激素生理作用的相互关系：一种植物激素可能影响多个生理活动，植物的生长发育过程，也不是受单一激素的调节，而是由多种激素相互协调、共同调节的，这些激素在调节生理活动时，存在着相互促进或相互抑制的关系。

【评析】本节课采用建构数学模型的方式，帮助学生真正理解“生长素作用具有两重性”的内涵，解决学习中的难点。

学生在学习“生长素作用具有两重性”时，很难理解“抑制作用”的含义，有学生甚至错误的解读教材中的坐标图，认为“抑制生长”是指植物不生长、甚至是负生长。针对这种情况，本节课一是通过生物学事实，引发学生的思考，提出研究的问题：植物生长素的生理作用具有什么特性？二是引导学生提出假设，学生提出了两种不同的假设，一种是“重力导致不同器官中生长素分布不同(即浓度产生差异)，从而造成生长差异”，另一种是“根和茎对相同浓度生长素产生的反应也可能是不同的”。三是模型建构与检验，本次的模型建构实际上进行了三次，学生根据教师提供的实验数据，初步建构数学模型，以呈现“生长素作用具有两重性”的规律，经过分析发现坐标图的生物学意义存在问题，其原因是数据处理有问题，然后进行第二次建构，分别形成生长素对根、苗影响的数学模型。最后是第三次建构，得出反映概念内涵的数学模型，最终形成概念。

本节课以实验数据为支撑，通过指导学生处理、分析数据，使学生在“利用数学方法处理、解释数据，根据证据作出合理判断”的过程中，真正理解知识的内涵，从而在发展和提高学生科学探究能力的同时，实现了学生自主建构新知识。

基于模型建构的方式开展探究性学习，就是让学生基于生物学事实提出相应的问题，完成收集资料、作出假设、建立模型、验证模型、再次建立模型、形成概念的过程。学生要学会在已有概念的基础上，经过科学的思维，设计出符合逻辑推理的模型类型，在建构模型的过程中，领悟、掌握相应概念的内涵和外延；同时，通过归纳整理概念的内涵和外延，内化形成自己的知识网络。教师则要引导学生采用不同形式的模型建构或者是多种模型建构协同作用，深化对生物学概念的理解，使学生对生物学知识体系的掌握更清晰、更有层次感、更有条理性。总之，模型建构的过程对于学生生命观念的形成、科学思维的发展、探究能力的提高有着不可或缺的作用。

第八章　生物教师的基本教学技能

学科教学是专业性极强的工作，教师不仅需要全面掌握学科专业知识，还应具备扎实的教学技能，以保证教学活动顺利进行。

从广义的角度看，教学技能是教师进行学科教学活动必备的专业技能，包括教学设计、教学准备、教学组织、教学实施、教学评价等相关技能。从狭义的角度看，教学实施阶段的课堂教学技能作为教师教学技能的基本组成部分，也可称为基本教学技能。

课堂教学技能主要是指教师在课堂上利用教学理论和教学经验进行某一学科教学的能力基础，是教师为完成特定的教学目标而进行的意识性行动①。课堂教学技能没有确定的分类体系，根据中学生物学科教学的特点，课堂教学的基本技能包括教学语言技能、课堂反馈与提问技能、实验教学技能、微型课与说课技能等。

第一节　教学语言技能

在教学活动中，教学语言是主要的信息载体和交流工具。因此，教学语言技能是教师传递信息，提供学习指导的语言行为方式，是生物教师必须掌握的最基本的技能。教学语言技能包括语言表达技能、讲解技能、导入技能等。

一、教学语言的含义

教学语言是指教师运用恰当的语音、正确的语义、准确且合乎逻辑的语句，结合得体的肢体语言和合适的板书语言，以阐述教学内容、说明教学问题的行为方式。

教师教学语言技能的水平在很大程度上决定着学生的学习效果。教师清晰、无误的发音，保障了知识内容和学习要求的准确传达；教师流利、顺畅的叙述，促使学生思维的畅通和连贯；教师诙谐、幽默的谈吐，能调动学生的热情和专注；教师起伏、顿挫的转换，可使学生在张弛之间感受到课堂节奏的变化。尽管科技媒体语言已经广泛进入课堂教学，但课堂现场有声有色的教学语言依然无法被替代。

二、教学语言的构成要素

教学语言由普通语言和适应教学要求的学科教学专业语言构成，既具有普通语言的特点，又符合学科教学的要求。

(一)普通语言技能

普通语言是人们在日常人际交往中使用的语言，是每个人都应该具备的基本语言技能，也是教师教学语言的基础。

① 汪忠. 新编生物学教学论[M]. 上海：华东师范大学出版社，2006：84.

1. 语音和语调

语音是语言的基本结构单位，能够使所要表达的信息以声音的形式发出和被感知。在课堂教学中，对语音的基本要求是使用普通话，避免使用方言教学。同时，吐字要清晰、准确、完整，努力做到字正腔圆、清亮流畅、圆润悦耳。

语调是指语言中声音强弱、高低的升降变化。教学语言的音量大小要适中，以教室最后一排同学能听清、第一排同学又不觉得过大为原则，还要根据课堂教学的进程、内容发生变化，凸显情感起伏跌宕的变化和语音的层次错落之美。语调要富有情感感染力，通过抑扬顿挫的变化，体现出教学语言的生动性。教师可根据教学内容，或疑惑，或郑重，或紧迫，或兴奋，或悲痛等，不断变化语调，烘托课堂氛围，引人入胜，达到师生情感的共鸣，实现师生的情感交流。

2. 语速和节奏

语速是指讲话的快慢，教学语言的语速要尽量适中，一般在200字/分钟为宜。节奏是指教学中语言停、顿的变化。

在一节课的教学活动中，教师教学语言的语速和节奏需要根据教学内容的特点、学生的学习状况发生变化。讲授基本知识时，节奏平缓，语速适中；讲授重难点知识时，节奏具有缓急的变换，语调有高低起伏；讲授不带感情色彩的内容时，节奏适中，音节结束干脆利落；讲授带有浓烈感情色彩的内容时，节奏顿挫明显，音节可适度拖长。当学生精神饱满、专注度高时，讲话速度可快，以调动学生思维的转速，提升课堂效率；当学生疲惫乏力、热情衰减时，讲话速度可慢，音量加大，提高学生的专注度。

总之，在教学过程中，教师要善于调控自己的语调和节奏，掌握轻重、缓急的变化规律，使课堂语言简洁明快、和谐生动，用简洁精练的语言将知识讲清说透。教师应避免教学语言的冗长重复、杂乱无序，以免导致学生思维的混乱和学习效率的低下。

3. 词汇和语法

词汇是构成语言的基本单位，语法是使用词汇造句的基本规则。生物学作为一门自然科学，知识内容包含的生物学基本事实、概念和原理，需要用专业、规范的学科术语进行描述。教师在从事生物学科教学时，需要具备大量的词汇储备，能规范、准确和熟练地表达教学内容信息。同时能根据表达的规则，将教学思路顺畅连贯、逻辑严密地展现出来，避免出现语病，保证在师生交流中实现彼此理解和相互认同。

(二)专业语言技能及特点

除普通语言外，教师完成学科教学工作，还需要具有教育观念和学科专业特征的专业化语言，以实现教育、教学的功能。在运用专业教学语言时，应体现如下特点。

1. 科学性

生物教师教学语言的科学性，表现在能够正确、规范的使用生物学术语，能够准确表达生物学的现象、概念和原理等生物学知识；在运用语言陈述、阐释生物学知识时，要保证语义的准确性；在采用形象、通俗的语言或者是比喻、拟人的语言进行表述时，要把握生物学知识的内涵，确保科学性、准确性，避免出现错误。

教学语言的科学性是教学内容准确的重要保障，特别是基本事实不能错误、基本概念不能混淆、基本原理不能偏差。若教学中语言出现科学性错误，再"悦耳"的声音都是难以弥补的。

2. 逻辑性

教学语言的逻辑性首先表现在教师使用的语言要前后连贯，体现出教师的思维严密、逻辑性强；其次是教师通过教学语言表达的生物学知识具有逻辑性，能够体现知识的内在联系，呈现出最佳的知识结构，有利于学生建构良好的知识结构体系；最后是教师传授生物学知识所使用的教学语言，应符合学生的认知水平和认知规律，能够提高学生的科学思维能力。

3. 教育性

教学语言应该具有思想性，能够将教育功能蕴藏在学科知识的传授过程中，同时要具有激励性，能够激发学生学习的积极性和主动性。教学语言还要具有启发性，做到"道而弗牵，开而弗达"，达到启迪、引导学生思维活动的目的。教师通过运用教学语言将学生置于课堂的核心，创设问题情境，激发学生思考、讨论和分析，探索未知，主动建构知识体系，打开思维之门。

总之，教师的教学语言要语音清脆、吐词清晰、词汇丰富、语法规范，同时还要根据课程内容需要，合理变化音量、语速、语调和节奏，让学生听到教师的声音，接收到教师所要传递的学科知识内容和思想内容，更收获到如"余音绕梁"般美的享受。

三、教学语言的类型

教学语言技能可以根据其在课堂教学中的作用，划分为导入技能、讲解技能、结语技能等类型，还可以进一步细分为讲解阐述语、激情激趣语、启发诱导语、指令指导语、过渡转换语、归纳小结语、评价激励语和调控应变语①等类型，它们具有各自的主要特征(见表8-1)。

(一)讲解技能

讲解是课堂教学活动中必不可少的教学手段。讲解技能是指教师运用教学语言，辅以各种教学媒体，向学生传授学科知识和方法，引导学生理解教学内容，开展分析、综合、抽象、概括等思维活动，形成概念、认识规律和掌握原理的能力。

讲解技能是教师最基本的课堂教学语言技能，以"讲解技能"为核心的讲授式教学就是一种用语言传授知识的教学方式，这种古老的教学方法目前依然是生物学教学中最常见的教学方式。

1. 讲解技能的类型

讲解技能可以根据教学目标及讲解的内容，划分为描述式讲解、解释式讲解、原理中心式讲解和问题中心式讲解四种类型。

① 崔鸿. 新理念生物教学技能训练[M]. 2版. 北京：北京大学出版社，2018：23-24.

表 8-1　课堂口语的主要类型、特征及应用场景

类型	语言特征	应用场景
讲解阐述语	词汇准确、语言简洁、语速适中	解释说明、分析推演、归纳概括等
激情激趣语	生动活泼、诙谐幽默、句式长短变换、修辞丰富多彩、语调节奏变幻明显	创设教学情境、渲染环境气氛、展开探究情节、描绘生动事实等
启发诱导语	语速缓慢、重低音突出、节奏明显、吐词清晰	课堂设问、师生交流互动、启发式讲解等启迪学生思维，激发学生主动学习的场景
指令指导语	简洁明确、具体直接、坚定果断	提出学习要求、纪律规范、训练内容、注意事项等
过渡转换语	承上内容：语速、语调、节奏等缓慢适中； 启下内容：重点突出、语调变换增强	教学内容的转化、教学环节的连接、教学方式的切换等具有关联性和层次性的教学场景
归纳小结语	简洁精练、条理清晰、逻辑连贯、吐词清晰、语速缓慢	讨论交流、练习训练等教学环节结束或课堂结束时的归纳和总结场景
评价激励语	语言诚恳耐心、热情细致，实事求是且中肯恰当，不打击、嘲讽等	对学生学习情况的考查评价、勉励激励等场景
调控应变语	睿智敏捷、风趣幽默、词汇高级	调整课堂气氛、调节师生关系、调控教学进程、调和突发事件等

(1)描述式讲解。

描述式讲解是对生物体形态、结构、功能的描述以及生命活动过程发生、发展和变化的描述，目的是使学生对生物学现象、生命活动过程等有较为系统和完备的认知与理解。根据描述方式的差异，描述式讲解分为结构要素性描述和顺序性描述。对于结构要素类描述，关键是描述要素的完整和各要素关系的合理；对于顺序类描述则要遵循事物发展变化的规律，展示事物发展的阶段性和特定阶段的典型性。描述性讲解适用于生物标本、模型、挂图等实物，生物仪器结构、性能和使用规范等场景。描述式讲解切忌拖拉冗长，应做到浅显易懂，生动有趣。

(2)解释式讲解。

解释式讲解是运用解析和阐释的方式，以已知内容为基础建立有意义的联系，从而接受未知知识的讲解方式。在生物学教学中，生物体的形态、结构和种类，实验的方法和步骤，生命科学史等具体性和陈述性的知识，适宜运用解释式讲解。教师通过陈述事实、描述结构、阐明程序、阐释意义等方式进行讲解，提升学生学习生物学基本事实、基本概念等基础性知识的效率。

(3)原理中心式讲解。

原理中心式讲解是指以概念、规律、原理等为中心内容的讲解，通常从一般性概括的导入开始，然后对其进行科学论证、严密推理，最终得出结论，再回到一般性概括的讲述方式，是一种发展高阶思维能力的讲解。在讲解过程中，要交替使用分析、比较、归纳、演绎、抽象、概括等多种科学思维方法，采用夹叙夹议的表达方式，注重逻辑合理和论证科学。原理中心式讲解适用于生物学中基本概念、原理和规律等具有抽象性、概括性知识的讲解，讲解切忌混乱、空洞，讲解过程要“有条”“有理”。

(4)问题中心式讲解。

问题中心式讲解是以问题为中心的讲解，讲解过程需要营造问题情境，使用预设或生成的具体问题，然后选择适宜的方法去解决问题，最后交流讨论、整理总结得出结论的讲解过程，也属于发展高阶思维能力的讲解。在讲解过程中，教师立足于问题情境的设置，引导学生发现并提出值得探究的问题，引导学生主动探寻解决问题的途径和方法，以达到能力训练的目的。问题中心式讲解适用于生物学中重点、难点内容的教学。讲解时，问题的提出要具体，立足于学生的认知水平和生活经验，要以鲜活的实例作为问题设置的情境。解决问题要讲究方法的科学，从例证入手，运用科学思维进行论证，最后得出结果。

四种讲解方式既有各自的特点，也具有相同的要求。它们都强调要设置自然、生动和恰当的导入情境，将学生置于具体情境中进行学习；主题的展开都是基于科学思维和科学探究，使学生得出正确的结论，提升分析、解决问题和应用知识的能力；最后在总结上体现条理化、逻辑化和系统化。并且，每节课不是按照某种讲解模式一直贯穿到底，可以根据课程的具体内容进行恰当的选择，综合运用两种及以上的讲解方式，通过不同讲解方式的自然切换，有效捕捉学生的关注点，使学生持续处于高效的学习状态，提升课堂效益。

2. 运用讲解技能的基本原则

无论是训练讲解技能，还是运用讲解技能开展教学活动，教师都应该遵循以下基本原则。

(1)精心设计讲解程序。

讲解程序一般包括主题引入、主题展开和主题结束。讲解过程要以主题为中心，遵循学生的认知规律，充分启迪学生的思维，以建构核心概念，提升学科核心素养。讲解前，要对讲解内容进行精心设计，使目标清晰明确、内容结构完整、条理清晰、层次分明、逻辑严密；要选择恰当的讲解方法，有利于学生接受知识。

主题引入时，可设置激发好奇心的问题情境，或设置引人入胜的事实情境，或设置温故知新的复习情境，或设置身临其境的实验情境等，其目的都是有针对性且自然地将学生带入主题情境中，使学生在聆听话题时，就能迅速感知教师欲传达的知识和想解决的问题。在主题展开过程中，则要善于运用实例，利用充分且贴切的证据进行论证，建构相互之间的逻辑联系。学生学习的起点并非一片空白，教师需要将学生熟悉的事实或经验与新知识联系起来，运用典型、具体和恰当的实例，以达到将抽象问题具体化、静态问题动态化、平面问题立体化等目的。同时，还要根据学生的认知规律和学科知识的联系，将讲解内容按照顺畅合理的逻辑关系架构起来，让知识内容之间过渡自然，能力培养过程由易到难，情感内化过程由表及里。在主题结束时，要对讲解的内容进行归纳总结，通过回顾反思梳理知识脉络，建构知识框架并形成方法、规律；还可通过作业练习的形式巩固所讲主题内容等，甚至通过问题设置拓展知识范畴，为后续学习内容进行适当铺垫或埋下伏笔，给学生以“回味无穷”的感觉。

(2)巧妙运用讲解语言。

讲解语言要在合理运用普通语言技能的基础上，注重专业语言的教育教学效果。一是具有针对性，讲解语言要遵循学生的认知规律，符合学生的年龄特征、认知水平、生活经验、兴趣爱好等实际情况，否则再优美的语言也难以使学生有所收获。二是充分体现专业性，讲解内容应以生物学专业知识为依托，使用清晰、精练、准确而又逻辑顺畅的语言，让阐述的观点具有说服力，让讲解的过程具有感染力。切忌讲解内容模棱两可、闪烁其词，这都会让学生难以适应，使课堂效益大打折扣。三是注重技巧性，语音的高低强弱、语速的快慢缓急、节奏的抑扬顿挫等都应根据实际情况不断转化，切忌矫揉造作，言过其实。变化的目的是将学生带入讲解情境，提升学生专注度，让学生乐于接受教师讲解的知识。四是突出主题性，在讲解中要对重点、难点和关键点加以提示，注意变化技能的运用，这样可以提高学生的学习效果。同时，一次讲解时间不宜过长，一般不超过 15 分钟，以 10 分钟内为最好，若有长时间的讲解可拆分在不同阶段进行。

(3)关注学生学习过程。

以讲解为主的讲授法是教师最常使用的教学方式，主要优势在于高效快捷、省时省力。教师运用讲解技能时，容易忽略学生的主体地位，落入以教师为中心的教学模式中。因此，要避免出现满堂灌、使学生处于被动接受地位的现象。在讲解过程中，教师眼中要有学生，随时关注学生学习的兴趣、态度和理解程度等反馈信息。要从学生的眼神、表情、动作和语言等行为变化中，捕捉到学生的学习状况，以便及时作出调整，如变换讲解思路，调整讲解语言，使大多数学生能够跟上教师教学的步调，进入共同营造的教学情境，最终达成预设的教学目标。

教师要在恰当的情境下使用讲解技能，如知识引导、综合、概括、总结等阶段；要和其他教学技能相配合，如实验观察前的提示和说明，之后的分析和总结；观看电影、录像和幻灯片的解说和提示；组织实践活动和意义分析，问题说明和结题的提示；讨论和自学的分析总结；讲解和板书的配合等①，恰如其分的配合，会使讲解技能的效果大幅提升。

(二)导入技能

导入技能是教师在开始新的教学内容和教学活动时，有效地运用多种手段引起学生注意、激发学习动机，以引导学生进入学习状态的一种技能。

“好的开始是成功的一半”，课堂导入是课堂教学的起始环节，导入的成功与否关系到课堂教学过程中学生的学习状态，关系到整个课堂的教学质量。

1. 导入技能的构成要素

著名教育学家苏霍姆林斯基曾说：“教学的起点，首先在于激发学生的学习爱好和愿望。”因此，导入需要在紧扣教学目标和教学内容的基础上，以启发学生学习积极性、主动性，使之产生急于寻求答案、乐于探究真相的心理为目的。好的导入应该具备如下构成要素。

---

① 林国栋，方悦. 生物学教学技能与训练[M]. 北京：科学出版社，2016：83.

(1)集中注意。

导入的首要作用是集中学生的学习注意力。上课伊始，教师运用简明的语言或者恰当的教学行为等导入技能，将学生的注意力转移到学习行为中，使与教学活动无关甚至影响教学活动的行为与心理受到抑制，采用多种方法使学生的无意注意转向有意注意，迅速进入学习状态。

(2)激发动机。

当学生进入学习状态后，教师需要进一步激发学生的学习动机，通过引导学生对某种现象的阐释、对矛盾问题的说明、对前概念的纠正和完善、对概念内涵的挖掘等活动，使学生的思维快速地启动和兴奋起来，激发他们内部的、持久的积极性，从而积极主动且勇于投入到学习活动中去。

(3)明确目标。

在学生进入学习状态后，教师要迅速提出本节课或某教学环节的学习任务，安排具体、可操作的学习活动(如资料分析、实验操作、模型建构等)，引导学生进行具有明确导向的思考，使学生清晰地知晓学习目标和进程，从而避免学习的盲目性。

(4)建立联系。

建立联系是导入技能的核心要素。导入最终目的是自然顺畅地进入新课题，使导入和新课题之间建立紧密的联系，从而发挥导入的作用。好的课堂导入会成为一节课的亮点。但必须注意的是，这个亮点不仅仅是形式上的亮点，更重要的是这个亮点必须为内容服务，脱离本节内容的亮点宁可舍弃①。

在一个完整导入过程的结束阶段，教师应通过一定的语言(如“今天我们的学习内容是……”“如何去回答这些问题呢，今天我们学习……”等)，使学生明确导入阶段的结束和新课学习的开始，避免导入时间过长。当然，并非每一个导入都界限清晰的具备这四个要素，在课程导入时，还是需要根据教学内容进行具体分析，力争做到科学、规范、灵活和艺术的统一。

2. 导入技能的常见类型

根据教学内容、教学方式的不同，导入方式可以分为不同的类型，在生物学课堂中，常见的导入类型包括以下几种。

(1)直接导入。

教师以“开门见山”的方式，直接阐明学习目标、学习内容、学习重点、学习要求、学习程序等，言简意赅地点明主旨，使学生迅速明白本节课的学习任务，从而引起学生的有意注意。

直接导入的方式简洁明快、干净利落，可以使学生迅速进入主题，节约时间，提升效率。但是，这种导入方式容易导致平铺直叙，稍显平淡，难以让学生在短时间内集中注意力，不一定达到理想的导入效果。因此，教师采用直接导入时，仍需进行巧妙地设计。

① 陈文娟. 别开生面的生物课堂导入——血疑、原音重现、开心辞典与寻宝[J]. 中学生物教学，2011(3)：45.

(2)复习导入。

复习导入是指教师在引导学生复习旧知识的基础上，去发现新的问题，从而提出新课题、明确学习目标的导入方法。

采用复习导入，教师要认真分析学情，依据知识之间的逻辑关系精心设计复习的方式和内容，如通过直接回忆、提问反思、习题演练等方式复习旧的教学内容，在新、旧知识之间建立联系的交点，并适时提出新课题，引导学生自然进入新知识的学习活动中。复习导入的特点是遵循生物学科知识内容的逻辑体系和学生的认知规律，将学生从已知领域带入未知领域，激发学生主动获取知识的兴趣，进入新知学习。同时，复习导入还能复习已有的知识，提高学习效益。

(3)直观导入。

直观导入是指教师通过实物、标本、挂图、模型等直观教具，以及视频、图像等媒体，对与教学内容相关的信息进行演示的导入方法，也称为"演示导入"。

展示直观教具和媒体，能为学生提供生动、直观、感性的教学素材，达到化抽象为具体，化平面为立体，化静态为动态等，视听效果强烈、现场感受逼真，能迅速直接地吸引学生进入学习情境，有助于学生加深对所学抽象知识的理解。采用直观导入时，教师不能让学生仅仅沉浸在丰富多彩的演示中，应该在演示过程中辅以叙述或提问，以指明学生思考的方向。

(4)实验导入。

教师通过演示实验、学生实验或课外实践活动等展示生动、有趣的生物学现象，引导学生认真观察、积极思考实验中的各种现象，在大量感性认识的基础上思考新问题，从而进入学习情境。

生物学是一门以实验为基础的科学，实验是探究生命奥秘的重要途径。实验导入能够有效地吸引学生的注意力，激发学生学习的兴趣，促进学生观察和思考，提升科学探究的能力。实验导入可以形成一条严密的学习链：实验→惊奇→兴趣→产生学习积极性(学习需要)→探索(积极思维)→获取知识→能力①。教师利用精心设计的演示实验、学生实验或课外活动实验等形式导入新课，可以让学生有感性的认识，对所学内容产生兴趣，或者提供一些实验现象让学生自己观察分析、归纳总结，从而得出正确的结论，就自然地引出所要讲授的新课题。

(5)质疑导入。

人的思维始于疑问。质疑导入就是教师根据学生的心理特点和新、旧知识的内在联系，创设富有挑战性的问题情境，引发学生认知冲突而产生疑问，从而激发学生的思维活动，产生学习和探究欲望的导入方式。这样，学生就处于"我想学"的状态，变被动为主动学习，全身心投入到学习中去。

质疑导入提出问题的方式多种多样，可以由教师提问，也可以由学生提问；可以直接提出问题，也可以从侧面提问；可以用肯定的方式提出问题，也可以用否定的方式提出问题等。例如，应用否定的方式提问，是教师有意识地将学生"引入歧途"，创

① 安晓燕．浅谈高中生物课堂导入艺术[J]．学周刊，2013(9)：180.

设两难的情境。这种提问方式在运用适当的情况下，会达到良好的效果，但是要注意避免给学生太多的无关刺激，以免造成对错误答案的强化。

(6)故事导入。

教师利用学生愿听、喜听故事的心理特点，讲述与教学内容有关的具有科学性和哲理性的故事、寓言或者新闻等，激发学生兴趣，启迪学生思维，从而创设情境，导入新课。

故事导入不但加深了学生对知识的理解，增强了知识间的横向联系，还能培养学生分析问题和解决问题的能力。因此，它具有快速吸引学生注意力的良好效果，将生物学知识融入故事也可拉近学生与知识的距离，让学生对生物学产生兴趣。教师选取故事素材时，需注意应与学生的生活经历相关，才能更好地将学生的注意力引入课堂①。类似的方式还有游戏导入、谜语导入、诗词导入等类型。

(7)生活经验导入。

教师以学生已有的生活经验作为切入点，将学习内容与学生的亲身经历联系起来，引导学生学习新知识。

学生在课堂生活之外，还有丰富的业余生活，他们可以通过众多的信息来源，不断积累生活经验，丰富生物学科学习的教学资源库。采用生活经验导入，能够引导学生将自己的生活经验带入课堂并成为学习新知识的切入点，使学生感到亲切和实用，也容易引起学生的注意。同时，生活经验导入也有利于学生加强书本知识和实际生活的联系，提高解决生产生活问题的能力。

"导课无定法，妙在巧导中"，由于教学内容、课程类型、教学目标等方面的差异，教师采取的导入方式可以不同，这需要根据教学实际进行规划和设计，甚至同一内容可采取多种不同的方式导入。教师应勇于创新，善于运用灵活多样的方式导入新课，促使学生产生强烈的求知欲和自主学习的动机。只要是能引起学生的注意，建立与新知识的联系，激发学生持续的学习和探究兴趣的导入，都是成功的导入。

3. 设计课堂导入的基本原则

不同导入类型的特点尽管具有差异性，但是，导入设计都应该遵循以下基本原则。

(1)启发性原则。

课堂导入不仅仅是引起学生的注意力，更重要的是启发学生思维，使学生产生探究问题的强烈欲望，进入主动学习的状态。因此，设计具有启发性的导入方式至关重要。

(2)概括性原则。

课堂导入是教学过程的开端，是整个课堂教学的重要组成部分，但不是主要的部分。因此，课堂导入的语言应具有概括性，简洁精练而小巧玲珑，在极短的时间内就能激发学生的求知欲。课堂导入的用时过长，会浪费课堂其他环节的时间以及学生学习的精力，导致学生定位不清，降低学习兴趣。

(3)趣味性原则。

学生往往对有趣的事、物和人感兴趣，从而留下非常深刻的印象。教师应抓住学

① 柴文利. 借助多样课堂导入，开启高效生物课堂[J]. 中学生物教学，2017(24)：43-44.

生的这个心理特点，设计风趣、幽默、诙谐的课堂导入，让学生在愉悦、轻松的课堂氛围中探索新知识，使学生更高效地掌握所学内容。幽默的教师常常使师生关系非常融洽，“亲其师，信其道”，这也会促使学生喜欢生物课堂。

(4)针对性原则。

课堂导入应当具有很强的针对性和目的性。导入时所涉及的内容应紧扣教学内容，紧贴课程标准，而且要符合学生的认知规律。因此，教师要根据不同的教学内容和目标设计不同的导入方法和导入内容，使课堂导入与教学内容有机结合。此外，课堂导入还要针对学生的认知能力和知识水平，按照学生的实际情况合理设计，这样才能使学生更易于接受。

成功的导入可以激发学生的兴趣，启迪学生的思维，充分调动学生的好奇心，使学生乐于参与，勇于探索，为整堂课顺利的展开奠定坚实的基础。巧妙的课堂导入能展现教师独特的教学风格、深厚的人文关怀，是汇集创造性和艺术性的结晶体。教师善于运用恰如其分、方式多样的课堂导入，学生才能以最大的热情、最浓的兴趣走入课堂，以饱满的热情和高效的学习成果作为回馈。导入的失败，会挫伤学生求知的欲望，让学生觉得即将学习的内容索然寡味，使后续推进难以进行，使课堂效益大打折扣。

教育教学是经验的传递，教师是传授者，学生是接受者，教学语言则是联系二者的桥梁。教学语言技能是教师专业素养中的重要技能，是最古老、运用最普遍的一种教学技能。无论多媒体等现代教育手段多么发达，仍然无法掩盖身临语言情境的魅力。但是，精妙的教学语言不是生物教学工作者与生俱来的，需要教师自身坚持不懈地训练才能娴熟掌握，更需要教师在教学活动中自觉地精心设计教学语言，充分发挥教学语言的作用。

第二节 反馈与提问技能

教学活动是师生通过互动进行的双向信息交流活动，课堂教学的效果主要取决于学生的学习。因此，当学生接收到教师发出“教”的信息后，还需要将“学”的信息反馈给教师，教师以此作为检测、调控教学过程的依据。

一、教学反馈技能

课堂教学反馈技能是重要的教学技能，教师需要通过教学反馈来监控、调节和优化教学活动，保证教学的有效性。

(一)教学反馈技能的概述

教学反馈技能是指教师在课堂教学活动中，通过观察、提问、练习等方式获取学生学习进展情况，对学生学习状况做出评价，然后根据获取的教学信息调控教学行为的技能。

教学过程是教与学之间的信息传递与反馈的控制过程，教学中的反馈信息是改进教学的重要依据。教师需要创设“教与学”双边互动的课堂教学氛围，使教师和学习材料的刺激与学生的学习反应之间建立稳固的联系，教师获取学生的反应作为调整教学行为的依据，同时，教师对学习活动的要求和评价反馈是学生作为检测和调控自己学习行为的依据。通过反馈，可以帮助学生形成正确的学习行为，促进学生思维发展。

(二)教学反馈技能的类型

教师在课堂上获取教学反馈信息的基本方式有提问、观察、测验等，教学反馈技能主要包括口头语言、书面语言、形体语言三种方式。

1. 口头语言式反馈

口头语言式反馈主要是以课堂提问形式实施的。教师通过设问引导学生思考、讨论并做出解答，再以集体回答或学生代表回答的方式传递反馈信息，使教师可以精准抓住学生的思维障碍，把握学生的学习水平，从而有效获取学生的学习信息。

根据获取的反馈信息，教师可以运用语言评价的方式与学生及时交流，对学生的学习活动进行帮助、指导，以解决学生存在的学习困难与障碍。

2. 书面语言式反馈

书面语言式反馈是依照教师提出的要求或问题，学生在试卷、练习册上完成练习，或在黑板上演算练习题、书写问题答案、绘制图形等，教师根据学生完成情况检验教学的效果，练、评、讲结合，将收集到的教学信息及时进行反馈、点拨，以纠正学生的错误，或者改变方法进行讲解，达到解决学生问题、启发学生思维、加深知识理解的目的。

3. 形体语言式反馈

教师除运用口头语言、书面语言的形式实施教学反馈外，还可采用形体语言的形式开展教学反馈。教师可以利用学生课堂学习行为变化、学习过程中的表情和语言乃至课堂气氛等搜集教学反馈的信息，同时，利用身体动作、面部表情、姿势和眼神等方式调节学生的学习活动。

眼神是教学反馈的良好渠道，通过眼神实现师生心灵的交融，是教学的最高境界。观察学生在学习过程中的眼神，是教师判断教学效果的有力反馈。教师可以用敏锐而亲切的目光有意识地关注每一个学生，并随着教学内容的进行、学生情绪的变化等自然地转变，与学生的目光进行畅快的“对话”，要用自己的目光表达期待、鼓励、严肃、警告的情感与态度，对学生的学习活动施加影响。

教师可以通过学生的面部表情了解学生课堂学习的精神面貌、学习知识的进展，以把控教学进度。教师也可以通过丰富的面部表情，与学生之间产生情感共鸣，激发学生主动学习的兴趣。可见，通过表情调控学习氛围，能够产生良好的教学效果。

教师还可利用恰当、适时、准确的手势，调控学生的学习情绪，手势调控要与语言、表情、身姿等有机配合，并随教学进程的变化而适度变化，以加强表达的效果。总之，教师的教学魅力不仅依靠教学语言，也需要通过体态语言表达出来，多元化的反馈方式可以充分展现教师的态度和情感，并准确地传达给课堂中的每一个学生，促进教师和学生的双向情感交流，顺利传授教学信息。

语言反馈是课堂教学反馈的主要方式，在学生的听课、回答问题、分析讨论、解答习题、观察实验等学习活动中，教师都可以运用语言实施教学反馈。在运用语言反馈方式时，教师点评学生存在的学习问题不宜过多使用“非常好”“太棒了”等这类笼统的、鼓励性评价，而是要具体、明确地指出正确的部分，如“对照设置很科学”“材料的选择非常巧妙”“概率计算方法很特别”等，同时告知存在的问题，如“概念运用不准确”“阐述的知识之间逻辑关系不合理”等，使学生能够知道自己学习存在的问题，再针对性调整学习策略，改进学习方法以达成学习目标。当然，教师也要通过口头表扬或批评，对学生的课堂学习行为进行反馈、调节。

(三)教学反馈的运用原则

尽管教学反馈类型及其实施途径有所不同，但是，要想获取准确的信息、产生良好的反馈效果，教师在运用反馈教学技能时，还应注意以下基本原则。

1. 时效性原则

教学反馈的目的是根据反馈信息调整教学活动，所以，及时性是教学反馈最重要的原则。教师要随时观察学生的学习行为和表情变化，获取学生学习的进展情况，以各种反馈手段了解学生存在的学习困难与障碍，及时调整教学策略与教学方法，提高教学效果。

在确保及时性的前提下，还要把握好反馈时机和反馈次数。教师要在大部分学生的学习出现问题时，针对性采取反馈措施，以保证教学反馈的有效性。同时，反馈的次数不宜过多，以免打断正常的教学进程，影响学生思维的连续性和完整性。要针对教学目标进行有效反馈，尤其是针对知识的重难点、易错点、易混点等内容。

2. 准确性原则

教学反馈信息是教师改进教学的主要依据，因此，教学反馈的有效性取决于获得信息的准确性。

一是教师应该面向全体学生获取教学反馈信息，确保获得的信息具有代表性、全面性，避免偏向某类学生进行教学反馈导致信息失真。二是教师收集信息的方法要科学、合理。例如，采用提问、习题的方式获取信息时，所选用问题和练习题的难度要适中，能够准确、全面地反映出学生存在的学习困难。

3. 灵活性原则

由于学生在年龄、性别、性格等方面的差异，对反馈方式的喜好是不同的；不同的教学内容适用的教学反馈方式也有差别。

因此，教师要根据教学对象的年龄差异、教学内容的特点等，灵活选取差异化的反馈方式，使教学反馈方式具有多样性、灵活性，这样才能达到反馈的目的，使反馈更具有针对性。

4. 情感性原则

教师实施教学反馈主要是针对学生的学习内容，需要解决的是学生在学习中存在的知识困难和能力障碍。同时，教师对学生学习行为的评价中，也会涉及学习态度等情感因素。因此，教师反馈措施应做到实事求是和准确合理，要带有师爱的情感；要给予学生充分发表意见和见解的机会，与教师形成信息的双向交流；既要对学生不良的学习行为进行善意批评，也要充分表扬学生积极学习、努力拼搏的精神。

教师反馈行为中流露的真诚情感，饱含着教师对学生的亲切关怀、高度信任和鼓励，会让学生备受鼓舞，产生强大的信心，并将它转化为克服困难的勇气并付诸实践，最终取得学习的成功。

二、提问技能

提问是教学过程中最重要的反馈方式，能够为教师提供最直接、最有效的教学信息，是师生双方实现信息交流的重要渠道。所以，提问技能是教师最重要的教学技能。

(一)提问技能的概述

提问技能是指教师在教学过程中，根据教学的需要，针对具体教学内容，以提出问题的形式，设置教学情境，启迪学生思维，实施教学措施以达成教学目标的能力。

课堂提问不仅是教师的教学技能，还是一种教学方法，更是一门艺术。孔子的“不愤不启，不悱不发”“苏格拉底方法”等，都很注重提问的方法性和艺术性。提问技能适用于课堂教学的各个环节，在导入、讲授、实验、练习及结束时都可以运用。提问不仅是为了得到一个正确的答案，更重要的是促进学生巩固已有知识，并在解决相关问题的过程中，开展科学探究、发展科学思维，使学习向更深层次发展。

(二)提问的作用

提问适用于各种课型的教学及课堂教学的每个环节，教师通过问题情境的设置，使师生之间、生生之间展开交流，主要达成以下功能。

1. 激发兴趣

对未知的好奇是孩童的天性。教师提出问题是对学生施加的刺激，把他们引入“愤”“悱”的境界，促使学生进入注意力高度集中、思维处于异常活跃的状态。具有启发性、趣味性的问题能够引发学生的好奇心，激发学生学习、思考的兴趣，唤醒学生的心智，使学生愿意调动所有的脑细胞来探寻问题的答案。

2. 启迪思维

启发性的提问能够引导学生进入问题情境中，运用归纳与概括、假说与演绎、批判性思维等科学思维方法分析并解决问题，学生在获得知识的同时，不断地开发和培养自我的思维意识，提高思维的广阔性、深刻性、独立性、批判性、灵活性、逻辑性和概括性等品质。在课堂教学中，无论是教师还是学生提出的问题，都应该不断变换角度，不断螺旋上升，富有想象力和创造力，达到真正启迪学生思维的效应。当学生思维出现偏差、错误或课堂冷场、沉闷的时候，利用启发性的问题能及时引导学生思维和行动转移，促使学生紧跟教学进程，保证教学活动的顺利进行。

3. 反馈评价

教师通过提问可以了解学生的学习情况，获得积极的教学反馈信息，及时掌握学生的学习效果，并据此对教学进程做出相应调整，提高教学的针对性。教师还可以利用提问，对学生的学习状况进行评价，及时指出学生在学习中存在的问题，帮助、引导他们寻找解决问题的方法与措施。

4. 加强沟通

课堂提问与回答是师生以及生生沟通互动、对话交流的重要平台。教师提出适宜的问题能激发学生思考，学生通过回答问题做出回应，教师再作出相应的评价。以问题为平台，为师生之间的互动架起沟通思维和情感的桥梁，建构起融洽的师生关系，并进一步促进学生积极参与学习，展示思维品质。学生表现出来的积极性和创造性反过来也有利于教师的教，达到教学相长的目的。

(三)提问技能的类型

学生在不同的学段、学习不同类型的知识，所要达到的认知水平是不同的，有的内容只需记忆，有的则需达到综合运用水平。由此，根据学生的认知水平划分，可将提问技能分为以下类型。

1. 回忆型提问

回忆型提问要求学生再现或确认已学的生物学基本事实、基本概念、基本原理等知识内容，并与新知识进行衔接，以达到对新授知识的有意义学习，实现概念的整合与重构。

回忆型提问往往应用在课堂的导言部分或复习课中，可引导学生回忆学过的概念、规律和方法，考查对已学内容的掌握情况，并为新知识的学习提供良好的开端，起到承上启下的作用。

【案例】

“染色体变异”的复习教学设计①(节选)

在复习“染色体变异”一节时，教师引导学生回忆可遗传变异具有基因突变、基因重组和染色体变异三种类型，提出问题：发生染色体变异的生物类型和变异水平(分子或细胞水平)，与前两者相比有什么区别呢？学生能够得出染色体变异是只发生在具有染色体的真核生物中，且能够用显微镜观察到的显微水平的变异类型。教师提出问题串：染色体变异有哪些类型？它们对生物性状有什么影响？染色体组概念的内涵是什么？单倍体和多倍体的特征和来源是什么？激发学生思考，导入复习课题。

【评析】以比较的方式设问，引导学生回忆染色体变异、基因重组、基因突变的概念及其特性等基本知识，进而归纳出不同类型可遗传变异间的差异，激发学生以整体的视角重新认识染色体变异，为进一步复习其相关知识奠定基础。

2. 理解型提问

理解型提问是要求学生对已知信息进行内化处理之后，再运用自己的语言进行表述。学生要基于生物学事实和证据运用归纳与概括、演绎与推理、模型与建模等方法，探讨、阐释生命现象及规律，审视或论证生物学社会议题。

理解型提问是较高思维层次的提问，因为学生回答这些问题时，要运用已有知识分析产生问题的原因，探寻解决问题必备的条件，解释或鉴别条件之间的因果关系。当学生不能全面分析、解决问题时，需要教师给予指导、提示和帮助；在遭遇回答困境时，教师可用一连串简单的问题予以铺垫，引导学生逐步学会分析、解决问题的方法。

---

① 汪绍鑫，徐杰，赵广宇. “染色体变异”的复习教学设计[J]. 生物学教学，2020(5)：30-33.

【案例】

“免疫调节”一节的概念教学设计①(节选)

在学习“免疫调节”一节时，教师提出问题：T细胞是如何调动其他免疫细胞完成免疫反应的？学生难以回答，教师提供材料：生物学家Claman和Mitchell等从小鼠脾脏分离纯化出B细胞、T细胞，检测各组经抗原诱导刺激后产生抗体的情况，结果如表8-2所示。

表8-2　B细胞、T细胞产生抗体实验结果

培养细胞	抗原	抗体
①B细胞	加入	极少
②T细胞	加入	不产生
③B细胞+T细胞	加入	产生
④B细胞+T细胞	不加入	不产生
⑤未经分离纯化的脾脏细胞	加入	产生

教师首先通过引导学生阅读教材并结合讲解，指导学生建构抗原、抗体等概念，然后分析实验结果。提出问题：分析表格数据，能得出哪些相应结论？学生经过思考、讨论，得出结论：①B细胞能产生抗体，T细胞不能产生抗体；②B细胞与T细胞混合后产生抗体的能力增强。显然，学生未能深刻解读信息内涵，教师及时给予帮助，教师提示：实验③与实验④对照说明什么？实验①与实验③对照说明T细胞有什么作用？实验③与实验⑤对照说明什么？

学生进一步分析得出结论：①在抗原的刺激下，B细胞才能产生抗体；②T细胞有促进B细胞产生抗体的能力；③脾脏细胞是产生T细胞和B细胞的场所。同时提出疑问：T细胞的作用到底是什么？

【评析】由于缺乏生物学事实支撑，学生很难真正认识T细胞在特异性免疫中的重要作用。执教者选编具有逻辑关联的科学研究资料，设置问题串，引导学生通过分析数据获取证据，运用比较分析、演绎推理等科学思维方法，探寻T细胞的生理功能，实现知识的深层理解。

3. 运用型提问

运用型提问是设置与生产生活实践相关的问题情境，要求学生运用所学知识，分析已知信息，并结合已内化的知识，对问题做出理性解释与判断，并能够提出解决实际问题的方法与措施。目的是考查学生对生物学概念、原理、法则及实验研究方法的运用能力。

教师通过运用型提问的方式，引导学生在分析问题的过程中促进对知识的深刻理解、

---

① 赵广宇，汪绍鑫，李倩，等．“免疫调节”一节的概念教学设计[J]．生物学通报，2015(12)：17-21.

提高科学思维的能力。同时，要求学生能够把所学的生物学知识用于解决生产生活实际问题，提高解决生产生活问题的能力和担当。所以，运用型提问属于高阶认知提问。

【案例】

基于资料深度分析的概念体系建构策略①(节选)

在复习"种群的数量变化"一节时，厘清影响种群数量变化的各种因素后，教师提出一些生产生活中的实际问题，如野生濒危生物的保护、有害生物的防治、渔业捕捞政策的制定和草原载畜量的确定等，要求学生运用种群数量变化的规律及特点，提出合理的建议。又如根据高考题改编的情境：根据生态系统中分解者的作用，若要采用生物方法处理生活垃圾，在确定处理生活垃圾的方案时，从提高某分解微生物种群数量角度，通常需要考虑的因素可概括为哪些方面？学生会从温度、氧气含量、pH、生活垃圾中是否含有该类微生物需求的营养物质等角度进行阐述。

【评析】从实践层面探讨或尝试解决现实生活中的问题，是生物学课程的目标之一。执教者在学生完成有关环境因素对生物种群数量影响的理论知识学习后，设置了若干个实践应用问题，引导学生以生物学的观点探讨现实生活问题，运用生物学知识与方法，解决实际问题，加深对生物学概念的理解，提高应用生物学知识的能力。

4. 评价型提问

评价型提问是要求学生基于自身的认知水平，运用一定的准则和标准对方法、态度、观念等做出价值判断，或者进行比较和选择，经过独立思考后作出回答。评价型提问需要学生运用智慧技能和认知策略才能回答，通常在讲解、演示和小结时采用。

评价型问题的答案往往具有发散性，需要学生以自己的知识经验、智慧技能为基础，需要迅速检索与问题有关的知识，对相关信息的各个部分、各个方面、各个特征综合起来作整体思考，充分开展批判性思维、创造性思维，得出结论。

【案例】

"探究 CO_2 浓度对光合作用强度的影响"的实验教学案例②(选编)

在"探究 CO_2 浓度对光合作用强度的影响"的实验中，教师要求学生设置不同浓度梯度的 CO_2 溶液，学生提出控制自变量的方法有2种：①用嘴吹气的方式，向水体中通入不同体积的 CO_2 气体；②在水生植物的环境中，加入等量不同浓度的 $NaHCO_3$，以释放不同浓度的 CO_2。教师要求学生评价两种方案各有什么优缺点？并说明理由。

针对方法①，反对者认为：由于个体差异、速率、强度、时间都难以控制，设置的自变量不够准确。学生受到习题的影响，普遍认为方法②可行，而教师提示：当环境溶液浓度增大时，水生植物细胞会受到什么影响？学生由此得出结论：环境溶液浓

① 李贤中，汪绍鑫. 基于资料深度分析的概念体系建构策略——以"种群的数量变化"复习课为例[J]. 教育科学论坛，2020(10)：23-25.

② 赵广宇，汪绍鑫. "探究 CO_2 浓度对光合作用强度的影响"的实验教学案例[J]. 生物学通报，2017(4)：29-32.

度增大导致细胞失水，气孔关闭，使光合作用强度下降，会影响实验结果。学生意识到方法②也存在问题。由此，激发学生进一步思考如何改进方案。

【评析】执教者以探究性实验设计活动为载体，在学生自主完成实验设计的基础上，设置评价性问题，引导学生运用评价等高阶思维方法，多角度剖析问题，综合、全面的分析出现问题的成因，为创造性解决问题奠定基础。

(四)提问技能的构成要素

有效的提问才能充分发挥启迪学生智慧的功能，真正起到联系师生双方思维活动的纽带作用。有效的提问包括以下构成要素。

1. 设计问题

首先，问题要有逻辑性。教师在课前研究课程标准，分析知识内容，了解学生实际，从整体上把握，围绕教学的重难点，设计出具有完整的结构、严密的逻辑、并富有探索性的高质量问题。再以系列化、梯度化的问题构成具有逻辑性、连续性的问题串，系列问题(问题串)的编排顺序、逻辑结构、递进关系、终极目标，以及问题与教学目标之间的内在联系等就构成了问题的系统结构。

其次，问题具有启发性。教师使用科学史资料、视频、图片、模型和实验等教学资源，营造具有启发性的问题情境，在具体情境中刺激学生对问题做出适当的反应，形成系统的、全面的认识。教师还需提前预设辅助问题，将核心问题拆解为几个相关的小问题，当学生遇到思维障碍时，为学生继续开展思维活动架设“脚手架”。

2. 描述问题

语言是描述问题的主要形式，语言的清晰、精练、明确等是提问技能的重要组成要素。因此，描述问题的语言应该具备：①简明性，问题的表述应该科学、准确，语言措辞要简明、易懂，问题的整体描述要言简意赅。问题具有明确的指向性，问题措辞的字面意义应与要表达的意义一致，不能使学生对问题描述本身产生歧义，要避免过于冗长而凌乱的语言。另外，为避免口音、字数等的影响，可将问题以书面语言的形式同时呈现出来。②针对性，语言措辞要符合学生的认知水平，设置的问题还应该紧密围绕教学内容，特别是针对重点、难点知识。③合理性，用语言描述问题还要注意停顿和语速的问题。提问的语速由提问的类型决定。一般来说，低阶认知提问的语速可以快些，高阶认知提问的语速缓慢些，而且重点的词语还需重复、强调并加大音量，使学生对问题有清晰的印象。如果以较快的节奏提出比较复杂的问题，学生很可能听不清问题，造成思维混乱或课堂沉闷。而适当的停顿，主要是使学生有足够的思考时间，让学生做好接受问题和回答问题的思想准备。停顿时间长短表明了问题的难易程度，停顿期间也就是让学生思考和组织答案的时间，以提高回答的正确率，增强学习的自信心。停顿也使教师提出问题后，有时间面向全体同学，观察学生对问题的反应，教师可从他们举手动作、面部表情、眼神的变化来获取提问后的初步反馈信息。

3. 指导问题

在学生思考、回答问题时，教师要充分发挥学生学习的指导者、帮助者的作用：①引导学生勇敢回答问题，并从回答问题中收获信心。教师要根据问题的难易程度，有计划、有目的适当地分配给班级中不同思维水平的学生，引导全体同学参与到学习活动中。②倡导学生独自思考、回答问题，少采用齐问、齐答的方式，以培养学生独立思考的能力、提高语言表达能力。③给予学生充足的思维空间和时间，关注学生思考问题的深度和广度，以提高思维的全面性和深刻性。④要针对学生的回答给予及时评价，充分发挥反馈评价的作用。正确的答案，肯定并适当重复答案要点；错误的答案，纠正或请其他学生进行补充；浅表的答案，则需进一步提出相关的较高层次的问题，逐步地将问题分解成为几个小而逐渐深入的问题，使学生掌握的知识更深刻；单一的答案，则通过适当补充条件、提供资料等方式使学生思考的角度增加，使答案控制在某一适宜的范围内，引导学生做出正确的反应，最终得出所要的结论。总之，教师对于错误应答，不能只是指出“对”“错”，而是要从知识、思维的维度指出存在的问题，并引导学生从不同角度思考问题，通过师生交流、生生交流来修正和完善，最终形成正确的答案。

课堂提问不仅是教学技能，也是一门艺术。有效的课堂提问具有引导性、针对性和启发性，能够激发学生主动参与学习的欲望，有利于教师及时调整教学设计，让教学预设与课堂生成达成有机统一，打造出高效课堂。

第三节　实验教学技能

生物学实验是中学生物教学的重要组成部分，主要功能是促进学生形成生物学概念、掌握科学探究方法、领悟科学思维方法、感悟科学精神等。实验教学的质量和效益，在很大程度上依赖于教师的实验教学技能水平。

一、实验教学类型

中学生物学科的实验教学，可根据全体学生是否亲自完成实验操作活动，划分为学生实验和演示实验两种类型，前者的操作者是学生，后者的操作者主要是教师，可能有个别学生参与。

学生实验是由学生独立完成的，或在教师的指导下，在实验室或者普通教师中利用特定的实验材料和一定的仪器装备，亲自动手操作的实验活动。学生实验的教学目标可以是培养学生的实验操作技能，也可以是通过实验探究学习建构概念。演示实验是教师根据教学内容的需要，在全班学生面前以演示、示范为主要形式进行的实验操作。演示实验作为直观教学的手段，可以突出教学重点、突破教学难点、启发学生的思维、加深对抽象知识的理解。

二、实验教学技能概述

实验教学技能是生物教师围绕预定的教学目标，有效开展生物学实验教学所具备的基本素质和技能，包括教师自身开展生物学实验研究的能力、完成生物学实验的操作技能、组织生物学实验教学的能力、指导学生完成生物学实验的技能等。

生物学实验研究能力主要是指教师进行实验改进或创新实验方法的能力。教师对生物学教学实验研究的成果，可以丰富实验教学的内容，提高实验教学的质量。完成生物学实验的操作技能是进行演示实验、指导学生实验的基础，包括：实验仪器操作和调试技能；生物标本的采集、培养和制作技能；动植物的解剖和观察技能；显微标本的制作和观察技能；实验室各类实验的操作技能；生物养殖和栽培技能；生物简图的绘制技能等。在中学实验教学中常见的操作技能见表8-3。

表8-3　教师实验操作技能

技能	实例
器具使用技能	使用光学显微镜、放大镜、解剖刀、高压蒸汽灭菌锅、恒温箱、滴管等各种仪器、器皿和器具等的技能
实验材料获取技能	动物的饲养、植物的栽培和微生物的培养技能
实验材料处理技能	制作装片、涂片及徒手切片的技能；固定、染色的技能；植物标本的压制、浸泡技能；花、果实、种子的解剖技能；动物标本的浸泡、剥制技能；蚯蚓、蝗虫、鲫鱼、家兔、青蛙、家鸽等动物的解剖技能
药品试剂的配制使用技能	包括酸碱指示剂、75％乙醇、福尔马林、盐酸、龙胆紫溶液、甲基绿吡罗红混合染液、斐林试剂、双缩脲试剂等各种试剂和溶液的配制以及使用技能

实验操作技能主要是在大学阶段学习获得的，并通过教师的教学工作得以强化。而组织实验教学、指导学生实验的技能，是实验教学技能的关键，需要教师在教学实践中不断探索，逐步得到提升。

三、生物实验教学环节

通常，中学生物学实验课教学可以分为三个阶段：实验准备阶段、实验实施阶段、实验结束阶段。

(一)实验准备阶段

实验准备工作是实验教学质量的重要保证，是对教师的生物学实验研究能力和生物学实验操作技能的检验。

1. 教学设计

教师需要精心进行实验教学设计，包括：确定实验目的、分析实验教学内容、明确学生的现状、制订实验教学目标、建立实验步骤和流程等。

在实验教学设计时，教师可在遵循教材内容的基础上突破教材的束缚，对教材实验再度开发，进行创新性的教学设计，以体现教师活动的创造性；要把实验活动与知识学习有机结合，使实验课具有一定的探究性，而不仅是训练操作技能。

2. 准备实验材料、设备

首先，选择实验材料。生物学实验所用的材料，常常受到地域、季节的影响，需要提前预备。有些实验材料需要提前进行培养，如观察有丝分裂现象所使用的洋葱根尖。而有些实验可以选择不同的材料，教师可以通过预实验进行比较，选择出效果最佳的材料。

其次，按照实验类型准备实验所需的仪器、设备、器具和试剂等。不同类型的实验对所用的器材、试剂的要求不同，准备实验时要区别清楚。如准备演示实验要选用专为演示实验用的大型仪器，可使全班学生都能观察到实验现象和教师操作的细节，增强实验的直观效果。学生实验则选用小型或微型仪器，这样既可节约试剂用量、减少开支，又方便学生取用。定量实验比定性实验对仪器的精度、试剂纯度的要求高，准备定量实验时要选用精确度高的仪器、纯度高的试剂，配制溶液浓度要严格。而大多数定性实验则可选用纯度稍低、价格相对便宜，甚至是自制的试剂和一些精确度不高的仪器。

第三，教师根据教学设计及准备的材料、设备进行预实验，检验教学设计和实验准备的科学性、合理性和可行性，准确控制实验条件和实验时间。尽可能发现实验操作潜在的危险和错误，并分析原因加以消除。通过排除影响实验效果的干扰因素，保证实验的准确性、实验教学的高效性。

最后，教师与实验员共同检查实验的准备情况。要保证实验材料、仪器准备充分；实验材料放置有序、整齐美观；特别是摆放在讲台或实验桌上的器材用品，应进行简单的分类，同类摆放在一起，前低后高面向学生。这样便于教师指导学生认识仪器，并方便取用，使实验教学有条不紊地进行。还要做好某些生化试剂保存、取用和处理的安全措施；准备好垃圾桶和废液缸等。实验材料、设备的准备工作是保证实验教学顺利进行、达成实验教学目标的关键因素。

另外，教师应该要求学生在课前认真预习所做的实验，清楚实验的目的和要求，学习实验原理，明确实验操作步骤和方法。可要求学生自己先设计实验方案，做简明扼要的预习笔记或书写实验预习报告。这些课前准备工作能够节省课堂上教师用于讲解实验的时间，使学生有更加充裕的精力用实验的方法进行科学探究，对学生独立完成实验有着重要的作用。

(二)实验实施阶段

实验实施阶段是实验教学的主要环节，根据实验课教学的进程，可以将实验实施阶段分成组织教学阶段、原理讲解阶段、实验操作阶段、结果分析 4 个阶段，其中，原理讲解阶段和实验操作阶段可以交叉融合。

1. 组织教学阶段

组织教学是实验教学顺利进行、教学质量得以保障的前提。一般来说，各年龄段的学生对生物学实验都有很高的兴趣，尤其是对实验材料或者某些仪器设备会产生强烈的好奇心，使他们在课堂上不听指挥、跃跃欲试，在没有认真学习的情况下盲目操作，致使实验课堂秩序混乱、甚至可能出现安全问题。

因此，上课伊始，教师首先要用课堂纪律规范要求学生，并将课堂管理意识和行为贯穿于整节课中。其次是根据实验小组的组成，对小组成员进行合理分工，保证每位学生都要进行操作，使好奇心强的学生得到满足，也能督促不愿意动手的学生参与实验。第三是进行安全规则教育，以消除安全隐患。当然，教师要尽可能减少讲授的时间，使学生有充足的时间安心开展实验。

2. 原理讲解阶段

教师在学生预习的基础上，简要讲解实验目的、实验内容、实验原理，说明实验所需要的仪器、工具物品及其操作方法，观察现象时必须注意的事项及要求等。同时，说明并示范实验方法和操作步骤，强调实验的基本操作规范、观察要点以及实验中应注意的事项及关键性问题，使学生初步知晓实验的操作规范。

该阶段可以采用两种方式进行：一是模仿式，即教师在讲解实验原理和操作要领的同时，示范操作方法与过程，学生边听边看，进行模仿；二是分段式，即将实验过程分成几个阶段，教师讲授和演示一段，学生跟着学习和操作一段。

3. 实验操作阶段

(1)学生实验。

实验操作是学生实验的主要环节，是在教师的指导下，按照实验操作要求和方法步骤独立进行实验操作，并获取实验结果的过程。

教师对学生实验操作的指导，重点在实验方法及具体操作上，如自变量的控制、因变量的检测；生物学实验操作的方法和技巧；如何科学地观察、准确地测量、精细地调控；如何收集数据、设计表格、统计及分析数据；出现意外情况怎样处置等。教师通过示范、手把手教学生操作等方式给予学生及时地指导，但不能包办代替。

为及时、有效地指导学生，教师要通过巡视发现学生在实验操作中存在的问题，指导学生进行正确规范的操作。同时也要启发学生积极思考并解决实验中出现的疑难问题，帮助解决学生在实验中存在的困难并纠正出现的错误。如学生操作中出现困难，若时间充裕应让学生重做，若时间不足，也要引导学生分析出现问题的可能原因。对某些危险的操作，教师应令行禁止，讲明道理，给予正确的操作示范，真正提升学生的生物实验基本技能，增强运用实验的方法开展科学探究的能力。

(2)演示实验。

由教师完成实验操作、学生观察实验过程并获取实验结果，也可能有个别学生协助教师完成，大多数学生处于观看实验过程的状态。

因此，教师在演示实验的过程中要注意：①演示实验的规范性。教师的实验操作应该是标准、规范的，对学生具有示范性，能够展示教师良好的实验习惯和严谨的科学作风，可以纠正学生实验存在的问题。②增强实验的直观效果。教师应设法提高演示实验的可见度。例如，仪器装置应放置在易于观察的高度，实验现象明显，读数清晰。有颜色变化的实验应在充足的光线下演示，并采用反差较大的背景作为衬托，或者使用投影仪或其他现代媒体技术进行放大。还可以让学生上讲台观察，或将装置在教室内传看一遍等。③装置力求简单，操作尽量快速。一般演示时间控制在几分钟内较适宜，费时太长的演示实验应设法改进或替换。④强化实验的启发性。教师应该加强演示实验与知识学习之间的联系，使演示实验也具有启发性。教师应边演示边讲解、边提问、边板书或边板画，引导学生把观察到的实验现象同已有的生物知识和经验联系起来，启发他们比较、分析所获得的实验事实(包括现象、数据)，以形成对生物学概念、理论和规律的认识。要通过设置问题情境、提供思考平台，让演示实验发挥出激发学生兴趣、培养科学思维和实验探究能力的作用。

4. 结果分析阶段

学生在实验操作中运用观察、测量等手段获得相应实验结果后，教师首先要组织、指导学生对实验结果进行处理，如观察到生物体的形态、结构、行为、生理活动等现象，可采用描述或绘图的方式进行记录；运用工具测量获得的数据，可采用列表法记录，或者进一步采用坐标图等数学模型呈现，以显示实验所得数据之间的关系及变化趋势。

然后，教师引导学生对实验结果分析，寻找研究对象的特征、性质，发现其发展趋势及不同事物之间的联系；抑或通过实验数据的处理与分析，探索事物的本质属性或变化规律等。继而，经过逻辑推理、抽象概括出实验结论，形成生物学概念、原理或规律。

最后，要求学生撰写规范的实验报告。一般来说，实验课的课堂教学时间都很紧张，实验报告可让学生在课后完成。

(三)实验结束阶段

实验实施阶段结束后，教师要对实验课的情况进行小结，一是从学习的角度对学生实验操作和学习、探究的情况进行评价，可以包括：实验方案设计的科学性与合理性，实验方法和途径选择的有效性；实验中控制变量与条件所采取的方式和策略；实验操作的正确性、观察实验现象和记录实验数据的准确性；实验报告与结论的正确性；实验中的合作与交流情况等。评价应当面向全体学生，重过程、重应用、重体验、重实效，通过点评实验的效果，纠正学生实验操作中的问题，强调应掌握的技能和知识方面的要点，强化学生对实验方法和技能的掌握，促进学生提高实验能力和科学探究能力。

二是对学生的实验习惯和实验中的科学态度进行小结，并要求学生在实验结束后整理实验用品、洗涤仪器、收拾实验台面、打扫实验室卫生等清洁整理工作；最后布置实验作业。这样有利于培养学生良好的实验习惯和严谨的工作作风。

生物实验教学技能是生物教师的重要教学技能，对提高生物实验课的教学质量、提高学生的科学探究能力起着重要的作用。因此，生物教师必须掌握良好的生物实验教学技能，这不仅是生物教师职业本身的需要，也是培养学生生物实验素养的需要。教师自身过硬的实验本领，能促使学生养成科学精神、提升实验技能和形成科学思维。

第四节　微型课和说课技能

微型课和说课是在教学研究、学术交流、教师培训、招聘教师等场合，用于教师展现教学理念、展示教学技能的形式。尽管微型课与说课在表现形式、呈现内容等方面有较大差异，但在促进教师专业发展方面都发挥着重要作用，是教师必须掌握的教学技能。

一、微型课技能

微型课是在没有学生参与的情况下，在15～20分钟的时间内，教师按照正常教学活动的程序，呈现一节完整知识内容或者是部分知识内容的教学活动过程。

教师通过微型课的形式，在短时间内直观地反映自身的教学能力、学科素养和教学基本功的能力，称为微型课技能。

(一)微型课的特征

微型课除没有学生参与外，应该完整展现教学的基本环节，并在授课过程中体现发展学生生物学学科核心素养的理念。其主要特点包括以下几个方面。

1. 微小性

微型课的“微”主要体现在：①上课时间短。一般控制在15分钟左右，往往需要留一些时间用于回答评委或同行的提问。②参与规模小。没有学生的参与，只有教师一人在讲台上展示，评委或同行在台下作为听众，且听众不参与教学过程。③对客观条件的要求低。微型课不需要较大的场地，教室、会议室、办公室内均可开展；也不需要复杂的多媒体设施，有时一块小黑板加一支粉笔就能完成。④教学内容相对集中，教学组织比较简单，只需面向评委或同行模拟课堂教学的实施过程。

2. 真实性

真实性具体表现在：①教学语言的真实性。全过程都是运用课堂教学语言，如叙述、描绘、疑问、反问、追问等，而不仅仅是独白语言。②教学场景的真实性。整个过程是在模仿真实的对话环境，提出问题时仿佛有学生在聆听、在思考，提出问题后要想象学生做出了回答，根据学生的回答给予点评。③教学行为的真实性。无论是否在教室进行上课，都要想象自己就在教室里，站位变化、手势动作、书写板书、演示实验和展示教具等，都不可或缺。

因此，微型课能够真实地出反映教师的教学理念、教学设计的水平、课堂教学的方法、教学的基本技能以及生物学科专业知识水平。

3. 全面性

微小是微型课的外在形式，内容全面是它的本质体现。其全面性表现在：①具备完整的课堂教学环节，包括导入、新知讲授、总结、练习、布置作业、评价、教学组织等全部环节，教师不能随意地省略某些环节。②全面的教学内容。因为是模拟真实的课堂教学，必须呈现完整、具有逻辑性的知识内容，不能因为缺少学生而删减教学内容。③呈现正常的学生活动，重点是课堂上师生双方的互动交流。针对某些学生探究活动，应假设有学生参与探究，并设想探究过程可能存在的困难及预设的解决方案。要呈现教师的指导方式与解决问题的方法及最终的效果。

(二)微型课的实施技能

微型课是在没有学生参与的情况下，向同行展示课堂教学的全过程，与真实的教学过程有较大差异，在实施过程要注重把握以下关键要素。

1. 恰当组织课题内容、引入课题高效迅速

微型课要在相对较短时间内完成正常一节课的教学内容，精心取舍、组织课程内容是关键。首先要采用能够吸引听众的形式导入课题，并高效快捷、直接切入主题，以把更多的时间分配到内容讲授中。其次是在主体内容上要突出重点，突破难点，抓住知识的关联衔接；结束部分干净利落，总结到位，语言精练。

2. 合理选择教学方法，教学过程注重真实

微型课要展现合理、恰当、多样化的教学方式，向听众传递、表达教师的教学理

念、教学水平。例如，概念、原理等内容的教学，可采用讲授法、情境法等教学方法，虚拟学生讨论、交流的场景，体现出引导学生思维的活动；有关实验探究的内容，可模拟“任务驱动法”引导学生完成探究活动。

微型课虽然没有学生参与，但教师的心中要有学生，要充分体现学生的参与，表达师生的互动交流，要体现对学生学习活动的指导。比如提问环节，教师要体现学生的思考与回答，要通过真实的点评体现对学生学习的指导。

由于没有学生参与，讲授法成为微型课中最常使用的方法。教师的讲解能力格外重要。要求教师的语言不仅要科学准确、逻辑性强、简洁明快，更要生动且富有感染力，以充分展现教师的学科专业知识功底、教学语言技能、课堂教学的基本能力，能够打动听众。

3. 呈现完整课堂结构，教学行为规范得体

微型课要体现课堂结构的完整性，导入简洁新颖、讲授精要、启发巧妙、引导积极，有讲有练、有问有答、有评和有小结。在有限的时间内，完成课程规定的教学任务，使课堂结构趋于完整。要注重呈现突出重点知识、突破难点知识的方法与策略。课堂结束环节，要短而精彩，如采用绘制概念图、制作模型、绘制图像等方式进行总结、归纳。

教师的教学行为要真实、生动反映教师的教学技能，要像正常上课一样展示教学行为，且要规范得体，体现出教师的教学风范。

总之，微型课教学能体现授课教师的教学素质，具有交流研究、甄别评估的功能，是生物教师必备的教学技能。

二、说课技能

说课，就是教师以教育教学理论为指导，在精心备课的基础上，面对同行、领导或教学研究人员，主要用口头语言和有关的辅助手段阐述某一学科课程或某一具体课题的教学设计(或教学得失)，并与听者一起就课程目标的达成、教学流程的安排、重点难点的把握及教学效果与质量的评价等方面进行预测或反思，共同研讨进一步改进和优化教学设计的教学研究过程①。

说课技能是指教师针对特定的学科教学内容，依据课程标准、准确把握学生特点，阐述教师教什么、怎么教、为什么这样教等内容的能力。因此，教师运用说课技能的水平能够反映出教师的教育、教学理念，在一定程度上体现出教师的教学风格与教学设计的能力。运用说课开展教研活动，能够促使教师将教学实践的体会上升到理性认识的层面，促进理论与教学实践相结合。

(一)说课的作用

尽管说课不能真实展示教学过程，但是，作为教学研究、教学经验交流和展示的形式，说课有着自身独特的价值。

1. 促进教师教育教学理论水平提高

说课需要教师口头表述具体课题的教学设计及其理论依据，要体现教师运用现代

① 周勇，赵宪宇. 新课程说课、听课与评课[M]. 北京：教育科学出版社，2004：18.

教育教学理论指导教学实践的能力与水平，呈现教师对课程标准、教材等的理解和把控能力。

因此，说课活动可以有效地调动教师学习教育教学理论、钻研课堂教学实践、投身教学改革的积极性。有效促进教学与研究的结合、理论与实践的融合，改变许多教师往往依据经验进行教学、缺乏理性思考的现状。尤其是青年教师通过说课，可以运用理论指导教学实践，深入剖析教材，构思课堂结构，能迅速提高自身的专业技能。所以，说课是提高教师专业素养的有效途径。

2. 促进教师教学设计能力的提升

说课是授课教师在精心准备的基础上，面对同行或教研人员，讲述自己的教学设计，然后由听者评说，达到互相交流，共同提高的目的。说课既可以在课前说、也可以在课后说。通过说课，教师在感悟中增添了反思，在反思中进一步探索教学方法，能够更加科学地预设教学进程，促进教学设计能力的提高。

3. 有利于提高教研活动的实效

说课是展现说课教师个人的教学指导思想以及教学设计的思维过程，说课后的评课环节则是集体参与、集思广益的教学研讨形式，对每位参与者来说都是思想的交流与碰撞。参与的教师在不断思考与探究中，更新观念进而形成教学研讨的氛围。围绕说课主题的研讨活动，教师们能达到智慧互补、共同提高的目的。所以，说课是一种反思分析、动态生成的教学研究形式，教师参与感强，灵活方便，具有很高的时效性，是教学研究和师资培训的重要形式。

(二)说课的特征

说课就是要说出教学背后隐含的教育教学原理，让说课教师与听课教师共同探讨教学的问题，促进教学质量的提高和教师的专业发展，并最终促进学生的发展。说课能使教师的教学构思从理论走向实践，教学思想从静态走向动态。因此，说课应该具有以下特征。

1. 理论性

理论性是说课的本质特性，是说课有别于微型课的重要标志。说课重在说“理”，核心就是要从理论的高度回答“为什么这样教”，“这样教的理论依据是什么”，而不仅仅是说清楚教什么、怎么教的问题。因此，教师需要学习教学理论，从理论层面指导教学设计，理性解析教学过程。

2. 交流性

说课是面对教师和教研人员进行的同行间交流，教师在交流中切磋教艺、取长补短、共同进步。青年教师通过说课可展示现阶段自身具有的教学思想、理论修养、知识水平、教学能力、应变能力等素质，为同行探讨教师专业发展提供了主题和平台，尤其会让说课教师得到最实在和贴切的指导与提升。

3. 研究性

说课时间虽短，但内容丰富，理论性强，这就促使教师必须认真研究教学理论。教师在日常教学工作中疲于“上课”，疏于“研究”，常将“研究”狭隘地理解为撰写论文、研究课题和开设讲座等。其实，说课是最贴近一线教师专业发展、最方便教师操作的教学研究形式，其研究性也体现在思想交流、思维碰撞和感悟交融中。教师有了教学设计后的说课活动，便踏上了理性教学的台阶，说课活动有力地将教育理论与教学实践联系了起来，在领悟和反思的过程中，研究能力会逐渐提升。

(三)说课的类型

说课可以按照不同的标准进行划分，每种标准又可以划分成不同的类型。

1. 按说课目的划分

(1)评比型说课。

评比型说课是以评比、选拔为目的，旨在对教师的教学基本素质、理论水平等做出评判。它通常作为教师教学业务评比、教师招聘、教师业绩考核等的重要形式，一般是多名教师参加说课，评委从中评选出优胜者。

(2)研究型说课。

研究型说课是以研究为目的的集体教研或备课活动。说课教师是中心发言人，其发言内容是参与人员研讨的素材。说课后，所有教师积极讨论，各抒己见，最后集中形成一个更为完善的教学方案。研究型说课是一种高效的教学研讨方式，通过说课教师的展示、教师间的充分交流，能够使教学内容、教学环节和教学行为等方面的设计更为科学合理。

(3)示范型说课。

示范型说课是以展示先进教学思想、优秀教学方法、特色教学风格为目标而进行的说课，目的是给听课教师提供学习的范本。示范型说课一般由优秀教师承担，课前需要经历过仔细的打磨，经过经验丰富的教师或专家指导并认可的成功范例。而听课教师经历听说课、听评析的环节，可增长见识、开阔眼界，接受专业的培训。

2. 按说课时间划分

(1)课前说课。

课前说课是指说课教师在实施课堂教学实践前进行说课，即先备课，再说课，最后再上课。课前说课的目的是开展教学研究，重点是为教学设计寻找理论支持，并在此基础上深度解读教材、分析学情、充分预设课堂教学，以使教师更深入地分析教学、设计教学，有助于课堂教学实施得更顺利、更精彩。

(2)课后说课。

课后说课是指教师在完成课堂教学实施后进行的说课，即先备课，再实施教学，最后说课。课后说课的目的是让听课教师明白课堂教学设计的思路，以促进课堂教学的改进。课后说课有一项很重要的内容就是要说教学反思，因为经过课堂教学的实践检验，上课教师可以根据教学实施过程和教学结果，分析教学中存在的问题和不足，提出自己的想法和困惑，与听课教师进行交流，共同研究问题解决的途径。

(四)说课的内容

教师的说课是以教学设计为基础的，但是，说课的内容和教学设计的内容有所不同，教学设计侧重于“怎样教”，说课则侧重于“为什么这样教”。说课主要包括以下内容。

1. 说教材

要在认真分析教材的基础上，表达教师对教材内容的理解，说清教学内容在教材中的位置、地位、作用和意义等，特别是应该具有的认知价值、能力价值和情感价值等。表明教师能够理解教材的构思与编者的意图，充分把握“教材”、达到用“教材”教的境界。

2. 说教学目标

体现教学目标是教学活动实施的方向和预期达成的结果，目标描述的主体应是学生，目标定位要准确、具体、可实现，切忌大而空泛。

3. 说教学重、难点

明确提出教学的重点与难点，可以是学科知识，也可以是学科能力。要说明确定教学重难点的依据。

4. 说学情

学情是制订教学策略的重要依据，教师需要从认知水平、知识基础、学习兴趣、学习能力等方面说明学生现有的状况。①学生的“所知”，是指学生在学习课题前已经具备的、与所学课题相关的知识经验和能力水平等。了解学生的“所知”，才能准确定位教学的起点和切入点。②学生的“所需”，是指学生针对本课题所需要学习的内容和需要训练掌握的能力等。这既包含学生目前“未知”的知识与技能，也包括学生通过学习后需要掌握的知识与技能。③学生的“所求”，是指学生对本课题的兴趣和想要学习掌握的知识与技能等，即除教学目标规定的要求外，学生还希望知道哪些目标以外的知识。①

5. 说教法、学法

教法、学法是为了完成预定的教学目标，师生在教学过程中所采用的方法和措施。它既包括教师教的方法，也包括学生学的方法，是教和学的统一。教学方法的选择要充分考虑实用性和可操作性，要符合学生的要求和特征，要依据教学目标做到教学有法、得法。学习方法则是指学生在学习过程中，形成的学习思路和方法，说学习方法就是从学生的角度去分析，什么样的学习方法才符合学生的特点，才能充分发挥学生的主观能动性。

6. 说教学过程

说教学过程是整个说课流程中最为核心的环节，是整个说课中的重点内容，要充分反映教师的教学思想、理念、方法、策略、个性和风格等。其主要包括以下内容。

(1)教学的基本环节。

教学基本环节是指教什么、教的程序和过程，安排这些环节的理论依据。通过说明教学的总体思路及基本环节，目的是让听说课的教师从整体对教学过程有初步了解。

(2)教与学双边活动的安排。

教学是教与学的双边活动，课堂是师生互动交流的场所。教师教的活动主要体现在：教学情境的创设，以问题任务推进教学过程，教师对学生的指导。学生学的活动则主要体现在：学生参与活动的时机与内容，学生活动的具体方式，学生如何与教师之间进行互动交流。总之，通过说明教与学的双边活动来体现教法和学法的和谐统一，

① 黎云祥，赵广宇．中学生物学教学实用教程：新课标[M]．北京：科学出版社，2011：218.

知识传授与能力提升的和谐统一。

(3)教学重点与难点的处理方法。

一是说突出教学重点的措施，包括：教学内容所占用的时长，教师教学方式与方法的多样化，学生学习途径与方法的多样性，教师引导学生思维活动的有效性等。

二是说突破教学难点的方法，这往往是整个说课过程中最精彩、最吸引人之处，包括：教师通过开发课程资源，提供教材外丰富和贴切的教学素材，比如利用丰富的生物学事实，引导学生开展思维活动建构概念；通过改进实验装置提高实验效果，使学生能够正确获取相关实验结果，并得出科学结论；将静态的生理过程转化为动态可观测的过程、将平面的结构转化为立体的结构等，这些方法都能有效突破学生的思维障碍，成功突破教学难点。

(4)总结归纳，拓展延伸。

说明课堂教学小结的方法与措施，如运用概念图的方式对知识的归纳、整理，以形成知识网络；通过练习及评讲对规律、方法进行归纳、提炼；创设应用知识和能力的情境，达到拓展和延伸的效果。

7. 说板书设计

板书是教学过程、知识体系等教学内容的直观表现，很能体现教师的教学风格，尤其要说明很有特色的板书(如结构科学、合理、美观；书写优美、得体等)的设计思想。说板书设计也要注重说理，说清板书结构和教学设计意图的关联。

8. 说教学反思

教学反思是指教师对教育教学实践的再认识、再思考，并以此来总结经验教训，进一步提高教育教学水平的过程。说教师反思的内容主要是教学目标设计是否准确、到位；学情分析是否精准、可靠；教学设计各个环节是否顺畅、高效；教学策略和学习方法是否达到预期等。教师可撰写教育案例、教育故事和教育心得等，提升教师教学反思的质量。

综上，要想说课说得精彩、成功，就需要教师认真钻研教学理论，赋予说课理性的光芒；就需要教师科学架构说课体系，彰显说课突出的亮点；就需要教师不断锤炼说课语言，展露说课顺畅的思维；就需要教师全情投入充沛的情感，表达说课教师深深的教育情怀！

【案例】

"ATP的主要来源——细胞呼吸"一节第二课时的说课稿①

1 教材内容及地位

本次说课内容为人教版生物必修1"分子与细胞"第五章第3节"细胞呼吸"第二课时的内容。主要是细胞呼吸的过程及细胞呼吸原理的应用。本节内容在教学中的地位表现为三个方面：①细胞呼吸对于细胞的作用：为细胞生命活动提供能量，维持细胞正常生活。这也是细胞呼吸的本质。②在教材及高考中的地位：从考查的角度看，多围

① 李雪梅."ATP的主要来源——细胞呼吸"一节第二课时的说课稿[J]. 生物学教学，2008(5)：36-37.

绕呼吸作用的过程展开，通过考查这一生理过程生成的产物，限制细胞呼吸的条件等进行全方位的考查。从近年来的高考题看，这部分的题目设计多趋向与其他知识的综合(如光合作用)。对呼吸作用及其生理的考查，简答题占有相当的比重，对基础知识的考查，大多以选择题的形式出现。③对培养学生能力的作用：本节课内容涉及线粒体的结构示意图、有氧呼吸过程图等。通过学生绘图、“看图说话”的训练，可以培养学生解读图解即解读信息的能力以及口头表达能力。另外本节课内容与日常生活、生产实际联系非常密切，学好细胞呼吸有助于提高学生分析问题、解决问题的能力，并且能充分体现本模块在现实生活的背景中学习生物学，为现实生活服务的指导思想。

2 教材处理

实际教学中把线粒体的结构和功能提前到第三章的“细胞器”一节学习，本节课要求学生上黑板自绘线粒体结构简图，说出其结构和功能。

3 学情分析

在初中阶段，学生对呼吸作用有了一些很肤浅的了解，通过上节课实验探究酵母菌细胞呼吸的方式，已认识到细胞呼吸有两种方式以及有氧呼吸和无氧呼吸的条件和生成的产物，为本节课的学习打下了基础，学生一定很渴望更深入地了解细胞呼吸的知识，而且细胞呼吸这一知识在生活中的应用学生是比较熟悉的，围绕实例学习细胞呼吸，学生的学习积极性应该是比较高的。教学中可以利用学生的知识基础并遵循学生的认知规律，通过适当的教学策略，使新知识有效地整合进学生原有的知识网络中，使学生的知识体系得到丰富和发展。

4 教学目标

4.1 认知目标

①说出线粒体的结构和功能；

②说明有氧呼吸和无氧呼吸的异同；

③说明细胞呼吸的原理，并探讨其在生产和生活中的应用。

4.2 能力目标

①通过有氧呼吸和无氧呼吸教学课件，让学生了解细胞呼吸的本质是通过有机物的氧化分解为生命活动提供能量，维持细胞的正常生活；

②通过让学生分析课本中相关的图文资料，说明这些事例中所应用的细胞呼吸原理；

③通过比较有氧呼吸和无氧呼吸的异同，学会用对比的方法识记、理解相关的生物学知识，培养综合分析能力。

4.3 情感、态度与价值观目标

①通过学习有氧呼吸的主要场所，树立结构和功能相适应的生物学基本观点；

②通过分析有氧呼吸与无氧呼吸的关系，理解生命活动不断发展变化以及适应的特性，学会运用发展变化的观点认识生命。

5 教学重难点

教学重点：有氧呼吸的过程及原理；

教学难点：细胞呼吸的原理和本质。

6 教学方法

6.1 直观教学法

本节课充分利用现代化多媒体软件展示呼吸作用的过程，有利于学生由感性认识上升到理性认识。

6.2　自学导思法

可由教师或学生设计富有启发性的、由表及里的问题串，引导学生不断思考，自行归纳总结，得出结论或建构概念。比如，有氧呼吸的学习就可通过展示→描述→提出问题→解决问题的程序进行学习。

6.3　微格学习法

将复杂的问题细分为若干小问题，降低学生学习的难度。

6.4　比较法

利用比较法学习有氧呼吸和无氧呼吸的联系和区别。

7　学习方法指导

7.1　主动学习法

在教学中，要充分体现学生是学习的主体作用。把学习主动权交给学生，给学生充分思考的时间和空间，让他们的思维处于活跃状态，强化学生的思维，提高学生的思维品质。

7.2　合作学习法

课前分成小组以小组为单位收集细胞呼吸在日常生活和生产实践中应用的一些实例，相互讨论、共同探讨细胞呼吸原理在实际生产生活中有哪些具体应用，发挥集体的智慧以达到解决问题的目的。

8　教学程序

8.1　创设问题情境，导入新课

请一位同学把上一节课探究实验的结论进行总结，教师作正确评价后提出问题：以上两个过程是如何发生的呢？这样导入有两个好处：①既检查了前一节课知识的掌握情况，又体现了两节课内容的紧密联系；②创设了情境，激发了兴趣，行云流水般引入新课。

8.2　师生互动，学习新知

8.2.1　有氧呼吸

教师利用多媒体展示有氧呼吸的几个阶段，逐个阶段地展示，每展示一个阶段，就让学生对着图解进行描述(教师可引导学生着重从每个阶段的场所、反应物、产物及反应条件等几个方面描述)，并提出问题：三个阶段分别发生在什么场所？然后请一位学生上黑板绘制线粒体结构简图同时标出相应结构的名称及其功能。这样处理可以化难为易，培养学生的绘图、识图及语言表达的能力，并且能够帮助学生树立生物体结构和功能相适应的生物学观点。总之，有氧呼吸的过程是个重点，这部分内容要使学生弄清楚有氧呼吸的三个阶段发生的场所、过程、产物、反应式和概念。对氧气的作用和 ATP 的形成也要着重讲解。

在学生归纳出有氧呼吸的概念后，由学生熟知的苹果储藏久了有酒味、人剧烈运动后肌肉有酸胀感的现象，引出无氧呼吸。这样过渡自然，而且因为学生已知这些现象而不知其原因，这样就更加能够激发他们求知的欲望。

8.2.2　无氧呼吸

学习无氧呼吸主要是采用对比法，可以从场所、过程、产物、能量的释放情况及两者的联系等方面与有氧呼吸进行比较。具体做法是让学生先阅读教材相关内容，然后分组讨论列出表格进行比较(只要设计表格框架，不必一一填写)。然后要求1～2名学生代表上讲台利用实物投影展示，同时口头完成表格的填写。这样可以进一步训练学生类比归纳知识的能力和语言概括的能力，体验合作学习的快乐。在这部分知识的教学中，教师还要简要归纳一下不同生物在缺氧条件下的呼吸作用的产物以及发酵的概念，无氧呼吸积累的酒精和乳酸对细胞的毒害作用也要提一下。

8.2.3　细胞呼吸的实质

这个知识点主要是用形象的比喻启发学生理解细胞呼吸的实质。有机物在体外燃烧时，存储的能量是一次性释放出来的，并以光和热的形式表现，这就相当于放在高处的大石块，由于本身的重量和所在的高度具有了很大的势能。若石块从高处直接落下来，势能会迅速地转变成动能释放出来，产生强大的冲击力。而细胞的生命过程所需的能量需要不断地释放出来，需要随时补充给细胞。这就像放在高处的石块必须经过许多台阶缓缓滚动到最低层，将能量一点点释放出来一样，只有这样释放出来的能量才能被有效地、充分地利用。发生在细胞内的细胞呼吸无论是在有氧条件下还是在无氧条件下，其过程的进程均是如此，能量都是逐步释放出来的。

8.2.4　细胞呼吸原理的应用

课前分小组收集有关细胞呼吸原理在工农业生产、医学实践和日常生活等几个方面运用的实例，课堂上要求每组选一名代表和全班同学进行交流，并应用课堂上所学的细胞呼吸原理解释这些实例。通过对实验室培养洋葱根尖需要常换水、种子仓储前要晒干、新鲜的果蔬储藏时抽取氧气、充入氮气可延长保鲜时间、中耕松土、稻田定期排水、人剧烈运动后肌肉酸胀等事例的讨论交流，使学生认识到细胞呼吸原理在实践中应用的广泛性。最后，围绕本节课的主要问题出几个巩固练习，随堂检查学生的掌握情况。

【评析】这是较为规范的说课稿，包括：说教材内容及地位、学情、教学目标和重难点、教法和学法、教学程序等内容，结构完整、说理充分。其主要特点表现在以下几个方面。

1. 说教材要准确、到位　作者从细胞呼吸在生命活动中的作用及其在实践中的应用，阐明其教育教学价值，并进一步说明该内容在考试中的定位。从而为制订教学目标、确定重难点、选择合适的教学方法奠定基础。

2. 说方法要多样、得当　教学方法是课堂教学的灵魂，只有教法多样、得当，教师才能胸有成竹、有条不紊地施教；学生才会兴趣盎然、乐此不疲的学习。作者依据教学内容的差异，灵活选取了直观教学法、自学导思法、微格学习法、比较法等多样化的教学方法，采用多媒体手段使学生进行细胞呼吸过程的直观感受，进而采用自学导思，由表及里的解析问题，化整为零地解决问题，并促使学生在此过程中不断主动学习、合作学习。

3. 说过程要清晰、精练　说教学过程应当层次清晰、详略得当，理论与教学实际相结合。作者简明扼要地介绍了每个教学环节，并阐述了“为什么这样教”的理论依据。特别是在处理有氧呼吸过程这一教学重难点时，化难为易，通过绘图、识图及语言表达等手段，循序渐进的分析和解决问题，逐步引导学生树立生物体结构和功能相适应的生命观念。因此，整个说过程显得主次分明、详略得当。

说课与微型课虽然表现形式不同，内容不同，但都是向听课者展示教师的教学能力、教学理念和教学追求。二者是学校开展教学研究、交流探讨的重要教学研究形式，在促进教师专业发展方面发挥着重要作用。

总之，教学技能是教师在教学中顺利达成教学目标的一系列有效的行为方式，它是现代生物教师素养的重要组成部分①。教学技能是可以通过训练得以提升的，教师在熟练掌握教学技能的基础上，常常会迸发出智慧的光芒，最终使教学成为美的享受。

① 崔鸿．新理念生物教学技能训练[M]．2 版．北京：北京大学出版社，2018：1.

参考文献

[1]中华人民共和国教育部. 普通高中生物学课程标准(2017年版2020年修订)[S]. 北京：人民教育出版社，2020.

[2]中华人民共和国教育部. 义务教育生物学课程标准(2022年版)[S]. 北京：北京师范大学出版社，2022.

[3]国家研究理事会. 美国国家科学教育标准[M]. 戢守志，金庆和，梁静敏，等，译. 北京：科学技术文献出版社，1999.

[4]黎云祥，赵广宇. 中学生物学教学实用教程：新课标[M]. 北京：科学出版社，2011.

[5]赵广宇. 中学生物学课程概念教学理论与实践[M]. 北京：科学出版社，2019.

[6]加涅 RM，韦杰 WW，戈勒斯 KC，等. 教学设计原理[M]. 5版. 王小明，庞维国，陈保华，等，译. 上海：华东师范大学出版社，2007.

[7]裴娣娜. 教学论[M]. 北京：教育科学出版社，2007.

[8]钟启泉，崔允漷，张华. 为了中华民族的复兴 为了每位学生的发展：《基础教育课程改革纲要(试行)》解读[M]. 上海：华东师范大学出版社，2001.

[9]皮连生. 教育心理学[M]. 3版. 上海：上海教育出版社，2004.

[10]王本陆. 课程与教学论[M]. 北京：高等教育出版社，2017.

[11]钟启泉，汪霞，王文静. 课程与教学论[M]. 上海：华东师范大学出版社，2008.

[12]何克抗，林君芬，张文兰. 教学系统设计[M]. 北京：高等教育出版社，2006.

[13]盛群力. 教学设计[M]. 北京：高等教育出版社，2005.

[14]何克抗，郑永柏，谢幼如. 教学系统设计[M]. 北京：北京师范大学出版社，2002.

[15]刘恩山，曹保义.《普通高中生物学课程标准(2017年版2020年修订)》解读[M]. 北京：高等教育出版社，2020.

[16]麦曦. 教学设计的理论和方法[M]. 广州：新世纪出版社，1996.

[17]周美珍，郑鸿霖，张代芬. 中学生物学教学法[M]. 北京：高等教育出版社，1991.

[18]刘恩山. 中学生物学教学论[M]. 北京：高等教育出版社，2009.

[19]王永胜，等. 生物学核心概念的发展：高中生物新课程的科学史资源[M]. 北京：人民教育出版社，2007.

[20]汪忠. 生物新课程教学论[M]. 北京：高等教育出版社，2003.

[21]汪忠. 新编生物学教学论[M]. 上海：华东师范大学出版社，2006.

[22]李秉德. 教学论[M]. 北京：人民教育出版社，1991.

[23]吴立岗，夏惠贤．现代教学论基础[M]．南宁：广西教育出版社，2001.
[24]陈旭远．课程与教学论[M]．长春：东北师范大学出版社，2002.
[25]夏瑞庆．课程与教学论[M]．合肥：安徽大学出版社，2002.
[26]鲁亚平．生物教学论[M]．芜湖：安徽师范大学出版社，2014.
[27]曹道平．中学生物学教学论[M]．济南：山东教育出版社，2009.
[28]靖国平，邓银城．课程与教学论教程[M]．武汉：华中科技大学出版社，2012.
[29]国家教师资格考试命题研究中心．教师资格考试综合素质(中学)[M]．北京：北京燕山出版社，2015.
[30]冯莉．体验生物科学探究：基于案例的探究活动实验设计[M]．北京：高等教育出版社，2004.
[31]余本祜，赵浚涑．教育学[M]．合肥：中国科学技术大学出版社，1991.
[32]陆明玉，孙霞．现代教育学[M]．北京：北京邮电大学出版社，2014.
[33]曲艺，徐英俊．现代教育理论：教学原理与方法[M]．哈尔滨：东北林业大学出版社，2002.
[34]郭景扬，练丽娟，陈振国．课堂教学模式与教学策略[M]．上海：学林出版社，2009.
[35]崔鸿．新理念生物教学技能训练[M]．2 版．北京：北京大学出版社，2018.
[36]林国栋，方悦．生物学教学技能与训练[M]．北京：科学出版社，2016.
[37]周勇，赵宪宇．新课程说课、听课与评课[M]．北京：教育科学出版社，2004.
[38]郭平．中学教师综合素质与职业发展[M]．成都：西南交通大学出版社，2015.
[39]柳海民．现代教育原理[M]．北京：中央广播电视大学出版社，2002.
[40]张燕镜．教育学新编[M]．北京：首都师范大学出版社，1996.
[41]蒙佐德，曾光福，李雪梅．青年教师专业成长论[M]．成都：电子科技大学出版社，2014.
[42]陈继贞，张祥沛，燕艳．生物学教学论[M]．2 版．北京：科学出版社,2009.
[43]申作青．当代大学文化论：基于组织文化子系统视野的认知与探索[M]．杭州：浙江大学出版社，2006.
[44]罗文浪，戴贞明，邹荣．现代教育技术[M]．北京：北京理工大学出版社，2015.
[45]雷建军．学科教学详解：初中历史[M]．长沙：湖南教育出版社，2015.
[46]叶澜．课堂教学过程再认识：功夫重在论外[J]．课程·教材·教法，2013，23(5)：3-13.
[47]李润洲．指向学科核心素养的教学设计[J]．课程·教材·教法，2018，38(7)：3-13.
[48]盛群力．教学设计的涵义与价值[J]．浙江教育学院学报，2008(3)，45-49.
[49]赵占良．生物学教学强化知识间逻辑联系的意义和策略[J]．生物学通报，

2009，44(9)：28-31.

[50]赵占良．对生物学学科核心素养的理解(二)——科学思维及其教学[J]．中学生物教学，2019(10)：4-7.

[51]谭永平．生物学学科核心素养：内涵、外延与整体性[J]．课程·教材·教法，2018(8)：86-91.

[52]孟凡龙，薛松，崔鸿．生物学学科核心素养语境下的单元学习：系统设计与实践路径[J]．课程·教材·教法，2020，40(3)：58-64.

[53]周丐晓，刘恩山．系统化思维在科学概念体系构建中的价值与作用[J]．生物学通报，2018，53(1)：21-23.

[54]周丐晓，刘恩山，张颖之．系统化思维的内涵本质及其在基础教育中的价值[J]．教育导刊，2018(7)：5-10.

[55]张玉峰．基于学习进阶的物理单元学习过程设计[J]．课程·教材·教法，2020，40(3)：50-57.

[56]赵广宇．以新课程的理念指导制订教学目标[J]．生物学通报，2008，43(5)：34-35.

[57]赵广宇．以实验探究促进生物学概念建构例谈[J]．生物学教学，2017，42(8)：10-11.

[58]赵广宇．高中生物学学科核心素养中的生命观念刍议[J]．教育科学论坛，2020(8)：39-42.

[59]杨鸿，周永平，朱德全．适应与超越：教师专业发展的梯度与理路[J]．课程·教材·教法，2017，37(6)：86-93.

[60]毛志新．布鲁纳认知—发现学习理论对成人教育学科建设的启示[J]．中国成人教育，2016(20)：4-6.

[61]邵江樵，崔允漷．高中生物学如何基于课程标准命制模块试卷[J]．生物学通报，2012，47(11)：35-39.

[62]何克抗．建构主义——革新传统教学的理论基础（上)[J]．电化教育研究，1997(3)：3-9.

[63]何克抗，李克东，谢幼如．“主导-主体”教学模式的理论基础[J]．电化教育研究，2000(2)：3-9.

[64]王惠来．奥苏伯尔的有意义学习理论对教学的指导意义[J]．天津师范大学学报(社会科学版)，2011(2)：67-70.

[65]肖少北．布鲁纳的认知——发现学习理论与教学改革[J]．外国中小学教育，2001(5)：38-41.